혁펜하임

누구나 쉽게 이해할 수 있는 최고의 설명법을 연구하는 딥러닝 전문 강사.

서강대학교에서 전자공학과 학사, KAIST에서 전기 및 전자공학부 석사 및 박사 학위를 받았다. 이후 삼성전자에서 책임연구원으로 근무하며 다양한 프로젝트를 수행했다. 현재 삼성서울병원 및 성균관대학교 의과대학에서 초빙강사로 강의를 진행하고 있으며, 딥러닝 강의 플랫폼 '혁펜하임 아카데미'의 대표로 활동 중이다.

서울대, 고려대, 한양대, 성균관대 등 여러 대학과 삼성전자, 삼성디스플레이, LG화학, GS칼텍스를 포함한 15개 이상의 주요 기업 및 기관에서 딥러닝 강의를 진행했다. 또한, 유튜브 채널을 운영하며 딥러닝 이론과 더불어 파이썬 코딩, 선형대수학, 컨벡스 최적화, 강화학습, 신호 및 시스템 등 다양한 주제의 강의를 무료로 제공하고 있다.

지은이의 말

먼저, 이 책에 관심을 가지고 펼쳐봐 주셔서 대단히 감사드립니다. 동시에 축하드립니다! 여러분은 지금 딥러닝의 복잡한 이론을 놀랍도록 쉽게 설명하면서도, 그 근본 원리를 깊이 있게 파헤치는 특별한 딥러닝 입문서를 손에 넣으셨습니다.

이 책을 쓰게 된 계기는 다름 아닌 제가 운영하는 온라인 딥러닝 공부방에 가장 많이 올라온 하나의 질문 때문입니다. 그 질문은 놀랍게도 복잡한 알고리즘에 관한 것이 아니라 "저도 이제 딥러닝 공부를 시작하려는데, 뭐부터 봐야 할까요?"였습니다. 이에 대한 답변은 사람마다 제각각이었습니다. 누군가는 선형대수학을 추천했고, 누군가는 확률과 통계 이론이 중요하다고 했으며, 또 누군가는 고등학교 수학부터 다시 공부해야 한다고 조언했습니다.

하지만, 저는 이렇게 답변드리고 싶습니다:

"딥러닝을 공부하고 싶다면, 그냥 딥러닝부터 시작하세요!"

우선은 딥러닝의 핵심을 파악하는 데 반드시 필요한 수학적 지식만을 선별하여 익히고, 이를 바탕으로 딥러닝의 기초를 견고하게 다진 다음, 필요에 따라 심화 지식을 쌓아가는 것으로도 충분합니다. 그러나 이러한 접근법을 따르는 입문서를 찾기는 쉽지 않았습니다. 그래서 저는 딥러닝 입문자들에게 자신 있게 추천할 수 있는 책을 직접 쓰기로 결심했습니다.

이 책의 가장 큰 특징은 복잡한 개념들을 직관적이고 비유적인 설명으로 최대한 쉽게 풀어냈다는 점입니다. 예를 들어, 기울기 소실 문제를 이해하기 위해 신경망을 '식당'에 비유했고, 배치 정규화를 '모래알의 재배치'로 설명했으며, Dropout을 '직원들의 휴가'에 빗대었습니다. 이러한 접근 방식은 어려운 개념들을 단순히 암기하는 것이 아니라, 그 본질과 의미를 더 깊이 이해할 수 있게 도와줍니다.

또, 이 책은 '왜?'를 물으며 끝까지 파고듭니다. "왜 ReLU는 꺾인 모양일까?", "왜 분류 문제에서는 Cross-Entropy를 써야 할까?" 등의 질문들을 끊임없이 던지며 그 답을 찾아갑니다. 이 과정에서 자연스럽게 수학적으로 깊이 있는 내용도 다루게 됩니다. 예를 들어, MLE 관점으로 딥러닝을 해석해 보면 여러 Loss 함수가 공통의 뿌리를 가지고 있음을 알 수 있고, 이를 통해 문제의 특성에 맞는 Loss 함수를 선택할 수 있게 됩니다. 이러한 깊이 있는 이해는 단순히 딥러닝을 사용하는 것을 넘어, 새로운 모델을 설계하거나 기존 모델을 개선하는 데 큰 도움이 됩니다.

이처럼 이 책은 쉽게 읽히면서도 동시에 깊이 있는 내용을 다룹니다. 따라서 AI를 단순히 겉핥기식으로 이해하려는 분들보다는, 딥러닝의 원리를 깊이 있게 파악하고 싶은 분들에게 더 적합할 것입니다. 특히 대학생, 대학원생, 연구자, 현업 개발자, 현업에 딥러닝을 접목하고 싶은 분들, AI 업계로 이직을 준비하는 분들, 그리고 딥러닝 수업을 준비 중인 교수님들께 큰 도움이 될 것입니다.

이 책이 나오기까지 많은 분들의 도움이 있었습니다. 책을 쓸 수 있는 용기를 북돋아 주시고 좋은 제안을 해주신 북엔드의 최현수 대표님, 끝없는 세부 수정사항과 요청들을 모두 받아주신 박규태 편집자님을 비롯한 검수자와 스태프 분들께 감사드립니다. 또, 저의 강의를 좋아해 주시고 지켜봐 주신 구독자 분들께 진심으로 감사드립니다. 여러분 덕분에 제가 '혁펜하임'으로 살아갈 수 있었습니다. 마지막으로, '혁펜하임'의 아버지라 할 수 있는 세민이 형, 그리고 학문적 깊이를 만들어 주신 전주환 교수님께도 깊은 감사의 말씀을 전합니다.

AI 기술은 정말 놀라운 속도로 발전하고 있습니다. 하지만 이렇게 빠르게 변화하는 시대에도 딥러닝의 근본 원리와 핵심 개념은 변하지 않습니다. 이 책을 통해 그 기본을 잘 다져놓으면, 앞으로 어떤 새로운 기술이 나오더라도 그 본질을 빠르게 파악하고 쉽게 받아들일 수 있을 것입니다.

여러분의 힘찬 딥러닝 시작을 응원합니다. 그 시작에 혁펜하임이 함께하겠습니다!

이 책을 보는 방법

이 책은 크게 Chapter 1부터 8까지의 본 내용과 부록, 두 개의 파트로 구성되어 있습니다. 부록에는 수학적 배경지식이 부족한 분들을 위해 필수 기초 수학을 정리해 두었습니다.

Chapter 1은 기초 수학 지식 없이도 읽을 수 있으므로 모든 독자분들이 여기부터 시작하시면 됩니다. 다만, '미분'과 같은 기초적인 수학 개념을 배운 지 오래되어 기억이 희미해졌거나 충분히 익숙하지 않다고 느끼신다면, Chapter 1을 읽으신 후에는 부록의 그래디언트 부분까지 먼저 학습하시기를 권합니다.

Chapter 2부터는 본격적인 내용이 시작됩니다. 본문을 읽다가 생소한 개념을 만나면 언제든 부록으로 가서 필요한 배경지식을 보충하시면 됩니다. 대학생이나 대학원생 등 기본적인 수학 지식을 갖추신 분들은 본 내용을 중심으로 읽으시고, 부록은 사전식으로 필요한 부분만 그때그때 보셔도 충분합니다.

또한, 유튜브에 "Easy! 딥러닝"을 검색해 보세요. 딥러닝 이론 강의를 무료로 보실 수 있게 올려놓았습니다. 책을 보시면서 강의 영상도 함께 활용하시면, 하루에 한 강의씩 보는 것을 목표로 삼아 효과적으로 진도 관리를 할 수도 있고, 책에서 정지 이미지로만 보았던 실험 결과들을 영상으로 생생하게 확인할 수 있습니다. 또한, 댓글로 질문을 남겨주시면 제가 직접 답변해 드릴 테니, 저와 실시간으로 소통하며 책과 강의를 보면서 생긴 의문들을 말끔하게 해결하세요!

책 곳곳에 깊은 사고를 요하는 부분들이 많습니다. 따라서 이 책을 읽으실 때는 빠르게 훑어 넘기기보단, 중간중간 멈춰 책을 덮고 깊이 생각해 보는 시간을 충분히 가지시길 권합니다. 그리고 이 과정에서 떠오르는 질문들을 유튜브 강의 중 해당 주제를 다루는 영상의 댓글에 남겨주세요. 질문도 많이 해볼수록 질문하는 실력이 올라갑니다. ChatGPT 시대에 이 '질문하는 실력'이 얼마나 중요한지는 여러분도 잘 알고 계실 것입니다.

자, 이제 여러분의 딥러닝 여정을 본격적으로 시작할 시간입니다. 함께 즐거운 탐험을 시작해 봅시다!

유튜브 < Easy! 딥러닝 >
재생목록 QR Code

혁펜하임 딥러닝	혁펜하임 딥러닝	혁펜하임 딥러닝
공부방 1호점	공부방 2호점	공부방 디스코드점

참여코드: 3300

Contents

Chapter 1
왜 현재 AI가 가장 핫할까?

1.1.	AI(Artificial Intelligence) vs ML(Machine Learning) vs DL(Deep Learning)	012
1.2.	규칙 기반(Rule-Based) vs 데이터 기반(Data-Based)	013
1.3.	AI는 어떻게 이미지를 분류할까?	016
1.4.	AI는 어떻게 번역을 할까?	018
1.5.	지도 학습(Supervised Learning)	020
1.6.	자기 지도 학습(Self-Supervised Learning)	025
1.7.	비지도 학습(Unsupervised Learning)	029
1.8.	강화 학습(Reinforcement Learning)	029

Chapter 2
인공 신경망과 선형 회귀, 그리고 최적화 기법들

2.1.	인공 신경: Weight와 Bias의 직관적 이해	040
2.2.	인공 신경망과 MLP(Multi-Layer Perceptron)	042
2.3.	인공 신경망은 함수다!	044
2.4.	선형 회귀, 개념부터 알고리즘까지 step by step	046
2.5.	경사 하강법(Gradient Descent)	051
2.5.1.	경사 하강법의 두 가지 문제	055
2.6.	웨이트 초기화(Weight Initialization)	057
2.7.	확률적 경사 하강법(Stochastic Gradient Descent)	060

2.8. Mini-Batch Gradient Descent   064

　2.8.1. Batch Size와 Learning Rate의 조절   066

2.9. Momentum   070

2.10. RMSProp(Root Mean Squared Propagation)   071

2.11. Adam(Adaptive Moment Estimation)   073

2.12. 검증 데이터(Validation Data)   077

　2.12.1. K-fold 교차 검증(K-fold Cross Validation)   080

Chapter 3
딥러닝, 그것이 알고 싶다.

3.1. MLP, 행렬과 벡터로 표현하기   083

3.2. 비선형(Non-Linear) 액티베이션의 중요성   085

3.3. 역전파(Backpropagation)   090

　3.3.1. 학습 과정에서 Forward Propagation이 필요한 이유   095

Chapter 4
이진 분류와 다중 분류

4.1. Unit Step Function을 이용한 이진 분류   097

　4.1.1. Unit Step Function의 두 가지 문제와 Sigmoid   100

4.2. Sigmoid를 이용한 이진 분류   103

4.2.1. BCE(Binary Cross-Entropy) Loss — 104

4.2.2. 로지스틱 회귀(Logistic Regression) — 107

4.3. MSE Loss vs BCE Loss — 109

4.4. 딥러닝과 MLE(Maximum Likelihood Estimation) — 112

4.4.1. Loss 함수와 NLL(Negative Log-Likelihood) — 114

4.5. 다중 분류 — 119

4.5.1. Softmax — 121

4.5.2. Cross-Entropy Loss — 123

4.5.3. Softmax 회귀(Softmax Regression) — 127

Chapter 5
인공 신경망, 그 한계는 어디까지인가?

5.1. Universal Approximation Theorem — 128

5.2. Universal Approximation Theorem 증명 — 129

5.3. Universal Approximation Theorem 오해와 진실 — 135

Chapter 6
깊은 인공 신경망의 고질적 문제와 해결 방안

6.1. 기울기 소실(Vanishing Gradient)과 과소적합(Underfitting) — 138

6.1.1. ReLU(Rectified Linear Unit) — 144

6.1.2. Sigmoid vs ReLU 실험 결과 분석 … 149

6.1.3. ReLU 그 후… … 152

6.1.4. 배치 정규화(Batch Normalization) … 153

6.1.5. 배치 정규화(Batch Normalization) 실험 결과 분석 … 159

6.1.6. 레이어 정규화(Layer Normalization) … 166

6.2. Loss Landscape 문제와 ResNet의 Skip-Connection … 170

6.3. 과적합(Overfitting) … 173

6.3.1. 데이터 증강(Data Augmentation) … 175

6.3.2. Dropout … 178

6.3.3. 오토인코더(Autoencoder)에 Dropout 적용, 실험 결과 분석 … 181

6.3.4. Regularization … 184

6.3.5. Regularization과 MAP(Maximum A Posteriori) … 189

6.3.6. L2-Regularization vs L1-Regularization 실험 결과 분석 … 192

Chapter 7
왜 CNN이 이미지 데이터에 많이 쓰일까?

7.1. CNN은 어떻게 인간의 사고방식을 흉내 냈을까? … 195

7.2. 이미지 인식에서 FC 레이어가 가지는 문제 … 197

7.3. 컨볼루션(Convolution)의 동작 방식 … 200

7.3.1. 컨볼루션은 어떻게 위치별 특징을 추출할까? … 203

7.3.2. 특징 맵(Feature Map) … 208

7.3.3.	어떤 특징을 추출할지 AI가 알아낸다!	209
7.4.	다채널 입력에 대한 컨볼루션	209
7.5.	1x1 컨볼루션의 의미	215
7.6.	Padding & Stride	218
7.7.	Pooling 레이어	222
7.8.	CNN의 전체 구조: 특징 추출부터 분류까지	224
7.9.	CNN의 특징 맵 실험 결과 분석	227
7.10.	VGGNet 완벽 해부	235
	7.10.1. Receptive Field 개념과 여러 번 컨볼루션 레이어를 통과하는 이유	242
7.11.	CNN에 대한 추가적인 고찰	247

Chapter 8
왜 RNN보다 트랜스포머가 더 좋다는 걸까?

8.1.	연속적인 데이터와 토크나이징(Tokenizing)	252
8.2.	RNN의 동작 방식	254
8.3.	다음 토큰 예측(Next Token Prediction)	260
8.4.	RNN의 구조적 한계	263
8.5.	RNN의 여러 가지 유형	268
8.6.	Seq2seq 개념 및 문제점	270
8.7.	Attention: 시점마다 다른 Context Vector의 사용	275
	8.7.1. Attention: Context Vector 만들기	277

8.7.2.	Attention의 학습 원리와 해석	280
8.7.3.	RNN+Attention의 두 가지 문제점	282
8.8.	트랜스포머의 Self-Attention	286
맺으며		292

부록

딥러닝을 위한 필수 기초 수학

1-1강.	함수	295
1-2강.	로그함수	298
2-1강.	벡터와 행렬	303
2-2강.	전치와 내적	308
3-1강.	극한과 엡실론-델타 논법	312
3-2강.	미분과 도함수	315
3-3강.	연쇄 법칙	319
3-4강.	편미분과 그래디언트	321
4-1강.	랜덤 변수와 확률 분포	323
4-2강.	평균과 분산	325
4-3강.	균등 분포와 정규 분포	329
5-1강.	MLE(Maximum Likelihood Estimation)	331
5-2강.	MAP(Maximum A Posteriori)	336
6강.	정보 이론 기초	340

Chapter 1
왜 현재 AI가 가장 핫할까?

현재 AI만큼 뜨거운 분야가 있을까요? 인류 역사를 통틀어 이렇게까지 빠르게 발전한 분야는 찾아보기 힘듭니다. ChatGPT와 같은 대규모 언어 모델은 방대한 지식을 바탕으로 인간의 언어 능력을 뛰어넘는 모습을 보여주며 우리를 놀라게 했습니다. 또, 예술의 영역만큼은 AI가 절대 침범할 수 없을 것이라는 사람들의 생각을 비웃기라도 하듯 AI가 만든 작품이 미술 대회와 작곡 공모전을 휩쓸고 있습니다.

AI 의사, AI 변호사, AI 회계사를 비롯한 AI 기반 전문직의 등장으로 어떤 직업부터 빠르게 대체될지를 예측하는 기사들도 심심찮게 접할 수 있습니다. 공학은 물론 물리학, 화학, 생물학, 의학, 경제학, 예술 등 셀 수 없이 다양한 분야에 AI가 활발하게 적용되면서 이제는 AI가 적용될 수 없는 분야를 찾는 것이 더 어려울 지경입니다.

이처럼 끝없이 펼쳐지는 AI의 급속한 발전은 우리에게 큰 충격을 주고 있지만 동시에 큰 기회를 만들어주고 있습니다. 우리 앞으로 훌쩍 다가온 AI 시대를 잘 맞이하기 위해서는 AI에 대해 깊이 있게 공부하여 대비하는 자세가 필요합니다. 도대체 어떻게 AI는 이렇게까지 다양한 분야에서 강력한 모습을 보여줄 수 있었을까요?

1.1. AI(Artificial Intelligence) vs ML(Machine Learning) vs DL(Deep Learning)

AI(Artificial Intelligence)는 인간의 지능을 인공적으로 구현한 기술 전체를 아우르는 광범위한 개념입니다. 이와 함께 자주 언급되는 **머신러닝**(Machine Learning, ML)과 **딥러닝**(Deep Learning, DL)은 AI의 세부 분야로, AI를 실현하는 구체적인 방법론에 해당합니다.

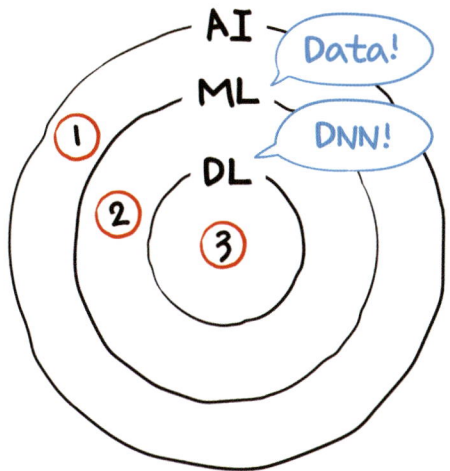

이들의 관계를 벤다이어그램으로 표현하면 위 그림과 같이 세 개의 영역으로 구분할 수 있습니다. 각 영역에 해당하는 대표적인 기술들은 다음과 같습니다:

- 1번 영역: 규칙 기반 알고리즘(Rule-Based Algorithm)
- 2번 영역: 선형 회귀(Linear Regression), 퍼셉트론(Perceptron)
- 3번 영역: CNN(Convolutional Neural Network), RNN(Recurrent Neural Network), 트랜스포머(Transformer)

이러한 구분을 통해 AI, ML, DL의 관계와 각 영역의 특징적인 기술들을 이해할 수 있습니다. 딥러닝은 머신러닝의 일부이며, 머신러닝은 다시 AI의 한 분야라는 계층적 관계가 명확히 드러납니다.

1.2. 규칙 기반(Rule-Based) vs 데이터 기반(Data-Based)

머신러닝의 핵심은 데이터 기반(Data-Based)으로 학습한다는 점입니다. 이를 이해하기 위해 규칙 기반(Rule-Based) 알고리즘과 비교해 보겠습니다.

규칙 기반 알고리즘으로 강아지와 고양이를 분류하는 AI를 만들려면, 사람이 직접 구별 규칙을 만들어야 합니다.

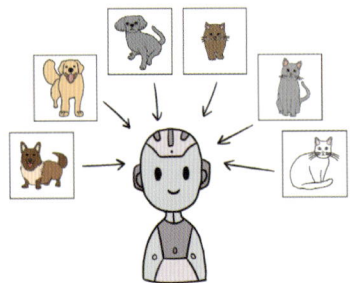

예를 들어, '수염이 길면 고양이', '혀를 내밀고 있으면 강아지'와 같이 눈, 코, 입, 귀, 표정 등의 차이를 모두 규칙으로 정의해야 합니다. 그 후 분류할 동물 사진의 특징을 추출하여 각 규칙에 대입하고 분류합니다. 하지만 이런 방식은 모든 경우를 포괄하기 어렵고, 예외 상황에 취약할 수 있습니다.

반면, **데이터 기반 방식은 규칙을 일일이 만들 필요 없이, 수많은 강아지와 고양이 사진(데이터)을 제공하여 AI가 스스로 규칙을 찾게 합니다.** 즉, 사진을 보여주며 해당 사진이 강아지인지 고양이인지만 알려주면 됩니다. 이 과정을 반복하면 AI는 스스로 강아지와 고양이의 차이를 학습합니다.

데이터 기반으로 AI의 분류 성능을 높이려면 다양하고 많은 양의 사진이 필요합니다. 앉아있는 모습, 누워있는 모습, 뒷모습 등 다양한 자세와 각도의 사진뿐만 아니라, 각 종류별로 충분한 수의 사진이 있어야 합니다. 더 나아가, 일부가 가려지거나 왜곡된 이미지, 흐릿하거나 노이즈가 있는 사진으로도 학습하면 AI는 더 다양한 상황과 이미지 품질에서도 정확하게 분류할 수 있게 됩니다.

규칙 기반 방식과 달리, 머신러닝의 큰 장점은 수많은 데이터만 준비하면 된다는 점입니다. 복잡한 규칙을 일일이 만들 필요 없이, 대량의 데이터를 통해 AI가 스스로 패턴을 학습하고 분류 능력을 키울 수 있습니다.

이렇게 데이터로 학습하는 과정이 머신러닝의 '훈련 과정'이며, 이후 '테스트 과정'을 통해 AI의 성능을 평가합니다. **테스트 과정의 핵심은 AI가 한 번도 본 적 없는 새로운 사진을 사용하는 것**입니다. 즉, 학습에 전혀 사용되지 않은, AI가 처음 보는 사진으로 분류 능력을 평가합니다. 이를 통해 AI가 단순히 학습 데이터를 암기한 것이 아니라, 진정으로 강아지와 고양이를 구별하는 능력을 갖추었는지 확인할 수 있습니다. 주로 **정확도**(Accuracy)를 평가 지표로 사용하며, 이는 테스트 사진 중 AI가 정답을 맞힌 비율을 의미합니다.

딥러닝은 머신러닝의 하위 개념으로, **깊은 인공 신경망**(Deep Neural Network, DNN)**을 데이터 기반으로 학습시키는 방법**을 말합니다.

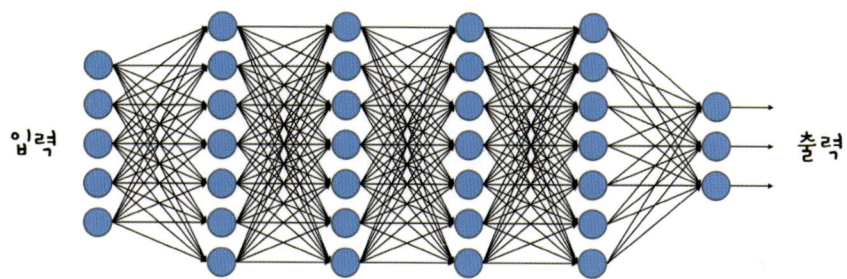

인공 신경망은 위 그림과 같이 여러 층(Layer)의 인공 신경(Neuron) 다발로 구성된 수학적 모델입니다. 이 모델에서 입력된 데이터는 여러 층을 통과하며 처리되어 최종 출력으로 변환됩니다.

깊은 인공 신경망은 매우 많은 층을 가진 인공 신경망을 의미하며, 내부 연산에 따라 다양한 종류가 있습니다. 이 책에서는 널리 사용되는 구조인 CNN과 RNN을 심도 있게 다루며, 자연어 처리 분야에 혁신을 가져온 트랜스포머의 핵심 메커니즘인 Attention과 Self-Attention의 작동 원리를 상세히 설명합니다. 이를 통해 현대 딥러닝의 주요 구조와 원리를 깊이 있게 이해할 수 있을 것입니다.

1.3. AI는 어떻게 이미지를 분류할까?

앞서 데이터 기반 학습은 AI에게 강아지와 고양이 사진을 '보여주며' 각각이 무엇인지 '알려주는' 방식이라고 설명했습니다. 이제 이 과정을 더 구체적으로 살펴보겠습니다.

먼저, 각 데이터에 해당하는 분류 정보를 숫자로 대응시켜야 합니다. 예를 들어, 강아지 사진은 1, 고양이 사진은 0으로 대응시킬 수 있습니다. 이렇게 데이터에 대응한 숫자를 **레이블**(Label)이라고 합니다.

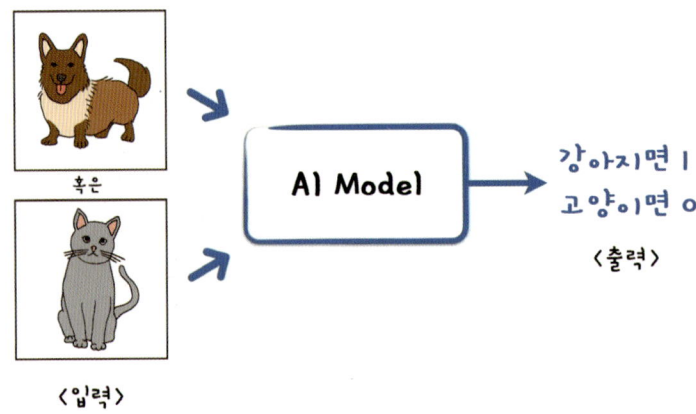

학습 과정은 이 레이블을 사용하여 진행됩니다. **AI 모델**[1]에 수많은 강아지와 고양이 사진을 반복적으로 입력하며, 강아지 사진에는 1을, 고양이 사진에는 0을 출력하도록 학습시킵니다. 이 과정을 대규모 데이터셋으로 수천, 수만 번 반복하면서 모델은 점진적으로 정확도를 높여갑니다. 충분한 학습 후, 모델에 테스트 사진을 입력하면 0과 1 사이의 값을 출력하게 됩니다. 예를 들어, 출력값이 0.9라면 모델이 해당 사진을 90% 확률로 강아지라고 판단한 것으로 해석할 수 있습니다. 반대로 0.1이라면 90% 확률로 고양이라고 판단한 것입니다.

여기서 주목할 점은 AI가 모든 정보를 숫자로 처리한다는 것입니다. 따라서, 출력뿐만 아니라 입력 역시 숫자 형태여야 합니다. 사실 디지털 이미지는 본질적으로 숫자로 이루어진 '행렬'입니다.

---

[1] 이는 모델, AI, 신경망, 딥러닝 모델 등 다양하게 표현됩니다. 인공 신경망은 본질적으로 수학적 모델이기 때문에 '모델'이라는 용어로 이러한 다양한 표현을 포괄할 수 있습니다.

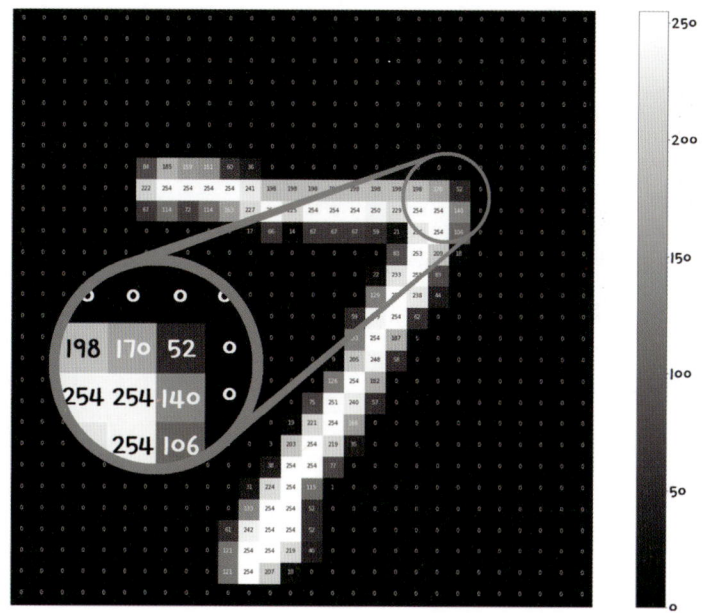

행렬은 가로와 세로로 숫자들이 나열된 구조입니다. 이미지에서 각 칸은 **픽셀**(Pixel)이라고 부르며, 픽셀이 가지는 값은 보통 0과 255 사이의 정수로, 해당 위치의 밝기를 표현합니다. 숫자가 클수록 더 밝음을 나타내고, 행과 열의 개수가 많을수록 이미지를 더 세밀하게 표현할 수 있습니다.

컬러 이미지는 3차원 행렬로 표현됩니다. 빛의 삼원색인 빨간색(Red), 초록색(Green), 파란색(Blue)에 대해 각각 0~255의 값을 가지는 행렬을 사용합니다. 이를 RGB 채널이라고 하며, 하나의 이미지가 세 개의 **채널**(Channel)을 가진다고 표현합니다. 예를 들어, RGB 값이 (255, 255, 0)이라면 빨간빛과 초록빛이 최대로, 파란빛은 없는 상태로, 강한 노란빛을 나타냅니다.

이러한 RGB 채널의 개념은 실제 디스플레이 장치에서도 직접 관찰할 수 있습니다. 우리가 육안으로 모니터를 볼 때는 개별 픽셀을 구분하기 어렵지만, 모니터 화면을 휴대폰 카메라로 찍은 다음 확대해서 보면 빨간색, 초록색, 파란색의 작은 LED들이 하나의 픽셀을 구성하고 있음을 확인할 수 있습니다. 각 픽셀이 매우 작기 때문에, 우리 눈은 이 세 LED의 빛이 혼합된 것을 하나의 색으로 인식하게 됩니다. 이는 RGB 채널 값들이 실제로 어떻게 색상으로 표현되는지를 보여주는 좋은 예시입니다.

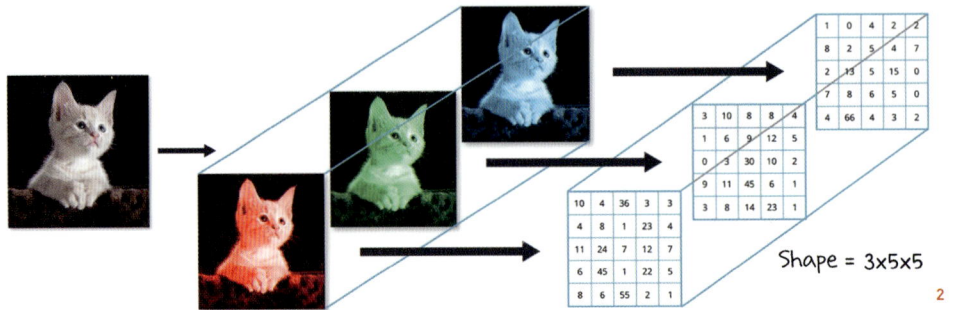

위 그림은 하나의 이미지를 RGB 세 행렬로 나타낸 것입니다. 간단한 예시를 위해 5×5 크기로 표현했지만, 실제 이미지는 더 큰 **해상도**(Resolution)를 가집니다. 해상도란, 이미지의 정밀도를 나타내는 지표로, 주로 가로와 세로의 픽셀 수로 표현합니다.

이 책에서는 이미지의 **크기**(Shape)를 표기할 때 채널, 행, 열 순으로 나타냅니다. 예를 들어, 3×100×100은 100×100 픽셀을 가지는 컬러 이미지를 의미합니다. 이는 딥러닝 프레임워크에서 주로 사용되는 표기법입니다.

이처럼 이미지를 숫자로 이루어진 행렬로 표현함으로써, AI는 복잡한 시각 정보를 처리하고 학습할 수 있게 됩니다. 이는 AI가 이미지 분류, 객체 인식 등 다양한 컴퓨터 비전 작업을 수행하는 기반이 됩니다.

1.4. AI는 어떻게 번역을 할까?

자연어 처리(Natural Language Processing, NLP)는 딥러닝 분야에서 이미지 처리만큼 중요한 위치를 차지하고 있습니다. 특히, 기계 번역은 NLP의 대표적인 응용 사례로 꼽힙니다.

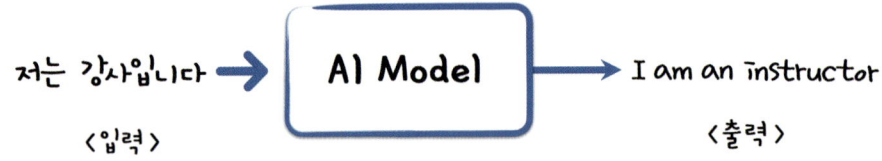

[2] https://www.codetd.com/en/article/12577180

번역 AI의 학습 과정은 이미지 분류 AI와 상당히 유사합니다. 이미지 분류에서 강아지 사진을 입력했을 때 1을 출력하도록 학습시키는 것처럼, 번역 AI는 "저는 강사입니다"라는 입력에 대해 "I am an instructor"를 출력하도록 학습시킵니다.

이 과정에서 이미지 분류와 마찬가지로 대량의 데이터가 필요합니다. 번역 문제의 경우, 하나의 데이터는 원문과 그에 대응하는 번역문으로 구성된 쌍입니다. 따라서 수많은 원문-번역문 쌍으로 이루어진 대규모 데이터셋이 학습에 필요합니다.

학습 후 모델의 성능 평가는 학습에 사용되지 않은 새로운 한글 문장을 입력하여, 번역된 문장의 정확성을 확인하는 방식으로 이루어집니다.[3] 이는 이미지 분류 모델이 처음 보는 이미지를 올바르게 분류하는지 테스트하는 것과 유사한 원리입니다.

그러나 **자연어 처리에는 이미지 처리와 다른 특별한 전처리 과정이 필요**합니다. AI가 모든 입출력을 숫자로 처리해야 하는데, 텍스트는 그 자체론 숫자가 아니기 때문입니다. 이를 위해 **토크나이징**(Tokenizing)이라는 작업을 수행합니다.

토크나이징은 텍스트를 적절한 단위로 나누는 작업입니다. 예를 들어, "저는 강사입니다"라는 문장을 "저는/강사/입니다"와 같이 세 개의 **토큰**(Token)으로 나눕니다. 영어 문장 "I am an instructor" 역시 "I/am/an/instructor"와 같이 네 개의 토큰으로 나눌 수 있습니다. 이렇게 나눈 각 토큰을 고유한 숫자에 대응시킵니다.

이 과정은 이미지 분류에서 강아지를 1, 고양이를 0으로 대응시켰던 것과 유사하지만, 두 가지 주요 차이점이 있습니다. 첫째, 토크나이징이라는 추가적인 전처리 단계가 필요하고, 둘째, 다루어야 할 토큰의 수가 훨씬 많습니다. 일반적인 언어 모델은 수만에서 수십만 개의 토큰을 다룹니다.

이러한 과정을 거쳐, 자연어 처리에서의 번역 작업은 연속적인 숫자 시퀀스를 받아 연속적인 숫자 시퀀스를 출력하는 방식으로 이루어집니다. 최종적으로, 출력된 숫자 시퀀스를 다시 텍스트로 변환하여 최종 번역 결과를 얻게 됩니다.

---

3 번역 모델의 성능 평가에는 주로 Perplexity와 BLEU Score가 사용됩니다. 이들은 각각 모델의 예측 능력과 번역 품질을 수치화합니다.

1.5. 지도 학습(Supervised Learning)

머신러닝의 학습 방식은 크게 네 가지로 나눌 수 있습니다: 지도 학습, 비지도 학습, 자기 지도 학습, 그리고 강화 학습입니다. 하지만 인공지능 기술이 빠르게 발전하고 있어, 이러한 구분은 절대적이라기보다는 현재의 이해를 돕기 위한 것임을 유의해야 합니다.

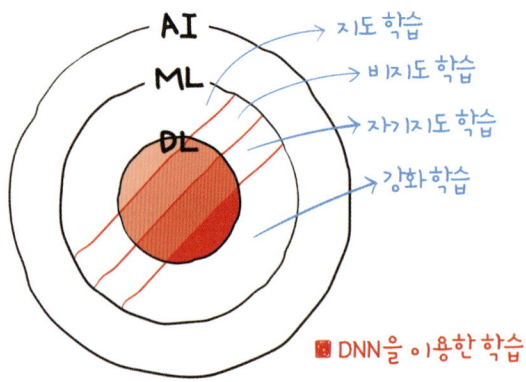

지도 학습(Supervised Learning)은 정답을 알고 있는 상태에서 학습하는 방식입니다. 앞서 살펴본 이미지 분류나 문장 번역이 바로 지도 학습의 대표적인 예시입니다. 이미지 분류에서는 각 입력 이미지에 대한 정답 클래스(예: 강아지, 고양이)를, 번역에서는 입력 문장에 대응되는 정답 번역문을 미리 알고 있는 상태에서 모델을 학습시킵니다.

즉, 지도 학습은 각 입력 데이터에 대한 레이블(정답)을 알고 있으므로, 모델이 특정 입력에 대해 어떤 출력을 내야 하는지를 명확히 알고 있는 상태에서 학습을 진행하는 것입니다. 물론, 학습이 완료된 후에는 모델의 실제 성능을 평가하기 위해 정답을 알려주지 않은 채로 새로운 데이터(테스트 데이터)에 대한 예측을 수행합니다. 이를 통해 모델이 학습 데이터뿐만 아니라 처음 보는 데이터에 대해서도 적절한 출력을 낼 수 있는지 확인합니다.

이러한 학습과 평가 과정을 위해서는 사람이 직접 각 입력 데이터에 대한 정답을 부여하는 **데이터 레이블링**(Data Labeling) 작업이 선행되어야 합니다. 이 과정은 상당한 시간과 비용이 소요될 수 있지만, 정확한 학습과 평가를 위해 필수적입니다.

지도 학습은 레이블의 형태에 따라 크게 두 가지로 나눌 수 있습니다:

1. **회귀**(Regression): 레이블이 연속적인 값인 경우입니다. 예를 들어, 집값 예측이나 주가 예측이 여기에 해당합니다.

2. **분류**(Classification): 레이블이 이산적인 값인 경우입니다. 앞서 살펴본 동물 분류가 대표적인 예시입니다. 번역 작업 역시 분류의 한 형태로 볼 수 있는데, 이는 각 토큰 시점에서 어떤 토큰이 출력되어야 하는지를 예측하는 과정이 연속된 분류 작업이기 때문입니다. 예를 들어, 번역 모델은 각 시점에서 가능한 모든 단어 중 가장 적절한 단어를 '분류하여' 선택합니다.

회귀와 분류는 모두 지도 학습의 대표적인 문제 유형으로, 다양한 분야에서 널리 활용되고 있습니다. 이러한 지도 학습 방식은 명확한 목표와 평가 기준을 가지고 있어, 많은 실용적인 AI 애플리케이션의 기반이 되고 있습니다.

회귀와 분류가 컴퓨터 비전(Computer Vision) 작업에서 어떻게 활용되는지 구체적인 사례를 통해 살펴보겠습니다.

1. **분류**(Classification): 이는 이미지가 무엇을 나타내는지 하나의 클래스로 분류하는 작업입니다. 앞서 설명한 강아지와 고양이 분류가 대표적인 예시입니다. 두 개의 클래스뿐만 아니라, 충분한 데이터만 있다면 세 개 이상의 클래스를 포함하는 다중 분류(Multiclass Classification)도 가능합니다.

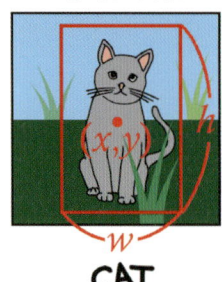

2. **위치 추정**(Localization): 이는 분류와 함께 수행되며, 이미지 내 객체(Object)의 클래스를 판단하고 동시에 그 객체의 위치를 출력합니다. 위치는 일반적으로 객체를 둘러싼 사각형 박스로 표현되며, 박스의 중심 좌표(x, y)와 높이(h), 너비(w)로 나타냅니다. 이 작업은 분류(클래스 예측)와 회귀(박스 정보 예측)를 동시에 수행해야 하므로 단순 분류보다 복잡합니다. 더욱이, 분류 레이블과 함께 각 이미지에 대해 박스 정보에 대한 레이블링 작업도 동반되어야 합니다. 정확한 박스를 지정하는 것이 단순히 클래스만 레이블링하는 것보다 더 많은 노력과 주의를 요구하므로 데이터 준비 과정이 더욱 복잡하고 시간 소모적입니다.

3. **객체 탐지**(Object Detection): 한 이미지 내 여러 객체에 대해 분류와 위치 추정을 동시에 수행합니다. YOLO(You Only Look Once)[4]와 같은 모델은 이미지를 그리드(Grid)로 나누고, 각

---

[4] Joseph Redmon 외 3인, 「You Only Look Once: Unified, Real-Time Object Detection」, IEEE Conference on CVPR, 2016.

그리드 셀에서 분류 및 여러 개의 바운딩 박스(Bounding Box) 각각에 대한 신뢰도(Confidence)와 박스 정보(x, y, h, w)를 예측합니다. 여기서 신뢰도는 그리드 셀 내에 객체의 중심이 존재할 가능성과 예측된 박스가 실제 객체와 겹치는 정도를 곱한 값입니다. 이 신뢰도는 0과 1 사이의 값으로, 높을수록 해당 박스가 객체를 정확하게 감지했다는 것을 의미합니다.

4. **분할**(Segmentation): 이미지의 모든 픽셀을 대상으로 각 픽셀이 어떤 클래스에 해당하는지 판단합니다. 특히 인스턴스 분할은 같은 클래스의 객체들도 서로 구분하여 분할합니다.

위 그림은 분할(Segmentation) 작업의 예시를 보여줍니다. [1]로 표시된 영역에 속하는 픽셀들은 배경으로, [2] 영역의 픽셀들은 강아지로, [3]과 [4] 영역의 픽셀들은 고양이로, [5] 영역의 픽셀들은 오리로 분류됩니다. 이 작업은 이미지의 모든 픽셀에 대해 수행되어, 각 픽셀이 어떤 클래스에 속하는지를 나타내는 행렬이 출력됩니다.

인스턴스 분할(Instance Segmentation)의 경우, 같은 클래스의 서로 다른 객체도 구분해야 합니다. 예를 들어, 그림의 [3]과 [4]는 같은 고양이 클래스지만 서로 다른 개체로 구분됩니다. 이를 위해 일반적으로는 먼저 객체 탐지를 수행하여 개별 객체를 식별한 후, 각 객체 영역 내에서 분할을 수행합니다. 이러한 방식으로 동일 클래스의 여러 객체도 개별적으로 구분하여 분할할 수 있습니다.

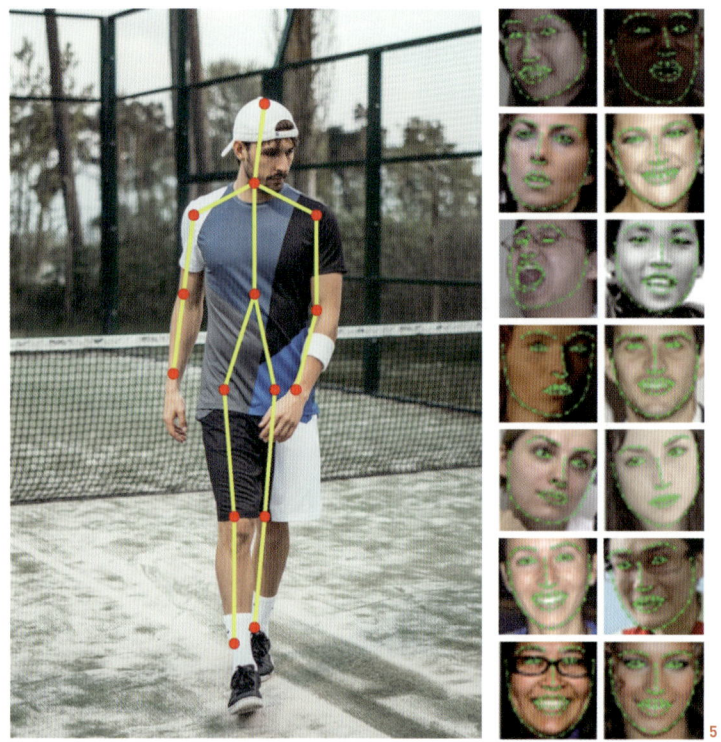

5. **자세 추정**(Pose Estimation)과 **얼굴 랜드마크 탐지**(Facial Landmark Detection): 자세 추정은 사람의 주요 신체 부위(머리, 어깨, 무릎, 발 등)의 좌표를, 얼굴 랜드마크 탐지는 얼굴의 주요 특징점(눈, 코, 입, 얼굴 윤곽 등)의 좌표를 예측합니다. 이러한 작업들은 각 좌표에 대한 정확한 레이블링이 필요하며, 그 복잡성으로 인해 레이블 생성에 많은 시간이 소요됩니다. 따라서 대부분의 경우 상당한 비용을 들여 전문가로부터 레이블링된 데이터를 확보해야 합니다.

---

5 https://www.learnopencv.com/deep-learning-based-human-pose-estimation-using-opencv-cpp-python
https://docs.opencv.org/master/d2/d42/tutorial_face_landmark_detection_in_an_image.html

이러한 컴퓨터 비전 작업들은 회귀와 분류를 적절히 조합하여 수행됩니다. 그러나 대부분 대량의 레이블링된 데이터가 필요하며, 이는 시간과 비용 측면에서 큰 부담이 됩니다. 특히, 자세 추정이나 얼굴 랜드마크 탐지와 같은 복잡한 작업일수록 이 문제가 더욱 두드러집니다.

그렇다면 레이블링 부담을 줄이면서도 높은 성능을 얻을 수 있는 방법은 없을까요? 자기 지도 학습이 이 문제의 해결책이 될 수 있습니다. 자기 지도 학습은 어떻게 이러한 난제를 극복하는지 살펴보겠습니다.

1.6. 자기 지도 학습(Self-Supervised Learning)

지도 학습의 가장 큰 단점은 대량의 레이블링된 데이터가 필요하여 많은 비용과 시간이 소요된다는 점입니다. 이러한 한계를 극복하기 위해 등장한 것이 바로 **자기 지도 학습**(Self-Supervised Learning)입니다. 이 방법은 레이블이 없는 데이터로도 학습할 수 있어 인공지능 연구 분야에서 큰 주목을 받고 있습니다.

자기 지도 학습은 일반적으로 **사전 학습**(Pre-Training)과 **미세 조정**(Fine-Tuning)의 두 단계로 진행됩니다:

1. 사전 학습 단계: 실제 풀고자 하는 진짜 문제(예: 동물 사진 분류, 이를 Downstream Task라고 합니다) 대신 **가짜 문제(이를 Pretext Task라고 합니다)를 새롭게 정의하여 해결**합니다. 이 과정에서 레이블이 없는 데이터를 활용합니다.
2. 미세 조정 단계: 레이블이 있는 데이터를 이용하여 일반적인 지도 학습 방식으로 모델을 조정합니다.

이러한 두 단계 접근법은 레이블링된 데이터만으로 학습한 모델보다 더 높은 성능을 얻을 수 있게 해줍니다.

컴퓨터 비전 분야에서 자기 지도 학습의 대표적인 예시로 Context Prediction과 Contrastive Learning이 있습니다. 이 두 기법은 서로 다른 방식으로 가짜 문제를 설계한다는 점에서 차이가 있습니다.

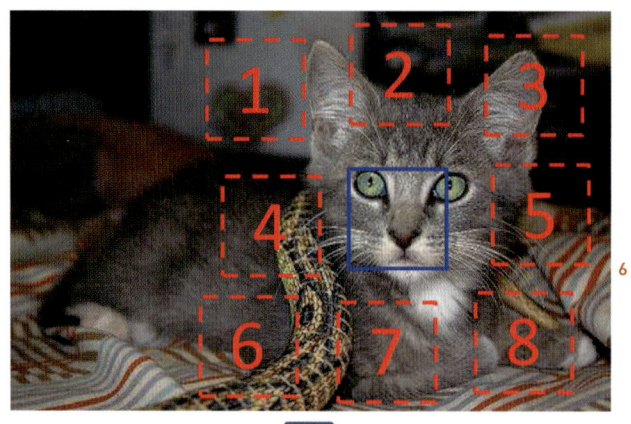

Context Prediction은 사전 학습 단계에서 이미지의 구조 및 객체 간 위치 관계를 **학습하는 기법**입니다. 그 과정은 다음과 같습니다:

1. 이미지에서 무작위로 위치를 선정하여 특정 크기의 파란색 패치를 둡니다.
2. 파란색 패치 주변에 동일한 크기의 패치들을 배치합니다.
3. 모델이 파란색 패치와 주변 패치들의 상대적 위치 관계를 예측하도록 학습시킵니다.

예를 들어, 파란색 패치와 3번 패치를 입력으로 넣었을 때 3이 출력되도록 학습시키면, 모델은 3번 패치가 파란색 패치의 오른쪽 위에 위치함을 인식하게 됩니다. 이러한 학습을 모든 주변 패치에 대해 수행하고, 파란색 패치의 위치를 계속 바꾸어가며 반복합니다.

이 방법의 장점은 다음과 같습니다:

- 레이블이 없는 데이터에도 적용할 수 있습니다.
- 파란색 패치의 위치를 임의로 선정할 수 있어 학습 데이터를 무한히 생성할 수 있습니다.

---

6 Carl Doersch 외 2인, 「Unsupervised Visual Representation Learning by Context Prediction」, ICCV, 2015.

상대적 위치 관계를 학습하는 것이 분류 문제와 직접적인 관련이 없어 보일 수 있습니다. 하지만, 이 과정을 통해 모델은 이미지 내 객체 간의 위치 관계(예: 고양이 귀 패치가 코 패치의 위쪽에 존재)를 예측하면서 이미지의 전반적인 구조를 파악하는 능력을 기르게 됩니다.

즉, Context Prediction은 **이미지의 픽셀값들이 무작위적이지 않고 일정한 패턴을 가진다는 사실을 활용한 학습 방법**이라고 할 수 있습니다. 여기서 말하는 패턴이란, 예를 들어 얼굴 이미지에서 눈, 코, 입이 특정 위치에 존재하고, 눈은 입 위에 위치하며, 몸통은 얼굴과 이어지고, 다리나 꼬리는 몸통에 연결되어 있는 등의 구조적 특징을 의미합니다. 이러한 학습을 통해 모델은 이미지의 구조와 특징을 더 깊이 이해하게 되고, 이는 향후 실제 분류 작업에서 더 나은 성능을 발휘하는 데 도움이 됩니다.

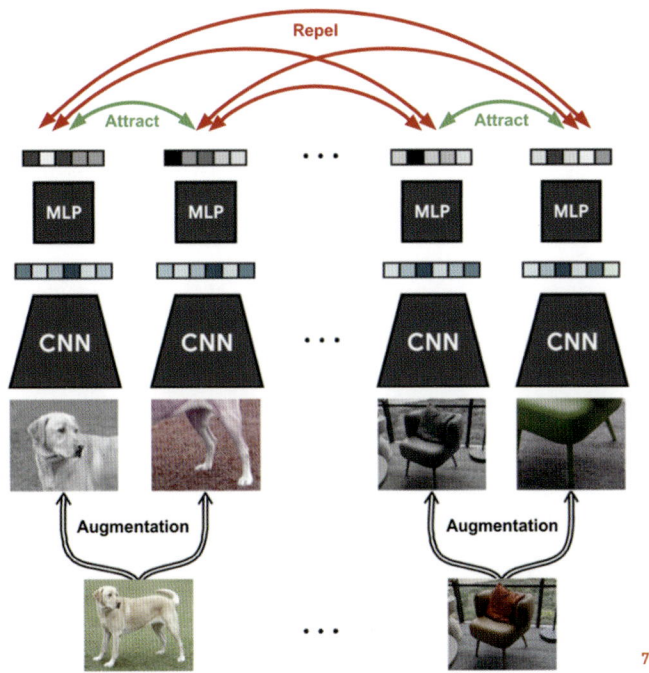

다음으로, Contrastive Learning에 대해 살펴보겠습니다. Contrastive Learning은 이미지 간의 관계를 학습하는 또 다른 자기 지도 학습 기법입니다. 이 방법은 다음과 같이 진행됩니다:

---

7   Ting Chen 외 3인, 「A Simple Framework for Contrastive Learning of Visual Representations」, ICML, 2002.

1. 하나의 이미지에 서로 다른 두 가지 변형(Augmentation)을 가합니다. 예를 들어, 이미지를 회전하거나, 밝기를 조절하거나, 일부를 잘라내는 등의 방법이 있습니다.
2. 변형된 이미지 쌍의 출처가 같은지 다른지를 인식하도록 모델을 학습시킵니다.

이 과정에서 모델은 다음과 같은 규칙으로 학습됩니다:

- 같은 이미지에서 변형된 쌍: 출력값을 서로 가깝게 만듭니다.
- 서로 다른 이미지에서 변형된 쌍: 출력값을 서로 멀어지게 만듭니다.

즉, 출처가 같다면 당기고(Attract), 출처가 다르면 밀어내는(Repel) 학습 방식입니다. 이를 통해 모델은 이미지의 고유한 특성을 파악하고, 이미지 간 유사도를 판단하는 능력을 기르게 됩니다.

자기 지도 학습으로 얻은 사전 학습 모델은 이미지에 대한 풍부한 정보와 지식을 갖게 됩니다. 이러한 모델을 Downstream Task에 적용하면, 적은 양의 레이블링된 데이터로도 뛰어난 성능을 얻을 수 있습니다. 특히 자세 추정과 같이 레이블링이 어려워 데이터 확보가 쉽지 않은 경우에 자기 지도 학습의 장점이 더욱 부각됩니다.

자연어 처리 분야에서도 자기 지도 학습이 활발히 연구되고 있습니다. 대표적인 예로 OpenAI의 **GPT**(Generative Pre-trained Transformer)와 구글의 **BERT**(Bidirectional Encoder Representations from Transformers)가 있습니다.

1. GPT: 다음 단어를 예측(Next Token Prediction)하는 방식으로 학습됩니다. 예: "저는 딥러닝 강사입니다" 문장에서
   - '저는'을 입력으로 '딥러닝'을 예측
   - '저는 딥러닝'을 입력으로 '강사'를 예측
   - '저는 딥러닝 강사'를 입력으로 '입니다'를 예측
2. BERT: 두 가지 방식을 동시에 사용합니다.
   - Masked Token Prediction: 문장에 빈칸을 만들고 빈칸에 알맞은 토큰을 예측
   - Next Sentence Prediction: 두 문장이 연속된 문장인지 예측

이 두 모델은 자기 지도 학습으로 사전 학습된 언어 모델로, 다양한 자연어 처리 문제에서

혁신적인 성능을 보여주고 있습니다. 위 학습 방식에서는 텍스트 자체가 학습의 입력이자 정답이 되므로, 인위적인 레이블링 작업이 필요 없습니다. 이러한 특성 덕분에 인터넷에 존재하는 방대한 양의 텍스트 데이터를 활용하여 모델을 학습시킬 수 있으며, 이는 모델의 성능 향상에 크게 기여합니다.

자기 지도 학습은 앞으로도 인공지능 기술 발전에 있어 핵심적인 역할을 할 것으로 기대됩니다. 이 방법은 대규모 레이블링된 데이터 확보의 어려움을 극복하고, 레이블이 없는 방대한 양의 데이터를 활용하여 모델이 데이터의 본질적인 구조와 패턴을 학습할 수 있게 해주기 때문입니다.

1.7. 비지도 학습(Unsupervised Learning)

비지도 학습(Unsupervised Learning)은 레이블이 없는 데이터에서 패턴이나 구조를 찾아내는 학습 방법입니다. **지도 학습과 달리 '정답'이 주어지지 않은 상태에서 데이터의 특징을 스스로 학습**합니다.

대표적인 비지도 학습 방법으로는 **군집화**(Clustering)와 **차원 축소**(Dimension Reduction)가 있습니다.

군집화는 비슷한 특성을 가진 데이터들을 그룹으로 묶는 방법입니다. 예를 들어, 온라인 쇼핑몰에서 고객들의 구매 패턴을 분석하여 비슷한 취향을 가진 고객들을 그룹화하는 데 사용할 수 있습니다. 대표적인 군집화 알고리즘으로는 K-means Clustering과 DBSCAN(Density-Based Spatial Clustering of Applications with Noise) 등이 있습니다.

차원 축소는 데이터의 중요한 특성은 유지하면서 데이터의 복잡성을 줄이는 방법입니다. 이는 고차원 데이터를 시각화하거나 데이터 처리 속도를 높이는 데 유용합니다. PCA(Principal Component Analysis)와 SVD(Singular Value Decomposition)가 널리 사용되는 차원 축소 기법입니다.

1.8. 강화 학습(Reinforcement Learning)

강화 학습(Reinforcement Learning)은 **특정한 행동을 강화시키는 학습 방식**입니다. 이는 우리가 원하는 행동을 AI에게 학습시키는 과정으로, 일상에서 흔히 볼 수 있는 훈련 방식과 매우 유사합니다.

예를 들어, 강아지에게 '손' 명령을 훈련시키는 과정을 생각해 봅시다. '손'을 가르치는 일반적인 방식은 훈련사가 '손'이라고 말하며 손을 주었을 때, 강아지가 앞발을 손에 올리면 간식을 주고, 다른 행동을 하면 간식을 주지 않는 것입니다. 이 과정을 반복하면 강아지는 '손'이라는 말만 들어도 앞발을 올리게 됩니다.

이처럼 원하는 **행동**(Action)에 대해 적절한 **보상**(Reward)을 줌으로써 그 행동을 강화하는 것이 강화 학습의 핵심입니다. AI를 강화 학습으로 훈련시키는 과정도 이와 매우 유사합니다.

구글의 AI 바둑 기사 알파고(AlphaGo)도 이러한 강화 학습을 통해 탄생했습니다. 바둑에서 AI의 Action은 돌을 어디에 둘지 결정하는 것이며, 이기는 수를 뒀을 때 해당 행동을 강화하기 위해 Reward를 주는 방식으로 학습을 진행합니다. 이 과정을 반복하면 AI는 바둑의 규칙을 이해하고 현재 바둑판 상황을 분석하여 최적의 수를 둘 수 있게 됩니다.

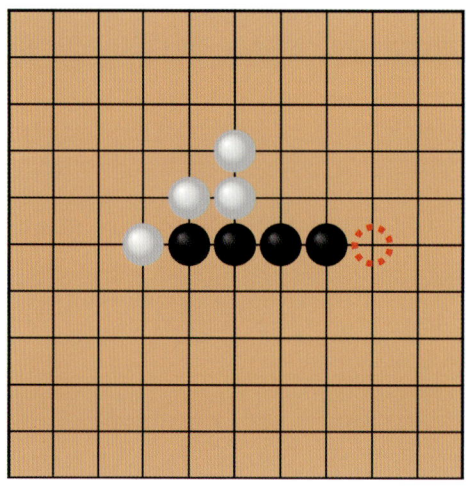

강화 학습의 원리를 더 쉽게 이해하기 위해 오목을 예로 들어보겠습니다. 위 상황에서 흑돌이 AI라고 가정해 봅시다. 현재 AI의 차례일 때, 빨간색으로 표시된 위치, 즉 다섯 개를 완성하는 수를 뒀을 때만 보상을 줍니다. 이러한 학습 방식을 적용하면, 처음에는 AI가 오목의 규칙을 모르기 때문에 무작위로 돌을 두며 수많은 패배를 경험하겠지만, 충분히 학습한 후에는 연속된 다섯 돌을 완성했을 때만 보상이 주어진다는 사실을 깨닫게 되어 위와 같은 상황에서 기회를 놓치지 않고 승리하는 수를 두게 됩니다. 이는 **AI가 보상으로 이어지는 행동을 강화**해 나가기 때문입니다.

여기서 주목할 점은, AI에게 오목의 규칙을 명시적으로 알려주지 않았음에도 불구하고, **단순히 적절한 보상을 주는 것만으로 AI가 게임의 규칙을 스스로 깨닫고 이기는 전략을 학습한다는 것**입니다. 이는 강화 학습의 놀라운 특징 중 하나입니다.

이 예시에서는 네 개가 이어졌을 때 다섯 개를 완성하는 경우만 다루었습니다. 그렇다면 세 개를 완성했을 때 네 개를 완성하는 수는 어떻게 배울 수 있을까요? 이는 보상 체계를 더 세밀하게 설계하거나, 여러 단계의 행동을 고려하는 더 복잡한 알고리즘을 통해 해결할 수 있습니다. 이에 대해서는 다음 예시에서 더 자세히 다루도록 하겠습니다.

잠깐! 알아두기

- Agent: 행동을 취하는 주체입니다. 강아지 훈련 상황에서는 강아지, 오목에서는 흑돌이 Agent입니다.

- Action: Agent가 취할 수 있는 모든 행동을 의미합니다. 강아지는 앉거나 앞발을 내밀 수 있고, 오목에서는 돌을 놓을 위치를 선택하는 것이 Action입니다.

- Reward: Agent가 Action에 따라 받게 되는 보상입니다. 강아지 훈련에서는 간식, 오목에서는 승점이 Reward입니다. 오목에서는 중간 과정의 Reward(예: 돌을 연속으로 놓았을 때의 작은 보상)도 설정할 수 있습니다. **강화 학습의 핵심 전제는 Agent가 이 Reward를 최대화하려 한다는 것**입니다.

- Environment: 강화 학습이 일어나는 무대입니다. 어떤 Action을 강화할지, 언제 어떠한 Reward를 줄지 설계된 공간을 의미합니다. 강아지 훈련에서는 훈련사, 오목에서는 승패를 판단하는 심판과 상대방(예시에서는 백돌)이 Environment입니다.

강화 학습의 주요 개념들을 더 알아보기 위해 '맛집 찾기' 예시를 살펴보겠습니다. 애인과의 1주년 기념일에 맛집을 찾아가는 상황을 가정해 봅시다.

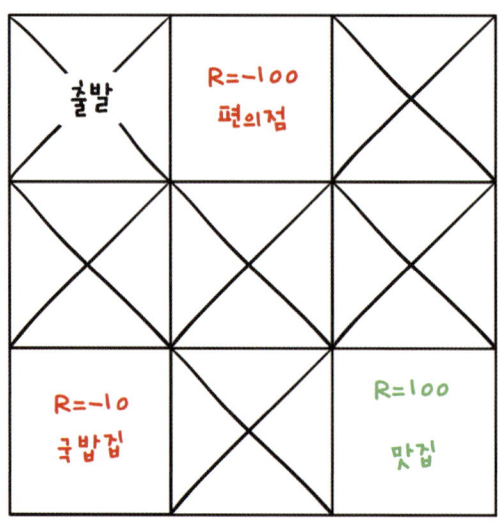

먼저, **환경**(Environment)을 다음과 같이 설정합니다:

- 맛집의 Reward +100
- 편의점의 Reward는 -100
- 국밥집의 Reward는 -10

Agent는 각 칸에서 상, 하, 좌, 우 네 방향으로만 이동할 수 있으며, 특정 목적지에 도착하면 해당하는 보상을 받게 됩니다.

> **잠깐! 알아두기**
>
> - State: 환경의 현재 상태를 나타내는 개념입니다. 오목 예시에서는 바둑판의 돌 배치 상태와 현재 누구의 차례인지가 State에 해당합니다. '맛집 찾기' 예시에서는 Agent의 현재 서 있는 칸의 위치(좌표)가 State를 나타냅니다.
>
> - 행동 가치 함수 Q: 특정 State에서 특정 Action을 했을 때 현재와 미래에 얻을 수 있는 Reward의 합의 기댓값입니다. 그림에서 각 칸을 네 부분으로 나눠 표시한 '점수'가 Q 값에 해당합니다.
>
> - Episode: 하나의 완전한 시행을 의미합니다. '맛집 찾기'에서는 시작점에서 출발하여 특정 목적지에 도달할 때까지의 과정 하나를 뜻합니다.

이제 에피소드별로 진행 과정을 살펴보겠습니다:

1. 에피소드 1: 첫 번째 애인과의 1주년 기념일입니다. 경험이 없어 아무런 정보가 없는 상태에서, Agent는 네 방향 중 무작위로 선택하여 이동합니다. 운이 나빠 가장 가까운 편의점에 도착하여 리워드 −100을 받고 종료됩니다. 이 경험을 기록하기 위해, 출발 위치에서 오른쪽으로 이동하는 Action에 대해 -100이라는 Q 값을 기록합니다.

2. 에피소드 2: 두 번째 애인과의 1주년 기념일입니다. 이전 경험을 바탕으로 만들어진 Q 값을 참고할 수 있습니다. 시작 지점에서 오른쪽으로 이동하면 -100의 보상이 예상되므로, 나머지 세 방향 중에서 선택합니다. 아래로 한 칸 이동한 후, 해당 위치에서는 정보가 없어 다시 네 방향 중 무작위로 선택합니다. 아래를 선택하게 되어 국밥집에 도착하고 -10의 보상을 받고 종료됩니다. 이번엔 2행 1열 위치에서 아래로 가는 Action에 -10이라는 Q 값을 기록합니다.

3. 에피소드 3: 이전 경험들을 바탕으로 Q 값을 점점 채워나가게 되었고, 이제는 편의점이나 국밥집을 피할 수 있게 되었습니다. 중간 칸에서부터는 여전히 무작위로 선택해야 하지만, 운이 좋게 맛집에 도달하는 데 성공합니다. 이번엔 2행 3열 칸에서 아래로 가는 Action에 100이라는 Q 값을 기록합니다.

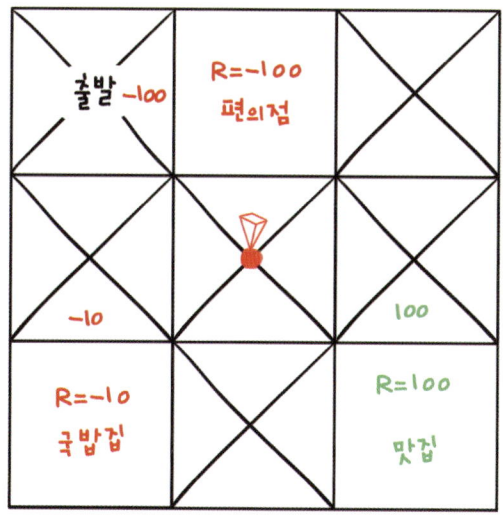

4. 에피소드 4: 맛집 근처까지 오는 데 성공했습니다. 현재 위치에서는 아직 Q 값이 없어 행동을 무작위로 선택해야 하지만, 오른쪽으로 이동한 후에 적절히 행동하면 +100의 보상을 얻을 수 있다는 것은 알고 있습니다.

이러한 정보를 이용해 미래의 보상을 현재 상태로 거슬러 올라가며 Q 값을 업데이트하는 방식이 바로 **Q-Learning**입니다. 만약 이 Q 값을 딥러닝을 이용해 학습한다면, 이는 **심층 강화 학습**(Deep Reinforcement Learning)이라고 부릅니다.

잠깐! 알아두기

- Q-Learning: Episode 내에서 수많은 Action을 수행하며 Q 값을 반복적으로 업데이트하여 최적의 행동 가치를 학습하는 방법입니다. 현재 State와 Action, Reward, 그리고 다음 State의 정보를 사용하여 Q 값을 갱신합니다.

- Exploration: 기존에 학습하지 않은 새로운 방법을 찾는 것입니다. ε 값으로 일탈의 빈도를 조정합니다. 이는 기존 지식을 활용하는 'Exploitation'과 균형을 이루어야 합니다. '맛집 찾기'에서는 새로운 맛집을 탐방하는 것에 해당합니다.

- Discount Factor γ: Q 값을 현재 시점으로 가져올 때 곱하는 0과 1 사이의 값입니다. 1에 가까울수록 미래의 보상을 중요하게 여기게 됩니다. '맛집 찾기'에서는 목적지까지 가는 여러 경로 중에서 더 빠르게 Reward를 얻을 수 있는 최단 경로를 선택할 수 있게 해줍니다. 즉, 불필요하게 돌아가는 길을 피하고 효율적인 경로를 찾는 데 도움을 줍니다.

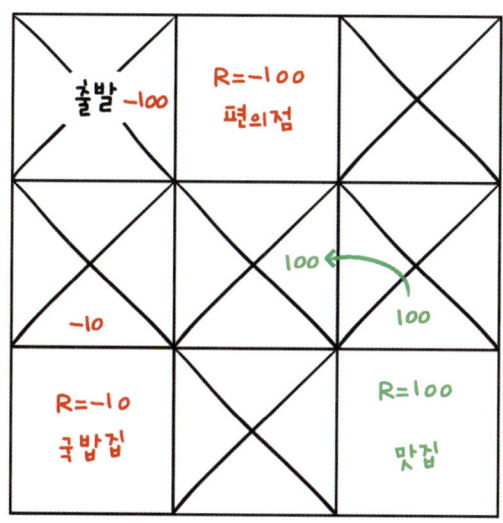

Q-Learning의 작동 원리를 좀 더 자세히 살펴보겠습니다. Q-Learning은 각 State에서 취할 수 있는 Action의 가치를 학습합니다. 예를 들어, 에피소드 4에서 가운데 칸에서 오른쪽을 선택하면 2행 3열 칸의 최대 Q 값인 100이 가운데 칸의 오른쪽 행동에 대한 Q 값이 됩니다.

이처럼 액션을 취할 때마다 이동한 State에서 가장 큰 Q 값으로 해당 액션에 대한 Q 값을 업데이트합니다. 에피소드를 거듭하며 이런 방식으로 Q 값들이 채워지면, **마치 '헨젤과 그레텔'의 빵 부스러기처럼 맛집으로 가는 최적 경로가 형성**됩니다.

하지만, 이 방식에는 한계가 있습니다. 항상 같은 경로만을 선택하게 되어, 백 번째 애인과의 기념일에도 똑같이 3행 3열에 위치한 맛집만을 고집하게 됩니다. 만약 현재 알고 있는 맛집 바로 아래 칸에 리워드가 +1,000인 대박 맛집이 있다고 해도, 기존 경로만 따라가면 평생 그곳을 발견할 수 없습니다. 이런 문제를 해결하기 위해 도입된 개념이 바로 Exploration입니다.

Exploration을 위한 방법 중에는 ε-Greedy라는 기법이 자주 사용됩니다. 여기서 ε은 **일탈할 확률**을 의미하며 0과 1 사이의 값입니다. 예를 들어, $\varepsilon=0.1$이면 10%의 확률로 **Q 값을 무시하고 무작위로 이동**합니다. 이를 통해 새로운 맛집을 발견하거나 더 큰 보상을 주는 경로를 발견할 수 있습니다. 알파고가 인간과 다른 혁신적인 수를 둘 수 있었던 것도 이 Exploration 덕분입니다.

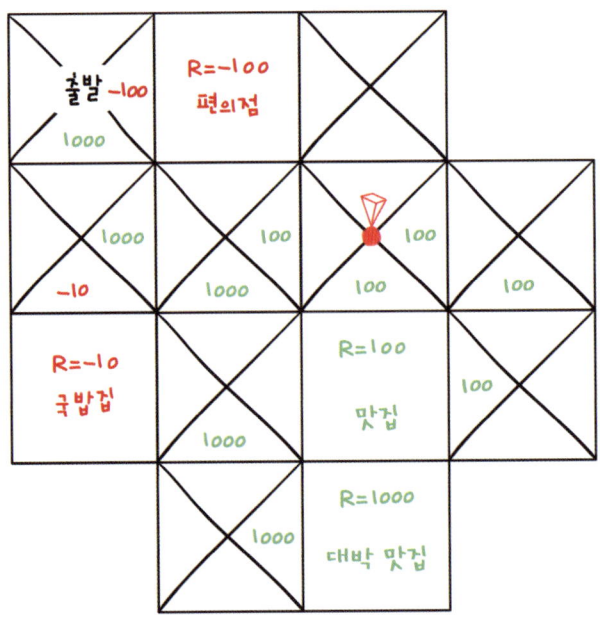

마지막으로, 최적의 경로를 찾는 방법을 알아봅시다. 위 그림처럼 오른쪽으로 칸이 더 있을 때, 충분한 에피소드를 거친 후에는 맛집에 돌아서 가는 경로도 발견하게 될 것입니다. 즉, 2행 3열 칸에서 아래로 가는 경우와 오른쪽으로 가는 경우 모두 100의 Q 값을 가지게 됩니다. 하지만 이렇게 되면 어느 쪽이 더 빠른 경로인지 구별할 수 없게 됩니다. 이 문제를 해결하기 위해 도입된 개념이 **Discount Factor**입니다.

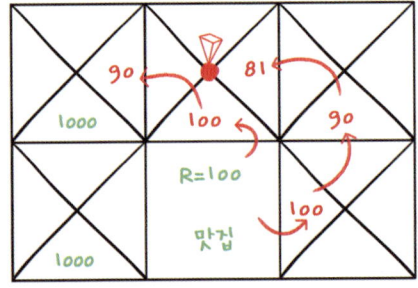

위는 Reward=100에 해당하는 맛집 주변만 나타낸 것입니다. **Discount Factor γ는 Q 값을 업데이트할 때, 가져올 Q 값을 깎는 역할**을 합니다. γ는 0과 1 사이의 값으로, 예를 들어 $\gamma=0.9$라면 가져올 Q 값 100에 0.9를 곱해 90만 가져오고, 그 이전 State의 Q 값은 여기에 0.9를 곱해 81이 됩니다.

즉, State를 거슬러 올라갈 때마다 Q 값에 γ를 곱하므로 목표 지점에서 멀어질수록 Q 값이 작아집니다. 이를 통해 AI는 각 위치에서 어느 방향이 더 효율적인지 판단할 수 있게 되어, 불필요하게 돌아가는 길을 피하고 가장 빠른 경로를 선택할 수 있게 됩니다.

이처럼 Q-Learning은 Exploration 전략과 Discount Factor를 활용하여 새로운 가능성을 탐색하면서도 장기적으로 최적의 해결책을 찾아갈 수 있습니다. 강화 학습은 복잡한 환경에서 스스로 전략을 개발하고 개선할 수 있는 강력한 방법론으로, 게임 AI, 로봇 제어, 자율 주행 차량 등 다양한 분야에서 혁신적인 성과를 내고 있습니다. 이는 인간의 학습 방식과 유사하면서도, 때로는 인간을 뛰어넘는 창의적인 해결책을 찾아내는 AI의 잠재력을 보여줍니다.

이번 챕터에서는 현대 AI 기술의 핵심 개념들을 폭넓게 살펴보았습니다. AI, 머신러닝, 딥러닝의 관계를 이해하고, 규칙 기반 방식에서 데이터 기반 방식으로의 패러다임 전환을 알아보았습니다. 이미지 분류와 번역 예시를 통해 AI의 실제 응용을 살펴보았고, 지도 학습, 자기 지도 학습, 강화 학습 등 다양한 학습 방식을 탐구했습니다. 이러한 AI 기술들은 우리의 일상생활부터 산업 전반에 이르기까지 광범위하게 영향을 미치고 있으며, 앞으로도 더 많은 혁신을 이끌 것으로 기대됩니다.

이어지는 챕터에서는 이러한 AI 모델들의 내부 구조와 작동 원리를 더 깊이 들여다보며, 실제로 어떻게 구현되고 학습되는지 자세히 알아보겠습니다.

Chapter 2
인공 신경망과 선형 회귀, 그리고 최적화 기법들

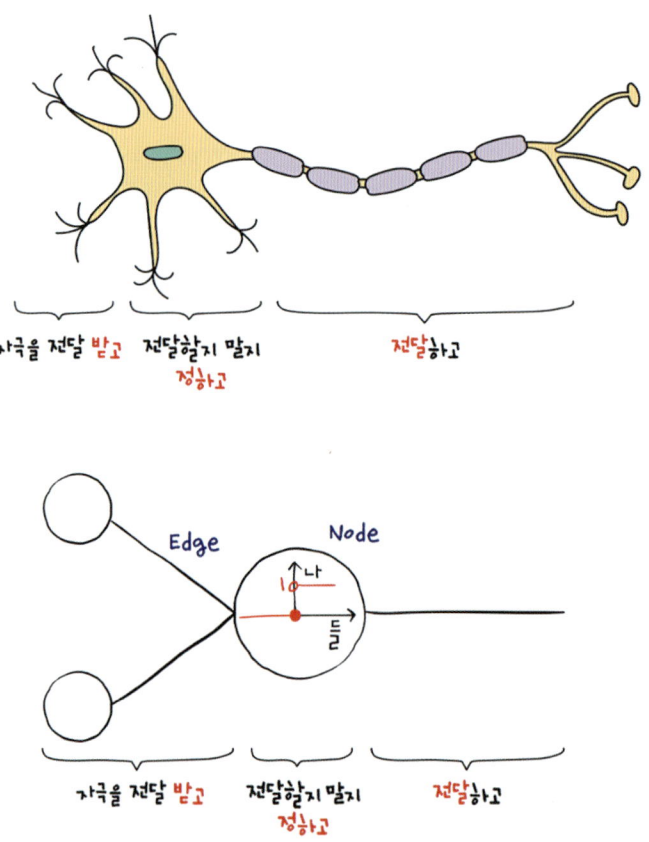

앞서 딥러닝이 깊은 인공 신경망(Deep Neural Network)을 데이터 기반으로 학습하는 개념임을 살펴보았습니다. 이번 챕터에서는 딥러닝의 핵심 요소인 인공 신경망에 대해 자세히 알아보겠습니다. 또한, 인공 신경망의 기초가 되는 선형 회귀 모델을 살펴보고, 이를 바탕으로 인공 신경망의 학습을 위한 다양한 최적화 기법들을 탐구해 보겠습니다. 선형 회귀는 딥러닝의 축소판이라고도 할 수 있어, 딥러닝의 핵심 개념들을 이해하는 데 훌륭한 출발점이 됩니다.

인공 신경망(Artificial Neural Network)은 인간 뇌의 신경망 구조에서 영감을 받아 만들어졌습니다. 말 그대로 인공적으로 만든 신경들이 서로 연결되어 망을 이룬 형태입니다. 이를 이해하기 위해, 먼저 생물학적 신경 구조와 인공 신경의 유사성을 살펴보겠습니다.

생물학적 신경 구조는 크게 세 부분으로 나눌 수 있습니다:

1. 수상돌기: 전기 신호를 받는 부분
2. 세포체(핵이 있는 부분): 받은 신호를 처리하는 부분
3. 축삭: 처리된 신호를 다음 신경으로 전달하는 부분

이러한 구조로 자극을 받아들이고, 그 자극이 특정 임계값을 넘으면 다음 신경(뉴런)으로 신호를 전달하는 방식으로 작동합니다.

인공 신경은 이러한 생물학적 신경의 작동 원리를 모방합니다. 그림에 표현된 인공 신경의 구조에서 원은 **노드**(Node), 선은 **엣지**(Edge) 혹은 **커넥션**(Connection)이라고 부릅니다. 여기서 주의할 점은, 그림에는 세 개의 노드가 있지만 이는 하나의 인공 신경을 표현하고 있다는 것입니다. 왼쪽의 두 노드는 입력된 자극의 값을 나타내는 '입력 노드'입니다. 실제 인공 신경은 오른쪽 노드와 이에 연결된 입출력 엣지로 구성됩니다.

인공 신경의 작동 과정을 간단히 설명하면 다음과 같습니다:

1. 여러 입력 노드(그림에서는 두 개)로부터 자극을 받습니다.
2. 받은 자극들의 총합을 계산합니다.
3. 이 총합을 활성화 함수에 통과시킵니다.
4. 활성화 함수의 출력값을 다음 층의 신경에 전달합니다.

활성화 함수(Activation Function)는 인공 신경의 핵심 요소 중 하나입니다. 이 함수는 들어오는 값과 나가는 값의 관계를 나타내며, 이를 각각 '들'축과 '나'축으로 표현할 수 있습니다. 활성화 함수는 인공 신경이 입력 신호를 어떻게 처리하여 출력할지를 결정합니다.

이 그림에서는 여러 활성화 함수 중 Unit Step Function이라는 활성화 함수를 사용하고 있습니다. Unit Step Function은 '들' 값이 0보다 작거나 같으면 '나' 값으로 0을, 0보다 크면 1을 출력합니다. 이러한 특성 때문에 그래프가 계단 모양을 띠어 'Unit Step'

Function이라는 이름이 붙었습니다. 이는 생물학적 신경의 '발화' 또는 '비발화' 상태를 간단히 모방한 것입니다.

2.1. 인공 신경: Weight와 Bias의 직관적 이해

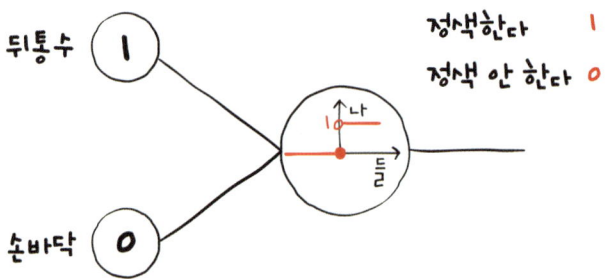

인공 신경의 지도 학습 과정을 실생활 예시를 통해 살펴보겠습니다. 특정 상황이 주어졌을 때 '정색해야 하는지'를 판단하도록 인공 신경을 학습시켜 보겠습니다.

예를 들어, 두 개의 입력 노드가 있다고 가정해 봅시다:

- 위쪽 입력 노드: 뒤통수에 받은 자극의 값
- 아래쪽 입력 노드: 손바닥에 받은 자극의 값

다음과 같은 상황을 고려해 봅시다:

- (0, 1): 친구와 일반적인 하이파이브를 한 상황
- (0, 10): 친구가 너무 세게 하이파이브를 한 상황
- (1, 0): 친구가 장난으로 하이파이브 하는 척하다가 뒤통수를 친 상황

이때, 학습 목표는 다음과 같습니다:

1. (0, 0) 또는 (0, 1) 입력 시 출력 0 (정색하지 않음)
2. (0, 10) 또는 (1, 0) 입력 시 출력 1 (정색함)

현재 그림의 인공 신경 상태로는 일반적인 하이파이브에도 정색하게 됩니다. 이는 '들' 값이 0＋1＝1로, '나' 값이 1(정색함)이 되기 때문입니다. 즉, 인공 신경이 필요 이상으로 민감하다는 뜻입니다. 이 문제를 해결하기 위해 **바이어스**(Bias)라는 개념을 도입합니다.

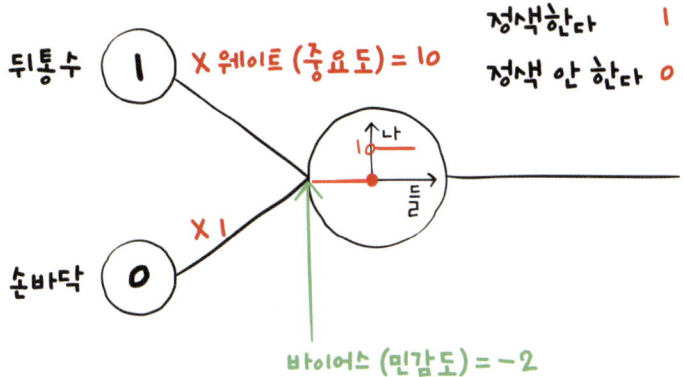

바이어스는 '들' 값을 계산할 때 자극의 값과 함께 더해지는 값으로, 신경의 민감도를 조절하는 파라미터입니다. 예를 들어, 바이어스를 -2로 설정하면 다음과 같이 판단합니다:

- 일반적인 하이파이브 (0, 1) 상황: '들' 값$=0+1-2=-1$ → '나' 값$=0$ (정색하지 않음)
- 세게 친 하이파이브 (0, 10) 상황: '들' 값$=0+10-2=8$ → '나' 값$=1$ (정색함)

하지만, 바이어스만으로는 모든 상황을 적절히 처리할 수 없습니다. 예를 들어, 뒤통수를 맞은 (1, 0) 상황에서는 정색해야 하지만, 현재 설정으로는 '들' 값이 $1+0-2=-1$로 계산되어 정색하지 않게 됩니다. 이는 각 자극의 중요도가 동일하게 취급되기 때문입니다.

이 문제를 해결하기 위해 **웨이트**(Weight)라는 개념을 도입합니다. **웨이트는 각 자극의 중요도를 결정하는 파라미터로, 자극의 값에 곱해져 총합에 반영**됩니다. 예를 들어:

- 뒤통수 자극의 웨이트: 10
- 손바닥 자극의 웨이트: 1

이렇게 설정하면 다음과 같이 판단합니다:

- 뒤통수를 맞은 (1, 0) 상황: '들' 값$=1\times10+0\times1-2=8$ → '나' 값$=1$ (정색함)

요약하면, **인공 신경은 노드와 엣지로 이루어져 있고, 입력된 자극의 값에 웨이트를 곱하고 바이어스와 함께 더한 다음 활성화 함수를 통과**시킵니다. 또, 위 예시와 같이 웨이트와 바이어스를 적절히 조정함으로써, 인공 신경이 다양한 상황에 대해 원하는 반응을 하도록 만들 수 있습니다. 이는 **웨이트와 바이어스 값을 잘 정하는 것이 인공 신경의 성능을 결정하는 데 매우 중요**하다는 것을 보여줍니다.

하지만, 실제 인공 신경망에서는 웨이트와 바이어스가 수억 개에 달할 수 있어, 사람이 일일이 값을 정하는 것은 불가능합니다. 따라서, 뒤에서 소개할 알고리즘들을 통해 **AI가 스스로 적절한 바이어스와 웨이트를 찾아내도록 합니다.** 이 과정을 우리는 "AI가 학습한다"라고 표현하며, 세상을 놀라게 한 AI 탄생의 원리가 바로 여기에 숨어있습니다.

2.2. 인공 신경망과 MLP(Multi-Layer Perceptron)

인공 신경망(Artificial Neural Network)은 여러 인공 신경이 서로 연결되어 망을 이룬 구조입니다. 본질적으로 이는 **'곱하고 더하고 액티베이션하는' 과정의 연속**이라고 볼 수 있습니다.

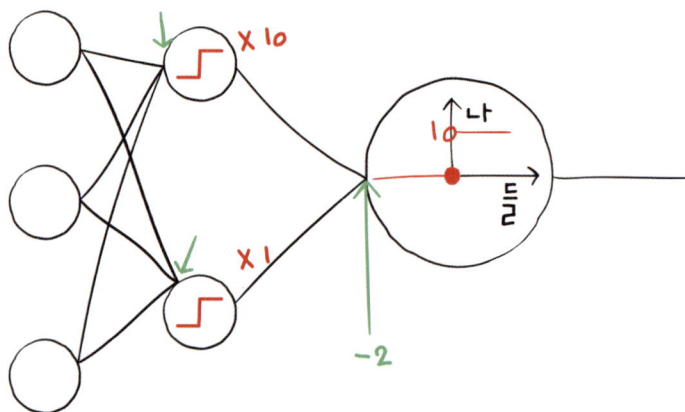

위 그림은 세 개의 입력을 받아 하나의 출력을 내는 간단한 인공 신경망입니다. 중간에 위치한 두 개의 인공 신경은 입력된 자극을 받아 처리한 후 출력 노드로 전달하며, 각각 활성화 함수를 가지고 있습니다. 최종적으로 하나의 신경이 이 자극들을 종합하여 하나의 출력값을 만들어냅니다.

여기에서 인공 신경망의 핵심 원리를 이해할 수 있는 중요한 포인트가 있습니다. 중간에 있는 두 노드의 웨이트 값이 동일하다면 어떤 일이 일어날까요? 예를 들어, 두 노드 모두 (0.5, 0, 1)이라는 같은 웨이트 값을 가진다고 가정해 봅시다. 이 경우, 두 노드는 완전히 동일한 방식으로 작동하게 됩니다: 위의 입력은 절반만큼, 중간 입력은 무시하고, 아래의 입력은 그대로 받아들이는 식입니다. 결과적으로 이는 신경망의 다양성과 학습 능력을 심각하게 제한하게 됩니다.

이로부터 중요한 통찰을 얻을 수 있습니다: **각 노드가 가진 웨이트 세트가 곧 해당 노드의 '역할'을 결정**합니다. 웨이트 세트가 서로 충분히 다를 때, 각 신경은 고유한 역할을 수행할 수 있습니다. 예를 들어, 첫 번째 노드의 웨이트가 (1, 0.5, 0)이고 두 번째 노드의 웨이트가 (0, 0.5, 1)이라면, 첫 번째 노드는 위쪽 입력에, 두 번째 노드는 아래쪽 입력에 더 중점을 두게 됩니다. 이러한 다양성이 신경망의 표현력을 높이는 핵심 요소입니다.

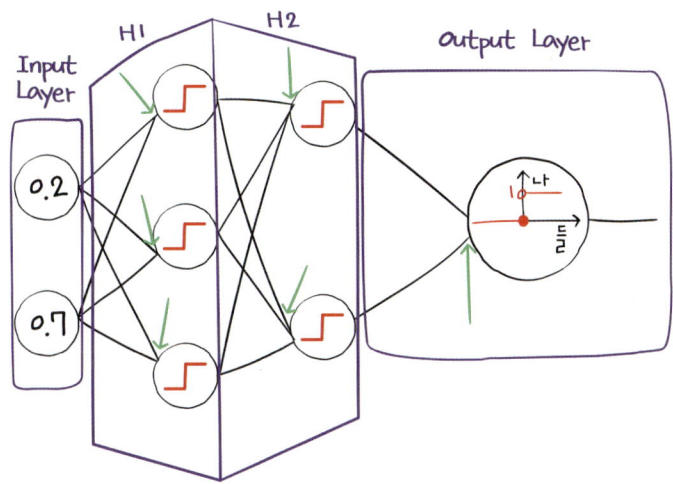

이제 한 층을 더 추가해 보겠습니다. 이 그림은 두 개의 입력 (0.2, 0.7)이 세 층을 통과하여 최종적으로 하나의 값을 출력하는 모습을 보여줍니다. 각 층은 다음과 같이 구분됩니다:

1. **인풋 레이어**(Input Layer, 입력층): 입력값을 가진 노드들이 존재하는 층
2. **히든 레이어**(Hidden Layer, 은닉층): 중간에 존재하는 H1, H2로 표현된 층
3. **아웃풋 레이어**(Output Layer, 출력층): 최종 출력을 내는 층

즉, 히든 레이어의 개수가 많을수록 신경망은 더 '깊어'집니다. 따라서 **히든 레이어 개수가 많은 인공 신경망을 깊은 인공 신경망**이라고 부릅니다.

이 인공 신경망의 웨이트와 바이어스 개수는 다음과 같이 계산됩니다:

- 첫 번째 히든 레이어: 웨이트 2×3＝6개, 바이어스 3개, 총 9개
- 두 번째 히든 레이어: 웨이트 3×2＝6개, 바이어스 2개, 총 8개
- 아웃풋 레이어: 웨이트 2×1＝2개, 바이어스 1개, 총 3개

한편, 노드끼리 모두 연결된 층을 FC(Fully-Connected) 레이어라고 하며 인풋, 아웃풋 레이어와 더불어 히든 레이어를 하나 이상 가지면서 모든 레이어가 FC 레이어인 신경망을 MLP(Multi-Layer Perceptron, 다층 퍼셉트론)라고 부릅니다. 초기에는 Unit Step Function을 사용하는 인공 신경만을 퍼셉트론이라고 불렀지만, 현재는 그 의미가 확장되어 히든 레이어에서 비선형 액티베이션을 사용하기만 하면 MLP라고 부릅니다.

2.3. 인공 신경망은 함수다!

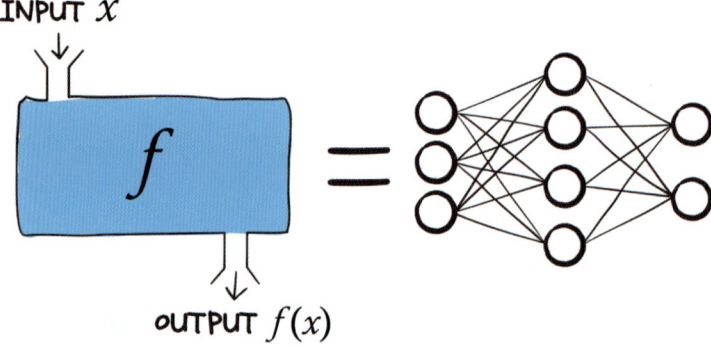

함수는 **입력값을 처리하여 하나의 출력값에 대응시키는 것**입니다. 예를 들어, $f(x)=x^2$ 이라는 함수는 입력 x를 제곱하여 하나의 출력값을 만듭니다. 또, 입력값 x와 y에 대해 $f(x,y)=yx^2$ 와 같이 여러 개의 입력을 받아 처리하는 함수도 있습니다.

인공 신경망 역시 이러한 함수의 한 형태입니다. 값을 입력하면 그에 해당하는 값을 출력합니다. 오른쪽 그림의 인공 신경망은 세 개의 값을 입력받아 두 개의 값을 출력하는

함수입니다.[8] 즉, **인공 신경망은 웨이트를 곱하고, 바이어스를 더하고, 액티베이션을 통과시키는 작은 구성 요소들이 연결된 하나의 복잡한 함수**입니다.

따라서, AI의 학습은 수많은 데이터를 보여주면서 **"이 입력에는 이 출력이 나와야 해!"라고 반복적으로 알려주며 입력과 출력을 연결하는 최적의 함수를 찾아가는 과정**입니다. 이렇게 함수를 학습하면 AI는 처음 보는 입력에 대해서도 적절한 출력을 만들 수 있게 됩니다.

예를 들어, 유튜브 영상 조회수를 입력값, 예상 수익을 출력값으로 설정한다면, 조회수 1천, 1만, 5만 등에 대한 실제 수익이 레이블이 됩니다. 이를 기반으로 AI를 학습시켜 조회수와 수익의 관계(함수)를 파악하면, 영상의 조회수가 3천일 때의 예상 수익을 '예측'할 수 있게 되는 것입니다.

따라서 AI는 거대한 함수이며, AI의 학습은 최적의 함수를 찾아가는 과정이라고 볼 수 있습니다. 딥러닝에서는 인공 신경망으로 임의의 함수를 표현하기 때문에 신경망이 가지는 웨이트와 바이어스를 알아내는 것이 바로 딥러닝의 학습 목표가 됩니다. 사람은 단지 인공 신경망의 틀(층 수, 노드 수 등)만 정해주면 됩니다.

그렇다면 우리에게 비교적 익숙한 함수인 일차 함수 $y=ax+b$ 를 인공 신경망으로 표현해 보겠습니다. 여기서 변수 x 는 입력, 변수 y 는 출력을 나타냅니다. 이 작업에는 새로운 액티베이션인 **선형 액티베이션**(Linear Activation)이 필요합니다. 선형 액티베이션은 $f(x)=x$ 의 형태로, 쉽게 말해 들어온 값이 그대로 나가게끔 하는 액티베이션입니다. 이를 사용하면 노드 두 개로 충분히 $y=ax+b$ 를 표현할 수 있습니다. 다음 설명을 읽기 전에 먼저 직접 만들어보시기 바랍니다.

---

[8] 중, 고등학교에서는 주로 하나의 입력에 하나의 출력을 내는 함수를 배우지만, 여러 값을 출력하는 함수도 존재합니다. 벡터를 출력하는 함수가 그 예시이며, 특정 입력에 대해 '하나의 벡터'가 출력되므로, '하나의 입력에 하나의 출력이 대응'한다는 함수의 기본 정의를 여전히 만족합니다.

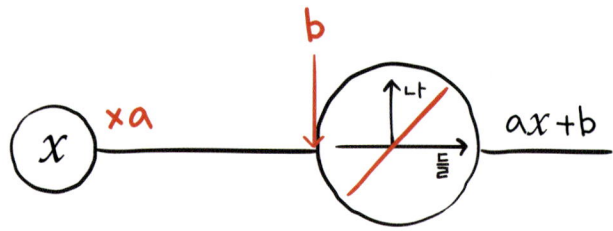

정답은 위와 같습니다. 간단히 입력 노드 한 개, 출력 노드 한 개로 구성되어 있습니다. 웨이트 값은 a, 바이어스 값은 b이며 선형 액티베이션을 통과하므로 '들' 값인 $ax+b$가 그대로 출력으로 나가 $y=ax+b$를 표현하게 됩니다.

이렇게 일차 함수를 인공 신경망으로 나타낼 수 있듯이, 이차 함수, 초월 함수, 삼각 함수 등 다양한 함수들 역시 인공 신경망 모델을 통해 표현할 수 있습니다.[9]

이제 이 간단한 인공 신경으로 '딥러닝의 축소판'이라 할 수 있는 선형 회귀 문제를 풀어보겠습니다.

2.4. 선형 회귀, 개념부터 알고리즘까지 step by step

선형 회귀(Linear Regression)는 머신러닝의 기본적인 기법 중 하나입니다. 이를 인공 신경망으로 구현하고 학습시켜 봄으로써 딥러닝의 핵심 원리를 이해할 수 있습니다. 이 섹션에서는 선형 회귀의 기본 개념부터 학습 알고리즘까지 단계별로 살펴보겠습니다.

먼저, **회귀**(Regression)의 개념을 알아보겠습니다. **회귀란 입력과 출력 간의 관계를 알아내는 것**, 즉 입력과 출력을 연결하는 함수를 알아내는 것을 말합니다. **선형 회귀는 이 관계를 선형으로 놓고 알아내는 것**입니다.

입력과 출력 간의 관계를 알아내는 것이 중요한 이유는 앞서 설명한 대로 처음 보는 입력에 대해서도 적절한 출력을 얻을 수 있기 때문입니다. 예를 들어, 유튜브 영상의 조회수(x)와 수익(y)의 관계를 $y=ax+b$와 같이 선형 함수로 놓고 최적의 웨이트 a와 바이어스 b를 알아낸다면 새로운 영상의 조회수만으로도 수익을 예상할 수 있게 됩니다.

---

9 Universal Approximation Theorem(보편 근사 정리)이 이를 증명합니다. 이 정리에 따르면, 충분히 많은 노드를 가진 단 하나의 히든 레이어만으로도 제한된 범위 안의 어떤 연속 함수든 근사할 수 있습니다.

사실, 조회수로 수익을 예상하는 것과 사진으로 클래스(예: 강아지, 고양이)를 분류하는 것은 본질적으로 유사한 작업입니다. 하지만 전자는 회귀, 후자는 분류 문제로 불리는데, 이는 회귀의 레이블은 연속적이고 분류의 레이블은 이산적이라는 차이 때문입니다.

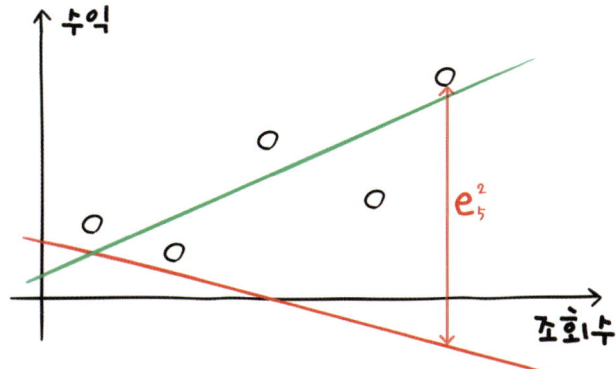

이제 구체적인 예를 통해 선형 회귀 문제를 살펴보겠습니다. 위 그림은 5개 유튜브 영상의 (조회수, 수익) 데이터를 보여줍니다. 예상대로 조회수가 높을수록 수익이 큰 경향을 보입니다. 선형 회귀의 목표는 이 관계를 가장 잘 표현하는 직선을 찾는 것입니다. 그림의 초록색 직선이 이상적인 관계를 나타내며, 이 직선의 기울기 a와 y 절편 b가 우리가 찾고자 하는 최적의 파라미터입니다.

이제 목표는 최적의 a와 b를 찾아내는 것입니다. 학습 초기에는 a와 b를 무작위로 설정합니다. 그림의 빨간색 직선이 이렇게 임의로 설정된 초기 파라미터로 그린 그래프입니다. 직관적으로는 초록색 직선이 빨간색 직선보다 더 낫다는 것을 알 수 있지만, 얼마만큼 더 나은지를 정확히 수치화하려면 **파라미터의 좋고 나쁨을 정량적으로 평가할 방법**이 필요합니다.

이를 위해 도입되는 개념이 바로 Loss 함수(손실 함수)입니다. **Loss 함수는 해당 파라미터가 얼마나 안 좋은지를 나타내는 함수로, 이를 최소화하는 파라미터가 곧 최적의 파라미터입니다.** 앞서 AI의 학습 과정을 "이 입력에는 이 출력이 나와야 해!"라고 알려주며 최적의 함수를 찾아가는 과정이라고 설명했는데, 이를 Loss로 표현하면 **"Loss를 최대한 줄여야 해!"와 같습니다. 따라서, '이 입력'에는 '이 출력'이 가깝게 나올수록 Loss가 작아지도록 설계해야** 합니다.

Loss 함수는 딥러닝 학습의 핵심 요소로, 해결하고자 하는 문제의 특성에 맞게 적절히 정의해야 합니다. 여기서는 AI의 예측 수익 $\hat{y}$과 실제 수익 y의 차로 Loss를 정의해 보겠습니다. 예를 들어, 다섯 번째 데이터의 수익을 y_5, 예측 수익을 $\hat{y}_5$($\hat{y}_5 = ax_5 + b$)이라고 할 때, 에러 $e_5 = y_5 - \hat{y}_5$입니다.

이제 전체 데이터에 대한 에러를 고려하여 $L = \dfrac{e_1 + e_2 + e_3 + e_4 + e_5}{5}$와 같이 평균을 내서 Loss를 정의할 수 있습니다. 그러나 이 Loss 함수에는 문제가 있습니다.

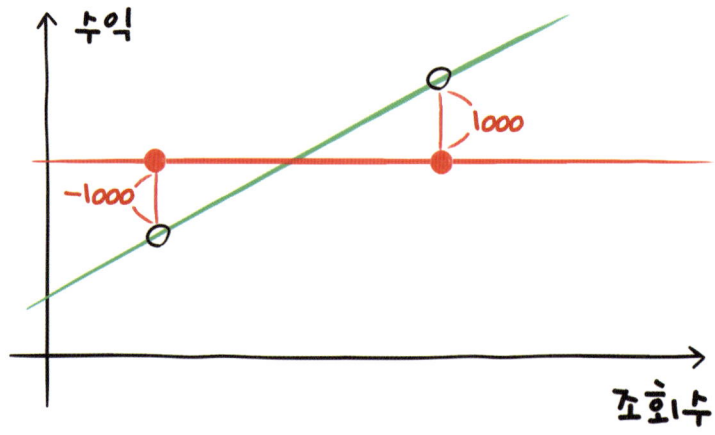

위 그림은 두 개의 데이터만 있는 상황을 가정한 것으로, 초록색 직선은 두 데이터를 정확히 지나고, 빨간색 직선은 두 점 사이의 중간을 지납니다. 직관적으로는 초록색 직선이 더 나아 보이지만, 앞서 정의한 Loss를 계산해 보면 둘 다 0이 됩니다. 이는 실제와 예측의 차는 양수가 될 수도, 음수가 될 수도 있기 때문입니다. 따라서 에러를 양수로 만든 다음 더하는 방식으로 Loss를 정의해야 함을 알 수 있습니다.

에러를 양수로 만드는 방법[10] 중 가장 흔히 사용되는 두 가지 방법은 다음과 같습니다:

1. 제곱 사용: $L = \dfrac{e_1^2 + e_2^2 + e_3^2 + e_4^2 + e_5^2}{5}$
2. 절댓값 사용: $L = \dfrac{|e_1| + |e_2| + |e_3| + |e_4| + |e_5|}{5}$

---

[10] 제곱 외에도 네제곱 등 다른 짝수 제곱을 사용해 양수로 바꿀 수 있습니다. 하지만 이러한 방법들은 실제로 잘 사용되지 않습니다. 그 이유를 한번 생각해 봅시다.

두 방법 모두 실제로 사용되지만, 각각의 특성이 다르므로 상황에 맞게 선택해야 합니다. 어떤 차이가 있는지를 알아보기 위해 e_5^2과 $|e_5|$의 그래프를 비교해 보겠습니다.

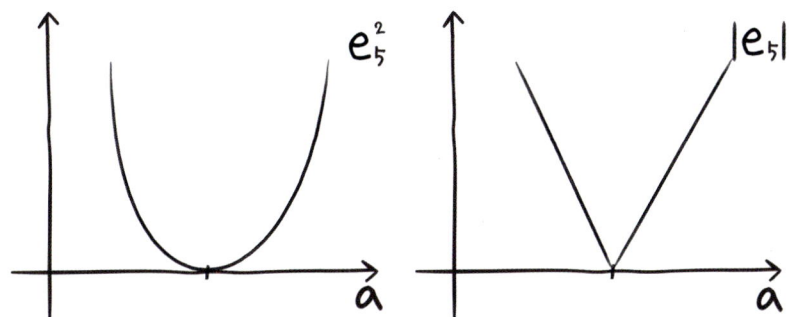

두 그래프는 바이어스(y 절편)를 0으로 고정한 채로 웨이트(기울기)를 바꿔가며 e_5^2과 $|e_5|$을 그린 것입니다. 기울기를 계속 바꿔 가다 보면 다섯 번째 데이터를 지나갈 때가 있기 때문에 두 그래프에서 모두 에러가 0이 되는 지점이 있음을 확인할 수 있습니다.

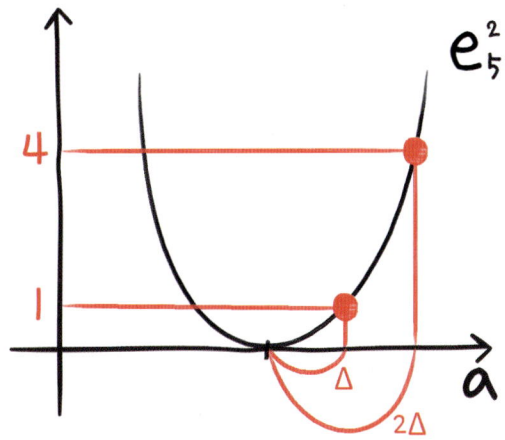

에러가 0인 지점 근처를 살펴보면, 제곱 에러의 경우 a의 변화에 따라 더 급격하게 증가합니다. 예를 들어, 에러 제곱이 1이 되는 지점에서 같은 양만큼 a를 더 변화시키면 에러 제곱은 4가 되어 네 배로 증가합니다. 반면, 절댓값 에러는 선형적으로 증가하여 두 배 멀어지면 에러도 정확히 두 배가 됩니다. 즉, **제곱을 취하면 파라미터 변화에 더 민감하게 반응합니다.**

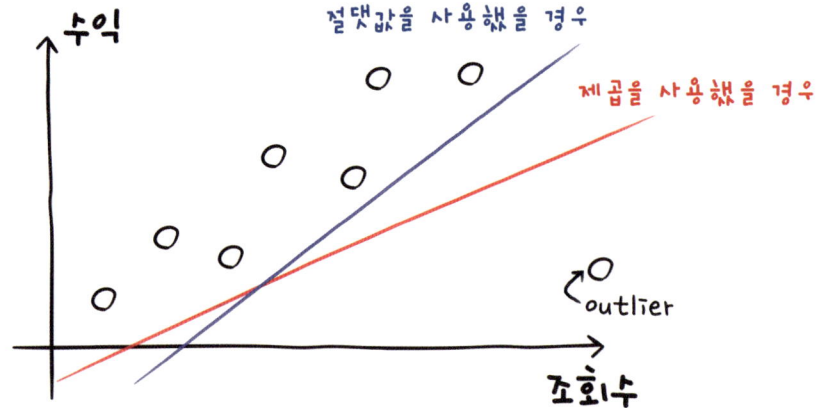

이러한 특성은 이상치(Outlier) 처리에 큰 영향을 미칩니다. 이상치란 전체적인 데이터의 경향성에서 크게 벗어난 데이터 포인트를 말합니다. 제곱 에러를 사용하면 절댓값 에러를 사용할 때보다 이상치에 더 가깝게 지나는 예측선을 찾게 됩니다. 제곱 에러는 큰 오차에 대해 더 큰 페널티를 부여하므로, 이상치와의 거리를 줄이는 방향으로 모델을 조정하게 되기 때문입니다. 반면, 절댓값 에러는 이상치의 영향을 상대적으로 덜 받아 전체적인 데이터 트렌드에 더 집중하는 예측선을 찾습니다. 따라서 각 Loss 함수의 특징을 고려하여 데이터의 특성과 분석 목적에 맞는 Loss를 선택하는 것이 중요합니다.

에러를 제곱한 후 평균 낸 Loss는 MSE(Mean Squared Error) Loss, 절댓값을 취하고 평균 낸 Loss는 MAE(Mean Absolute Error) Loss라고 부릅니다.

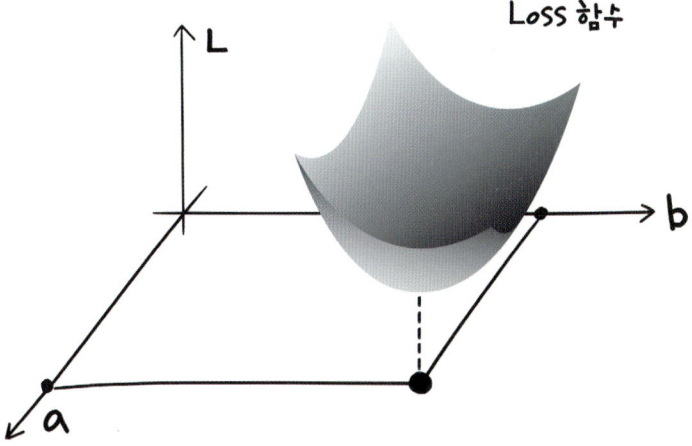

이제 Loss를 정했으니 이를 최소화하는 파라미터를 찾아보도록 하겠습니다. 먼저, a와 b를 일일이 바꿔가며 MSE Loss의 그래프를 그려보면 위와 같고, 최소의 Loss 값을 가지게 하는 a와 b의 좌표가 곧 최적의 파라미터값을 나타냅니다.

하지만 실제로는 이렇게 파라미터를 일일이 바꿔가며 찾는 방법은 사용할 수 없습니다. 현재 예시에서는 파라미터가 단 두 개라서 가능했지만, 더 복잡한 인공 신경망을 사용한다면 시간이 너무나 오래 걸리기 때문입니다.

참고로, GPT-3[11]의 파라미터 개수는 무려 1,750억 개이며, 더 최근의 모델들은 이보다 더 많은 파라미터를 가집니다. 이렇게나 많은 파라미터를 일일이 바꿔보면서 Loss 값을 대조해 보기에는 너무나 긴 시간이 걸릴 것입니다. 이 문제를 해결하기 위해 개발된 알고리즘들을 그 발전 과정에 따라 하나씩 살펴보도록 하겠습니다.

2.5. 경사 하강법(Gradient Descent)

경사 하강법(Gradient Descent, 이하 GD)은 딥러닝의 학습 과정을 단 한 줄의 수식으로 보여주는 핵심 알고리즘입니다. 이는 이후 소개될 다양한 최적화 알고리즘의 근간이 되며, 그 원리는 놀랍도록 간단합니다.

---

[11] Tom B. Brown 외 30인, 「Language Models are Few-Shot Learners」, 『Advances in neural information processing systems』, OpenAI, 2020, pp.1877-1901.

GD의 작동 방식은 다음과 같습니다:

1. 파라미터 a와 b를 임의의 값으로 초기화합니다.
2. 현재 위치에서 가장 가파르게 내려가는 방향을 찾습니다.
3. 그 방향으로 한 걸음 나아갑니다.
4. 새로운 위치에서 2~3 과정을 반복합니다.
5. 최소점에 도달할 때까지 이 과정을 계속합니다.

이 방법의 큰 장점은 효율성입니다. a와 b를 일일이 바꿔가며 Loss 함숫값을 비교하는 것보다 훨씬 빠르게 최적의 값을 찾을 수 있습니다. 현재 위치에서 가장 가파르게 내려가는 방향을 알아내는 것은 상대적으로 빠르기 때문입니다.

여기서 핵심 역할을 하는 것이 바로 **그래디언트**(Gradient)입니다. **그래디언트는 항상 함숫값이 가장 가파르게 증가하는 방향을 가리킵니다.** 따라서 현재 위치에서 그래디언트를 구한 후, 그 반대 방향으로 이동하면 Loss를 줄일 수 있습니다. 이것이 이 알고리즘이 'Gradient Descent'라고 불리는 이유입니다.

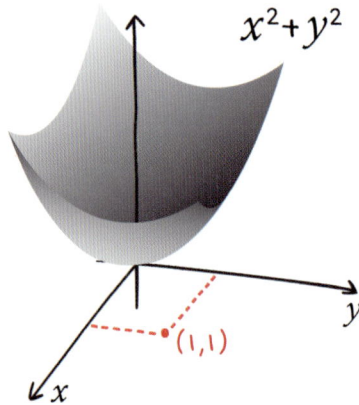

그래디언트가 실제로 가장 가파르게 올라가는 방향을 가리키는지 예시를 통해 확인해 보겠습니다. 함수 $f(x,y)=x^2+y^2$의 그래프를 살펴봅시다. 이 함수의 그래디언트는 $\begin{bmatrix} \frac{\partial f}{\partial x} \\ \frac{\partial f}{\partial y} \end{bmatrix} = \begin{bmatrix} 2x \\ 2y \end{bmatrix}$입니다.[12]

---

[12] 그래디언트와 같은 용어나 계산 방법이 익숙하지 않다면 **부록: 딥러닝을 위한 필수 기초 수학**을 참고하시기 바랍니다.

현재 위치가 $\begin{bmatrix} 1 \\ 1 \end{bmatrix}$이라고 가정해 봅시다. 이 지점에서의 그래디언트 값은 $\begin{bmatrix} 2x \\ 2y \end{bmatrix}$에 $\begin{bmatrix} 1 \\ 1 \end{bmatrix}$을 대입한 $\begin{bmatrix} 2 \\ 2 \end{bmatrix}$입니다. 이 벡터는 $\begin{bmatrix} 1 \\ 1 \end{bmatrix}$에서 가장 가파르게 올라가는 방향을 나타냅니다. 3차원 그래프에서 $\begin{bmatrix} 1 \\ 1 \end{bmatrix}$을 시작점으로 하고 $\begin{bmatrix} 3 \\ 3 \end{bmatrix}$을 끝점으로 하는 벡터 $\begin{bmatrix} 2 \\ 2 \end{bmatrix}$의 방향이 실제로 가장 가파르게 올라가는 방향임을 직관적으로 이해할 수 있습니다.[13]

이제 $\begin{bmatrix} 1 \\ 1 \end{bmatrix}$에서 시작해서 GD를 이용하여 x^2+y^2의 최소점인 $\begin{bmatrix} 0 \\ 0 \end{bmatrix}$으로 나아가는 과정을 살펴보겠습니다. $\begin{bmatrix} 1 \\ 1 \end{bmatrix}$에서의 그래디언트 값은 $\begin{bmatrix} 2 \\ 2 \end{bmatrix}$이므로, 이의 반대 방향으로 이동하면 $\begin{bmatrix} -1 \\ -1 \end{bmatrix}$로 가게 됩니다. 다시 $\begin{bmatrix} -1 \\ -1 \end{bmatrix}$에서 그래디언트를 구하면 $\begin{bmatrix} -2 \\ -2 \end{bmatrix}$를 얻게 되고, 반대 방향으로 이동하면 다시 $\begin{bmatrix} 1 \\ 1 \end{bmatrix}$로 돌아오게 됩니다.

이 과정을 반복하면 $\begin{bmatrix} 1 \\ 1 \end{bmatrix}$과 $\begin{bmatrix} -1 \\ -1 \end{bmatrix}$을 계속 왔다 갔다 하게 됩니다. 이는 그래디언트의 크기가 너무 커서 발생하는 문제입니다. 이를 해결하기 위해 **학습률**(Learning Rate)이라는 개념을 도입합니다. **Learning Rate는 그래디언트의 반대 방향으로 이동할 때 그 보폭을 조절하는 역할**을 합니다.

Learning Rate의 적절한 설정은 매우 중요합니다. Learning Rate가 너무 작으면 최소점에 도달하는 데 너무 오랜 시간이 걸리고, 너무 크면 최소점을 지나쳐 발산하거나 불안정한 학습을 야기할 수 있습니다. 따라서 문제의 특성에 맞는 적절한 Learning Rate를 찾는 것이 중요합니다. 일반적으로 Learning Rate는 0.1, 0.01, 0.001 등의 값을 사용하며, 모델의 복잡도와 데이터의 특성에 따라 조정합니다. 많은 경우 0.01이나 0.001부터 시작하여 점진적으로 조정해 나가는 방식을 사용합니다.

예를 들어, Learning Rate α를 0.1로 설정해 봅시다. 이제는 $\begin{bmatrix} 1 \\ 1 \end{bmatrix}$에서 출발할 때, 다음 수식에 따라 그래디언트 $\begin{bmatrix} 2 \\ 2 \end{bmatrix}$의 반대 방향으로 0.1배만큼만 이동하게 됩니다:

$$\begin{bmatrix} 1 \\ 1 \end{bmatrix} - \alpha \begin{bmatrix} 2 \\ 2 \end{bmatrix} = \begin{bmatrix} 0.8 \\ 0.8 \end{bmatrix}$$

그러면 다음 단계에서 $\begin{bmatrix} 0.8 \\ 0.8 \end{bmatrix}$에서의 그래디언트 값은 $\begin{bmatrix} 1.6 \\ 1.6 \end{bmatrix}$이 되고, 다시 이의 0.1배만큼 반대 방향으로 이동하면:

$$\begin{bmatrix} 0.8 \\ 0.8 \end{bmatrix} - \alpha \begin{bmatrix} 1.6 \\ 1.6 \end{bmatrix} = \begin{bmatrix} 0.64 \\ 0.64 \end{bmatrix}$$

---

13 정확한 수식 증명은 생략하겠습니다.

이와 같이 서서히 최소점 $\begin{bmatrix} 0 \\ 0 \end{bmatrix}$으로 다가가게 됩니다.

이 과정을 무한히 반복하다 보면 $\begin{bmatrix} 0 \\ 0 \end{bmatrix}$을 지나칠 수 있다는 우려가 들 수 있습니다. 하지만 적절한 Learning Rate를 사용하면 그럴 가능성은 낮습니다. 그 이유는 $\begin{bmatrix} 0 \\ 0 \end{bmatrix}$에 가까워질수록 그래디언트의 크기가 작아지기 때문입니다. 이에 따라 이동 거리가 점점 줄어들어 결국 $\begin{bmatrix} 0 \\ 0 \end{bmatrix}$에 수렴하게 됩니다.

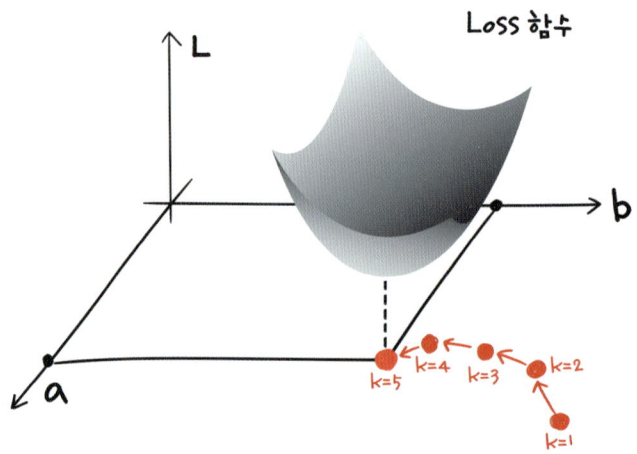

이제 이 원리를 Loss 함수에 적용하여 구체적으로 표현해 보겠습니다. 현재 시점 k에서의 파라미터값을 a_k, b_k라고 합시다. Loss 함수의 그래디언트를 구한 후, 여기에 a_k, b_k를 대입하면 현재 시점에서 가장 가파르게 올라가는 방향을 얻을 수 있습니다. 이 방향에 Learning Rate α를 곱하고 반대 방향으로 이동하면 새로운 파라미터 a_{k+1}, b_{k+1}을 다음과 같이 구할 수 있습니다:

$$\begin{bmatrix} a_{k+1} \\ b_{b+1} \end{bmatrix} = \begin{bmatrix} a_k \\ b_k \end{bmatrix} - \alpha \begin{bmatrix} \dfrac{\partial L}{\partial a} \\ \dfrac{\partial L}{\partial b} \end{bmatrix} \Bigg|_{a=a_k, b=b_k}$$

이 수식은 딥러닝에서 파라미터를 업데이트하는 과정을 간결하게 보여줍니다. 각 반복(Iteration)마다 현재의 파라미터 값에서 Loss의 그래디언트에 학습률을 곱한 값을 빼서 새로운 파라미터 값을 얻습니다. 이렇게 함으로써 Loss 함수의 값을 점진적으로 줄여나가는 것입니다.

이 기본 수식은 경사 하강법의 핵심을 담고 있으며, 이를 토대로 다양한 최적화 알고리즘들이 발전하게 됩니다.

2.5.1. 경사 하강법의 두 가지 문제

경사 하강법(Gradient Descent, 이하 GD)은 효과적인 최적화 알고리즘이지만, 두 가지 주요한 문제점을 가지고 있습니다. **첫째는 계산 속도가 여전히 느리다는 점이고, 둘째는 좋지 않은 Local Minimum에 빠질 수 있다는 점입니다.**

먼저 속도 문제를 살펴보겠습니다. GD는 모든 파라미터를 일일이 바꿔가며 Loss 값을 관찰하는 방법보다는 빠르지만, 여전히 개선의 여지가 있습니다. GD의 수식을 자세히 보면, Loss 함수가 모든 데이터를 고려하고 있음을 알 수 있습니다.

현재 예시에서는 데이터가 단 5개뿐이어서 그래디언트 값을 구하는 데 시간적 부담이 크지 않지만, 데이터가 5만 개나 500만 개라면 상황이 달라집니다. 이 경우 **한 번의 파라미터 업데이트에도 상당한 시간이 소요**되어, 최소점에 수렴하기까지 매우 오랜 시간이 필요하게 됩니다.

물론, 모든 데이터를 고려하기 때문에 매우 신중하게 방향을 설정한다고 볼 수도 있습니다. 하지만 극단적인 속도 저하를 초래하여 대규모 데이터셋에서는 현실적으로 사용이 어려워집니다.

두 번째 문제는 Loss 함수가 여러 개의 아래로 볼록한 형태를 가질 때 발생합니다. 이런 경우 Loss 함수는 여러 개의 Local Minimum을 갖게 됩니다. Local Minimum은 주변의 작은 영역에서는 가장 낮은 값을 가지지만, 전체 영역에서 반드시 가장 낮은 값은 아닌 지점을 의미합니다. 반면, Global Minimum은 전체 영역에서 가장 낮은 값을 가지는 지점을 말합니다.

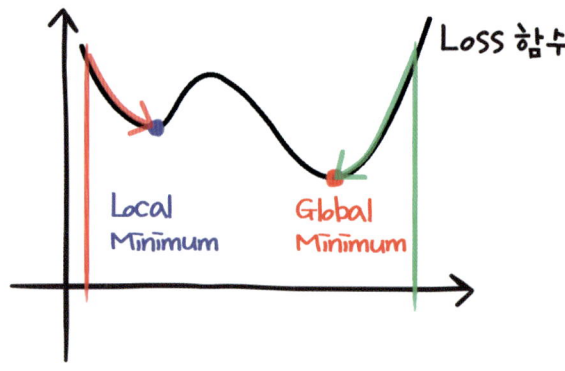

위 그래프는 여러 개의 Local Minimum을 가지는 Loss 함수를 나타냅니다. 이는 5개의 (조회수, 수익) 예시 데이터에 더 복잡한 인공 신경망을 적용하여 분석하려는 상황을 가정한 것입니다. 일반적으로 더 복잡한 모델을 사용할수록 Loss 함수는 더 많은 Local Minimum을 가지게 됩니다. 이 그래프는 그러한 복잡성을 간단히 표현하기 위해 하나의 웨이트만 변화시키고 나머지 파라미터는 0으로 고정한 상태에서의 Loss 함수를 나타낸 것입니다.

GD의 문제점은 이러한 상황에서 좋지 않은 Local Minimum에 수렴할 가능성이 크다는 것입니다. 적절한 Learning Rate를 사용한다면 GD는 가장 가까운 Local Minimum으로 수렴하기 때문입니다. 예를 들어, 빨간 선이 나타내는 위치에서 시작하면 가까운 Local Minimum에 도달하게 되고, 운이 좋아 초록 선이 나타내는 위치에서 시작한다면 Global Minimum에 도달할 수 있습니다.

하지만 실제로는 무수히 많은 Local Minimum이 존재하고, 파라미터의 초깃값은 무작위로 설정됩니다. 따라서 **무작위 위치에서 시작하여 가장 가까운 Local Minimum에 수렴한다면, 충분한 탐색이 이뤄지지 않아 좋지 않은 Local Minimum에 도달할 가능성이 높아질 것**입니다.

이러한 문제들을 완화하기 위해 개발된 방법이 바로 **확률적 경사 하강법**(Stochastic Gradient Descent, SGD)입니다.

2.6. 웨이트 초기화(Weight Initialization)

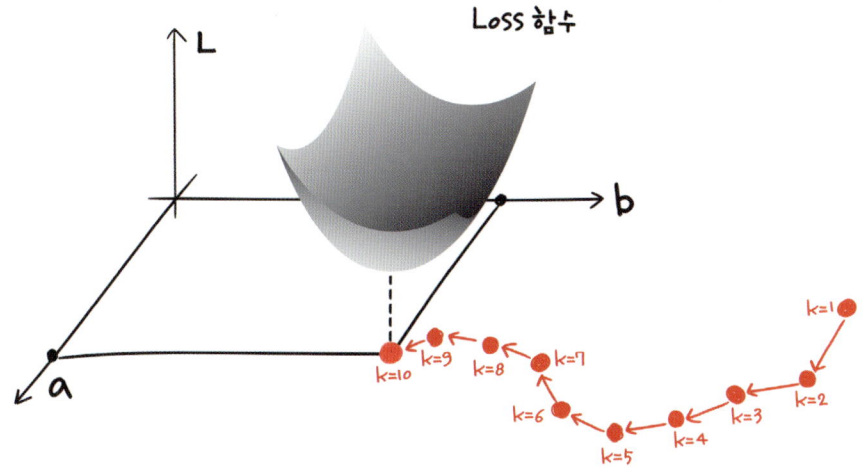

SGD에 대해 본격적으로 설명하기 전에, 딥러닝 모델의 성능에 큰 영향을 미치는 웨이트 초기화에 대해 알아보겠습니다.

위 그래프에서 볼 수 있듯이, 파라미터의 초깃값이 최소점으로부터 멀리 떨어져 있을수록 최적값에 도달하기 위해 더 많은 업데이트가 필요합니다. 이는 학습 시간을 늘리고 모델의 성능에 부정적인 영향을 미칠 수 있습니다. 이러한 문제를 개선하기 위해 다양한 웨이트 초기화 방법이 제안되었습니다.

가장 널리 알려진 방식으로는 Yann LeCun 방식[14], Kaiming He 방식[15], 그리고 Xavier 방식[16]이 있습니다. 이 세 방식은 공통적으로 웨이트를 평균이 0인 랜덤한 값으로 초기화하며, 웨이트의 분산은 각 방식에 따라 다르게 설정합니다.

참고로, 바이어스는 일반적으로 0으로 초기화하거나 작은 양수 값으로 초기화합니다. 이는 웨이트와 달리 바이어스는 각 뉴런의 민감도를 조정하는 역할을 하기 때문입니다.

각 초기화 방식의 수식과 특징을 살펴보면 다음과 같습니다:

---

[14] Yann A. LeCun 외 3인, 「Efficient backprop」, 『Neural Networks:Tricks of the Trade』, Springer Verlag, 2012, pp.9-48.
[15] Kaiming He 외 3인, 「Delving Deep into Rectifiers: Surpassing Human-Level Performance on ImageNet Classification」, ICCV, 2015, pp.1026-1034.
[16] Xavier Glorot 외 1인, 「Understanding the difficulty of training deep feedforward neural networks」, International Conference on Artificial Intelligence and Statistics, 2010, pp.249-256.

1. LeCun 초기화
   - 수식: $w \sim U\left(-\sqrt{\frac{3}{N_{in}}}, \sqrt{\frac{3}{N_{in}}}\right)$ 또는 $w \sim N\left(0, \frac{1}{N_{in}}\right)$[17]
   - 특징:
     - 두 분포 모두 평균 0, 분산은 $\frac{1}{N_{in}}$
     - 가우시안 분포는 0 주변에 더 집중된 값을 선택

2. Kaiming 초기화
   - 수식: $w \sim U\left(-\sqrt{\frac{6}{N_{in}}}, \sqrt{\frac{6}{N_{in}}}\right)$ 혹은 $w \sim N\left(0, \frac{2}{N_{in}}\right)$
   - 특징:
     - 두 분포 모두 평균 0, 분산은 $\frac{2}{N_{in}}$
     - LeCun 방식보다 2배 더 큰 분산
     - ReLU(Rectified Linear Unit) 활성화 함수를 사용하는 신경망에서 효과적인 것으로 알려져 있음

3. Xavier 초기화
   - 수식: $w \sim U\left(-\sqrt{\frac{6}{N_{in}+N_{out}}}, \sqrt{\frac{6}{N_{in}+N_{out}}}\right)$ 혹은 $w \sim N\left(0, \frac{2}{N_{in}+N_{out}}\right)$
   - 특징:
     - 두 분포 모두 평균 0, 분산은 $\frac{2}{N_{in}+N_{out}}$
     - 다른 초기화 방식과 달리 N_{out}도 함께 고려
     - 다른 방식들보다 작은 분산으로, 0에 더 가깝게 초기화
     - Sigmoid 나 tanh와 같은 활성화 함수를 사용하는 신경망에서 효과적인 것으로 알려져 있음

---

17 이 표현 방식이 익숙하지 않다면 부록: 딥러닝을 위한 필수 기초 수학을 참고하시기 바랍니다.

잠깐! 알아두기

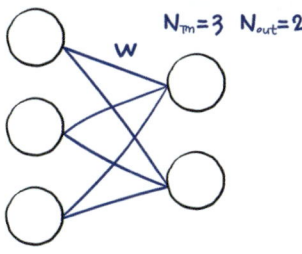

수식의 N_{in}과 N_{out}은 각 레이어의 입력과 출력 노드의 수를 의미합니다. 따라서 레이어마다 초기 웨이트 값의 분산은 노드의 수에 따라 다릅니다. 위 그림에서는 $N_{in}=3$이고 $N_{out}=2$ 입니다.

앞서 소개된 초기화 방식들이 왜 N_{in}과 N_{out}을 고려하는지 살펴보겠습니다. N_{in}이 크면 그만큼 많은 입력값이 각각의 웨이트와 곱해진 후 모두 더해지기 때문에 액티베이션을 통과할 '들' 값의 분산이 커지게 됩니다. 예를 들어, 해당 레이어의 입력값과 웨이트의 분산이 모두 1일 때, $N_{in}=100$이면 '들' 값의 분산은 100이 됩니다.

'들' 값의 분산이 지나치게 크면 문제가 발생할 수 있습니다. 특히, Sigmoid와 같은 활성화 함수를 사용할 경우, 입력값이 매우 크거나 작으면 그래디언트가 0에 가까워져 학습이 느려지는 현상이 발생합니다. 이를 기울기 소실(Vanishing Gradient) 문제라고 합니다.[18]

이러한 문제를 방지하기 위해, 소개된 세 가지 초기화 방식 모두 N_{in}이 클수록 분산을 작게 하여 웨이트를 0에 더 가깝게 초기화합니다. 이는 **순전파**(Forward Propagation) 과정, 즉 입력 데이터가 신경망의 입력층에서 출력층까지 층층이 전달되며 계산되는 과정에서 분산이 급격히 커지는 것을 방지합니다.

그렇다면 Xavier 방식에서는 왜 N_{out}까지 고려할까요? 이는 **역전파**(Backpropagation) 과정 때문입니다. 그래디언트를 계산할 때는 출력층에서 입력층 방향으로 웨이트가 곱해지고 더해지는 연산이 수행됩니다. 이러한 계산 구조는 순전파 과정과 매우 유사한데, 다만 그 방향이 반대라는 점이 다릅니다.[19]

---

[18] Chapter 6에서 좀 더 자세히 설명됩니다.
[19] Chapter 3에서 좀 더 자세히 설명됩니다.

따라서 N_{out}이 크다면, 순전파에서 N_{in}이 클 때와 마찬가지로, 그래디언트 값의 분산이 커지게 됩니다. 이는 학습을 불안정하게 만들고 그래디언트 폭발(Exploding Gradient) 문제를 야기할 수 있습니다. Xavier 방식은 이러한 점을 고려하여 순전파와 역전파 모두에서 분산을 적절하게 유지하도록 설계되었습니다.

결론적으로, 이러한 초기화 방식들은 신경망의 깊이가 깊어져도 안정적으로 학습할 수 있도록 돕습니다. 적절한 초기화는 그래디언트 소실이나 폭발 문제를 완화하고, 더 빠르고 안정적인 학습을 가능하게 합니다.

2.7. 확률적 경사 하강법(Stochastic Gradient Descent)

확률적 경사 하강법(이하 SGD)은 경사 하강법(GD)의 한계를 개선한 방법입니다. GD가 모든 데이터를 고려하여 Loss를 계산하는 반면, **SGD는 단 하나의 데이터만을 무작위로 선택하여 Loss를 계산**합니다. 이 무작위 선택 과정 때문에 'Stochastic(확률적)'이라는 이름이 붙었습니다.

예를 들어, 앞서 살펴본 다섯 개의 (조회수, 수익) 데이터를 사용하는 선형 회귀 문제에 SGD를 적용해 보겠습니다. SGD는 이 다섯 개의 데이터 중 하나를 무작위로 선택하여 에러 제곱(MSE Loss를 사용한다고 가정)을 계산하고, 이를 Loss로 사용합니다.

SGD의 작동 과정을 주머니 비유를 통해 자세히 살펴보겠습니다.

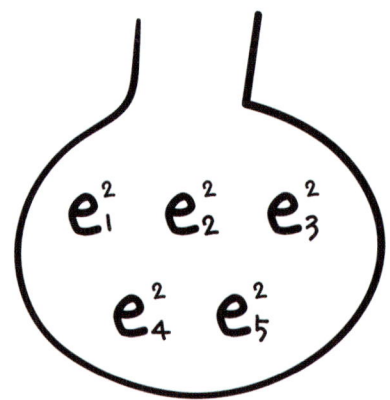

그림과 같이 각 데이터와 레이블로 계산한 에러의 제곱이 들어있는 주머니를 상상해 봅시다. GD는 이 주머니의 모든 에러 제곱을 꺼내 평균을 내어 Loss를 계산합니다. 반면, SGD는 다음과 같이 진행됩니다:

1. 주머니에서 무작위로(위 예시의 경우 $\frac{1}{5}$ 확률로) 하나의 에러 제곱을 뽑습니다. 예를 들어, 첫 번째로 e_2^2을 뽑았다면 이를 Loss로 사용합니다.

2. 이 Loss를 기반으로 그래디언트를 계산하고, 다음 수식으로 파라미터를 업데이트합니다:

$$\begin{bmatrix} a_{k+1} \\ b_{k+1} \end{bmatrix} = \begin{bmatrix} a_k \\ b_k \end{bmatrix} - \alpha \begin{bmatrix} \frac{\partial L}{\partial a} \\ \frac{\partial L}{\partial b} \end{bmatrix} \Bigg|_{a=a_k, b=b_k}$$

이 수식은 GD의 업데이트 수식과 동일하지만, $L = e_2^2$이라는 점만 다릅니다.

3. 사용한 e_2^2을 제외한 나머지 네 개 중에서 다시 무작위로 하나를 뽑습니다(이제 $\frac{1}{4}$ 확률).

4. 이 과정을 주머니가 빌 때까지 반복합니다.

5. 주머니가 비면, 다시 모든 데이터를 주머니에 넣고 전체 과정을 반복합니다. 이렇게 전체 데이터셋을 한 번 순회하는 것을 1 Epoch이라고 부릅니다.

SGD는 한 번의 업데이트에 단 하나의 데이터만을 고려하기 때문에 GD보다 덜 신중하게 방향을 설정한다고 볼 수 있습니다. 하지만 이러한 특성 덕분에 종종 GD보다 더 빠르게 최저점에 도달할 수 있습니다.

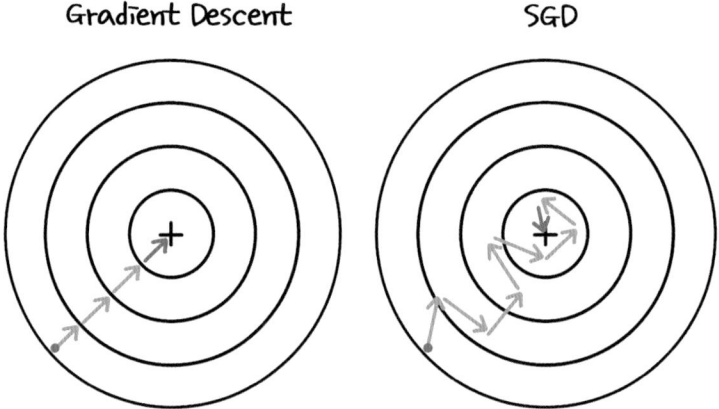

GD와 SGD의 차이를 시각적으로 비교해 보겠습니다. 위 그림은 $L = \frac{e_1^2 + e_2^2 + e_3^2 + e_4^2 + e_5^2}{5}$ 의 등고선 위에 파라미터 좌표의 변화를 나타낸 것입니다. 이 예시에서는 Loss의 등고선이 원이라고 가정했습니다. '+' 로 표시된 부분이 최저점일 때, GD는 최저점을 향해 직선으로 나아가는 반면, SGD는 불규칙한 경로를 보이지만 결국 최저점에 수렴합니다. 여기서 주의할 점은, 일반적으로 그래디언트는 '그 순간에서' 가장 가파르게 올라가는 방향을 가리키므로, 그 반대 방향이 항상 Loss 함수의 최저점을 향하는 것은 아닙니다. 현재 예시에서 최저점을 향하는 이유는 등고선이 원형이라는 특수한 가정 때문입니다.

SGD도 Loss에 대한 그래디언트를 계산하는데 왜 GD처럼 '+'를 향해 직진하지 않을까요? 그 이유는 검은색 등고선이 모든 데이터를 고려한 전체 Loss 함수의 등고선이기 때문입니다.

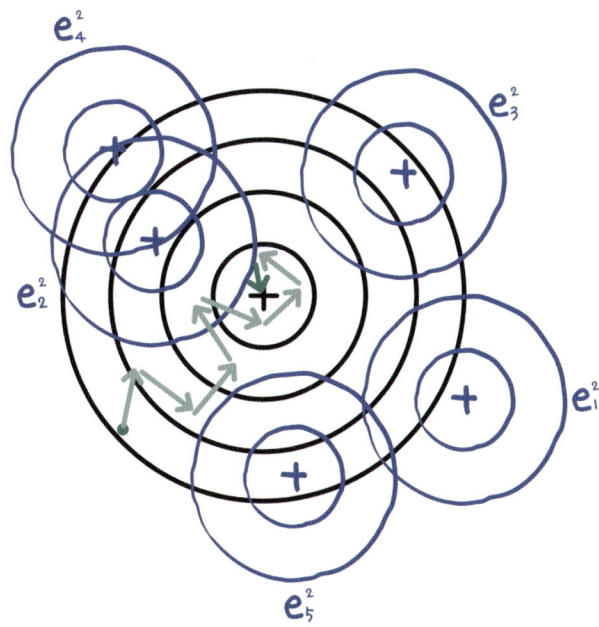

각 데이터 포인트의 에러 제곱에 대한 등고선을 함께 그리면 위 그림과 같습니다. SGD는 매 스텝마다 무작위로 선택된 하나의 데이터 포인트에 대한 Loss를 최소화하는 방향으로 움직입니다. 즉, 첫 번째로 e_2^2가 선택되었기 때문에 e_2^2의 등고선상의 '+'를 향해 이동한 것입니다. 그다음은 e_5^2, e_3^2, ⋯순으로 진행된 것입니다. 따라서 각 스텝은 해당 데이터의 '+'를 향하지만, 전체 Loss 함수의 관점에서 보면 불규칙한 경로를 그리는 것으로 보이게 됩니다.

위 그림을 보면 SGD가 더 많은 스텝을 이동하므로 GD보다 느린 것처럼 보입니다. 하지만 총 소요 시간으로 봤을 때는 SGD가 오히려 더 빠릅니다. 단순 비교를 위해 하나의 데이터에 대해 그래디언트를 계산하는 데 1초가 걸린다고 가정해 봅시다. 이 경우 GD는 한 번의 업데이트에 5초(모든 데이터 고려)가 필요한 반면, SGD는 단 1초면 됩니다. 그림에서 GD는 4번, SGD는 8번 이동했으므로 총 소요 시간은 GD 20초, SGD 8초입니다. 결과적으로 SGD가 두 배 이상 빠르게 최저점에 도착했음을 알 수 있습니다.

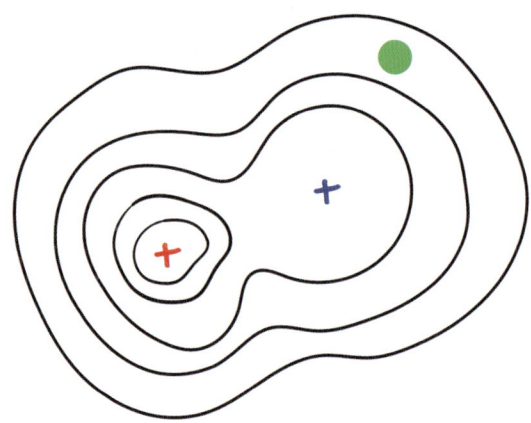

SGD의 불규칙한 움직임은 GD의 두 번째 문제점인 안 좋은 Local Minimum에 빠지는 문제를 완화할 수 있습니다. 위 그림과 같이 전체 데이터를 고려한 Loss의 등고선이 두 개의 Local Minimum을 가질 때, GD의 경우 초록 점에서 출발하면 파란색 '+'에 고일 수밖에 없습니다. 반면 SGD는 불규칙한 움직임 덕분에 파란색 '+'뿐만 아니라 빨간색 '+'로 표시된 더 낮은 Local Minimum으로 고일 가능성도 있습니다. 이러한 방식으로 SGD는 더 나은 해를 찾을 기회를 가집니다.

하지만 주의할 점은 SGD가 항상 Global Minimum을 찾아주는 것은 아니라는 것입니다. 데이터를 무작위로 선택한 순서에 따라 결과가 달라질 수 있으므로, SGD는 단지 **Local Minimum으로부터 '탈출할 기회를 제공한다'**고 이해하는 것이 적절합니다. 이러한 SGD의 특성은 복잡한 Loss 지형에서 더 유연한 탐색을 가능하게 하며, 때로는 GD보다 더 좋은 해를 찾을 수 있게 해줍니다.

2.8. Mini-Batch Gradient Descent

SGD의 한계를 보완하기 위해 고안된 **Mini-Batch Gradient Descent**(이하 Mini-Batch GD)에 대해 알아보겠습니다. SGD는 단 하나의 데이터만을 고려하기 때문에, 대규모 데이터셋에서 문제가 발생할 수 있습니다. 예를 들어, 100만 개의 데이터 중 하나의 데이터에 대해서만 Loss를 줄이려 한다면, 나머지 99만 9,999개의 데이터는 무시됩니다. 이는 지나치게 편향된 업데이트를 초래할 수 있습니다.

Mini-Batch GD는 이 문제를 해결하기 위해 **복수의 데이터를 Loss 계산에 포함**시킵니다. 이것이 SGD와의 주요 차이점입니다.

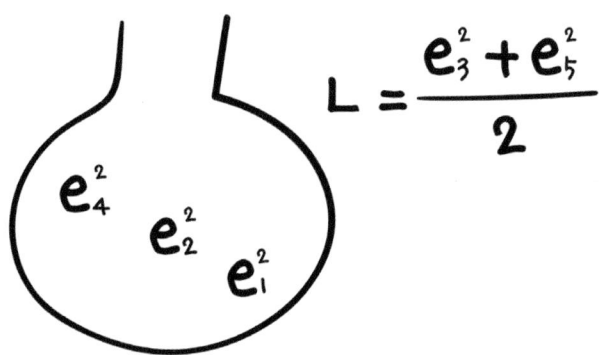

예를 들어, Mini-Batch Size(이하 Batch Size)가 2라고 가정해 봅시다. 이 경우, 주머니에서 두 개의 데이터를 무작위로 뽑아 그 평균을 Loss로 삼고 그래디언트를 계산하여 파라미터를 업데이트합니다. 그 후, 남은 데이터 중 다시 두 개를 무작위로 선택하여 같은 과정을 반복합니다.

주머니에 Batch Size보다 적은 수의 데이터가 남았을 때는 두 가지 방법을 사용할 수 있습니다: 남은 데이터만으로 평균을 내거나, 이미 사용한 데이터를 다시 주머니에 넣고 처음부터 과정을 반복하는 것입니다. 참고로, Batch Size를 전체 데이터 개수로 설정하면 GD와 동일해집니다.

이를 통해 **Mini-Batch GD는 SGD와 GD의 중간 지점에 있는 알고리즘**임을 알 수 있습니다. Batch Size가 1이면 SGD와 같고, Batch Size를 키울수록 GD에 가까워집니다. 이러한 유연성 덕분에 Mini-Batch GD는 데이터의 특성과 컴퓨팅 자원에 따라 적절히 조정하여 사용할 수 있습니다.

GPU(Graphics Processing Unit)를 사용하면 Mini-Batch GD의 효율성이 더욱 높아집니다. GPU는 병렬 연산이 가능하므로, 여러 데이터에 대한 계산을 동시에 수행할 수 있습니다. 예를 들어, 5개의 데이터에 대한 연산도 1초에 완료할 수 있어, Batch Size를 키우면 전체적인 학습 속도를 크게 향상시킬 수 있습니다. 물론, GPU 메모리의 한계로 인해 병렬적으로 처리할 수 있는 Batch Size에는 제한이 있습니다.

그러나 Batch Size를 키우는 것이 항상 좋은 것은 아닙니다. Batch Size가 커질수록 Mini-Batch GD는 GD와 비슷해지므로, GD의 문제점들도 함께 나타날 수 있습니다. 특히 우려되는 점은 '안 좋은 Local Minimum에 수렴할 가능성'입니다.

따라서, Batch Size 선택 시 학습 속도와 최적화 성능 사이의 균형을 고려해야 합니다. 큰 Batch Size는 학습 속도를 높이지만, 동시에 SGD의 장점인 Local Minimum으로부터 탈출의 기회를 줄일 수도 있습니다. 이러한 Trade-Off를 고려하여 적절한 Batch Size를 선택하는 것이 중요합니다.

2.8.1. Batch Size와 Learning Rate의 조절

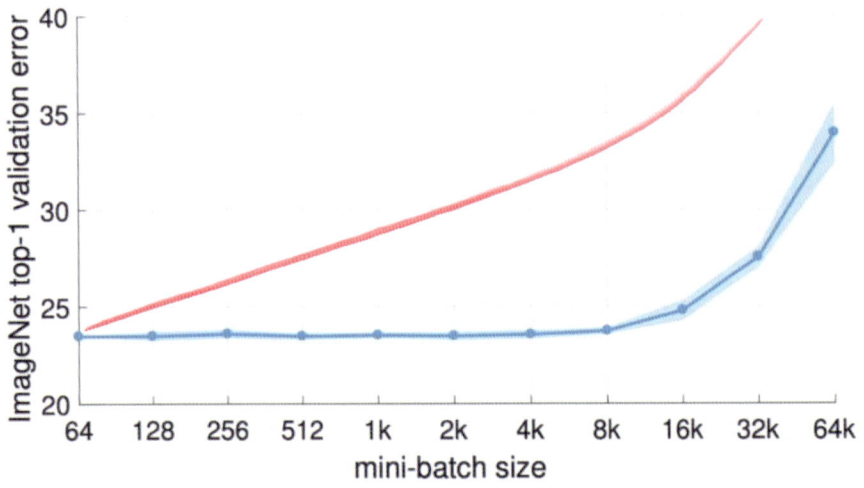

Batch Size가 모델 성능에 미치는 영향에 대한 흥미로운 연구 결과가 있습니다.[20] 위 그래프는 Batch Size에 따른 Validation 에러를 보여줍니다.[21] 빨간색 선은 일반적인 방법을(이 선은 실제로 논문에서 제시되지는 않았지만, 논문의 논리에 따라 예상되는 선을 나타낸 것입니다), 파란색 선은 논문에서 제안하는 특별한 방법을 적용한 결과입니다. 일반적인 방법에서는 Batch Size가 커질수록 에러가 증가하는 것을 볼 수 있습니다. 이 문제를 해결하기 위해 논문에서는 두 가지 방법을 제안합니다:

20　Priya Goyal 외 8명, 「Accurate, Large Minibatch SGD: Training ImageNet in 1 Hour」, Facebook, 2017년.
21　엄밀히 테스트 에러와 Validation 에러는 다른 존재입니다. Validation에 대해서는 뒤에서 자세히 다룹니다.

1. **Linear Scaling Rule**: Batch Size를 키울 때 Learning Rate도 비례하여 키웁니다. 예를 들어, Batch Size를 두 배로 늘리면 Learning Rate도 두 배로 늘립니다.
2. **Learning Rate Warmup**: 학습 초기에 Learning Rate를 0에서 시작하여 점진적으로 증가시킵니다.

이 방법들의 이론적 근거를 간단히 살펴보겠습니다. 현재 웨이트를 w_1, 그래디언트를 g_1이라고 할 때, 일반적으로 다음과 같이 업데이트를 진행합니다:

1. $w_2 = w_1 - \alpha g_1$
2. $w_3 = w_2 - \alpha g_2$

여기서 α는 Learning Rate입니다. Batch Size가 32일 때, 각 데이터에 대한 Loss의 그래디언트를 $g_k^{(n)}$이라고 하면 다음과 같이 다시 표현할 수 있습니다:

1. $w_2 = w_1 - \dfrac{\alpha}{32} \sum_{n=1}^{32} g_1^{(n)}$
2. $w_3 = w_2 - \dfrac{\alpha}{32} \sum_{n=1}^{32} g_2^{(n)}$

만약 Batch Size를 64로 늘린다면 두 번째 스텝의 웨이트 $\hat{w}_2$은 다음과 같습니다:

$$\hat{w}_2 = w_1 - \dfrac{\alpha}{64} \sum_{n=1}^{64} g_1^{(n)}$$

여기서 $\hat{w}_2$은 w_3보다 성능이 떨어질 것을 예상할 수 있습니다(그래프의 빨간 선 참고). 하지만 Learning Rate를 2α로 증가시키면 $\hat{w}_2$은 w_3와 같지는 않지만 적어도 비슷한 결과는 얻을 수 있게 됩니다. 이것이 'Linear Scaling Rule'의 근거입니다.

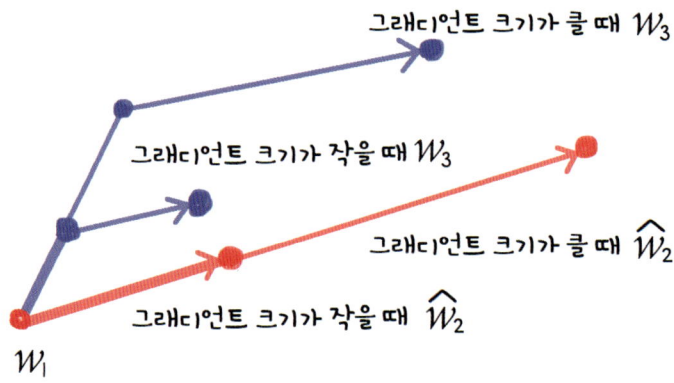

그러나 이 Rule을 적용하더라도 그래디언트의 크기가 크면 w_3와 $\hat{w}_2$의 차이는 더 벌어질 수 있습니다. 특히, 학습 초기에는 파라미터가 랜덤한 값으로 초기화되어 있어 그래디언트가 큰 경향이 있으므로, 이 시기에는 'Learning Rate Warmup'을 적용합니다. 이는 Learning Rate를 0에서 시작하여 점진적으로 목푯값까지 증가시키는 방법입니다.

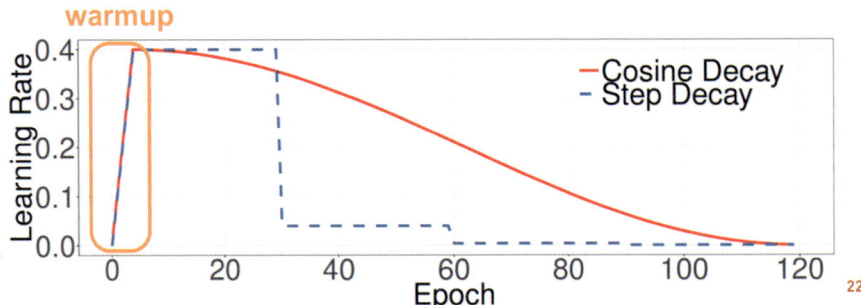

[22]

위 그래프는 Epoch에 따른 Learning Rate 변화를 보여줍니다. 이와 같이 Learning Rate를 조절하는 것을 'Learning Rate Scheduling'이라고 합니다. 그래프에서 볼 수 있는 'Cosine Decay'와 'Step Decay'는 각각 코사인 함수 모양과 계단 모양으로 Learning Rate를 감소시키는 방법입니다. 그래프 초반부의 선형적 증가 구간은 앞서 설명한 'Learning Rate Warmup' 구간입니다.

---

[22] Tong He 외 5인, 「Bag of Tricks for Image Classification with Convolutional Neural Networks」, 2018.

잠깐! 알아두기

- Epoch: 전체 데이터셋을 한 번 모두 학습한 것을 1 Epoch이라고 합니다. 주머니 비유로 설명하자면, 주머니의 모든 데이터를 한 번 꺼내 사용한 것이 1 Epoch입니다. 총 Epoch 수는 모델이 전체 데이터를 몇 번 반복해서 학습했는지를 나타냅니다.

- Batch Size: 한 번에 처리하는 데이터의 개수를 의미합니다. 주머니 비유에서는 한 번에 몇 개의 데이터를 꺼내는지를 나타냅니다. 예를 들어, Batch Size가 32라면 한 번에 32개의 데이터를 사용해 업데이트합니다.

- Learning Rate: 모델이 학습할 때 파라미터를 얼마나 크게 조정할지 결정하는 값입니다. 그래디언트에 곱해져 실제 파라미터 업데이트의 크기를 조절합니다. 너무 크면 학습이 불안정해지고, 너무 작으면 학습이 느려질 수 있습니다.

- 파라미터: 모델이 학습을 통해 스스로 조정하는 값들입니다. 인공 신경망에서의 웨이트와 바이어스가 대표적인 파라미터입니다. 이들은 학습 과정에서 계속 업데이트됩니다.

- 하이퍼파라미터: 학습 전에 사람이 직접 설정하는 값들입니다. 총 Epoch 수, Batch Size, 초기 Learning Rate 및 Learning Rate Scheduling 기법, 모델의 구조, 사용할 Loss 함수 등이 여기에 해당합니다. 이들은 모델의 성능에 큰 영향을 미치므로, 적절한 값을 찾는 것이 중요합니다.

여기까지 설명된 GD, SGD, Mini-Batch GD를 아래의 수식에서 비교할 수 있습니다:

$$\begin{bmatrix} a_{k+1} \\ b_{k+1} \end{bmatrix} = \begin{bmatrix} a_k \\ b_k \end{bmatrix} - \alpha \begin{bmatrix} \frac{\partial L}{\partial a} \\ \frac{\partial L}{\partial b} \end{bmatrix} \Bigg|_{a=a_k, b=b_k}$$

여기서 Loss 함수에 포함되는 데이터의 양에 따라 각 방법이 구분됩니다:

- 모든 데이터를 사용: GD(Gradient Descent)
- 단 하나의 데이터만 사용: SGD(Stochastic Gradient Descent)
- 일부 데이터를 사용: Mini-Batch GD

하지만, 이 방법들은 **현재 시점의 그래디언트만을 고려**하고 있어 아직 개선의 여지가 있습니다. 이를 더 발전시킨 방법으로 Momentum, RMSProp, Adam이 있습니다. **이 알고리즘들은 과거의 그래디언트 정보도 활용**하여 더 효과적인 학습을 수행합니다.

이어지는 내용에서는 이 세 가지 개선된 알고리즘이 어떻게 과거의 정보를 활용하는지, 그리고 이를 통해 어떤 이점을 얻을 수 있는지 자세히 살펴보겠습니다.

2.9. Momentum

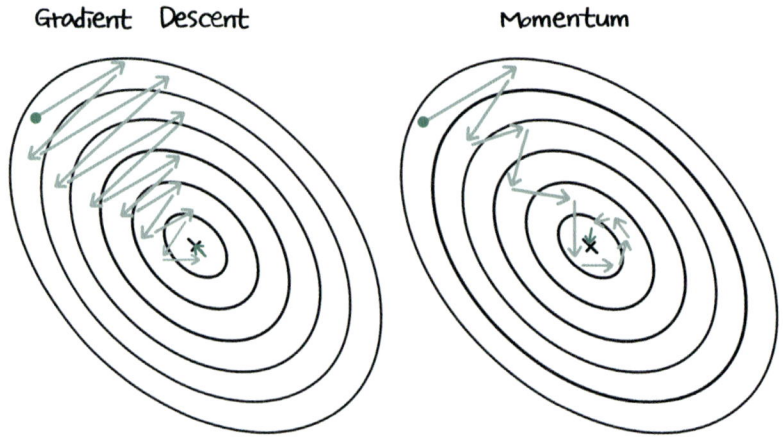

GD, SGD, Mini-Batch GD는 특정 상황, 특히 Loss 함수의 등고선이 타원형일 때 효율적인 학습에 어려움을 겪을 수 있습니다. 위 그림은 이러한 상황을 잘 보여줍니다. 왼쪽은 기존 GD 방식, 오른쪽은 Momentum을 적용한 방식의 이동 경로입니다.

GD에서는 그래디언트가 항상 등고선에 수직하기 때문에[23] 최저점을 향해 지그재그로 움직입니다.[24] SGD나 Mini-Batch GD도 비슷한 패턴을 보일 수 있는데, 이는 전체 데이터의 Loss 함수 등고선이 타원형이라면 개별 데이터나 Mini-Batch의 등고선도 유사한 형태일 가능성이 높기 때문입니다.

이러한 문제를 해결하기 위해 고안된 Momentum은 **이전 그래디언트들을 누적하여 현재의 이동 방향을 결정**합니다. 이는 물리학의 '**관성**' 개념과 유사합니다.

---

[23] 수식 증명은 생략하겠습니다.
[24] 제시된 그림은 명확한 비교를 위해 경로를 실제보다 과장하여 표현했습니다.

Momentum의 작동 원리를 단계별로 살펴보겠습니다:

1. **첫 번째 이동**: GD와 동일한 방향으로 이동합니다.
2. **두 번째 이동**: 현재와 이전 그래디언트를 합산하여 방향을 결정합니다. 예를 들어, 첫 이동이 왼쪽이었다면, 현재 그래디언트가 오른쪽을 가리켜도 이전의 왼쪽 방향이 남아있어 오른쪽으로의 이동이 줄어듭니다.
3. **세 번째 이동**: 현재 그래디언트가 왼쪽을 가리켜도 직전의 오른쪽 이동 관성이 남아 왼쪽으로의 이동이 제한됩니다.
4. **이후 이동**: 이 과정이 반복되면서 좌우 움직임은 상쇄되지만, 전반적인 하강 방향(최저점을 향한 방향)으로의 움직임은 누적됩니다.

결과적으로 Momentum은 불필요한 좌우 진동을 줄이며 최저점을 향해 더 빠르고 직접적으로 나아갑니다. 이로 인해 최저점으로의 수렴이 더 빨라집니다. 때로는 관성으로 인해 최저점을 약간 지나칠 수 있지만, 전체적으로 더 효율적인 학습이 가능합니다. 이 방식은 GD뿐만 아니라 SGD, Mini-Batch GD에도 적용할 수 있어 다양한 최적화 상황에서 학습 효율을 크게 높일 수 있습니다.

2.10. RMSProp(Root Mean Squared Propagation)

Momentum이 이전 그래디언트를 더해서 누적했던 것과 달리, RMSProp은 **각 파라미터에 대한 편미분값을 제곱하여 누적**합니다.

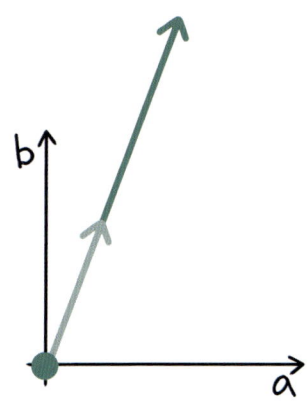

파라미터가 a 와 b 두 개일 때를 예로 들어보겠습니다. 첫 시점에서 이동 방향이 $\begin{bmatrix} 0.1 \\ 10 \end{bmatrix}$ 으로 계산되었다고 가정해 봅시다. 이 경우, b 축으로는 크게 이동하지만 a 축으로는 거의 이동하지 않는 불균형한 상황이 발생합니다.

RMSProp은 이러한 불균형을 해소하기 위해 다음과 같은 방법을 사용합니다:

1. a 와 b 에 대한 편미분값을 각각 제곱합니다.
2. 이 제곱 값들을 누적합니다(이동 평균을 사용).
3. 현재의 각 편미분값을 2.의 누적된 값의 제곱근 값으로 나눕니다.

이 방법의 이름 Root Mean Squared Propagation은 이 과정을 잘 설명해 줍니다:

- Root: 제곱근을 취함
- Mean: 누적할 때 이동 평균을 사용
- Squared: 편미분값을 제곱
- Propagation: 이 과정을 계속 진행

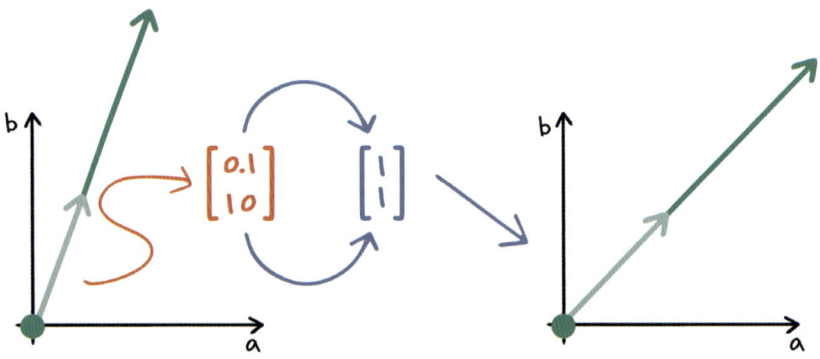

예를 들어, 첫 이동 방향이 $\begin{bmatrix} 0.1 \\ 10 \end{bmatrix}$ 이었다면, RMSProp을 적용한 후에는 대략 $\begin{bmatrix} 1 \\ 1 \end{bmatrix}$ 로 수정됩니다. 이는 마치 **가파른 축으로는 조심스럽게, 완만한 축으로는 과감하게 이동**하는 효과를 냅니다.

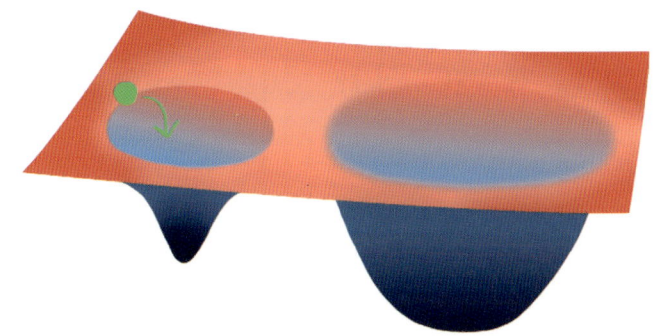

이 방법의 장점은 복잡한 Loss 함수 지형에서 잘 드러납니다. 위 그래프처럼 Loss 함수가 얕고 가파른 부분과 깊고 완만한 부분을 동시에 가지고 있을 때, RMSProp은 다음과 같은 이점을 제공합니다:

1. 가파른 부분은 작은 이동으로도 Loss 값이 크게 변하는 부분으로, 많이 이동하면 최저점을 지나칠 수 있기 때문에 조심스럽게 이동하여 급격한 변화를 방지합니다.
2. 완만한 부분은 Loss의 변화가 크지 않는 부분으로, 더 많이 이동해도 안전하기 때문에 과감하게 이동하여 평평한 영역을 빠르게 탈출할 수 있게 합니다.

이를 통해 RMSProp은 다양한 지형의 Loss 함수에서 효율적으로 최소점을 찾아갈 수 있게 됩니다.

또한, RMSProp은 각 축으로 이동한 양을 누적하므로 덜 이동한 축으로는 더 크게, 많이 이동한 축으로는 더 작게 이동하도록 조정한다고 볼 수 있습니다. 이는 각 파라미터의 전체적인 변화 이력을 반영하여 학습의 안정성을 높이는 역할을 합니다.

2.11. Adam(Adaptive Moment Estimation)

Adam은 **Momentum과 RMSProp의 장점을 결합한 최적화 알고리즘**으로 볼 수 있습니다. 이 알고리즘의 발전 과정을 이전 방법들과 비교하며 살펴보겠습니다. 먼저, 기본적인 파라미터 업데이트 수식을 다시 한번 상기해 보겠습니다:

$$\begin{bmatrix} a_{k+1} \\ b_{k+1} \end{bmatrix} = \begin{bmatrix} a_k \\ b_k \end{bmatrix} - \alpha \begin{bmatrix} \frac{\partial L}{\partial a} \\ \frac{\partial L}{\partial b} \end{bmatrix} \Bigg|_{a=a_k, b=b_k}$$

여기서 $\begin{bmatrix} a_{k+1} \\ b_{k+1} \end{bmatrix} = w_{k+1}$, $\begin{bmatrix} a_k \\ b_k \end{bmatrix} = w_k$, $\begin{bmatrix} \frac{\partial L}{\partial a} \\ \frac{\partial L}{\partial b} \end{bmatrix} \Bigg|_{a=a_k, b=b_k} = g_k$[25] 와 같이 표기하여 다시 쓰면 다음과 같습니다:

$$w_{k+1} = w_k - \alpha g_k$$

Adam은 이 식을 다음과 같이 변형합니다:

$$w_{k+1} = w_k - \alpha \frac{\hat{m}_k}{\sqrt{\hat{v}_k} + \varepsilon}$$

그래디언트 부분이 $\frac{\hat{m}_k}{\sqrt{\hat{v}_k} + \varepsilon}$ 로 대체된 것을 확인할 수 있으며, $\hat{m}_k$ 는 편향 보정된 Momentum을, $\sqrt{\hat{v}_k} + \varepsilon$ 는 편향 보정된 RMSProp을 반영한 항입니다. 이제 m_k와 v_k 및 $\hat{m}_k$과 $\hat{v}_k$이 어떻게 계산되는지 살펴보겠습니다.

- **Momentum 부분**: 먼저, $m_k = \beta_1 m_{k-1} + (1-\beta_1) g_k$와 같이 그래디언트의 **지수 이동 평균 (Exponential Moving Average, 이하 EMA)**을 통해 구합니다. EMA는 최근 데이터에 더 높은 가중치를 부여하면서 과거 데이터의 영향도 유지하는 평균 계산 방법입니다. 또, β_1은 0과 1 사이의 값을 갖는 하이퍼파라미터입니다. m의 초깃값 $m_0 = 0$이며, $\beta_1 = \frac{1}{2}$로 놓고[26] 첫 시점 $k=1$부터 시작하여 전개해 보면 다음과 같습니다:

  1. $m_1 = \frac{1}{2} m_0 + \frac{1}{2} g_1 = \frac{1}{2} g_1$
  2. $m_2 = \frac{1}{2} m_1 + \frac{1}{2} g_2 = \frac{1}{4} g_1 + \frac{1}{2} g_2$
  3. $m_3 = \frac{1}{2} m_2 + \frac{1}{2} g_3 = \frac{1}{8} g_1 + \frac{1}{4} g_2 + \frac{1}{2} g_3$

---

25 Loss에는 Batch Size 만큼의 데이터가 고려되었다고 가정하겠습니다.
26 Adam 논문에서 제안된 값은 0.9입니다.

이렇게 과거의 그래디언트 정보가 지수적으로 감소하며 누적되는 것을 볼 수 있습니다. 이는 실제 관성과 유사하게, 오래된 시점의 이동 방향이 점점 잊혀지는 효과를 나타냅니다. 즉, $w_{k+1}=w_k-am_k$ 가 바로 Momentum의 업데이트 수식입니다.

- RMSProp 부분: 여기에선 $v_k=\beta_2 v_{k-1}+(1-\beta_2)g_k^2$ 와 같이 편미분값의 제곱을 누적합니다. β_2 역시 0과 1 사이의 값을 갖는 하이퍼파라미터입니다. v의 초깃값 $v_0=0$ 이며, $\beta_2=\frac{1}{2}$ 로 놓고[27] 첫 시점 $k=1$부터 시작하여 전개해 보면 다음과 같습니다:

  1. $v_1=\frac{1}{2}v_0+\frac{1}{2}g_1^2=\frac{1}{2}g_1^2$
  2. $v_2=\frac{1}{2}v_1+\frac{1}{2}g_2^2=\frac{1}{4}g_1^2+\frac{1}{2}g_2^2$
  3. $v_3=\frac{1}{2}v_2+\frac{1}{2}g_3^2=\frac{1}{8}g_1^2+\frac{1}{4}g_2^2+\frac{1}{2}g_3^2$

여기서 그래디언트의 제곱은 각 편미분값을 제곱한 것을 의미합니다. Momentum과 마찬가지로 EMA를 이용하여 누적하는 것을 확인할 수 있습니다. 이렇게 계산된 값에 제곱근을 취해 분모에 넣음으로써, 가파른 경사에서는 천천히, 완만한 경사에서는 빠르게 이동하도록 합니다. 또, 0으로 나누는 것과 분모가 0에 가까워 이동하는 보폭이 크게 튀는 문제를 방지하기 위해 작은 양수 ε이 분모에 추가됩니다.[28]

즉, $w_{k+1}=w_k-\alpha\frac{g_k}{\sqrt{v_k}+\varepsilon}$ 가 바로 RMSProp의 업데이트 수식입니다. 여기서 나누기 연산은 성분별(Element-Wise)로 나누는 것을 의미합니다.

- 편향 보정: Adam은 m_k와 v_k에 대한 편향 보정을 수행합니다. 이는 다음과 같이 계산됩니다:

$$\hat{m}_k = \frac{m_k}{1-\beta_1^k} \quad \& \quad \hat{v}_k = \frac{v_k}{1-\beta_2^k}$$

이러한 보정이 필요한 이유는 다음과 같습니다:

---

[27] Adam 논문에서 제안된 값은 0.999입니다.
[28] 논문에서는 10^{-8}을 제안했습니다.

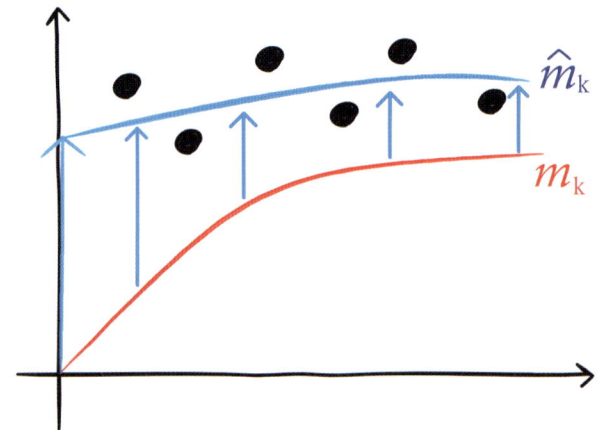

위 그래프에서 검은 점들은 각 시점의 그래디언트 값 g_k를 나타냅니다. 빨간 선은 보정 전의 m_k를, 파란 선은 보정 후의 $\hat{m}_k$을 나타냅니다.

보정 전인 m_k(빨간 선)는 실제 추세를 늦게 반영하는 모습을 보입니다. 그 이유는 초깃값 $m_0=0$이므로 초반에는 이동 평균이 0에 치우치기 때문입니다. 이로 인해 실제 그래디언트 값과 차이가 크다는 문제가 발생합니다.

보정 후의 $\hat{m}_k$(파란 선)은 이 문제를 해결합니다. m_k를 $1-\beta_1^k$로 나누어 $\hat{m}_k$을 얻는데, 이 과정에서 초기에는 큰 보정이 이루어지고 k가 커짐에 따라 보정의 정도가 줄어듭니다. 결과적으로 $\hat{m}_k$은 점차 m_k에 수렴하게 되며, 이렇게 보정된 값이 실제 그래디언트 값에 더 가까운 것을 확인할 수 있습니다.

이 보정의 핵심 아이디어는 보정된 추정치의 기댓값 $\mathrm{E}[\hat{m}_k]$이 실제 그래디언트의 기댓값 $\mathrm{E}[g_k]$와 유사해지도록 만드는 것입니다. 즉, $\mathrm{E}[\hat{m}_k] \approx \mathrm{E}[g_k]$가 되도록 합니다. 이를 통해 학습 초기부터 그래디언트 추이를 더욱 잘 따라갈 수 있게 됩니다. v_k에 대해서도 동일한 원리로 보정이 이루어지며, $\mathrm{E}[\hat{v}_k] \approx \mathrm{E}[g_k^2]$이 되도록 합니다.

최종적으로 Adam의 업데이트 식은 다음과 같습니다:

$$w_{k+1} = w_k - \alpha \frac{\hat{m}_k}{\sqrt{\hat{v}_k}+\varepsilon}$$

이 방식은 Momentum의 '관성' 효과와 RMSProp의 적응적 이동 방향 조정을 모두 활용하면서, 학습 초반의 편향 문제도 해결합니다. 결과적으로 Adam은 다양한 최적화 문제에서 안정적이고 효율적인 성능을 보여줍니다.

2.12. 검증 데이터(Validation Data)

Chapter 1에서 설명한 머신러닝의 과정을 상기해 봅시다. 모델은 훈련 데이터로 학습하고, 처음 보는 데이터인 테스트 데이터로 최종 성능이 평가됩니다. 여기서 중요한 점은 **AI의 진정한 목표가 훈련 데이터가 아닌 테스트 데이터에서 좋은 성능을 보이는 것**이라는 점입니다. 왜냐하면 **테스트 성능이 실제 상황에서의 성능**을 나타내기 때문입니다.

그런데 여기서 딜레마가 발생합니다. 테스트 데이터를 학습 과정에 사용하면 실제 상황에서의 성능을 알 수 없게 됩니다. 하지만 훈련 데이터만으로는 언제 학습을 멈춰야 할지 판단하기 어렵습니다.

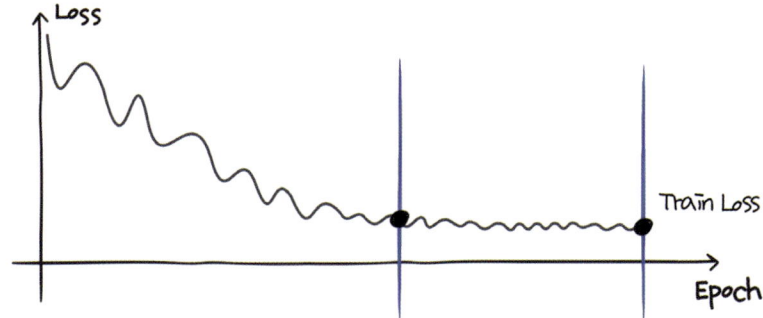

위 그래프는 Epoch에 따른 전체 훈련 데이터의 Loss(Train Loss) 변화를 보여줍니다.[29] 반복 학습할수록 Loss는 점점 줄어들다가 결국 수렴합니다. 그러나 이것만으로는 최적의 학습 중단 시점을 결정하기 어렵습니다. 그래프에 표시된 두 개의 파란색 선을 살펴봅시다. 첫 번째 선은 Loss가 충분히 줄어든 시점이고, 두 번째 선은 Loss가 거의 수렴한 시점입니다. 어느 시점에서 학습을 멈추는 것이 좋을까요?

---

[29] Mini-Batch GD를 사용했다고 가정하겠습니다.

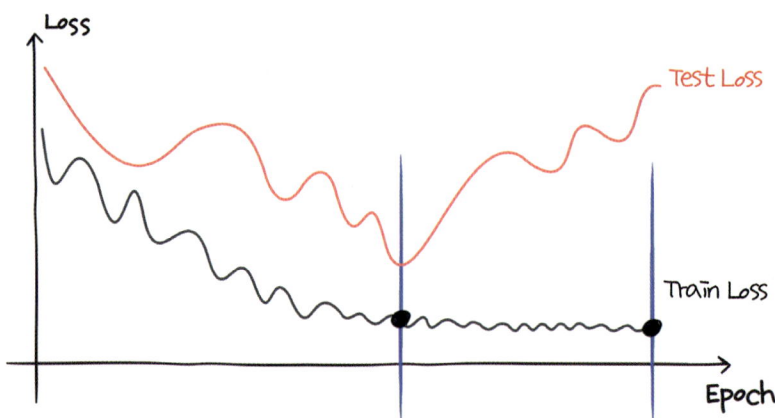

이 질문에 답하기 위해 테스트 데이터의 Loss(Test Loss)를 함께 살펴보면 흥미로운 현상이 나타납니다. 위 그래프에서 볼 수 있듯이, 초기에는 Test Loss도 감소하지만, 어느 순간부터 다시 증가하기 시작합니다. 이는 모델이 훈련 데이터에 과도하게 맞춰져 일반화 능력을 잃는 **과적합**(Overfitting) 현상 때문입니다. 여기서 일반화 능력이란, 훈련 데이터가 아닌 처음 보는 데이터에 대해서도 적합한 추론을 하는 능력을 말합니다.

잠깐! 알아두기

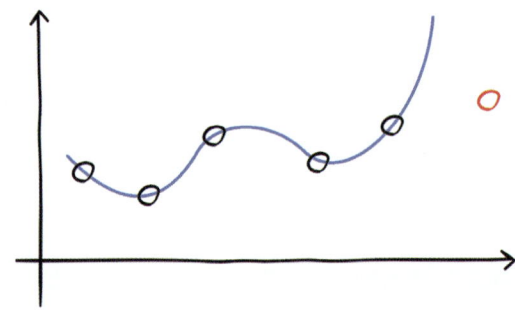

예를 들어, 조회수와 수익 예측 모델에서 복잡한 구조를 사용하면 위 그래프의 파란색 선과 같은 함수를 찾게 됩니다. 그러면 훈련 데이터(검은 점)에 대해서는 완벽한 예측을 하지만 테스트 데이터(빨간 점)와는 큰 차이를 보이게 됩니다. 이와 같이 훈련 데이터에 대해서는 성능이 좋지만 테스트 데이터에 대해서는 성능이 좋지 않은 현상을 **과적합**(Overfitting)이라고 합니다.

따라서 Test Loss가 가장 낮은 첫 번째 파란색 선의 시점에서 학습을 멈추는 것이 이상적으로 보입니다. 하지만, 이 방법에도 문제가 있습니다. 테스트 데이터를 기준으로 학습을 조정하면, 그 특정 테스트 데이터에 과적합된 모델을 얻게 될 수 있기 때문입니다.

이상적으로는 무한히 많은 테스트 데이터가 있다면 Test Loss를 기준으로 시점을 선택해도 됩니다. 하지만 현실적으로 테스트 데이터는 제한적이며, 이 제한된 테스트 데이터에 맞춰 모델을 선택하면 또 다른 데이터에 대해서는 성능이 떨어지게 된다는 것입니다.

이 딜레마를 해결하기 위해 등장한 것이 바로 **검증 데이터**(Validation Data)입니다. 검증 데이터는 훈련 데이터의 일부를 떼어내 만듭니다. 이를 통해 총 Epoch 수, Batch Size 등의 하이퍼파라미터를 조정할 수 있습니다. 검증 데이터에 대한 Loss(Val Loss)는 Test Loss와 유사한 그래프 개형을 보입니다. 즉, 초기에는 감소하다가 어느 시점 이후 다시 증가하는 경향을 보입니다. 따라서, Test Loss가 아닌 Val Loss가 최소가 되는 시점에서 학습을 멈추는 것이 총 Epoch 수를 결정하는 적절한 방법입니다.

실생활에 비유하자면, **훈련 데이터는 연습 문제, 검증 데이터는 모의고사 문제, 테스트 데이터는 수능 문제**라고 볼 수 있습니다. 즉, 훈련 데이터로는 파라미터를 학습(공부)하고, 검증 데이터로 하이퍼파라미터를 결정(하루 공부 시간, 수면 시간 등 공부 방법 조정)하며, 테스트 데이터로는 최종적으로 학습된 모델의 성능을 측정(수능 성적 확인)합니다.

Val Loss는 모델 구조 선택에도 활용됩니다. 예를 들어, 단순한 모델(모델 1)과 복잡한 모델(모델 2)이 있다고 가정해 봅시다.

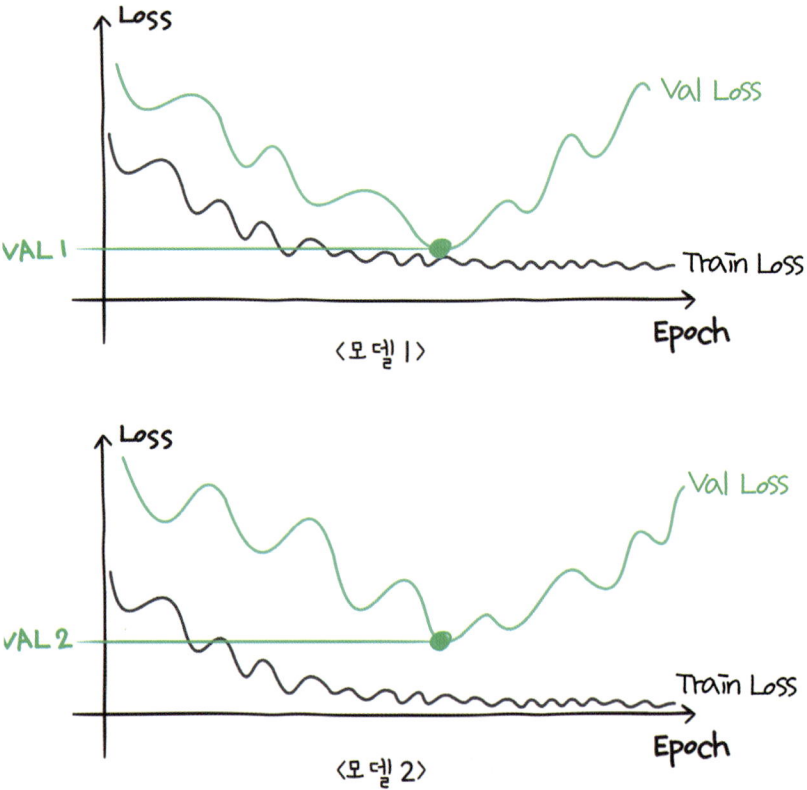

그래프에서 볼 수 있듯이, 모델 2의 Train Loss의 최솟값이 더 낮지만, Val Loss의 최솟값은 모델 1이 더 낮습니다. 이 경우 Val Loss의 최솟값이 더 낮은 모델 1을 선택하는 것이 실제 상황에서 더 좋은 성능을 낼 가능성이 높습니다.

이렇게 검증 데이터를 활용함으로써, 테스트 데이터를 사용하지 않고도 모델의 일반화 성능을 예측하고 하이퍼파라미터를 최적화할 수 있습니다.

2.12.1. K-fold 교차 검증(K-fold Cross Validation)

데이터가 부족할 때는 검증 데이터를 더 효과적으로 활용하기 위해 교차 검증을 사용합니다. 여러 교차 검증 방법 중 가장 널리 사용되는 K-fold 교차 검증(K-fold Cross Validation)에 대해 알아보겠습니다.

예를 들어, 전체 데이터가 120개밖에 없다고 가정해 봅시다. 이 중 100개를 훈련 데이터, 20개를 테스트 데이터로 사용한다고 합시다. 여기서 훈련 데이터 100개 중 20개를 검증 데이터로 사용한다면 어떤 문제가 생길 수 있을까요?

강아지, 고양이, 소를 구별하는 다중 분류 문제를 예로 들어보겠습니다. 우연히 20개의 검증 데이터가 모두 강아지 사진이라면 문제가 발생합니다. 왜냐하면, 이를 기준으로 선정된 하이퍼파라미터는 강아지 사진에 편향된 모델을 만들 가능성이 높기 때문입니다. 즉, **훈련 데이터 개수가 너무 적을 때는 이러한 편향 문제가 발생**할 수 있습니다. 이런 경우, 편향 문제를 해결하기 위한 방법 중 하나로 K-fold 교차 검증을 사용해 볼 수 있습니다.

K-fold 교차 검증은 데이터를 K개의 그룹으로 나누어 각기 다른 훈련, 검증 데이터 쌍을 만드는 방식입니다. 예를 들어 $K=5$라면 다음과 같이 데이터를 나눕니다:

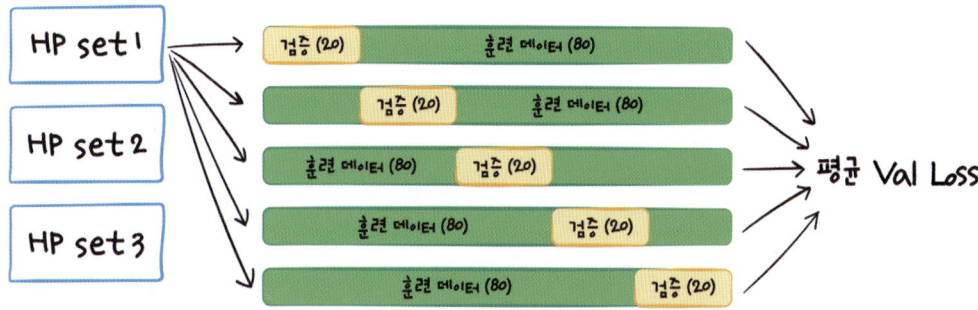

이렇게 5개의 서로 다른 훈련/검증 데이터 조합을 만들고, 각 조합에 대해 Loss를 구한 후 평균을 냅니다. 이 평균 Val Loss를 기준으로 하이퍼파라미터를 선정하면 편향 문제를 줄일 수 있습니다. 다만 이 방식은 K 배만큼의 추가 학습 시간이 필요합니다.

실제 적용 예를 들어보겠습니다. 세 개의 하이퍼파라미터 세트(HP Set)[30]가 있다고 가정해 봅시다. **각 HP Set에 대해 5-fold 교차 검증을 수행하여 평균 Val Loss를 구한 후, 가장 낮은 평균 Val Loss를 보이는 HP Set을 선택**합니다.

---

[30] HP Set 1: Batch Size = 32, Learning Rate = 0.1, …, HP Set 2: Batch Size = 64, Learning Rate = 0.2, … 이런 식으로 하이퍼파라미터의 모음을 HP Set이라고 하겠습니다.

이렇게 하이퍼파라미터를 결정한 후에는 다음 두 가지 방법 중 하나를 선택할 수 있습니다:

1. 선택된 HP Set으로 전체 훈련 데이터 100개를 사용해 새로운 모델을 만듭니다.
2. 교차 검증 과정에서 만든 5개 모델을 앙상블(Ensemble)합니다. 앙상블의 간단한 방법으로는 다수결(Majority Vote)이 있습니다. 예를 들어, 5개 모델 중 3개가 고양이라고 판단하면 최종적으로 고양이로 분류하는 방식입니다. 더 복잡한 방법으로는 Soft Voting이 있는데, 이는 각 모델의 예측 확률을 고려하여 가중치를 부여하는 방법입니다.

이러한 K-fold 교차 검증과 앙상블 기법을 통해 제한된 데이터로도 더 안정적이고 일반화 성능이 높은 모델을 만들 수 있습니다.

Chapter 3
딥러닝, 그것이 알고 싶다.

앞선 챕터에서는 인공 신경망의 기본 개념을 살펴보고, 단일 인공 신경으로 선형 회귀 문제를 풀어보았으며, 파라미터 최적화 알고리즘을 GD부터 Adam까지 탐구했습니다. 이번 챕터에서는 딥러닝의 핵심 요소들을 더 깊이 파헤쳐 보겠습니다.

먼저, MLP를 행렬과 벡터의 수식으로 표현하는 방법을 소개합니다. 이를 통해 MLP의 구조와 작동 원리를 수학적으로 이해할 수 있게 될 것입니다. 특히, 비선형성의 중요성에 초점을 맞춰 비선형 액티베이션이 왜 딥러닝에서 필수적인지 살펴볼 것입니다.

다음으로, 딥러닝의 핵심이라 할 수 있는 **역전파**(Backpropagation) 알고리즘을 자세히 설명합니다. 이 알고리즘을 통해 복잡한 신경망의 그래디언트를 어떻게 효율적으로 계산하는지, 그 원리와 과정을 상세히 알아보겠습니다.

이번 챕터를 통해 딥러닝의 내부 작동 원리를 더 깊이 이해하고, 그 잠재력을 더 명확히 파악할 수 있을 것입니다.

3.1. MLP, 행렬과 벡터로 표현하기

MLP의 동작 방식은 **'웨이트 곱하고 바이어스와 함께 더하고 액티베이션'**의 연속입니다. 이 과정은 개념적으로는 단순하지만, 수식으로 표현하면 노드의 수와 층의 수에 따라 길고 복잡해질 수 있습니다.

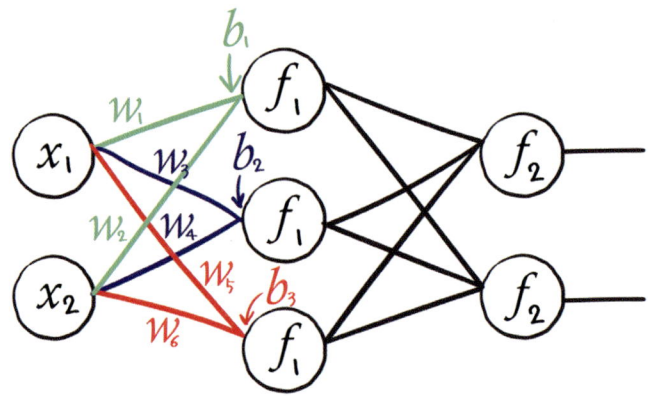

예를 들어, 위 그림과 같이 입력값 두 개로부터 히든 레이어 하나를 거치고 출력층으로 연결되는 간단한 인공 신경망을 생각해 봅시다. 히든 레이어의 세 노드의 '나' 값은 아래와 같이 계산됩니다:

1. $f_1(x_1w_1 + x_2w_2 + b_1)$
2. $f_1(x_1w_3 + x_2w_4 + b_2)$
3. $f_1(x_1w_5 + x_2w_6 + b_3)$

여기에 이어서 출력층까지 같은 방식으로 전개하려면 위의 세 값에 대해 또 웨이트를 곱하고 바이어스를 더하고 액티베이션까지 표현해야 하므로 층이 더 깊고 노드가 더 많다면 수식 표현이 매우 복잡해질 것입니다.

하지만, 행렬과 벡터를 이용하면 이를 간단하게 표현할 수 있습니다. 먼저, 입력값 x_1, x_2를 행벡터로 표현하면 $[x_1 \ x_2]$가 됩니다. 이를 이용하면 히든 레이어의 첫 번째 노드의 '들' 값은 다음과 같이 내적으로 표현할 수 있습니다:

$$[x_1 \ x_2] \begin{bmatrix} w_1 \\ w_2 \end{bmatrix} = x_1w_1 + x_2w_2$$

이 내적 표현을 확장하여 히든 레이어의 세 '들' 값을 벡터와 행렬의 곱으로 한 번에 표현할 수 있습니다:

$$[x_1 \ x_2] \begin{bmatrix} w_1 \ w_3 \ w_5 \\ w_2 \ w_4 \ w_6 \end{bmatrix} + [b_1 \ b_2 \ b_3]$$

이제 활성화 함수를 적용하여 '나' 값을 구할 수 있습니다. 벡터 $[a\ b\ c]$에 액티베이션 f_1을 적용하는 것을 $f_1([a\ b\ c])$로 표현하면, 히든 레이어의 세 노드의 '나' 값은 다음과 같이 표현됩니다:

$$f_1 \left(\overset{1\times 2}{[x_1 \ x_2]} \overset{2\times 3}{\begin{bmatrix} w_1 \ w_3 \ w_5 \\ w_2 \ w_4 \ w_6 \end{bmatrix}} + \overset{1\times 3}{[b_1 \ b_2 \ b_3]} \right)$$

이제 입력 벡터를 $\mathbf{x}$, 웨이트 행렬을 $\mathbf{W}_1$, 바이어스 벡터를 $\mathbf{b}_1$으로 표기하여 다시 표현하면 다음과 같습니다:

$$f_1(\mathbf{x}\mathbf{W}_1 + \mathbf{b}_1)$$

같은 방식으로 출력층까지 계산하면 전체 네트워크는 다음과 같이 표현됩니다:

$$f_2(f_1(\mathbf{x}\mathbf{W}_1 + \mathbf{b}_1)\mathbf{W}_2 + \mathbf{b}_2)$$

여기서 $\mathbf{W}_1$은 2×3 행렬, $\mathbf{b}_1$은 1×3 벡터, $\mathbf{W}_2$는 3×2 행렬, $\mathbf{b}_2$는 1×2 벡터입니다. 이렇게 MLP를 **'웨이트 행렬 곱하고 바이어스 벡터와 함께 더하고 액티베이션'**의 연속으로 간결하게 표현할 수 있습니다. 이 표현 방식은 더 깊고 복잡한 네트워크에도 쉽게 적용할 수 있어, 대부분의 딥러닝 연구와 구현에서 널리 사용됩니다.

3.2. 비선형(Non-Linear) 액티베이션의 중요성

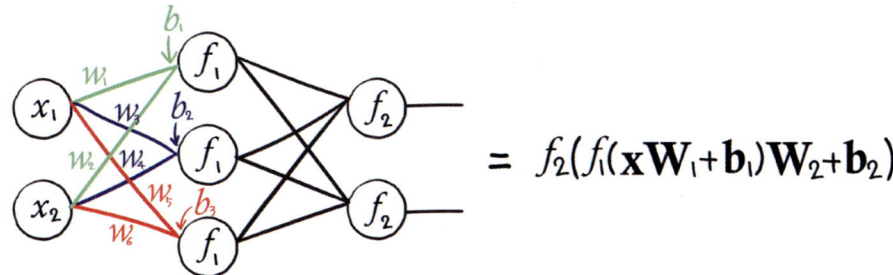

앞서 MLP를 행렬과 벡터로 표현해 보니 입력 벡터 **x** 의 함수임을 다시 한번 확인할 수 있었습니다. 그렇다면 더 많은 층과 노드를 사용하면 더 복잡한 함수를 표현할 수 있지 않을까요? 여기에는 중요한 조건이 있습니다: **활성화 함수로 비선형 함수를 사용해야 깊어질수록 더 복잡한 함수를 만들 수 있습니다.**

선형 액티베이션만을 사용하면, 아무리 깊게 만들어도 FC 레이어 한 층과 동일한 수준의 '복잡도'를 가집니다. 여기서 '복잡도'란 함수가 표현하는 입력과 출력 간의 관계가 복잡한 정도를 의미합니다. 왜 여러 층의 선형 액티베이션 네트워크가 단일 FC 레이어와 동일한 복잡도를 가지는지 자세히 살펴보겠습니다.

선형 액티베이션은 입력값을 그대로 출력합니다. 예를 들어, $f_1(\mathbf{x}\mathbf{W}_1+\mathbf{b}_1)=\mathbf{x}\mathbf{W}_1+\mathbf{b}_1$ 입니다. 이를 바탕으로 모든 층에서 선형 액티베이션을 사용한 경우에는 아래와 같이 전개됨을 알 수 있습니다:

$$f_2(f_1(\mathbf{x}\mathbf{W}_1+\mathbf{b}_1)\mathbf{W}_2+\mathbf{b}_2) = (\mathbf{x}\mathbf{W}_1+\mathbf{b}_1)\mathbf{W}_2+\mathbf{b}_2 = \mathbf{x}\mathbf{W}_1\mathbf{W}_2+\mathbf{b}_1\mathbf{W}_2+\mathbf{b}_2$$

여기서 $\mathbf{W}_1\mathbf{W}_2$를 $\mathbf{W}$ 로, $\mathbf{b}_1\mathbf{W}_2+\mathbf{b}_2$를 $\mathbf{b}$ 로 치환하면:

$$\mathbf{x}\mathbf{W}_1\mathbf{W}_2+\mathbf{b}_1\mathbf{W}_2+\mathbf{b}_2 = \mathbf{x}\mathbf{W}+\mathbf{b}$$

이것은 단일 층 네트워크와 동일한 수식 표현입니다. 즉, **100층이어도 같은 방식으로 전개, 치환하면 아래와 같이 1개 층을 가진 네트워크와 동일한 복잡도**를 가집니다.

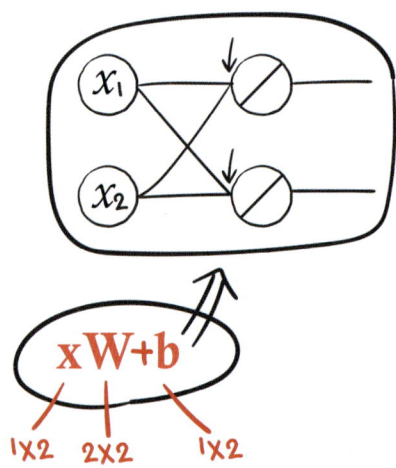

이렇게 치환할 수 있는 이유는 선형 함수의 합성이 다시 선형 함수가 되기 때문입니다. 예를 들어, 노드의 수가 1개→1개→1개로 연결된 신경망이 나타내는 함수 $y=a_2(a_1x+b_1)+b_2=a_2a_1x+a_2b_1+b_2$ 와 $y=ax+b$ 는 모두 일차 함수라는 점은 동일합니다. 즉, a라는 **기울기 파라미터를 하나로 최적화하든** a_1, a_2 **로 나누어 최적화하든 결과적으로 같은 성능을 가지는 모델(함수)을 얻게 됩니다.** 마찬가지로 $a_2b_1+b_2$ 를 하나의 b 로 최적화하든 나누어 최적화하든 결과는 동일합니다.

이렇게 치환해서 학습하나 나누어서 학습하나 성능이 같은 이유는 최적화 과정에서 도달할 수 있는 최적점이 동일하기 때문입니다. 예를 들어, $a_1a_2=2$ 일 때 최적이라면, $a=2$로 최적화하거나 $a_1=1$, $a_2=2$ 또는 $a_1=2$, $a_2=1$ 등 여러 조합으로 최적화할 수 있지만, 결과적으로 만들어내는 함수는 동일합니다.

1개 층의 복잡도를 가진 $\mathbf{xW}+\mathbf{b}$ 의 한계는 명확합니다. 이는 입력과 출력 간의 선형적 관계만을 나타내므로 복잡한 관계를 표현할 수 없습니다. 따라서 비선형 액티베이션이 필요한 것입니다. **비선형 액티베이션을 사용하면 입력과 출력 간의 비선형 관계를 나타낼 수 있으며, 깊어질수록 더 복잡한 함수도 표현할 수 있습니다.**

만약 선형과 비선형 액티베이션을 섞어 사용하면 어떻게 될까요? 예를 들어, 총 네 개의 층을 가진 네트워크에서 1, 3층은 선형, 2, 4층은 비선형 액티베이션을 사용한다고 가정해 봅시다:

$$f_2((f_1((\mathbf{xW}_1+\mathbf{b}_1)\mathbf{W}_2+\mathbf{b}_2)\mathbf{W}_3+\mathbf{b}_3)\mathbf{W}_4+\mathbf{b}_4)$$

여기서

$$(\mathbf{xW}_1+\mathbf{b}_1)\mathbf{W}_2+\mathbf{b}_2 = \mathbf{xW}_1\mathbf{W}_2+\mathbf{b}_1\mathbf{W}_2+\mathbf{b}_2$$

의 $\mathbf{W}_1\mathbf{W}_2$ 를 $\mathbf{W}_1'$으로, $\mathbf{b}_1\mathbf{W}_2+\mathbf{b}_2$ 을 $\mathbf{b}_1'$으로 치환하면:

$$f_2((f_1(\mathbf{xW}_1'+\mathbf{b}_1')\mathbf{W}_3+\mathbf{b}_3)\mathbf{W}_4+\mathbf{b}_4)$$

한 번 더 같은 방식을 적용하면:

$$f_2(f_1(\mathbf{xW}_1'+\mathbf{b}_1')\mathbf{W}_2'+\mathbf{b}_2')$$

즉, 2층 네트워크로 표현됩니다. 이처럼 선형 액티베이션을 사용한 층들은 하나의 층으로 축약됩니다.

그렇다면 선형 액티베이션은 필요 없는 액티베이션일까요? 그렇지 않습니다. 회귀 문제에서는 출력값의 범위가 제한되지 않아야 하므로, 마지막 층에 선형 액티베이션을 사용합니다. 물론 x^3과 같은 비선형 함수를 사용할 수도 있지만, 이는 추가적인 문제를 야기할 수 있습니다. x^3과 같은 다항 함수는 그래디언트 계산 시 문제가 발생할 수 있으며, Universal Approximation Theorem에 위배되는 액티베이션이기도 합니다.[31]

실제로 100층 네트워크를 설계할 때, 일반적으로 앞의 99층에는 비선형 액티베이션을 사용하고 마지막 층에는 선형 액티베이션을 사용합니다. 마지막 층에 x^3과 같은 비선형 액티베이션을 사용하면 100층 모두에 비선형성을 부여할 수 있지만, 이로 인한 리스크가 더 큽니다. 따라서 비선형성을 더 늘리고 싶다면, 다음과 같은 방법을 추천합니다: 먼저 100층 모두에 널리 사용되는 비선형 액티베이션을 적용하여 충분한 비선형성을 확보합니다. 그다음, 선형 액티베이션을 사용하는 층을 하나 더 추가하여 총 101층의 네트워크를 구성합니다. 이렇게 하면 x^3과 같은 비선형 액티베이션이 가지는 리스크를 회피하면서도 100층에 해당하는 비선형성을 확보할 수 있습니다.

또한, 선형 액티베이션은 모델 중간에서 사용되기도 합니다. MobileNetV2[32]에서 도입된 이 아이디어는 정보 손실을 줄이는 데 효과적입니다. 이 아이디어는 이후 많은 모델 설계에 영향을 주었습니다.

아이디어는 단순합니다. **노드 수가 줄어드는 레이어에서는 액티베이션을 하지 않음으로써**[33] **비선형성은 다소 포기하되 정보 손실을 막고, 반대로 노드 수가 늘어나는 레이어에서는 비선형 액티베이션을 사용함으로써 정보 손실을 최소화하면서 충분한 비선형성을 확보**하자는 것입니다.

---

[31] Universal Approximation Theorem은 Chapter 5에서 자세하게 다룹니다.

[32] M. Sandler 외 4인, 「MobileNetV2: Inverted Residuals and Linear Bottlenecks」, IEEE/CVF Conference on Computer Vision and Pattern Recognition, 2018.

[33] 선형 액티베이션은 '들' 값을 그대로 출력하기 때문에, 실질적으로 아무 처리도 하지 않는 것과 같습니다. 이런 이유로 선형 액티베이션을 사용하는 경우를 종종 "액티베이션을 하지 않는다"고 표현하기도 합니다.

이것에 대해 조금 더 자세히 살펴보겠습니다. 비선형 액티베이션 중 널리 쓰이는 **ReLU** (Rectified Linear Unit)는 양수 입력은 그대로 출력하고, 음수 입력은 0으로 만듭니다. 선형 액티베이션 그래프와 비교하면 다음과 같습니다:

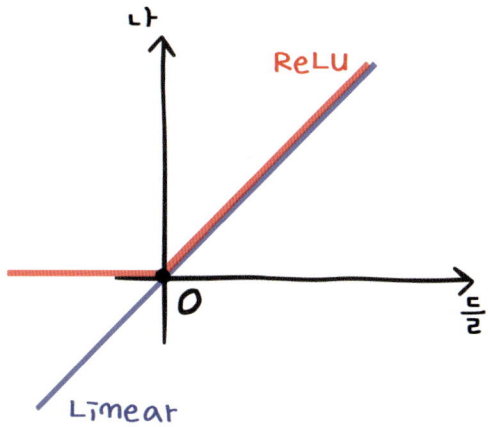

위와 같이 ReLU는 음수 입력을 0으로 만들기 때문에 정보 손실을 일으킬 수 있습니다. 또한, **노드 수가 줄어드는 층에서는 차원 축소로 인한 정보 손실도 발생**합니다. 이 두 가지 손실이 결합되면 중요한 정보가 많이 사라질 수 있습니다. 따라서 **노드 수가 줄어드는 층에서는 이러한 손실을 피하기 위해 선형 액티베이션을 사용**할 수 있습니다.

결론적으로, 비선형 액티베이션은 네트워크의 '복잡도'를 높이므로 입력과 출력 사이의 복잡한 관계를 표현하는 능력을 위해 필수적이지만, 동시에 '정보 손실'을 야기할 수 있습니다. 반면 선형 액티베이션은 '정보 손실'은 없지만 이러한 '복잡도'를 증가시키지 못합니다. 따라서, 현대 딥러닝 모델 설계에서는 이 둘의 장단점을 고려하여 적절히 조합하여 사용합니다. 이를 통해 복잡한 패턴을 잘 학습하면서도 중요한 정보를 보존할 수 있는 균형 잡힌 모델을 만들 수 있습니다.

잠깐! 알아두기

액티베이션과 노드 수 변화가 네트워크에 미치는 영향을 간단히 정리해 보겠습니다:

1. 선형 액티베이션:
    - 복잡도: 유지(추가적인 복잡도 증가 없음)
    - 정보 손실: 없음(입력 정보 보존)

2. 비선형 액티베이션:
    - 복잡도: 증가(더 복잡한 함수 표현 가능)
    - 정보 손실: 잠재적으로 발생(예: ReLU의 음수 입력 차단)

3. 노드 수 감소:
    - 정보 손실: 발생(차원 축소로 인한 정보 압축)

4. 노드 수 증가:
    - 정보 손실: 없음(하지만 새로운 정보 생성도 없음)

3.3. 역전파(Backpropagation)

역전파(Backpropagation)는 깊은 인공신경망의 각 파라미터에 대한 Loss의 편미분을 효율적으로 계산하는 핵심 알고리즘입니다. 이 방법은 **출력층에서 시작하여 입력층 방향으로 계산을 진행하기 때문에 '역전파'**라는 이름이 붙었습니다. 이 알고리즘의 핵심은 연쇄 법칙(Chain Rule)[34]의 적용과 중간 계산 결과의 재사용에 있습니다.

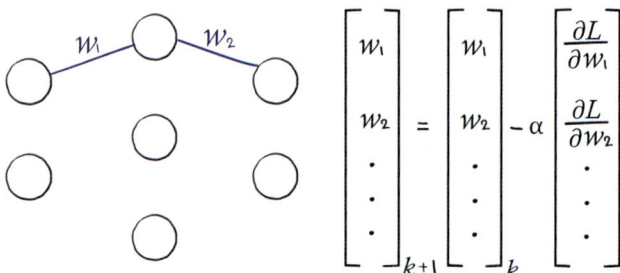

---

[34] 연쇄 법칙이 생소하다면, 부록: 딥러닝을 위한 필수 기초 수학을 참고하시기 바랍니다.

위의 MLP를 학습시키기 위해서는 각 파라미터에 대한 Loss의 편미분을 구해야 합니다. 이를 위해 연쇄 법칙을 사용합니다. w_1과 w_2에 대한 편미분을 예로 들어 설명하겠습니다.

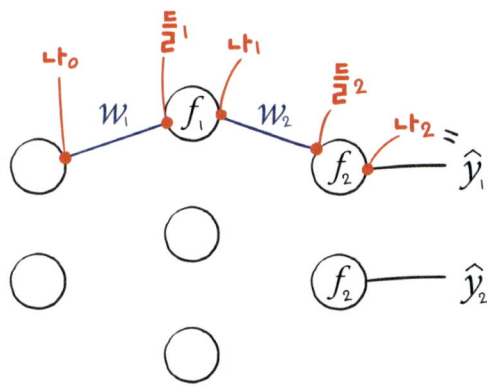

위 그림에서, 입력층의 첫 번째 노드 값을 나$_0$, 첫 번째 레이어의 첫 번째 노드의 '들' 값을 들$_1$, '나' 값을 나$_1$, 두 번째 레이어의 첫 번째 노드의 '들' 값을 들$_2$, '나' 값을 나$_2$라고 하겠습니다. 최종 출력은 $\hat{y}_1$(=나$_2$)과 $\hat{y}_2$입니다.

만약, MSE Loss를 사용한다면, 데이터 하나에 대한 Loss는 아래와 같습니다:

$$L = (\hat{y}_1 - y_1)^2 + (\hat{y}_2 - y_2)^2$$

먼저, w_2에 대한 편미분을 구해봅시다. w_2로 L을 만드는 과정을 살펴보면 다음과 같습니다:

$$w_2 \rightarrow 들_2 \rightarrow 나_2 \rightarrow L$$

이 과정을 바탕으로 연쇄 법칙을 적용하면 다음과 같습니다:

$$\frac{\partial L}{\partial w_2} = \frac{\partial L}{\partial 나_2} \frac{\partial 나_2}{\partial 들_2} \frac{\partial 들_2}{\partial w_2}$$

각 항을 계산해 봅시다:

1. $\dfrac{\partial L}{\partial 나_2} = 2(\hat{y}_1 - y_1)$

2. $\dfrac{\partial 나_2}{\partial 들_2} = f_2{'}(들_2)$

3. 마지막으로 $들_2 = 나_1 w_2 + \cdots$ 이므로 $\dfrac{\partial 들_2}{\partial w_2} = 나_1$

따라서, 다음을 얻을 수 있습니다:

$$\dfrac{\partial L}{\partial w_2} = 2(\hat{y}_1 - y_1) \cdot f_2{'}(들_2) \cdot 나_1$$

같은 방법으로 w_1에 대한 편미분을 구해봅시다. w_1으로 L을 만드는 과정을 살펴보면 다음과 같습니다:

$$w_1 \rightarrow 들_1 \rightarrow 나_1 \rightarrow 들_2 \rightarrow 나_2 \rightarrow L$$

이 과정만 고려한다면 연쇄 법칙에 따라 다음과 같이 표현할 수 있습니다:

$$\dfrac{\partial L}{\partial w_1} = \dfrac{\partial L}{\partial 나_2} \dfrac{\partial 나_2}{\partial 들_2} \dfrac{\partial 들_2}{\partial 나_1} \dfrac{\partial 나_1}{\partial 들_1} \dfrac{\partial 들_1}{\partial w_1}$$

그러나 이 식에서는 간과한 것이 있습니다. $\dfrac{\partial L}{\partial w_1}$를 구하기 위해서는 w_1이 변함에 따라 L에 영향을 미치는 모든 경로를 고려해야 합니다.

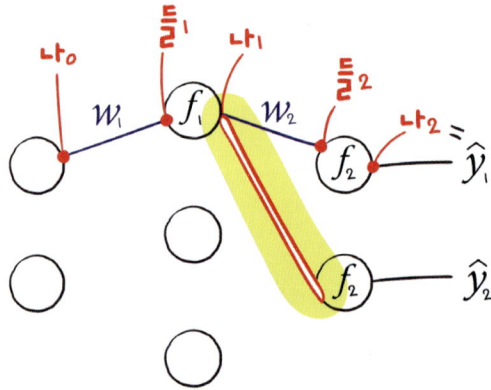

위 그림과 같이 w_1이 변하면 $들_1$이 변하고, 이는 $나_1$을 변화시킵니다. 이어서 $나_1$의 변화는 $들_2$를 변화시키는데, 이뿐만 아니라 출력층의 다른 노드들에도 영향을 줍니다. 따라서 L에 변화를 일으키는 모든 경로를 고려하여 해당하는 편미분값들도 더해주어야 합니다.

잠깐! 알아두기

여러 변수를 통해 영향을 받는 함수의 편미분을 계산할 때는 모든 경로에 대한 편미분값을 더해야 합니다. 예를 들어, $L(x(w), y(w))$ 를 w 로 편미분한다면:

$$\frac{\partial L}{\partial w} = \frac{\partial L}{\partial x}\frac{\partial x}{\partial w} + \frac{\partial L}{\partial y}\frac{\partial y}{\partial w}$$

이는 다음과 같이 증명할 수 있습니다:

$$\frac{\partial L}{\partial w} = \lim_{\Delta w \to 0} \frac{L(x(w+\Delta w), y(w+\Delta w)) - L(x(w), y(w))}{\Delta w}$$

$$= \lim_{\Delta w \to 0} \frac{L(x(w+\Delta w), y(w+\Delta w)) - L(x(w), y(w+\Delta w))}{\Delta w}$$

$$+ \frac{L(x(w), y(w+\Delta w)) - L(x(w), y(w))}{\Delta w}$$

$$= \lim_{\Delta w \to 0} \frac{L(x(w+\Delta w), y(w+\Delta w)) - L(x(w), y(w+\Delta w))}{x(w+\Delta w) - x(w)} \cdot \frac{x(w+\Delta w) - x(w)}{\Delta w}$$

$$+ \frac{L(x(w), y(w+\Delta w)) - L(x(w), y(w))}{y(w+\Delta w) - y(w)} \cdot \frac{y(w+\Delta w) - y(w)}{\Delta w}$$

$$= \frac{\partial L}{\partial x}\frac{\partial x}{\partial w} + \frac{\partial L}{\partial y}\frac{\partial y}{\partial w}$$

따라서, w_1 에 대한 정확한 편미분은 다음과 같습니다:

$$\frac{\partial L}{\partial w_1} = \frac{\partial L}{\partial 나_2}\frac{\partial 나_2}{\partial 들_2}\frac{\partial 들_2}{\partial 나_1}\frac{\partial 나_1}{\partial 들_1}\frac{\partial 들_1}{\partial w_1} + \cdots$$

즉, 위와 같이 노드의 개수에 맞춰 모든 경로를 고려해 주어야 합니다.

각 항을 계산하기 위해 먼저 $들_2 = 나_1 w_2 + \cdots$ 와 $들_1 = 나_0 w_1 + \cdots$ 임을 상기해 봅시다. 이를 바탕으로 아래를 얻을 수 있습니다:

$$\frac{\partial L}{\partial w_1} = 2(\hat{y}_1 - y_1) \cdot f_2'(들_2) \cdot w_2 \cdot f_1'(들_1) \cdot 나_0 + \cdots$$

이를 w_2의 편미분

$$\frac{\partial L}{\partial w_2} = 2(\hat{y}_1 - y_1) \cdot f_2'(들_2) \cdot 나_1$$

과 비교해 보면, 겹치는 항이 있음을 알 수 있습니다. 이 특성을 이용해 계산을 효율적으로 할 수 있습니다. 예를 들어, $\frac{\partial L}{\partial w_2}$를 계산할 때 구한 $2(\hat{y}_1 - y_1) \cdot f_2'(들_2)$ 값을 $\frac{\partial L}{\partial w_1}$ 계산에서도 그대로 사용할 수 있습니다. 이러한 중간 결과의 재사용은 계산 효율성을 크게 향상시킵니다.

따라서, 계산 효율성을 위해 **출력층부터 시작해 입력층으로 이동하며 계산을 수행**합니다. 즉, $\frac{\partial L}{\partial w_2} \rightarrow \frac{\partial L}{\partial w_1}$ 순으로 계산하며, **이것이 'Backpropagation'이라고 불리는 이유**입니다.

이제 더 깊은 층의 웨이트에 대한 편미분을 분석해 보겠습니다. $2(\hat{y}_1 - y_1)$는 어떤 Loss 함수를 사용하냐에 따라 달라지므로 생략하고, $f_2'(들_2)$과 같은 '액티베이션 미분'을 '액', w_2와 같은 '웨이트'를 '웨', 마지막에 붙는 나$_1$과 같은 값을 '나'로 표기하면 다음과 같은 패턴을 발견할 수 있습니다:

1. $\frac{\partial L}{\partial w_2}$: '액나'

2. $\frac{\partial L}{\partial w_1}$: '액웨·액나'

이 패턴을 따르면, 한층 더 깊은 웨이트에 대한 편미분은 '액웨·액웨·액나'가 될 것임을 알 수 있습니다. 즉, **더 깊은 층으로 갈수록 '액웨'가 계속해서 추가**됩니다.

이 패턴은 **기울기 소실**(Vanishing Gradient) 문제[35]와 같은 현상을 이해하는 데 중요한 역할을 합니다. 깊은 층의 웨이트일수록 더 많은 '액' 항이 곱해지므로, 액티베이션 미분값이 1보다 작다면 입력층에 가까운 파라미터일수록 편미분값이 점점 작아질 수 있습니다. 이는 깊은 신경망에서 학습이 어려워지는 주요 원인 중 하나입니다.

정리하면, 역전파는 출력층에서 입력층 방향으로 계산을 진행하며 각 파라미터에 대한 Loss의 편미분을 효율적으로 구합니다. 중간 결과를 재사용함으로써 계산 효율성을

---

35 기울기 소실 문제와 이를 해결하기 위한 방법들은 Chapter 6에서 더 자세히 다룹니다.

크게 높이는 것이 특징입니다. 또한, 깊은 층으로 갈수록 나타나는 '액웨' 패턴은 기울기 소실과 같은 딥러닝의 주요 과제를 이해하는 데 중요한 통찰을 제공합니다. 이처럼 역전파는 계산 효율성을 높이고 인공 신경망의 작동 원리를 명확히 해석할 수 있게 해주어, 현대 딥러닝 발전의 핵심 기술로 자리 잡았습니다.

3.3.1. 학습 과정에서 Forward Propagation이 필요한 이유

$$\begin{bmatrix} w_1 \\ w_2 \\ \cdot \\ \cdot \\ \cdot \end{bmatrix}_{k+1} = \begin{bmatrix} w_1 \\ w_2 \\ \cdot \\ \cdot \\ \cdot \end{bmatrix}_{k} - \alpha \begin{bmatrix} \frac{\partial L}{\partial w_1} \\ \frac{\partial L}{\partial w_2} \\ \cdot \\ \cdot \\ \cdot \end{bmatrix}$$

위 그림의 업데이트 수식을 보면, 인공 신경망의 학습은 단순히 초기 파라미터값을 설정한 다음, Loss 값이 충분히 작아질 때까지 그래디언트를 이용해 파라미터를 반복적으로 업데이트하는 과정입니다. 이 관점에서 보면 **필요한 것은 오직 그래디언트뿐**입니다.

그렇다면 입력으로부터 출력값을 계산하는 순전파(Forward Propagation) 과정은 왜 필요할까요? 사실, **학습 과정에서 순전파는 역전파를 위해 존재**합니다. 이를 이해하기 위해 앞서 구한 w_1과 w_2에 대한 편미분을 다시 살펴보겠습니다:

$$\frac{\partial L}{\partial w_1} = 2(\hat{y}_1 - y_1) \cdot f_2'(들_2) \cdot w_2 \cdot f_1'(들_1) \cdot 나_0 + \cdots$$

$$\frac{\partial L}{\partial w_2} = 2(\hat{y}_1 - y_1) \cdot f_2'(들_2) \cdot 나_1$$

이 식들에서 '들' 값과 '나' 값($\hat{y}_1 = 나_2$)이 필요함을 알 수 있습니다. 순전파는 바로 이 값들을 계산하는 과정입니다. 즉, 순전파 과정에서는 입력층에서 출력층까지 각 노드의 '들' 값과 '나' 값을 순차적으로 계산하고 저장합니다. 그다음, 이어지는 역전파 과정에서는 이렇게 저장된 값들을 활용하여 그래디언트를 계산합니다. 이처럼 순전파와 역전파는 서로 밀접하게 연관되어 작동합니다.

정리하면, 인공 신경망의 학습 과정은 다음과 같이 진행됩니다:

1. 순전파: 입력부터 출력까지 각 노드의 '들' 값, '나' 값을 계산하고 저장
2. 역전파: 순전파 과정에서 저장했던 값들을 이용해 그래디언트 계산
3. 최적화: SGD, Adam 등의 알고리즘을 사용해 파라미터 업데이트

이 과정을 Loss 값이 충분히 작아질 때까지 반복함으로써 인공 신경망이 학습되는 것입니다.

Chapter 4
이진 분류와 다중 분류

이번 챕터에서는 회귀 문제에서 한 걸음 나아가 분류 문제를 다룹니다. 특히 이진 분류와 다중 분류에 초점을 맞춰 깊이 있게 탐구할 것입니다.

이진 분류(Binary Classification)는 데이터를 두 개의 클래스로 구분하는 문제이며, **다중 분류**(Multiclass Classification)는 세 개 이상의 클래스로 구분하는 문제입니다. 이러한 분류 문제를 해결하기 위해 새로운 활성화 함수들을 소개합니다. 이진 분류에는 **Sigmoid** 함수를, 다중 분류에는 **Softmax** 함수를 사용합니다.

또한, 각 문제에 적합한 새로운 Loss 함수도 함께 살펴봅니다. 이진 분류를 위한 **BCE**(Binary Cross-Entropy) **Loss**와 다중 분류를 위한 **Cross-Entropy Loss**를 상세히 다루며, BCE Loss와 앞서 다룬 MSE Loss를 비교하여 각각의 특성과 적절한 사용 상황을 이해합니다.

더 나아가, **MLE**(Maximum Likelihood Estimation) 개념을 통해 딥러닝의 학습 과정을 새로운 관점에서 바라봅니다. 이를 통해 각 Loss 함수가 어떤 확률 분포에 기반을 두고 있는지, 그리고 왜 그러한 Loss 함수를 사용하는 것이 적합한지에 대한 깊은 이해를 얻을 수 있습니다.

이번 챕터는 분류 문제를 다루는 데 필요한 핵심 개념 및 딥러닝을 더 깊게 이해하기 위한 이론적 배경을 제공합니다. 이는 다양한 실제 응용 분야의 문제들을 해결하는 데 중요한 기반이 될 것입니다.

4.1. Unit Step Function을 이용한 이진 분류

키와 몸무게를 입력으로 받아 체중 감량이 필요한지(레이블 1) 또는 체중 증가가 필요한지(레이블 0) 판단하는 이진 분류 문제를 예로 들어 살펴보겠습니다. 이 과정은 많은 딥러닝 문제에 적용되는 일반적인 접근 방식입니다.

Step 1. 데이터 수집

지도 학습을 위해 다양한 사람들의 키, 몸무게, 그리고 해당하는 레이블(체중 감량 필요/체중 증가 필요)을 수집합니다. 예시로 6명의 데이터를 사용한다고 가정해 보겠습니다.

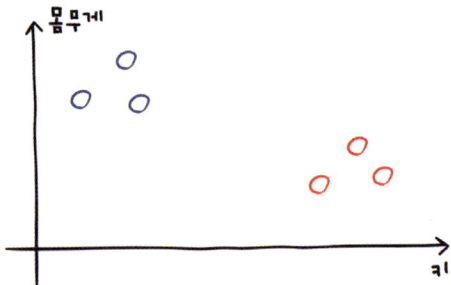

그래프에서 파란색 점은 체중 감량이 필요한 사람들(레이블 1), 빨간색 점은 체중 증가가 필요한 사람들(레이블 0)을 나타냅니다. 일반적으로 더 많은 데이터를 사용할수록 모델의 분류 성능이 향상됩니다. 특히 분류 경계 근처의 데이터가 많아질수록 이 효과가 두드러집니다. 예를 들어, **체중 감량과 증가의 경계에 있는 사람들의 데이터가 더 많이 추가되면, 모델은 이 미묘한 차이를 더 잘 학습하여 더 정확한 분류 경계선을 그릴 수 있습니다.** 이에 따라 모델은 경계선 근처의 새로운 데이터에 대해서도 더 정확한 판단을 내릴 수 있게 됩니다.

Step 2. 모델 설계

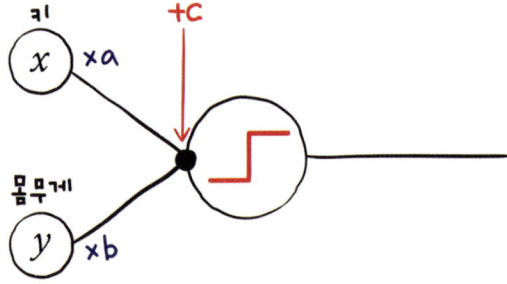

Unit Step Function을 활성화 함수로 사용하는 단층 신경망 모델을 사용하겠습니다. 위 그림과 같이 히든 레이어 없이 Unit Step Function을 활성화 함수로 사용하는 단일

인공 신경을 **퍼셉트론**(Perceptron)이라고 합니다. 이 예시에서 퍼셉트론은 2개의 입력(키, 몸무게)을 받아 하나의 출력을 생성합니다. 레이블이 0 또는 1과 같이 숫자 하나이므로 이와 비슷한 값이 나오게끔 학습시킬 인공 신경망 역시 출력 노드를 한 개만 사용합니다.

Unit Step Function은 '들' 값이 양수일 때 1을 출력합니다. 따라서, 키(x)의 웨이트를 a, 몸무게(y)의 웨이트를 $b(>0)$, 바이어스를 c라고 할 때, $ax+by+c>0$을 만족하는 경우에 1이 출력됩니다. 이 부등식을 y에 대해 정리하면 $y>-\frac{a}{b}x-\frac{c}{b}$가 됩니다. 즉, 직선 $y=-\frac{a}{b}x-\frac{c}{b}$보다 위에 있는 (x, y) 점들은 1로, 아래에 있는 점들은 0으로 분류됩니다. 이 직선이 바로 **분류 경계선**이며, 이처럼 **분류 경계가 선형인 경우를 선형 분류**라고 합니다.

Step 3. 모델 학습

모델의 학습 목표는 세 파라미터 a, b, c를 최적화하여 새로운 데이터에 대해 정확한 판단을 내리는 것입니다.

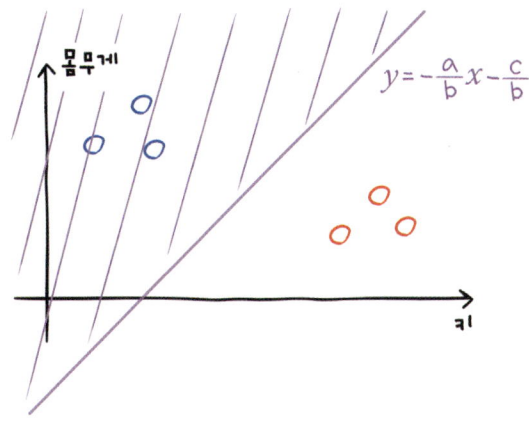

적절히 학습이 이루어졌다면 위처럼 파란 점(레이블 1)에 대해서는 1이, 빨간 점(레이블 0)에 대해서는 0이 출력되도록 a, b, c 값을 찾게 됩니다. 위의 직선은 이렇게 학습된 분류 경계선을 보여줍니다.

Step 4. 모델 테스트

테스트 과정에서는 모델이 새로운 데이터에 대해 올바르게 예측하는지 확인합니다. 즉, 실제 레이블과 모델이 예측한 클래스를 비교하여 모델의 정확도를 평가합니다.

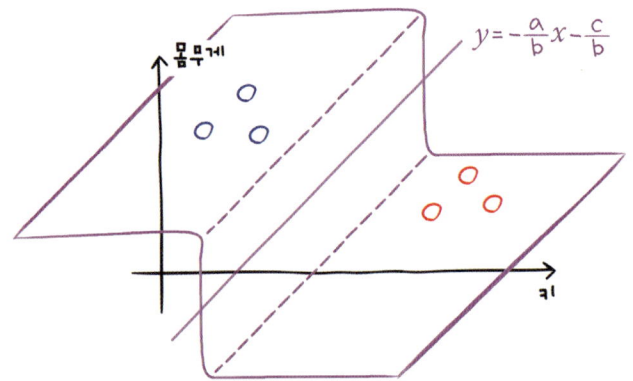

이 3D 그래프는 키, 몸무게 평면에 수직한 축으로 출력을 나타낸 것으로, 입력(키, 몸무게)과 출력의 관계를 보여줍니다. 흥미로운 점은 입력과 출력 사이의 관계가 비선형적이라는 것입니다. 이는 활성화 함수(Unit Step Function)가 비선형이기 때문입니다. 그러나 분류 경계선 자체는 선형이므로, 이 모델은 선형 분류기에 해당합니다. 즉, **이 선형 분류기는 선형 분류 경계선을 사용하지만, 입력과 출력의 관계 자체는 비선형적임**을 알 수 있습니다.

이 예제를 통해 Unit Step Function을 이용한 이진 분류의 기본 개념을 살펴보았습니다. 하지만, 이 모델에는 두 가지 문제점이 있습니다.

4.1.1. Unit Step Function의 두 가지 문제와 Sigmoid

Unit Step Function을 사용한 모델은 두 가지 주요 문제점을 가지고 있습니다.

1. 미분 불가능: Unit Step Function은 0에서 미분이 불가능하고, 다른 모든 지점에서 미분값이 0입니다. 역전파 과정에서 활성화 함수의 미분이 사용되므로, Unit Step Function을 사용하면 모든 파라미터에 대한 편미분이 0이 되어 학습이 이루어지지 않습니다.

2. 극단적 분류: Unit Step Function은 출력값이 0 또는 1뿐입니다. 이는 정도나 확실성을 표현하지 못합니다. 예를 들어, 체중 감량이 시급한 사람과 약간의 감량만 필요한 사람을 구별할 수 없으며, 분류 경계선 근처의 미묘한 차이를 반영하지 못합니다.

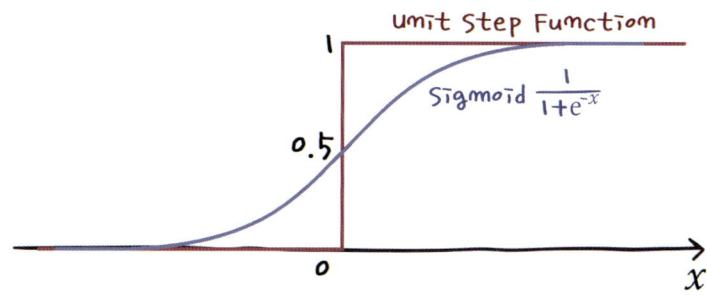

이러한 문제를 해결하기 위해 **Sigmoid** 함수가 도입되었습니다. 위 그래프는 Unit Step Function과 Sigmoid를 함께 그린 것입니다. 그래프 개형에서 볼 수 있듯이, Sigmoid는 Unit Step Function을 부드럽게 만든 형태로 생각할 수 있습니다.

Sigmoid 함수의 수식은 $\frac{1}{1+e^{-x}}$ 입니다. 여기서 x는 '들' 값입니다. x에 여러 값을 대입하여 분석한 결과는 아래와 같습니다:

1. $x=0$일 때, $e^{-0}=1$ 이므로 $\frac{1}{1+e^{-x}} = \frac{1}{2}$
2. $x \to \infty$로 발산할 때, $e^{-x} \to 0$으로 수렴하므로 $\frac{1}{1+e^{-x}} \to 1$로 수렴
3. $x \to -\infty$로 발산할 때, $e^{-x} \to \infty$로 발산하므로 $\frac{1}{1+e^{-x}} \to 0$으로 수렴

Sigmoid의 주요 특징은 다음과 같습니다:

1. **전 구간 미분 가능**: 그래디언트 기반 최적화 기법을 사용할 수 있습니다.
2. **출력값의 범위 0~1**: 출력을 '정도' 혹은 '확률'로 해석할 수 있습니다.

예를 들어, 출력값이 0.55라면 "체중을 감량해야 하지만 그 정도가 심하지는 않다"고 해석하거나, "55% 확률로 체중 감량이 필요한 사람이다"라고 해석할 수 있습니다.

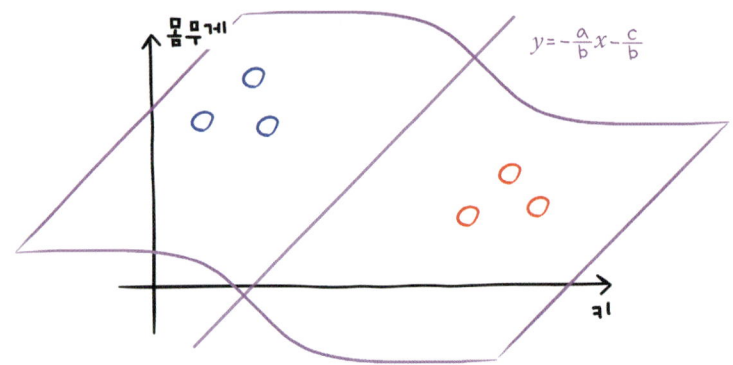

Unit Step Function과 Sigmoid를 3D 그래프로 비교하면 그 차이가 더욱 명확해집니다. 두 함수 모두 같은 분류 경계선을 가지지만, Sigmoid는 경계선 주변에서 출력이 부드럽게 변화합니다. 경계선상의 점은 출력이 0.5가 되며, 경계선에서 위로 멀어질수록 1에, 아래로 멀어질수록 0에 가까운 값이 출력됩니다.

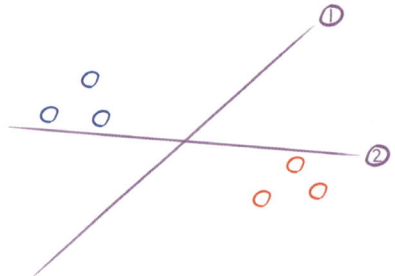

Sigmoid의 또 다른 장점은 **더 합리적인 분류 경계선을 찾을 수 있다**는 것입니다. 위 그림에서 1번과 2번 경계선 모두 데이터를 완벽히 분류하지만, 1번이 더 나은 경계선입니다. 이는 1번 경계선이 각 클래스의 데이터를 경계선으로부터 더 멀리 위치시키기 때문입니다. Unit Step Function을 사용하면 두 경계선 모두 파란색 점들에 대해서는 1, 빨간색 점들에 대해서는 0을 출력하여 두 경계선의 차이를 알 수 없지만, Sigmoid를 사용한다면 1번이 더 나은 경계선임을 알 수 있게 됩니다.

그 이유는 다음과 같습니다: 1번 경계선은 빨간색 점들에 대해 0.1, 0.2와 같은 낮은 값을, 파란색 점들에 대해 0.8, 0.9와 같은 높은 값을 출력할 것입니다. 반면 2번 경계선은 빨간색 점들에 대해 0.4, 0.45, 파란색 점들에 대해 0.55, 0.6과 같이 0.5에 가까운 값을 출력하게 될 것입니다. 따라서, Sigmoid를 사용하면 1번이 더 나은 경계선임을 알 수 있으므로 이와 같이 더 안정적이고 일반화 성능이 높은 분류 경계선을 찾을 수 있습니다.

이렇게 Sigmoid는 Unit Step Function의 문제점들을 해결하며, 더 유연하고 정확한 분류를 가능하게 합니다.

4.2. Sigmoid를 이용한 이진 분류

본격적으로 Sigmoid를 활용하여 강아지와 고양이 사진을 분류하는 문제를 살펴보겠습니다. 입력 데이터로 RGB 3채널, 100×100 픽셀의 이미지를 사용한다고 가정해 봅시다.

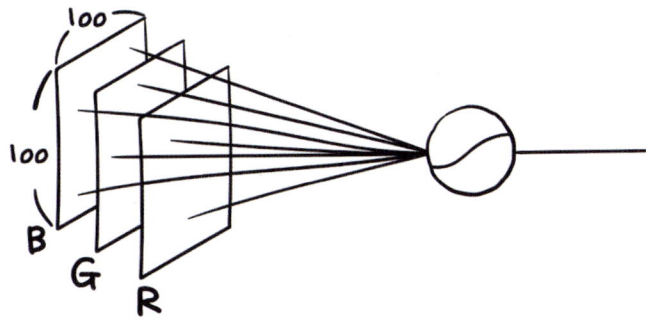

이 예제에서는 위 그림과 같이 간단하게 히든 레이어 없이 입력층에서 바로 하나의 출력 노드로 연결되는 구조를 가정하겠습니다. 실제로는 더 복잡한 구조를 사용할 수 있지만, 기본 개념을 이해하기 위해 이러한 단순한 모델을 사용해 보겠습니다.

이 모델의 파라미터 수를 계산해 봅시다.

입력 노드의 수는 3(RGB 채널)*100*100＝30,000개입니다. 여기에 하나의 바이어스를 더하면 총 파라미터 수는 30,001개가 됩니다. 따라서 그래디언트 벡터의 크기(Shape)도 30,001×1이 됩니다.

딥러닝의 기본 파라미터 업데이트 공식 $w_{k+1}=w_k-\alpha g_k$을 이 모델에 적용하면 다음과 같습니다:

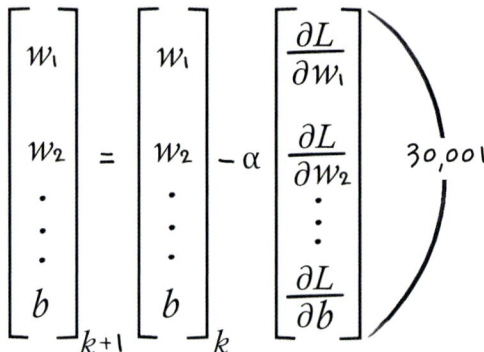

앞서 여러 차례 다룬 내용이지만, 중요성을 고려하여 다시 한번 정리해 보겠습니다.

Loss 계산에 사용하는 데이터의 양에 따라 최적화 방법이 달라집니다:

- 모든 데이터 사용: GD(Gradient Descent)
- 하나의 데이터만 사용: SGD(Stochastic Gradient Descent)
- 일부 데이터 사용: Mini-Batch GD

또, 그래디언트 계산 방식에 따른 여러 가지 최적화 알고리즘을 살펴보았습니다:

- 이전 그래디언트를 누적: Momentum
- 각 파라미터의 그래디언트 제곱을 누적: RMSProp(Root Mean Squared Propagation)
- Momentum과 RMSProp 결합: Adam(Adaptive Moment Estimation)

이제 남은 것은 Loss 함수의 선택입니다. Loss 함수는 문제에 맞게 적절히 선택해야 하는 하이퍼파라미터 중 하나입니다. 앞서 사용된 MSE를 사용할 수도 있지만, 이진 분류 문제에 더 적합한 BCE(Binary Cross-Entropy) Loss를 사용해 보도록 하겠습니다.

4.2.1. BCE(Binary Cross-Entropy) Loss

이진 분류를 위한 Loss 함수를 직접 정의해 보도록 하겠습니다. 먼저, 강아지 사진에는 레이블 1, 고양이 사진에는 레이블 0을 부여하겠습니다.

앞서 언급된 바와 같이, 딥러닝을 통한 AI 학습 과정은 "이 입력에는 이 출력(레이블)이 나와야 해!"라고 반복적으로 알려주는 것과 같으며, 이를 Loss 함수를 이용해 표현하면 "Loss를 최대한 줄여야 해!"가 됩니다.

즉, Loss 함수는 **강아지 사진에 대해서는 출력이 1에, 고양이 사진에 대해서는 출력이 0에 가까울수록 작은 값을 가져야** 합니다. 식을 나타내기 위해 신경망의 출력을 q, 레이블을 y라고 하겠습니다.

출력층에 Sigmoid 함수를 사용하므로 q는 항상 0과 1사이의 값을 가집니다. 따라서, 강아지 사진 입력 시 q를 1에 가깝게 만드는 것은 q를 최대화하는 것과 같습니다. 반대로, 고양이 사진 입력 시에는 q를 0에 가깝게 만드는 것, 즉 q를 최소화하는 것이 목표가 되며, 이는 $1-q$를 최대화하는 것과 동일합니다. 왜냐하면, q를 최소화하는 것과 $-q$를 최대화하는 것은 동일하기 때문입니다. 또, 1을 추가한 이유는 양수로 만들어 확률로 해석하기 위함입니다.

또한, Sigmoid의 특성으로 인해 출력 q를 확률로 해석할 수 있습니다. 이 예제에서는 q는 '강아지 사진일 확률'로, $1-q$는 '고양이 사진일 확률'로 해석할 수 있습니다. **결과적으로, 각 사진에 대해 해당하는 동물일 확률을 높이는 간단한 논리**로 귀결됩니다.

> **잠깐! 알아두기**
>
> 왜 q는 '고양이 사진일 확률'이 아닌 '강아지 사진일 확률'을 나타내는 걸까요? 그 답은 레이블의 설정에 있습니다. 강아지 사진에 대한 레이블은 1로, 고양이 사진에 대한 레이블은 0으로 지정했기 때문입니다. 신경망은 레이블과 가까운 값을 출력하도록 학습되므로, 이 예제에서는 강아지 사진에 대해서는 q를 1에 가깝게, 고양이 사진에 대해서는 q를 0에 가깝게 만들려고 할 것입니다. 결과적으로, 이 신경망은 입력된 사진이 얼마나 '강아지스러운지'를 나타내는 확률을 출력하게끔 학습됩니다. 이를 통해 **레이블이 출력의 의미를 결정**짓는다는 사실을 알 수 있습니다.

이러한 논리를 하나로 합쳐 표현하면 $q^y(1-q)^{1-y}$를 최대화하는 것과 같습니다. 값을 대입하여 확인해 보면, 강아지 사진($y=1$) 일 때는 $q^1(1-q)^0=q$ 가 되고, 고양이 사진($y=0$) 일 때는 $q^0(1-q)^1=1-q$ 가 됨을 알 수 있습니다. 즉, $q^y(1-q)^{1-y}$ 값은 **AI가 예측한 해당 동물일 확률**로 해석할 수 있습니다.

Mini-Batch 방식으로 학습을 진행할 때는 여러 데이터에 대한 예측 확률을 모두 곱해야 합니다. 이는 각 데이터 추출이 서로 독립적인 사건이기 때문입니다. 예를 들어, Batch Size가 32라면 다음 식을 최대화해야 합니다:

$$q_1^{y_1}(1-q_1)^{1-y_1} \cdot q_2^{y_2}(1-q_2)^{1-y_2} \cdots q_{32}^{y_{32}}(1-q_{32})^{1-y_{32}}$$

여기서 y_n은 n번째 데이터에 대한 레이블, q_n은 신경망의 출력을 나타냅니다. 하지만, 이 방식은 Underflow 문제를 일으킬 수 있습니다. 각각의 값이 0과 1사이의 확률이므로 이들을 계속 곱하면 매우 작은 값이 되기 때문입니다. 참고로, Underflow 문제란 컴퓨터가 표현할 수 있는 가장 작은 양수보다 작은 수를 계산하려 할 때 발생하는 현상으로, 결괏값이 0으로 처리되어 정보가 손실될 수 있습니다.

이를 해결하기 위해 자연로그를 취합니다:

$$\log q_1^{y_1}(1-q_1)^{1-y_1} \cdot q_2^{y_2}(1-q_2)^{1-y_2} \cdots q_{32}^{y_{32}}(1-q_{32})^{1-y_{32}}$$

$$= \log q_1^{y_1}(1-q_1)^{1-y_1} + \log q_2^{y_2}(1-q_2)^{1-y_2} + \cdots + \log q_{32}^{y_{32}}(1-q_{32})^{1-y_{32}}$$

$$= \sum_{n=1}^{32} \log q_n^{y_n}(1-q_n)^{1-y_n}$$

이렇게 로그를 취함으로써 곱셈을 덧셈으로 바꾸고, 0과 1 사이의 확률값을 $-\infty$부터 0 사이의 더 넓은 범위의 값으로 변환하여 Underflow 문제를 해결할 수 있습니다.

잠깐! 알아두기

최적화 문제를 풀 때, 자연로그를 취한 후 최적화하는 방법이 자주 사용됩니다. 그런데 왜 로그를 취한 후에 최적화해도 괜찮을까요? 그 이유는 **로그함수가 단조증가함수이기 때문**입니다. $x<y$라면 $\log(x)<\log(y)$가 항상 성립하므로, 원래 함수를 최대화하는 것과 로그를 취한 함수를 최대화하는 것이 동일한 결과를 냅니다. 마찬가지로, 최소화 문제에서도 동일한 원리가 적용됩니다.

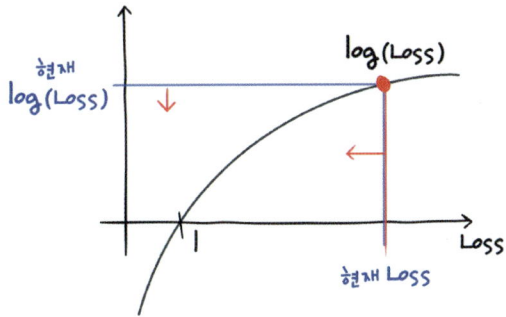

예를 들어, x 축에는 Loss를, y 축에는 로그를 취한 Loss 값을 그리면 위와 같습니다. Loss를 최소화하는 것이 목표이므로 x 축에서의 값을 왼쪽으로 이동시키는 것이 본래의 목표입니다. 이때, 로그를 취하고 나서 아래로 내리면(값을 줄이면) x 축의 값도 함께 왼쪽으로 이동합니다. 즉, 로그를 취한 후의 값을 최소화하면 원래의 값도 최소화하게 됩니다.

최종적으로, 음수를 취하고 합이 아닌 평균으로 다시 구하면 BCE(Binary Cross-Entropy) Loss를 얻을 수 있습니다:

$$L = \frac{1}{32} \sum_{n=1}^{32} -\log q_n^{y_n}(1-q_n)^{1-y_n}$$

여기서 $-\log q_n^{y_n}(1-q_n)^{1-y_n}$ 는 두 가지 가능한 결과에 대한 Cross-Entropy이기 때문에 이를 BCE(Binary Cross-Entropy)라고 합니다. 또, 음수를 취한 이유는 최대화 문제를 최소화 문제로 변환하기 위해서입니다. 이는 'Loss'라는 용어에 부합하며, '손실을 줄이는' 과정으로 직관적인 이해가 가능해집니다.

4.2.2. 로지스틱 회귀(Logistic Regression)

앞서 살펴본 예제에서처럼, 입력과 출력 사이의 관계를 확률 함수로 표현하고 이 함수를 은닉층이 없는 인공 신경망으로 놓고 추정하는 방법을 로지스틱 회귀(Logistic Regression)라고 합니다. 분류 문제를 다루는데도 '회귀'라는 이름을 갖는 이유는 분류와 회귀가 근본적으로 같은 접근 방식을 공유하고 있음을 보여줍니다.

로지스틱 회귀라는 이름은 Sigmoid 함수의 일반화된 형태인 Logistic 함수에서 유래했습니다. 즉, 이 방법은 **입력과 출력 사이의 관계를 Logistic 함수 형태로 놓고, 그 함수의 파라미터를 추정**하는 것을 목표로 합니다. 이러한 특성 때문에 '로지스틱 회귀'라는 이름이 붙게 되었습니다.

로지스틱 회귀는 또 다른 관점에서 **Logit을 선형 회귀를 통해 구하는 것**으로도 해석할 수 있습니다. 여기서 Logit은 Log-Odds의 준말로, Odds에 로그를 취한 값입니다. Odds는 '승산'이라고도 불리며, 승리 확률을 패배 확률로 나눈 값입니다.

만약 승리 확률을 q 라고 한다면 Odds는 다음과 같이 정의됩니다:

$$\text{Odds} = \frac{q}{1-q}$$

Logit l 은 이 Odds에 자연로그를 취한 값입니다:

$$l = \log \frac{q}{1-q}$$

이 식을 q 에 대해 풀면 다음과 같은 관계를 얻을 수 있습니다:

$$l = \log \frac{q}{1-q} \rightarrow e^l = \frac{q}{1-q} \rightarrow e^{-l} = \frac{1-q}{q} = \frac{1}{q} - 1 \rightarrow q = \frac{1}{1+e^{-l}}$$

이는 Sigmoid 함수와 동일한 형태입니다. 즉, Logit에 Sigmoid 함수를 적용하면 확률값을 얻을 수 있습니다.

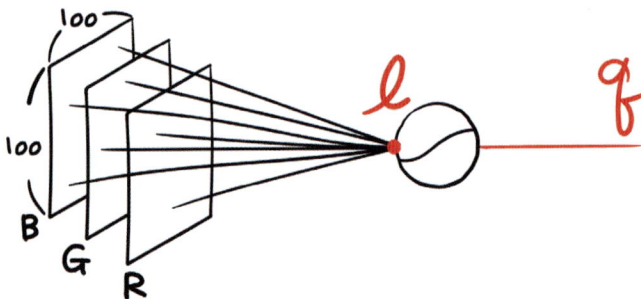

이제 이진 분류 문제로 돌아와 보겠습니다. Sigmoid를 통과한 후의 값을 '강아지 사진일

확률'이라고 했으니, 통과하기 직전의 값은 '강아지 사진에 대한 Logit 값'으로 해석할 수 있습니다.

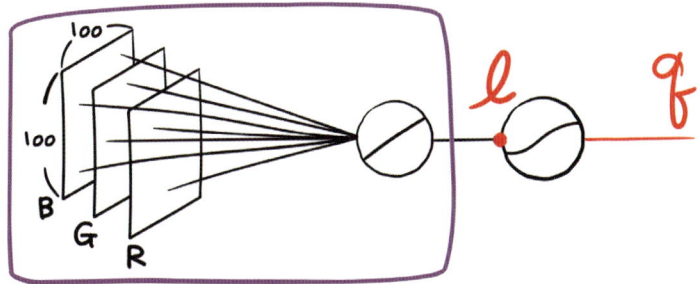

이러한 관점에서 로지스틱 회귀를 두 단계로 나누어 생각해 볼 수 있습니다:

1. 사진을 입력받아 Logit을 출력하는 신경망(선형 회귀)
2. Logit을 확률로 변환하는 Sigmoid 함수

이렇게 보면, 인공 신경망의 역할은 입력 사진과 Logit 사이의 선형 관계를 찾는 것이 되며, Sigmoid는 신경망의 일부가 아니라 Logit을 확률로 변환하고 BCE Loss를 계산하기 위해 사용되는 함수로 볼 수 있습니다.

이러한 해석은 로지스틱 회귀의 본질을 이해하는 데 도움을 줍니다. 결국 **로지스틱 회귀는 선형 회귀를 통해 Logit을 예측하고, 이를 확률로 변환하여 이진 분류 문제를 해결하는 방법**이라고 할 수 있습니다.

또, 두 단계로 나누어 보는 관점은 딥러닝 프레임워크에서의 구현 방식과도 일치합니다. 예를 들어, PyTorch에서는 종종 모델은 Logit만을 출력하고, Sigmoid나 Softmax는 Loss 계산 과정의 일부로 처리합니다.

4.3. MSE Loss vs BCE Loss

앞서 이진 분류 문제에서 자주 사용되는 BCE Loss가 어떻게 유도되는지를 살펴보았습니다. 그렇다면 회귀 문제에서 흔히 쓰이는 MSE Loss를 분류 문제에 적용하면 어떨까요? 이 두 Loss 함수를 비교해 보면 왜 이진 분류에서는 BCE Loss를 선호하는지 이해할 수 있습니다.

먼저, MSE Loss의 일반적인 수식은 n 번째 데이터에 대한 출력이 q_n 이라고 할 때, $L = \frac{1}{N}\Sigma_n(q_n - y_n)^2$ 입니다. 여기서 상황을 단순화하여 강아지 사진 하나에 대한 Loss를 고려해 보면, $(q_1 - 1)^2$ 이 됩니다.

마찬가지로 BCE Loss의 일반적인 수식 $L = \frac{1}{N}\Sigma_n - \log q_n^{y_n}(1-q_n)^{1-y_n}$ 에서 강아지 사진 하나에 대해 간소화하면 $-\log q_1$ 이 됩니다. 이 둘을 비교해 보면 두 가지 중요한 차이점을 발견할 수 있습니다.

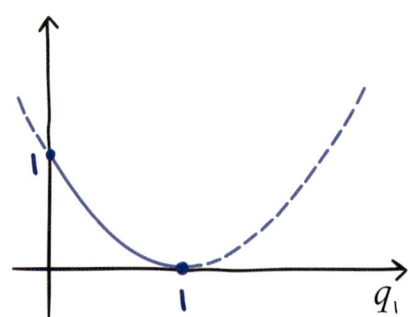

먼저 MSE의 그래프입니다. q_1 을 축으로 $(q_1 - 1)^2$ 을 나타냅니다. q_1 은 0과 1사이의 값만 가지므로 나머지 부분은 점선으로 표현했습니다. 이는 q_1 이 0일 때 1을 지나고, q_1 이 1일 때 0을 지나는 간단한 2차 함수의 그래프입니다.

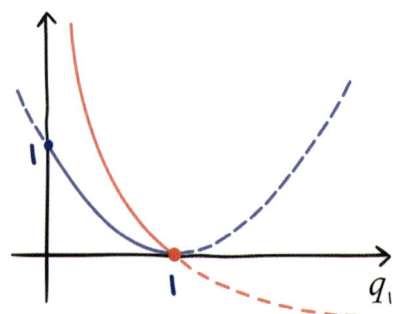

여기에 $-\log q_1$ 도 함께 그리면 위와 같습니다. q_1 이 0에 가까워지면 $-\log q_1$ 는 ∞ 로 발산하고 $q_1 = 1$ 에서 0을 지납니다.

두 그래프의 비교를 통해 BCE Loss가 MSE Loss보다 더 가파른 곡선을 그리는 것을 알 수 있습니다. 이는 **BCE가 상대적으로 예측 오류에 더 민감하게 반응한다**는 뜻입니다.

예를 들어, 모델이 완벽하게 예측에 성공하면($q_1=1$) 두 Loss 모두 0이 되지만, 완전히 실패했을 때($q_1=0$)는 MSE는 1, BCE는 무한대로 발산합니다. 즉, BCE는 잘못된 예측에 대해 더 강력한 페널티를 부과합니다. 이것이 첫 번째 차이점입니다.

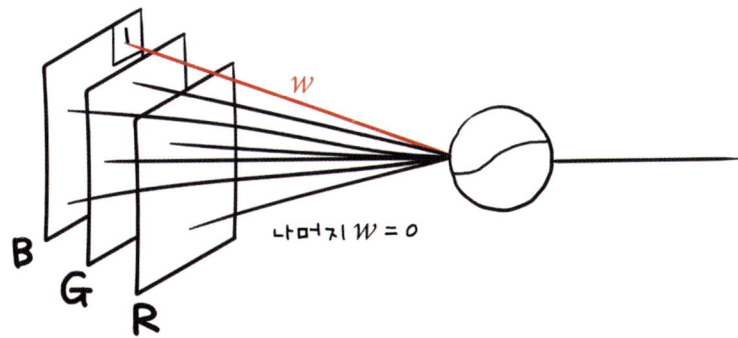

두 번째로는 함수의 개형이 다릅니다. 위와 같은 간단한 모델에 대해 출력층의 웨이트 w에 대한 Loss 함수의 모양을 분석해 봅시다. 픽셀값이 1인 하나의 픽셀과 연결된 웨이트에 대해 Loss 함수를 나타내보겠습니다. 나머지 웨이트 및 바이어스는 모두 0이라고 가정하겠습니다. 그러면 $q_1=\dfrac{1}{1+e^{-w}}$이고 이를 $(q_1-1)^2$과 $-\log q_1$ 각각에 대입하면 다음을 얻을 수 있습니다:

- MSE Loss: $\left(\dfrac{1}{1+e^{-w}}-1\right)^2$

- BCE Loss: $-\log\left(\dfrac{1}{1+e^{-w}}\right)$

이 두 함수를 w에 대해 그래프로 그려보면, **MSE는 Non-Convex 함수, BCE는 Convex 함수**임을 알 수 있습니다. Convex 함수란 아래로 볼록한 함수로, 단 하나의 Minimum(즉, Global Minimum)만을 가지는 함수입니다.

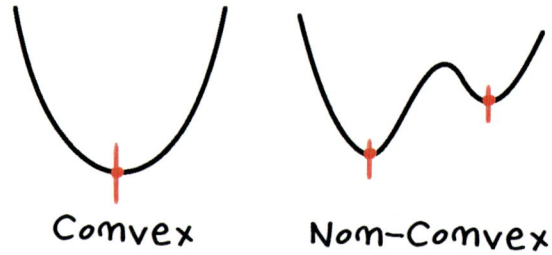

Convex 함수(왼쪽)는 최적화 알고리즘이 쉽게 수렴할 수 있습니다. 시작점에 관계없이 적절한 학습률만 설정하면 항상 Global Minimum에 도달하기 때문입니다. 반면, Non-Convex 함수(오른쪽)는 여러 개의 Local Minimum이 존재해 Global Minimum을 찾기 어렵습니다. 참고로, 일반적인 딥러닝 상황에서는 Local Minimum이 그림에서보다 훨씬 더 많습니다.

물론, 출력층 이전의 층들에 존재하는 웨이트들에 대해서는 BCE Loss와 MSE Loss 모두 Non-Convex 함수가 될 것입니다. 이는 층을 거치면서 복잡한 비선형 액티베이션을 통과하기 때문입니다. 하지만 같은 조건(모델, 데이터 등) 아래에서는 BCE가 MSE보다는 Non-Convex한 정도가 덜할 것으로 예상되어, 최적화 과정의 안정성 면에서 BCE가 더 유리하다고 볼 수 있습니다.

이러한 두 가지 특성으로 인해 이진 분류 문제에서는 일반적으로 BCE Loss가 선호됩니다. BCE Loss는 잘못된 예측에 더 강력한 페널티를 부과하고, 최적화 과정에서 더 안정적인 특성을 보여주기 때문입니다. 하지만, 이진 분류 문제에서 BCE Loss를 사용할 때, MSE Loss를 사용하는 것보다 모델의 성능이 항상 더 낫다는 것을 보장하지는 않습니다.

4.4. 딥러닝과 MLE(Maximum Likelihood Estimation)

앞서 비교한 BCE Loss와 MSE Loss는 언뜻 보기에는 전혀 관련 없는 서로 다른 두 개의 Loss 함수처럼 보입니다. 하지만 놀랍게도 이 둘은 **Likelihood**라는 공통된 뿌리를 가지고 있습니다. 이는 **Loss를 최소화하는 파라미터를 찾는 딥러닝의 학습 과정이 사실 MLE**(Maximum Likelihood Estimation)[36], 즉 관측된 Measurement가 나올 가능성을 최대로 하는

---

[36] MLE의 개념이 생소하다면, 부록: 딥러닝을 위한 필수 기초 수학을 참고하시기 바랍니다.

파라미터를 찾는 과정과 같다는 것을 의미합니다.

이를 이해하기 위해 앞서 살펴본 이진 분류 문제를 다시 생각해 봅시다. 첫 번째 사진에 대해 해당 동물일 확률 $q_1^{y_1}(1-q_1)^{1-y_1}$ 을 사용했습니다. 이 식이 바로 Likelihood 식입니다. 왜 그럴까요?

1. 이 식은 모델의 예측(q_1)이 주어졌을 때, 실제 레이블(y_1)이 나타날 확률을 나타냅니다. 즉, $P(y_1|q_1)$과 같은 조건부 확률입니다.
2. q_1은 모델의 파라미터 $\mathbf{w}$ (여기서 $\mathbf{w}$는 모든 파라미터를 담은 변수)에 의해 결정됩니다. 따라서 이 확률은 $P(y_1|\mathbf{w})$로 다시 쓸 수 있습니다.
3. 이제 y_1을 주어진 Measurement로 보고, $\mathbf{w}$를 변수로 보면 이 함수는 Likelihood가 됩니다.

MLE는 "관측된 Measurement가 나올 가능성을 가장 크게 하는 파라미터를 선택하자"는 방법입니다. 부록에서 제시한 예시를 떠올려봅시다. 검은 공이 나왔을 때, **검은 공이 나올 가능성을 가장 크게 하는 주머니를 선택**했습니다. 이와 마찬가지로, 이진 분류를 MLE 관점에서 해석하면 강아지 레이블이 나왔을 때, **강아지 레이블이 나올 가능성을 가장 크게 하는 신경망의 $\mathbf{w}$를 선택**하는 것과 같습니다.

따라서, 앞서 "이 입력(x_1)에는 이 출력(y_1)이 나와야 해!"라고 표현했던 딥러닝의 학습 과정을 **"이 입력(x_1)에는 이 출력(y_1)이 나올 확률을 키워야 해!"**라는 MLE의 관점으로 바꿔 말할 수 있습니다.

이렇게 보면 딥러닝의 학습 과정이 단순히 레이블과의 오차를 줄이는 것이 아니라, 관측된 Measurement의 발생 가능성을 최대화하는 통계적 추정 과정이라는 더 깊은 의미를 가진다는 것을 알 수 있습니다.

4.4.1. Loss 함수와 NLL(Negative Log-Likelihood)

앞서 비교했던 Loss 함수 $-\log q_1$과 $(q_1-1)^2$ 각각을 Likelihood 관점에서 유도해 보면 중요한 통찰을 얻을 수 있습니다.

해당 동물일 확률을 나타내는 $q_1^{y_1}(1-q_1)^{1-y_1}$ 를 Likelihood $P(y_1|\mathbf{w})$ 로 해석해 보았는데, 이 식은 **베르누이 분포**(Bernoulli Distribution)를 나타내는 식입니다. 베르누이 분포는 쉽게 말해 구부러진 동전 던지기의 분포로, 앞면이 나올 확률이 q 라면 뒷면이 나올 확률이 $1-q$ 인 간단한 분포입니다.

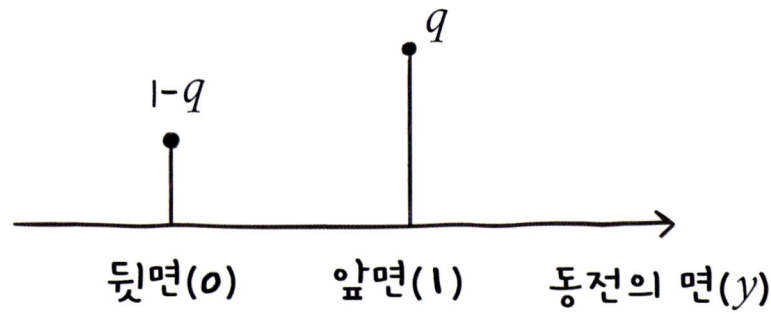

베르누이 분포를 그래프로 나타내면 위와 같이 동전의 면(y)을 축으로 확률값을 막대로 표현할 수 있습니다. 이 분포를 식으로 나타내면 $q^y(1-q)^{1-y}$ 와 같습니다. y 에 1을 대입하면 앞면이 나올 확률인 q, 0을 대입하면 뒷면이 나올 확률인 $1-q$ 가 나오는 것을 확인할 수 있습니다.

즉, Likelihood $P(y_1|\mathbf{w}) = q_1^{y_1}(1-q_1)^{1-y_1}$ 는 y_1 이 베르누이 분포를 따른다고 가정하고 만든 수식입니다. Likelihood는 조건부 확률 분포 식을 '|' 뒤엣것의 함수로 본 것이기 때문에, 식 자체는 확률 분포 식과 동일합니다. 따라서, Likelihood의 식을 세울 때는 y_1의 확률 분포만 생각하면 됩니다.

데이터가 여러 개일 경우, Likelihood는 $P(y_1, y_2, y_3, \cdots | \mathbf{w})$ 과 같이 결합분포로 나타냅니다. $y_1, y_2, y_3, \cdots$ 이 서로 조건부 독립이라면 이는 단순히 개별 확률의 곱 $P(y_1|\mathbf{w})P(y_2|\mathbf{w})P(y_3|\mathbf{w}) \cdots$ 이 됩니다. 베르누이 분포를 가정했다면 이는 다음과 같이 전개됩니다:

$$P(y_1|\mathbf{w})P(y_2|\mathbf{w})P(y_3|\mathbf{w})\cdots = q_1^{y_1}(1-q_1)^{1-y_1}q_2^{y_2}(1-q_2)^{1-y_2}\cdots$$

여기에 $-\log$를 취하고 데이터 개수(=Batch Size) N으로 나누면 BCE Loss와 동일한 식을 얻게 됩니다:

$$-\frac{1}{N}\log q_1^{y_1}(1-q_1)^{1-y_1}q_2^{y_2}(1-q_2)^{1-y_2}\cdots = \frac{1}{N}\Sigma_n -\log q_n^{y_n}(1-q_n)^{1-y_n}$$

즉, 레이블의 분포를 베르누이 분포로 가정하고 Likelihood를 구한 다음 $-\frac{1}{N}\log$를 취한 결과가 바로 BCE Loss임을 알 수 있습니다. 이렇게 Likelihood에 $-\log$를 취한 것을 **NLL**(Negative Log-Likelihood)이라고 부릅니다.

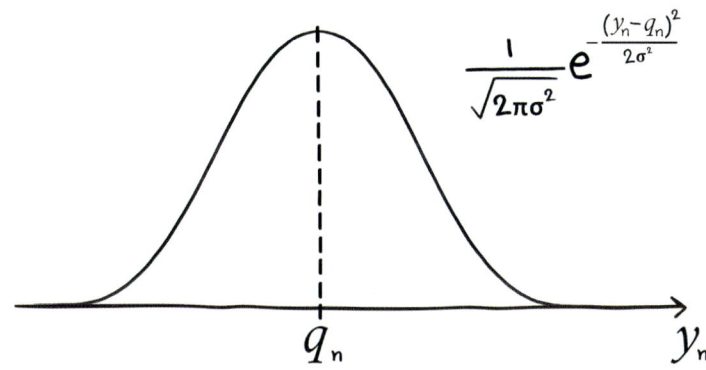

MSE Loss도 비슷한 방법으로 유도할 수 있습니다. 다만 가정하는 분포만 다릅니다. MSE Loss는 레이블 y_n이 위 그림과 같이 평균이 q_n인 **가우시안 분포**(Gaussian Distribution)를 따른다고 가정하고 NLL을 구하면 얻을 수 있습니다. 평균이 q_n인 가우시안 분포의 식은 $\frac{1}{\sqrt{2\pi\sigma^2}}e^{-\frac{(y_n-q_n)^2}{2\sigma^2}}$ 입니다. 따라서 다음과 같이 전개됩니다:

$$P(y_1|\mathbf{w})P(y_2|\mathbf{w})P(y_3|\mathbf{w})\cdots = \frac{1}{\sqrt{2\pi\sigma^2}}e^{-\frac{(y_1-q_1)^2}{2\sigma^2}}\frac{1}{\sqrt{2\pi\sigma^2}}e^{-\frac{(y_2-q_2)^2}{2\sigma^2}}\cdots$$

여기에 $-\frac{1}{N}\log$를 취한 다음 추정할 파라미터 $\mathbf{w}$에 대한 항만 보면 다음과 같이 MSE Loss와 동일한 식을 얻을 수 있습니다:

$$-\frac{1}{N}\log\frac{1}{\sqrt{2\pi\sigma^2}} - \frac{1}{N}\log e^{-\frac{(y_1-q_1)^2}{2\sigma^2}} - \frac{1}{N}\log\frac{1}{\sqrt{2\pi\sigma^2}} - \frac{1}{N}\log e^{-\frac{(y_2-q_2)^2}{2\sigma^2}} - \cdots$$

$$= -\frac{1}{N}\log\frac{1}{\sqrt{2\pi\sigma^2}} + \frac{1}{N}\frac{(y_1-q_1)^2}{2\sigma^2} - \frac{1}{N}\log\frac{1}{\sqrt{2\pi\sigma^2}} + \frac{1}{N}\frac{(y_2-q_2)^2}{2\sigma^2} - \cdots$$

$$\rightarrow \frac{1}{N}\frac{(y_1-q_1)^2}{2\sigma^2} + \frac{1}{N}\frac{(y_2-q_2)^2}{2\sigma^2} + \cdots \text{ (}\mathbf{w}\text{에 대한 항만 남기고 나머지 제거)}$$

$$\rightarrow \frac{1}{N}\Sigma_n(y_n-q_n)^2 \text{ (최소화에 영향을 주지 못하는 상수항 }2\sigma^2\text{ 무시)}$$

이제 다시 $-\log q_1$과 $(q_1-1)^2$의 비교를 해보면 다음과 같이 정리할 수 있습니다:

1. $-\log q_1$: y_1이 '$y_1=1$일 확률이 q_1인' 베르누이 분포를 따른다고 가정하고 Likelihood $P(y_1|\mathbf{w})$를 최대화하는 파라미터 $\mathbf{w}$를 추정하기 위해 NLL을 Loss로 사용

2. $(q_1-1)^2$: y_1이 'y_1의 평균이 q_1인' 가우시안 분포를 따른다고 가정하고 Likelihood $P(y_1|\mathbf{w})$를 최대화하는 파라미터 $\mathbf{w}$를 추정하기 위해 NLL을 Loss로 사용

결론적으로, BCE Loss와 MSE Loss는 가정한 분포가 서로 다르기 때문에 서로 다른 식으로 전개되었지만, 사실은 둘 다 NLL이라는 같은 뿌리를 가졌음을 알 수 있습니다.

덧붙여, MAE Loss($L=\frac{1}{N}\Sigma_n|y_n-q_n|$) 도 같은 논리로 유도할 수 있는데, 이는 **라플라스 분포**(Laplace Distribution)를 가정했을 때 나오는 Loss 함수입니다.

앞서 BCE Loss가 예측 오류에 더 민감하게 반응하고, Convex 함수가 된다는 등 이진 분류에 유리한 특성을 가진다는 것을 살펴보았습니다. 이러한 특성이 나타나는 이유는 무엇일까요? 그것은 바로 **베르누이 분포가 이진 분류 문제의 본질에 더 적합한 가정**이기 때문입니다.

이진 분류는 말 그대로 두 가지 중 하나의 클래스를 선택하는 것입니다. 따라서 학습 시 레이블은 필연적으로 0 또는 1의 값만을 가집니다. 이런 특성을 고려할 때, 가우시안 분포보다는 베르누이 분포가 더 적절한 가정이 됩니다.

반면, 회귀 문제에서는 MSE Loss를 주로 사용합니다. **회귀에서는 레이블이 연속적인 값을 가질 수 있으므로, 0 또는 1로 제한되는 베르누이 분포보다는 가우시안 분포가 더 적합한 가정**이 됩니다. 하지만 데이터에 Outlier가 많을 경우, 라플라스 분포를 가정하는 것이 유리할 수 있습니다. **라플라스 분포는 가우시안 분포에 비해 꼬리 부분의 확률 밀도가 더 크기 때문에 Outlier에 덜 영향을 받는 특성이 있어, 이 경우 MAE Loss가 더 적합**할 수 있습니다.

이와 같이 MLE 관점에서 딥러닝을 해석하면, 풀고자 하는 문제에 가장 적합한 Loss를 논리적 근거를 바탕으로 선택할 수 있게 됩니다. Loss 함수의 선택은 하이퍼파라미터 중 하나이므로, 이러한 근거를 가지고 선택할 수 있다는 것은 큰 이점이 됩니다. 예를 들어, **"우리가 해결하려는 문제에서는 레이블의 특성이 이러하니, 이러한 분포가 더 적절하겠다"**와 같은 논리적 사고가 가능해집니다.

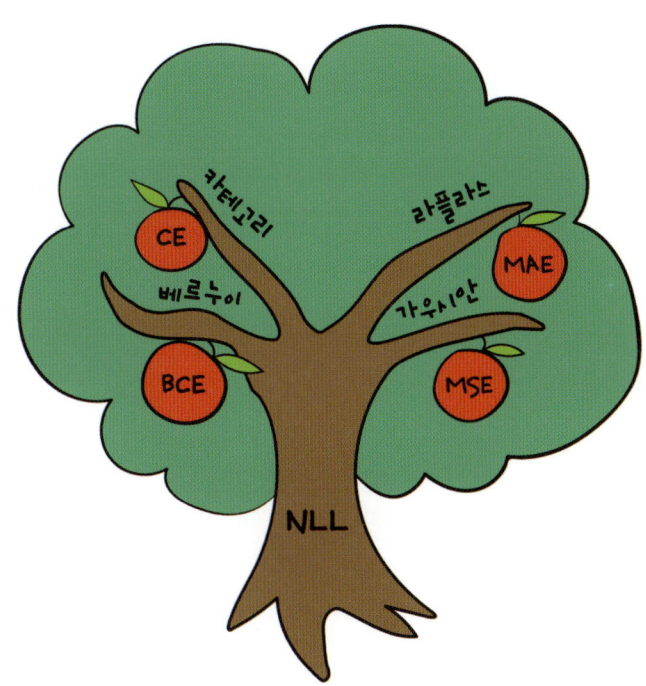

위 그림은 이러한 관계를 잘 보여줍니다. 처음에는 서로 무관해 보이던 MSE, BCE, MAE, Cross-Entropy[37] Loss(열매 부분)가 사실은 모두 NLL이라는 같은 뿌리에서 나왔음을 알

---

37 다중 분류에서 사용됩니다.

수 있습니다. 이들의 차이는 단지 가정하는 분포(줄기 부분)가 각각 가우시안, 베르누이, 라플라스, 카테고리 분포로 다르다는 점뿐입니다. 따라서 우리는 **해결하려는 문제에 가장 잘 맞는 분포를 선택함으로써 적절한 Loss 함수를 결정**할 수 있습니다.

이런 관점에서 볼 때, **AI의 학습은 w 를 추정하기 위한 MLE를 수행하는 과정**이라고 말할 수 있습니다. 이를 좀 더 구체적으로 설명하면 다음과 같습니다:

$$x_n \to \boxed{f_\mathbf{w}} \to f_\mathbf{w}(x_n)$$

n 번째 입력 데이터 x_n 이 파라미터 $\mathbf{w}$ 로 표현된 인공 신경망 $f_\mathbf{w}$ 를 통과한 결과를 $f_\mathbf{w}(x_n)$ 이라고 합시다. **인공 신경망은 결국 $f_\mathbf{w}(x_n)$ 이 y_n 과 유사하게 나오도록 입력과 출력 사이를 연결하는 일종의 연결 다리의 역할**을 하는 것입니다.

이 연결 다리를 잘 만들기 위한 딥러닝의 과정을 MLE의 관점으로 해석하면:

1. y_n 의 분포를 $f_\mathbf{w}(x_n)$ 값을 기반으로 만든 특정 분포로 가정합니다.
2. 이를 통해 Likelihood $p(y_n|f_\mathbf{w}(x_n))$ 을 얻습니다.
3. MLE 수행: 이 Likelihood를 최대화하는 파라미터 $\mathbf{w}$ (웨이트, 바이어스 등)를 찾습니다.

여러 데이터에 대해서는 각 Likelihood의 곱을 최대화하면 되고, 여기에 $-\frac{1}{N}\log$ 를 취하면 Loss 함수의 일반적인 표현식을 다음과 같이 얻을 수 있습니다:

$$-\frac{1}{N}\sum_n \log p(y_n|f_\mathbf{w}(x_n))$$

이렇게 MLE의 관점에서 딥러닝을 이해하면, Loss 함수 선택의 근거를 명확히 할 수 있습니다. **더 나아가, 기존의 Loss 함수들 중에서 선택하는 것을 넘어, 문제의 특성에 맞는 새로운 확률 분포를 가정하고 이에 기반한 Loss 함수를 직접 설계할 수도 있게 됩니다.** 이는 문제에 최적화된 Loss 함수를 직접 개발할 수 있다는 점에서 큰 의미가 있습니다.

4.5. 다중 분류

다중 분류는 이진 분류의 개념을 확장한 것입니다. 예를 들어, 강아지와 고양이 사진만을 분류하던 이진 분류에서 나아가 강아지, 고양이, 소 사진을 분류하는 경우를 생각해볼 수 있습니다. 이처럼 세 개 이상의 클래스를 분류하는 경우를 **다중 분류**(Multiclass Classification)라고 부릅니다. **세 클래스에 대한 분류 방식을 이해하면, 이를 수백 또는 수천 개의 클래스로 확장하는 것도 동일한 원리**로 이해할 수 있습니다.

다중 분류에서는 레이블의 형태가 이진 분류와 다릅니다. 이진 분류에서는 강아지는 1, 고양이는 0과 같이 하나의 숫자를 레이블로 사용했지만, 다중 분류에서는 다음과 같은 형태를 가집니다:

- 강아지 사진: [1, 0, 0]
- 고양이 사진: [0, 1, 0]
- 소 사진: [0, 0, 1]

이처럼 하나의 값만 1이고 나머지는 0인 벡터로 변환하는 것을 One-Hot Encoding이라고 합니다. 이러한 레이블의 표현 방식은 각 클래스를 동등하게 취급하며, 클래스 간의 우선순위나 순서를 부여하지 않습니다. 또, 모델이 각 클래스를 독립적으로 학습하도록 돕습니다.[38]

이진 분류에서는 출력층에 노드 1개만 필요했지만, 다중 분류에서는 레이블이 벡터로 표현됨에 따라 분류해야 하는 클래스의 개수만큼의 노드가 필요합니다.

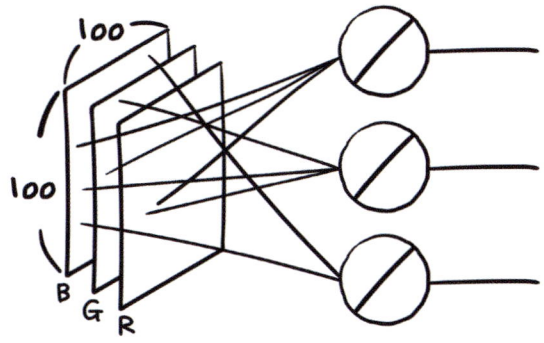

---

[38] 만약 레이블을 강아지: 0, 고양이: 1, 소: 2 와 같이 하나의 숫자를 이용하면 어떤 문제가 생길까요? 각자 생각해 봅시다.

이전 예제와 동일하게 3×100×100크기의 사진을 입력으로 사용하는 모델을 가정해 보겠습니다. 위 그림은 FC 레이어 한 층을 사용하는 모델로, 세 개의 클래스에 맞게 세 개의 출력 노드로 구성되어 있습니다.

이 모델의 파라미터 개수를 계산해 보면, 입력 이미지가 3만 개의 픽셀을 가지고 있고 출력 노드가 3개이므로 웨이트의 개수는 9만 개입니다. 여기에 각 출력 노드마다 하나씩, 총 3개의 바이어스가 추가됩니다. 따라서 최적화할 파라미터는 총 90,003개이며, 그래디언트의 크기 역시 90,003×1이 됩니다.

$$\begin{bmatrix} w_1 \\ w_2 \\ \vdots \\ \vdots \end{bmatrix}_{k+1} = \begin{bmatrix} w_1 \\ w_2 \\ \vdots \\ \vdots \end{bmatrix}_{k} - \alpha \begin{bmatrix} \frac{\partial L}{\partial w_1} \\ \frac{\partial L}{\partial w_2} \\ \vdots \\ \vdots \end{bmatrix} \Bigg\} 90,003$$

즉, 딥러닝의 기본 수식은 위와 같이 구성되며, 이제 다중 분류에 적합한 Loss 함수만 정의하면 됨을 알 수 있습니다.

여기서 특히 주목해야 할 사실은 레이블이 [1, 0, 0], [0, 1, 0], [0, 0, 1] 이라면 **각 출력 노드는 순서대로 강아지 사진, 고양이 사진, 소 사진일 정도를 나타내게 된다**는 것입니다. 이는 딥러닝 학습 과정에서 **"이 입력에는 이 출력이 나와야 해!"라는 지침에 따라 각 출력 노드의 의미가 결정되기 때문**입니다. 예를 들어, 고양이 사진에 대해서는 [0, 1, 0]과 가까운 출력이 나오도록 학습이 진행되므로, 두 번째 노드가 자연스럽게 고양이 사진을 '담당'하게 됩니다.

하지만 여기서 한 가지 문제가 발생할 수 있습니다. 만약 출력이 [0, 100, 0]이나 [-1, 1, -1]과 같이 나온다면 어떨까요? 이는 [0, 1, 0]보다 두 번째 노드의 값이 더 두드러지게 나온 결괏값임에도 불구하고, 실제 레이블과는 더 멀어진 결과이므로 Loss 값은 [0, 1, 0]이 나왔을 때(이때 Loss가 0이 됩니다)보다 더 커지게 됩니다.

이러한 문제를 해결하기 위해, 각 출력값은 양수이면서 그 합이 1이 되도록 제한을 둡니다. 이렇게 하면 [0, 100, 0]이나 [-1, 1, -1]과 같은 출력은 나오지 않으며, 고양이 사진에 대해 가장 최적의 출력은 [0, 1, 0]이 됩니다. 이를 위한 액티베이션이 바로 Softmax입니다.

4.5.1. Softmax

Softmax는 여러 개의 실숫값을 입력받아 각 출력의 값이 양수이면서 그 합이 1이 되도록 변환하는 함수입니다. 이러한 특성 때문에 **Softmax의 출력은 확률 분포로 해석할 수 있습니다.**

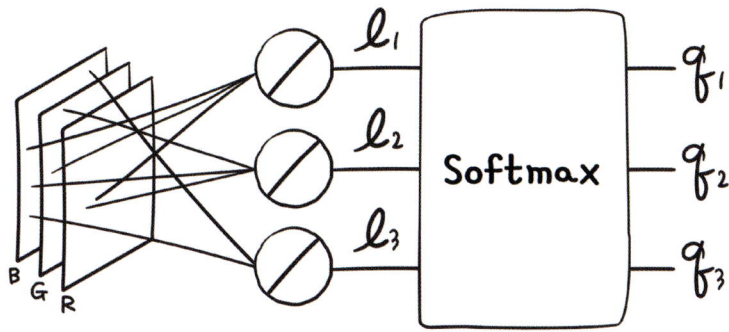

앞서 살펴본 다른 액티베이션들과 달리, Softmax는 개별 노드의 값이 아닌 모든 출력 노드의 값을 동시에 고려합니다. 따라서 위 그림과 같이 하나의 상자로 표현합니다. FC 레이어를 통과하고 선형 액티베이션을 거친 i번째 노드의 값을 l_i, Softmax의 출력값을 q_i이라고 할 때, Softmax 출력값은 다음과 같이 계산됩니다:

1. $q_1 = \dfrac{e^{l_1}}{e^{l_1} + e^{l_2} + e^{l_3}}$

2. $q_2 = \dfrac{e^{l_2}}{e^{l_1} + e^{l_2} + e^{l_3}}$

3. $q_3 = \dfrac{e^{l_3}}{e^{l_1} + e^{l_2} + e^{l_3}}$

모든 q_i의 분모는 $e^{l_1}+e^{l_2}+e^{l_3}$로 동일하며, 분자는 각 노드에 해당하는 e^{l_i}값입니다. 이 구조로 인해 각 q_i은 항상 양수이며, 모든 q_i의 합은 1이 됩니다.

Softmax만이 이러한 조건을 만족하는 유일한 함수는 아니지만, 가장 널리 사용됩니다. 예를 들어, $\frac{|l_i|}{|l_1|+|l_2|+|l_3|}$ 도 두 조건(양수, 합＝1)을 만족합니다. 하지만 이 함수는 입력값의 부호를 구분하지 못합니다. 예를 들어, $l_1=1$, $l_2=-1$, $l_3=-1$인 경우, 첫 번째 값이 가장 크게 나와야 함에도 불구하고 이 함수는 Softmax와 달리 모든 출력값이 $\frac{1}{3}$로 동일해집니다.

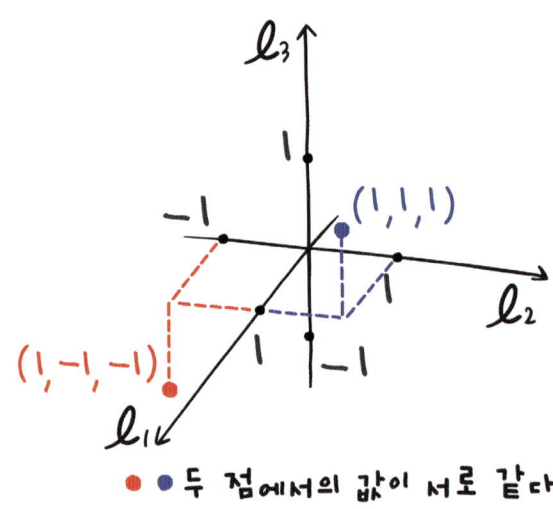

● ● 두 점에서의 값이 서로 같다

이로 인해 입력 공간이 8개의 동일한 패턴을 가진 영역으로 나뉘어, 실질적으로 입력 공간의 $\frac{1}{8}$ 만 유효하게 사용하게 됩니다. l_1, l_2, l_3를 축으로 하는 3차원 공간에서 이 함수의 출력은 부호에 따라 8개의 영역에서 모두 동일한 패턴을 보이기 때문입니다. 이러한 특성으로 인해 $\frac{|l_i|}{|l_1|+|l_2|+|l_3|}$ 함수는 Softmax에 비해 성능이 떨어질 수 있습니다.

각 노드에 Sigmoid를 적용하는 방법도 고려해 볼 수 있습니다. 이 방법은 출력값의 합이 1이 되지는 않지만, 값들의 상대적 크기를 비교하여 분류를 수행할 수 있습니다. 그러나 이 접근법은 One-Hot Encoding된 레이블의 특성을 충분히 활용하지 못하여 다중 분류 문제에서는 Softmax보다 성능이 떨어질 수 있습니다.

하지만, **다중 레이블 분류**(Multi-Label Classification) 문제에서는 Sigmoid를 각 노드에 적용하는 방식이 더 적합합니다. 다중 레이블 분류는 위와 같이 하나의 이미지에 여러 클래스가 동시에 존재할 수 있는 경우를 다룹니다. 예를 들어, 위 이미지의 레이블 벡터는 강아지, 고양이, 오리에 해당하는 성분은 1, 나머지 클래스에 해당하는 성분은 0의 값을 갖습니다. 이 경우 레이블 벡터의 성분의 합이 1이 아니므로 Softmax를 사용하기에 적합하지 않습니다. 따라서, 각 출력 노드에 Sigmoid를 적용하는 것이 더 적절합니다.

다음으로, Softmax와 함께 사용되는, 다중 분류를 위한 Loss 함수인 Cross-Entropy Loss를 살펴보겠습니다.

4.5.2. Cross-Entropy Loss

이진 분류 문제에서 BCE Loss가 레이블이 베르누이 분포를 따른다는 가정하에 NLL을 구한 것임을 앞서 살펴보았습니다. **다중 분류에서는 레이블이 카테고리 분포**(Categorical Distribution)**를 따른다고 가정하고 NLL을 구하며, 이를 통해 얻은 Loss가 바로 Cross-Entropy Loss**입니다.

카테고리 분포는 베르누이 분포를 확장한 개념으로, **멀티누이 분포**(Multinoulli Distribution)라고도 불립니다. 베르누이 분포가 0 또는 1과 같이 두 가지 결과만을 다루는 반면, 카테고리 분포는 세 개 이상의 결과를 다룹니다. 예를 들어, 앞서 언급한 강아지, 고양이, 소의 세 클래스에 대한 확률 분포가 카테고리 분포를 따르게 됩니다.

베르누이 분포와 카테고리 분포의 또 다른 차이점은 랜덤 변수의 값의 형태에 있습니다. 베르누이 분포는 0 또는 1이라는 단일 값에 대한 확률을 다루지만, 카테고리 분포는

[1, 0, 0], [0, 1, 0], [0, 0, 1]과 같은 랜덤 벡터에 대한 확률을 다룹니다. 이로 인해 그래프로 표현할 때도 차이가 생깁니다.

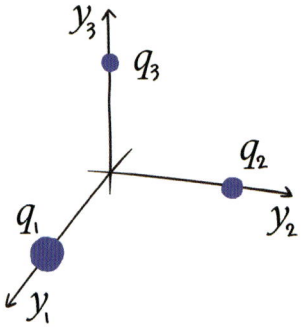

베르누이 분포는 2차원 평면상에서 각 결과에 대한 확률을 막대그래프로 쉽게 표현할 수 있었습니다. 반면, 카테고리 분포는 세 개 이상의 카테고리를 다룰 때 랜덤 변수의 값이 3차원 이상의 벡터이기 때문에 일반적인 3차원 그래프로 표현하기 어렵습니다. 예를 들어, 3차원 벡터에 대한 함수를 그래프로 표현하려면 4차원 좌표계가 필요합니다. 따라서 위의 그래프에서는 각 결과에 대한 확률을 점의 크기로 나타내는 방식을 사용했습니다.

이러한 카테고리 분포를 수식으로 표현하면 다음과 같습니다:

$$\prod_i q_i^{y_i}$$

여기서 q_i는 i번째 카테고리에 대한 확률을 나타내며, y_i는 레이블 벡터의 i번째 성분으로, 해당 카테고리일 때만 1이고 나머지는 0인 One-Hot Encoding된 형태를 가집니다.

예를 들어, 세 개의 클래스(강아지, 고양이, 소)가 있는 경우 분포는 다음과 같이 표현됩니다:

$$q_1^{y_1} q_2^{y_2} q_3^{y_3}$$

레이블 $[y_1, y_2, y_3]$에 대한 조건부 확률 분포의 식 $q_1^{y_1} q_2^{y_2} q_3^{y_3}$은 파라미터에 대한 함수로 볼 때 Likelihood가 됩니다. 여기에 $-\log$를 취해 NLL을 구하면 다음과 같은 식을 얻을 수 있습니다:

$$-\log q_1^{y_1} q_2^{y_2} q_3^{y_3} = -y_1 \log q_1 - y_2 \log q_2 - y_3 \log q_3$$

이 식은 정보 이론의 관점에서는 실제 분포 $[y_1, y_2, y_3]$와 예측 분포 $[q_1, q_2, q_3]$의 Cross-Entropy를 나타냅니다. n 번째 데이터에 대한 Cross-Entropy를 CE_n이라고 표기할 때, 여러 데이터에 대한 평균 Cross-Entropy가 바로 Cross-Entropy Loss가 됩니다:

$$L = \frac{1}{N} \Sigma_n CE_n$$

이 식은 N 개의 데이터에 대한 Likelihood를 구한 다음 $-\frac{1}{N}\log$ 를 취하는 것으로도 동일하게 얻을 수 있습니다.

Cross-Entropy의 중요한 성질 중 하나는 항상 실제 분포의 Entropy보다 크거나 같다는 것입니다. 이를 부등식으로 표현하면 다음과 같습니다:

$$-y_1 \log y_1 - y_2 \log y_2 - y_3 \log y_3 \leq -y_1 \log q_1 - y_2 \log q_2 - y_3 \log q_3$$

이 부등식은 Cross-Entropy를 줄일수록 q_1, q_2, q_3 가 y_1, y_2, y_3에 가까워진다는 것을 의미합니다.

여기서 흥미로운 사실을 하나 알 수 있습니다.

예를 들어 첫 번째 클래스의 레이블 $[y_1, y_2, y_3] = [1, 0, 0]$에 대해 위 식을 살펴보면, 부등식은 간단히 좌변은 0, 우변은 $-\log q_1$ 이 됩니다.

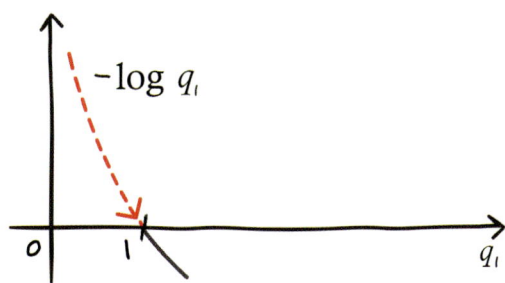

$-\log q_1$ 이 Loss가 된다는 것은 위 그래프에서 볼 수 있듯이 q_1만을 1에 가깝게 만드는 것이 목표가 되는 것입니다. 동일한 전개를 다른 클래스에도 적용하면, 강아지 사진에 대해서는 q_1만을, 고양이 사진에 대해서는 q_2만을, 소 사진에 대해서는 q_3 만을 1에 가깝게 만드는 것이 목표가 됩니다.

즉, 강아지 레이블 [1, 0, 0]에 대해 Loss를 계산할 때는 첫 번째 노드의 출력값만을 고려하고 나머지 노드의 출력값은 굳이 0으로 만들려고 하지는 않는다는 것입니다. 이는 Softmax를 사용하기 때문입니다. Softmax의 특성상 출력의 합이 1이 되므로, q_1 이 **1에 가까워지면 나머지 값들은 자연스럽게 0에 가까워지게 됩니다.** 그렇기 때문에 해당 클래스를 담당하는 노드 이외의 출력값은 고려하지 않아도 되는 것입니다.

Cross-Entropy를 이용해 이진 분류를 수행할 수도 있습니다. 이 경우, 레이블이 [1, 0] 또는 [0, 1]이 되며, 출력 노드도 이에 따라 두 개로 구성되고, 카테고리 분포의 식은 다음과 같이 전개됩니다:

1. 레이블이 [1, 0]일 때: $q_1^{y_1} q_2^{y_2} = q_1$
2. 레이블이 [0, 1]일 때: $q_1^{y_1} q_2^{y_2} = q_2$

여기서 $y_2 = 1 - y_1$ 이고, $q_2 = 1 - q_1$ 이 항상 성립하므로, 이를 대입하면 다음과 같습니다:

$$q_1^{y_1} q_2^{y_2} = q_1^{y_1} (1 - q_1)^{1 - y_1}$$

이는 베르누이 분포의 식과 동일한 형태입니다. 따라서 NLL을 구하면 다음과 같습니다:

$$-\log q_1^{y_1} (1 - q_1)^{1 - y_1}$$

이 식은 BCE Loss와 일치함을 알 수 있습니다. 결국 같은 Loss를 사용하게 되는 것입니다.

하지만 차이점은 분명 존재합니다. 이진 분류에서 Softmax를 통한 Cross-Entropy Loss를 사용할 때는 출력 노드가 한 개가 아닌 두 개라는 점이 다릅니다. 이에 따라 **각 노드에 연결된 웨이트는 해당하는 클래스의 학습에 더 집중적으로 관여하게 됩니다.** 예를 들어, 첫 번째 노드에 연결된 웨이트는 첫 번째 클래스에 대한 학습에, 두 번째 노드에 연결된 웨이트는 두 번째 클래스에 대한 학습에 더 집중적으로 관여합니다. 이는 각 클래스에 대한 학습이 더 분리되어 이루어질 수 있게 합니다.

4.5.3. Softmax 회귀(Softmax Regression)

앞서 살펴본 예제에서처럼, 입력과 출력 사이의 관계를 여러 클래스에 대한 확률 분포 함수로 표현하고 이 함수를 은닉층이 없는 인공 신경망으로 놓고 추정하는 방법을 Softmax 회귀(Softmax Regression)라고 합니다. 이는 Logistic Regression을 여러 클래스로 확장했다는 의미에서 Multinomial Logistic Regression이라고 불리기도 합니다.

Softmax 회귀는 로지스틱 회귀와 마찬가지로 **Logit들을 선형 회귀를 통해 구하는 것**으로도 해석할 수 있습니다.

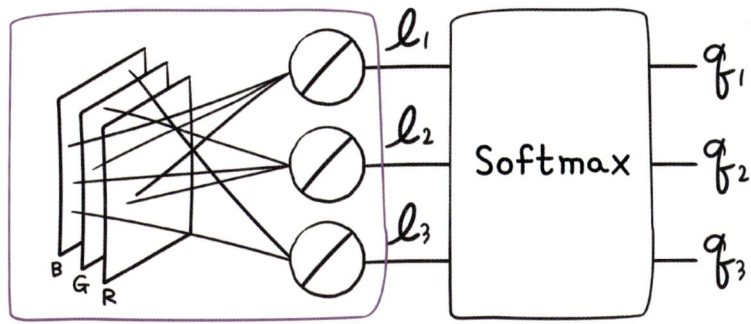

위 그림에서 볼 수 있듯이, Softmax를 통과한 후의 값이 확률 분포이므로 통과하기 직전의 값은 각 클래스에 대한 Logit 값으로 해석할 수 있습니다.

이러한 관점에서 Softmax 회귀를 두 단계로 나누어 생각해 볼 수 있습니다:

1. 사진을 입력받아 Logit들을 출력하는 신경망(선형 회귀)
2. Logit들을 확률 분포로 변환하는 Softmax 함수

이렇게 보면, 인공 신경망의 역할은 입력 사진과 Logit들 사이의 선형 관계를 찾는 것이 되며, Softmax는 신경망의 일부가 아니라 Logit들을 확률 분포로 변환하고 Cross-Entropy Loss를 계산하기 위해 사용되는 함수로 볼 수 있습니다.

결론적으로, **Softmax 회귀는 선형 회귀를 통해 Logit들을 예측하고, 이를 확률 분포로 변환하여 다중 분류 문제를 해결하는 방법**이라고 할 수 있습니다.

Chapter 5
인공 신경망, 그 한계는 어디까지인가?

지금까지 인공 신경망을 이용하여 다양한 문제를 해결할 수 있음을 알아보았습니다. 회귀 문제부터 시작해 이진 분류, 그리고 다중 분류 문제까지, 인공 신경망은 놀라운 능력을 보여주었습니다.

그렇다면 이런 의문이 들 수 있습니다. "인공 신경망의 한계는 어디일까?" 혹은 "인공 신경망으로 표현할 수 없는 함수가 있을까?" 놀랍게도, 이 질문에 대한 답은 "인공 신경망은 사실상 모든 함수를 표현할 수 있다"입니다. 이를 수학적으로 증명한 정리가 바로 Universal Approximation Theorem이라고 합니다.

이번 챕터에서는 이 흥미로운 정리에 대해 자세히 알아보겠습니다. 인공 신경망의 무한한 가능성을 보여주는 이 정리를 통해, 딥러닝의 힘과 잠재력을 더 깊이 이해할 수 있을 것입니다.

5.1. Universal Approximation Theorem

앞서 살펴봤듯이 딥러닝이란 입력과 출력 간의 관계, 즉 함수를 알아내는 것입니다. 이때 함수로는 인공 신경망, 특히 FC 레이어로 이루어진 MLP를 주로 사용했습니다. MLP는 '웨이트 행렬 곱하고 바이어스 벡터와 함께 더하고 액티베이션'을 여러 번 반복하는 함수임을 알 수 있었습니다.

그런데 여기서 의문이 한 가지 들 수 있습니다. 입력과 출력을 연결하는 함수를 찾는 것이 목표인데, 왜 다항함수나 삼각함수 등 다른 함수는 고려하지 않고 굳이 인공 신경망을 사용할까요? 수많은 함수 중에서 MLP를 선택한 특별한 이유가 있을까요?

놀랍게도, 그 이유는 MLP가 가진 강력한 능력 때문입니다. **MLP는 히든 레이어가 단 한 층만 있어도 제한된 범위 안의 어떤 연속 함수든 나타낼 수 있습니다.** 단, 두 가지 조건이 필요합니다. 히든 레이어는 충분한 수의 노드를 가져야 하고, 활성화 함수는 다항 함수가 아니어야 합니다.

쉽게 말해, $f(\mathbf{x}\mathbf{W}_1+\mathbf{b}_1)\mathbf{W}_2$와 같은 인공 신경망으로 제한된 범위 안의 2차 함수, 3차 함수, $\cos(x)$ 등 모든 연속 함수를 표현할 수 있다는 것입니다. 이 함수는 출력층에 바이어스 및 액티베이션이 없는, 히든 레이어 하나짜리 MLP를 나타냅니다. 이는 곧, 이런 간단한 MLP로도 표현하지 못할 연속 함수는 없다는 의미입니다. 따라서 $f(\mathbf{x}\mathbf{W}_1+\mathbf{b}_1)\mathbf{W}_2$로도 입력과 출력을 연결하는 적절한 함수를 충분히 표현할 수 있으므로 다른 함수를 고민할 필요 없이 MLP를 사용하면 된다는 것입니다. 즉, 이론적으로는 **히든 레이어 한 층짜리 인공 신경망으로도 Loss를 0에 가깝게 만들 수 있습니다.**

이 원리는 복잡한 시스템에도 마찬가지로 적용됩니다. 예를 들어, ChatGPT는 사용자의 입력 텍스트를 받아 적절한 출력 텍스트를 생성합니다. ChatGPT를 학습시키는 과정 또한 입력과 출력 사이의 복잡한 함수를 찾는 것으로 볼 수 있습니다. 이론적으로는 이 복잡한 관계도 히든 레이어 한 층을 가진 MLP로 표현할 수 있습니다. 다만, 이 경우 필요한 히든 레이어의 노드 수는 무한에 가까울 것입니다.

이 놀라운 사실의 증명 과정은 상당히 복잡할 것이라 예상되지만, 실제로는 의외로 간단합니다. 이제 그 증명 과정을 함께 살펴보겠습니다.

5.2. Universal Approximation Theorem 증명

간단한 예시를 통해 이 정리를 증명해 보겠습니다. 이 책에서의 증명 방식은 Universal Approximation Theorem의 직관적인 이해를 돕기 위한 것으로, 수학적으로 엄밀한 증명은 아닙니다. 실제 증명은 더 일반적이고 수학적으로 복잡하지만, 핵심 아이디어는 여기서 설명하는 방식과 유사합니다. 또한, 이 책에서는 단일 입출력 예시를 다루지만, Universal Approximation Theorem은 실제로 다차원 입출력에도 적용됩니다.

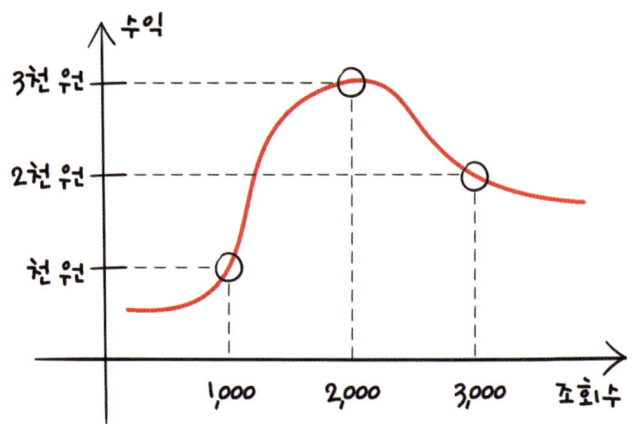

위 그래프와 같이 (조회수, 수익)의 훈련 데이터가 세 개 있다고 가정해 봅시다. 조회수가 1,000일 때 수익은 1천 원, 2,000일 때 3천 원, 3,000일 때 2천 원이라고 하겠습니다. 이제 이 데이터 포인트들을 모두 지나는, 즉 Train Loss를 0으로 만드는 함수를 히든 레이어 한 층을 가진 MLP로 만들어보겠습니다.

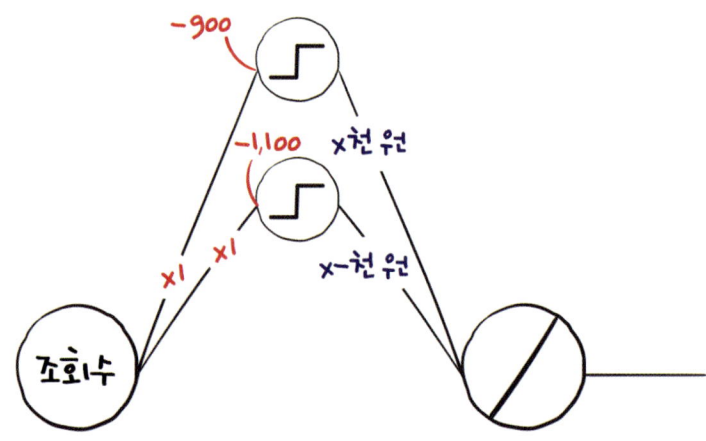

히든 레이어의 활성화 함수로는 Unit Step Function을 사용하겠습니다. 입력값은 조회수이며, 히든 레이어의 모든 웨이트는 1로 설정하겠습니다. 첫 번째 노드의 바이어스는 −900, 두 번째 노드의 바이어스는 −1,100을 사용하겠습니다.

이렇게 하면, 첫 번째 노드는 조회수가 900 이하일 때 0을, 900 초과일 때 1을 출력합니다. 두 번째 노드는 조회수가 1,100 이하일 때 0을, 1,100 초과일 때 1을 출력합니다. 이 두 노드의 출력이 마지막 출력층을 통과하며 웨이트와 곱해지고 더해져 최종 출력으로 나오게 됩니다.

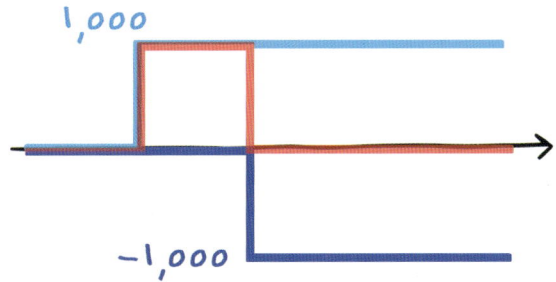

출력층의 웨이트를 첫 번째 노드에는 1,000, 두 번째 노드에는 −1,000으로 설정하면, 위의 두 파란색 그래프와 같은 결과를 얻습니다. 이 둘을 더한 결과가 빨간색 그래프입니다. 이와 같이 두 노드를 사용하여 특정 구간에서만 값을 가지는 '네모 함수'를 만들 수 있습니다.

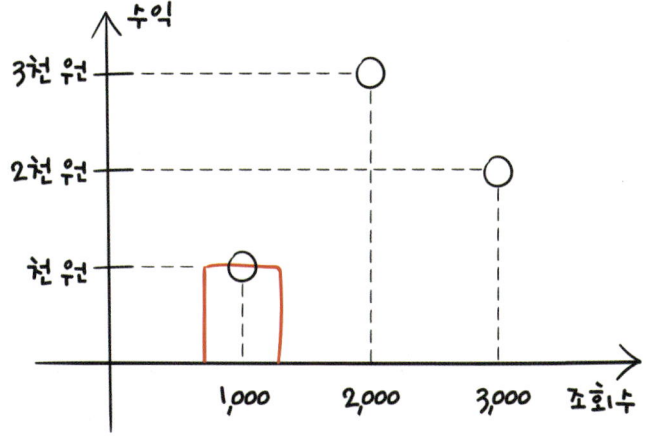

이 빨간색 '네모 함수'를 원래의 데이터 그래프에 나타내면, 첫 번째 데이터 포인트를 정확히 지나는 함수를 만들었음을 알 수 있습니다. 즉, 첫 번째 데이터에 대해 Train Loss를 0으로 만든 것입니다.

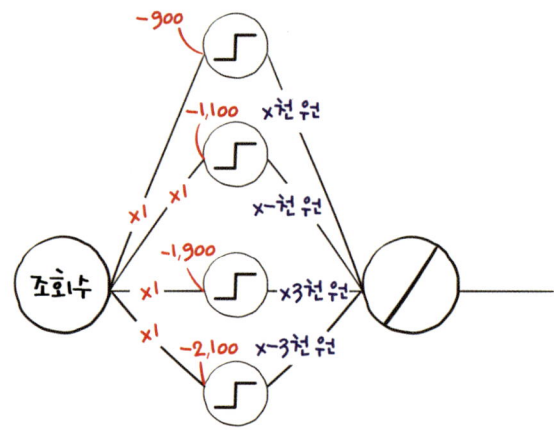

두 번째 데이터 포인트(조회수 2,000, 수익 3천 원)를 위해, 바이어스 −1,900과 −2,100에 해당하는 노드 둘을 추가하고 출력층에서 웨이트를 각각 3,000, −3,000으로 설정하겠습니다.

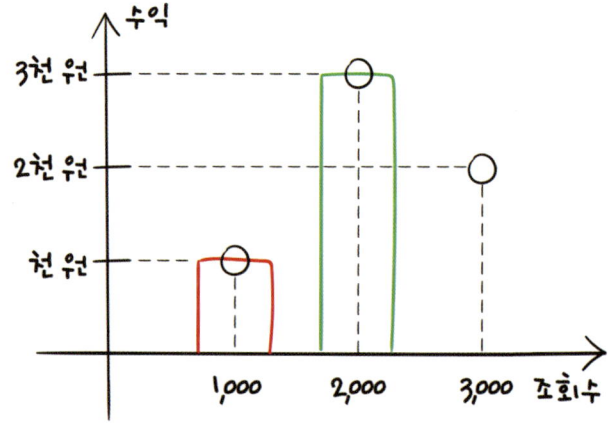

이렇게 만든 초록색 '네모 함수'는 1,900과 2,100 사이에서만 3,000의 값을 가집니다. 이를 앞서 만든 빨간색 함수와 더하면, 서로 간섭 없이 두 개의 '네모'를 가진 함수가 완성됩니다. 이로써 두 번째 데이터 포인트에 대해서도 Train Loss가 0인 함수를 만들었습니다.

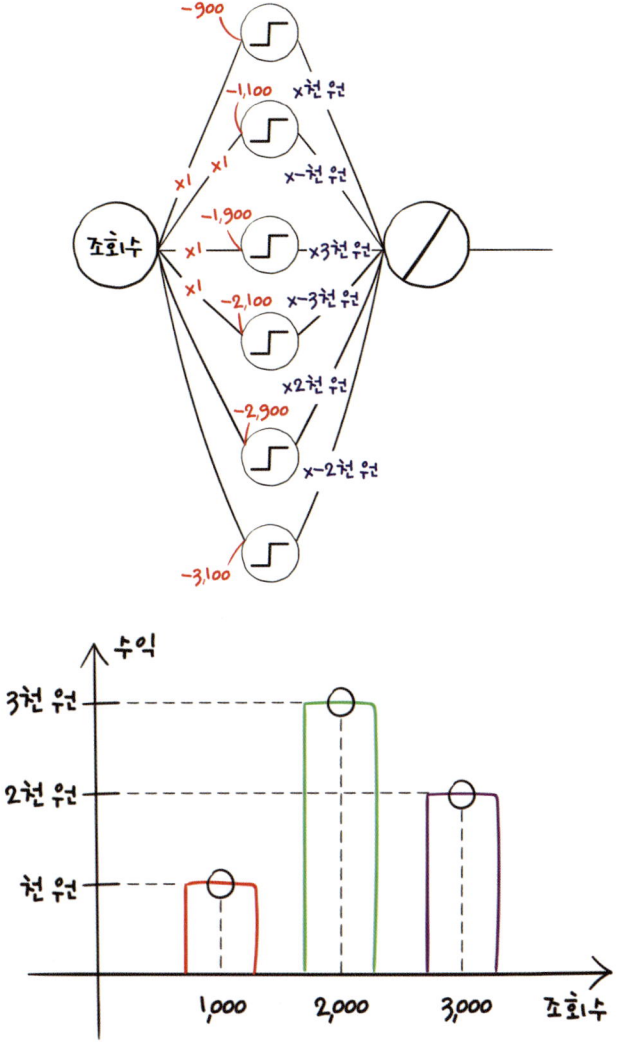

같은 방식으로 두 노드를 더 추가하여 세 번째 데이터 포인트(조회수 3,000, 수익 2천 원)에 대해서도 Train Loss를 0으로 만들 수 있습니다. 결과적으로 모든 데이터 포인트를 정확히 지나는, 전체 Train Loss가 0인 함수를 만들었습니다.

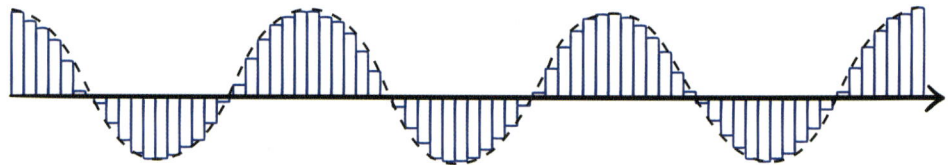

이러한 방식을 사용하면 $\cos(x)$와 같은 복잡한 함수도 표현할 수 있습니다. 데이터 포인트가 충분히 많다면, 각 데이터 포인트마다 두 개의 노드를 사용하여 수많은 '네모 함수'들을 쌓아 위의 그래프처럼 근사할 수 있습니다.

그런데 여기서 한 가지 의문이 들 수 있습니다. 앞서 사용한 Unit Step Function은 실제 딥러닝에서는 거의 사용되지 않습니다. 그 이유는 역전파 과정에서 앞으로 전달되는 편미분값을 0으로 만들어 학습을 불가능하게 만들기 때문입니다. 그렇다면 이 증명이 실제 응용과는 거리가 있는 것 아닐까요? 다행히도 Sigmoid나 ReLU와 같은 실제로 사용되는 활성화 함수들도 비슷한 방식으로 증명이 가능합니다.

Sigmoid의 경우, 히든 레이어의 웨이트 값을 매우 크게 하면 Unit Step Function과 비슷한 형태를 만들 수 있습니다. 이후의 과정은 앞서 본 증명과 동일합니다.

ReLU(Rectified Linear Unit)의 경우도 비슷합니다. 히든 레이어의 웨이트 값을 크게 하여 0에서 급격히 증가하게 만든 다음, 이를 약간 오른쪽으로 이동한 동일한 형태의 ReLU 함수를 만들고 빼주면 Unit Step Function과 유사한 형태를 만들 수 있습니다. 다만 이 경우 '네모 함수' 하나를 만드는 데 네 개의 노드가 필요합니다.

여기까지의 내용이 바로 Universal Approximation Theorem의 핵심 아이디어입니다. 어떤 연속 함수든(Universal) 원하는 정밀도로 근사적으로(Approximation) 표현해낼 수 있기 때문에 이런 이름이 붙었습니다. 이 증명을 통해 히든 레이어가 단 하나만 있는 MLP로도 어떤 연속 함수든 근사할 수 있다는 사실을 알 수 있습니다.

이 정리는 문제 해결에 대한 확신을 준다는 점에서 중요합니다. 입력과 출력 간의 관계가 아무리 복잡해 보여도, MLP로 반드시 표현할 수 있다는 확신을 가지고 문제에 접근할 수 있게 해줍니다. **만약 MLP에 한계가 존재한다면, 매 문제마다 그 관계를 MLP로 표현할 수 있는지를 먼저 확인해야 할 것입니다. 또한, 표현이 불가능하다면 어떤 대안 함수를**

사용해야 할지 고민해야 할 것입니다. 하지만 Universal Approximation Theorem 덕분에 이러한 걱정 없이 MLP를 사용할 수 있습니다.

그렇다면 왜 깊은 신경망을 사용할까요? 이론적으로는 히든 레이어 한 층으로 충분하지만, 이 방식을 따르면 무한히 많은 노드가 필요합니다. 그렇기 때문에 **실제로는 효율성을 위해 노드 수를 줄이는 대신 층 수를 늘리는 방식을 선택**하는 것입니다.

5.3. Universal Approximation Theorem 오해와 진실

Universal Approximation Theorem에 대해 흔히 있을 수 있는 두 가지 오해를 살펴보겠습니다.

1. "인공 신경망은 Universal Approximation Theorem의 증명 과정처럼 네모 함수를 만드는 방식으로 학습되는 것이구나!"

이는 오해입니다. **Universal Approximation Theorem은 AI의 학습 방식을 설명하는 정리가 아닙니다.** 이 정리의 증명 과정에서 네모 함수를 사용한 이유는 이러한 방식으로 웨이트와 바이어스를 설정하면 어떤 함수든 근사하여 Loss를 0에 가깝게 만들 수 있다는 MLP의 강력한 표현력을 보여주기 위해서입니다. 실제 인공 신경망의 학습 과정에서 네모 함수를 만들어가는 방향으로 웨이트와 바이어스가 조정되는 것은 아닙니다.

더욱이, 네모 함수를 만들어 Train Loss를 0으로 만든 모델은 결코 바람직하지 않습니다. 이는 **과적합**(Overfitting)을 야기하기 때문입니다. 예를 들어, 앞선 예제에서 조회수 1,000, 2,000, 3,000에 대해서는 정확한 수익을 예측하지만, 조회수 2,500에 대해서는 수익 0을 예측하는 것을 볼 수 있습니다. 이를 통해 이 모델이 심각하게 과적합 되었음을 알 수 있습니다.

2. "Universal Approximation Theorem이 있으니 FC 레이어만 사용하면 되겠네!"

이 역시 오해입니다. 이 정리가 히든 레이어 한 층을 가진 MLP로 어떤 함수든 표현할 수 있다는 것을 보여주긴 하지만, 이것이 MLP나 FC 레이어가 가장 효율적인 구조라는 의미는 아닙니다.

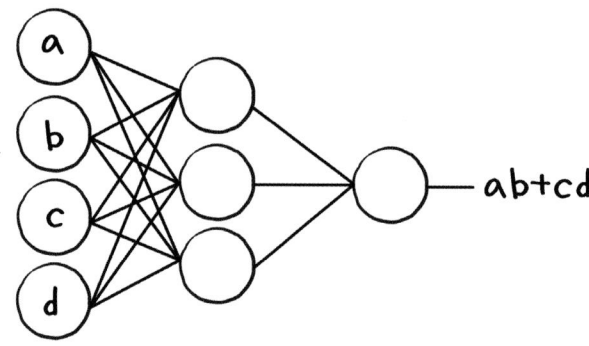

예를 들어, $[a, b]$와 $[c, d]$를 입력으로 받아 이 둘의 내적 $ac+bd$를 출력하는 함수를 MLP로 만들 수는 있습니다. 하지만 내적 연산이 필요하다면, 그냥 내적하는 레이어를 중간에 추가하는 것이 MLP를 학습시켜 내적을 수행하도록 유도하는 것보다 훨씬 더 효율적입니다. 내적은 트랜스포머 등에서 두 벡터의 유사도를 측정하는 데 유용하게 쓰이는 연산입니다.

하지만, **인공 신경망에 아무 레이어나 추가할 수 있는 것은 아닙니다.** 역전파가 가능해야 하므로, 새롭게 도입되는 레이어는 반드시 미분 가능한 연산으로 이루어져 있어야 합니다.

결론적으로, Universal Approximation Theorem은 인공 신경망의 강력한 표현력을 보여주는 중요한 정리입니다. 하지만, 이 정리가 실제 학습 과정이나 최적의 모델 설계 방법을 직접적으로 제시하는 것은 아님을 유의해야 합니다. 효율적이고 성능 좋은 모델을 만들기 위해서는 문제의 특성에 맞는 다양한 구조와 기법을 적절히 활용해야 합니다.

Chapter 6
깊은 인공 신경망의 고질적 문제와 해결 방안

앞서 Chapter 3에서 비선형 액티베이션을 갖춘 MLP는 깊어질수록 더 복잡한 함수를 나타낼 수 있음을 알 수 있었습니다. 그렇다면 무조건 깊은 모델이 좋은 성능을 내는 모델일까요? 실제로는 그렇지 않습니다.

이번 챕터에서는 깊은 인공 신경망이 직면하는 주요 문제들을 살펴보고, 각 문제에 대한 효과적인 해결 방안을 알아보겠습니다. 이 책에서 다룰 세 가지 주요 문제는 다음과 같습니다:

1. 기울기 소실(Vanishing Gradient): 깊은 인공 신경망에서 입력층에 가까운 층일수록 그래디언트 크기가 점차 작아지는 현상입니다. 이를 해결하기 위한 세 가지 방법을 소개합니다:

    - ReLU(Rectified Linear Unit) 활성화 함수 사용
    - 배치 정규화(Batch Normalization) 기법 적용
    - 레이어 정규화(Layer Normalization) 기법 적용

2. Loss Landscape 문제: Loss 함수의 형태가 복잡해져 최적의 해를 찾기 어려워지는 현상입니다. 이를 완화하기 위한 해결책으로 모델에 Skip-Connection을 추가하는 방법을 소개합니다.

3. 과적합(Overfitting): 모델이 훈련 데이터에 지나치게 맞춰져 새로운 데이터에 대한 예측 능력이 떨어지는 문제입니다. 이를 해결하기 위한 여러 방법 중 다음과 같은 기법들을 중점적으로 다룹니다:

    - 데이터 증강(Data Augmentation)
    - Dropout
    - L2-Regularization
    - L1-Regularization

각 문제의 원인과 해결 방안을 자세히 살펴보며, 이러한 기법들이 왜 효과적인지 이해해 보겠습니다. 이를 통해 깊은 신경망의 성능을 높이고 안정적으로 학습시키는 방법을 습득할 수 있습니다.

6.1. 기울기 소실(Vanishing Gradient)과 과소적합(Underfitting)

기울기 소실(Vanishing Gradient) 문제는 말 그대로 그래디언트가 사라지는 현상을 말합니다. 특히 **입력층에 가까운 레이어일수록 파라미터들에 대한 편미분이 0에 가까워져, 학습에 심각한 불균형이 발생**하게 됩니다. 이 현상이 발생하는 원인을 알아내기 위해, 역전파 과정을 다시 한번 살펴보겠습니다.

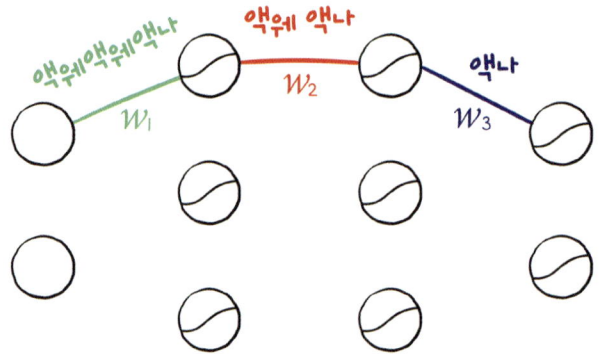

위 그림과 같이 모든 층의 활성화 함수로 Sigmoid를 사용하는 인공 신경망을 생각해 봅시다. 각 웨이트에 대한 편미분값을 Chapter 3에서 소개한 한글 표기법으로 나타내면 다음과 같습니다:

- 출력층 웨이트에 대한 편미분: 액나
- 두 번째 히든 레이어의 웨이트에 대한 편미분: 액웨·액나
- 첫 번째 히든 레이어의 웨이트에 대한 편미분: 액웨·액웨·액나

여기서 '액'은 액티베이션의 미분이므로 Sigmoid의 미분값을 나타냅니다. Sigmoid 함수의 미분값의 최댓값은 '들' 값이 0일 때 나타나며, 그 값은 $\frac{1}{4}$ 입니다. 즉, 가장 큰 경우에도 1보다 한참 작기 때문에, 활성화 함수의 미분이 여러 번 곱해질수록 그 값은 급격히 0에 가까워집니다.

$$\begin{bmatrix} w_1 \\ w_2 \\ w_3 \\ \vdots \end{bmatrix}_{k+1} = \begin{bmatrix} w_1 \\ w_2 \\ w_3 \\ \vdots \end{bmatrix}_{k} - \alpha \begin{bmatrix} \frac{\partial L}{\partial w_1} \\ \frac{\partial L}{\partial w_2} \\ \frac{\partial L}{\partial w_3} \\ \vdots \end{bmatrix}$$

이러한 상황에서 Mini-Batch GD를 통해 최적화를 진행한다면, 사실 $\frac{\partial L}{\partial w_3}$ 부터 이미 크기가 크지는 않지만, 나머지보다는 상대적으로 크기 때문에 w_3는 어느 정도 업데이트가 일어날 것입니다. 하지만 $\frac{\partial L}{\partial w_2}, \frac{\partial L}{\partial w_1}$으로 갈수록 크기가 급격하게 작아지므로, w_2는 미미한 업데이트만 이뤄지고 w_1은 $\frac{\partial L}{\partial w_1} \approx 0$이므로 사실상 업데이트가 거의 일어나지 않습니다. 결과적으로, 초기에 설정한 웨이트 값에서 거의 변화가 없게 됩니다.

이 현상은 그림에 표시된 웨이트뿐만 아니라 해당 레이어의 모든 웨이트가 겪는 문제입니다. 따라서 첫 번째 층 자체가 거의 업데이트되지 못한 채로 학습이 진행됩니다. 이처럼 **입력층으로 갈수록 해당 층의 그래디언트 크기가 0에 가까워져 학습이 거의 이루어지지 않는 현상을 기울기 소실**(Vanishing Gradient)이라고 부릅니다.

역전파 수식을 거치지 않고 직관적으로도 $\frac{\partial L}{\partial w_1}$이 작다는 것을 알 수 있습니다. 나머지는 그대로 두고 w_1만 조금 바뀌었을 때 L이 얼마나 바뀌는지, 그 변화율을 나타내는 것이 편미분이라는 사실을 바탕으로 이해해 보겠습니다. 이를 시각적으로 이해하기 위해, w_1 값을 바꾸는 것을 앞서 제시된 신경망 그림의 초록색 줄(엣지)을 잡고 흔드는 것에 비유해 볼 수 있습니다. 이때 L이 얼마나 흔들리는지를 통해 편미분의 크기를 가늠할 수 있습니다.

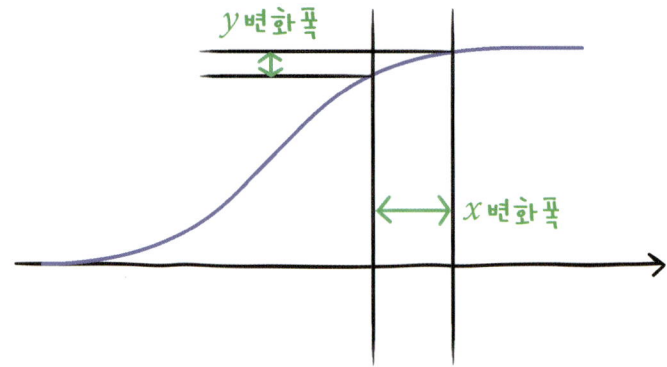

이러한 맥락에서 Sigmoid의 특성은 마치 단단한 돌덩이와 같은 역할을 하게 됩니다. w_1 값이 조금 바뀌면 Sigmoid를 통과하기 전 '들' 값도 조금 바뀌게 되는데, 이 변화폭을 위 그림의 x 축에 화살표로 나타냈습니다. 이때, y 축의 값의 변화폭은 상대적으로 작다는 것을 확인할 수 있습니다. 이는 마치 돌덩이에 연결된 줄을 잡고 흔들 때, 돌덩이 뒤편으로 연결된 줄에는 그 진동이 잘 전달되지 않는 것과 같습니다. 즉, Sigmoid 함수를 통과하면서 입력의 변화가 크게 감소하여 출력에 미치는 영향이 줄어드는 것입니다.

이러한 Sigmoid의 특성으로 인해, 줄어든 진동이 또 다음 Sigmoid(돌덩이)에 연결되면서 진동은 더욱 감소하여 거의 소멸되고 맙니다. 이렇게 계속해서 여러 층의 활성화 함수를 거치며 그 변화량이 뒤쪽 층까지 제대로 전달되지 않기 때문에, 결국 w_1의 변화는 L에 거의 영향을 미치지 못하여 $\frac{\partial L}{\partial w_1} \approx 0$ 이 됩니다.

이러한 방식으로 생각하면, $\frac{\partial L}{\partial w_3}$ 는 상대적으로 L과 가까운 위치에서 '줄을 잡고 흔드는' 것과 같기 때문에 $\frac{\partial L}{\partial w_1}$ 의 크기보다 상대적으로 더 크다는 것을 쉽게 예상할 수 있습니다. 즉, 입력층에 가까울수록 그래디언트의 크기가 급격하게 작아진다는 것을 직관적으로 이해할 수 있습니다.

그래도 출력층의 웨이트는 입력층보다는 상대적으로 잘 학습되기 때문에 한 층을 가진 인공 신경망 정도의 성능은 가질 수 있다고 생각할 수 있습니다. 하지만 놀랍게도, **기울기 소실이 일어난 경우, 오히려 층이 적은 모델이 더 나은 성능을 보일 수 있습니다.** 즉, 깊은 것이 오히려 '독'이 될 수 있다는 것입니다.

왜 이런 일이 일어날까요? 입력에 가까운 층들이 업데이트되지 않는다는 것은 처음 정한 웨이트 값 그대로를 사용하게 된다는 의미입니다. 처음에는 랜덤한 값으로 초기화되기 때문에, 이 층들은 Loss 값을 줄이는 데 전혀 도움을 주지 못하는 상태로 남게 됩니다. 즉, 입력 데이터를 처리하는 부분에서 입력 데이터를 망가뜨리기 때문에, 뒤쪽에서 이 망가진 데이터를 이용해 Loss를 줄이려고 해도 잘 줄이지 못하게 되는 것입니다.

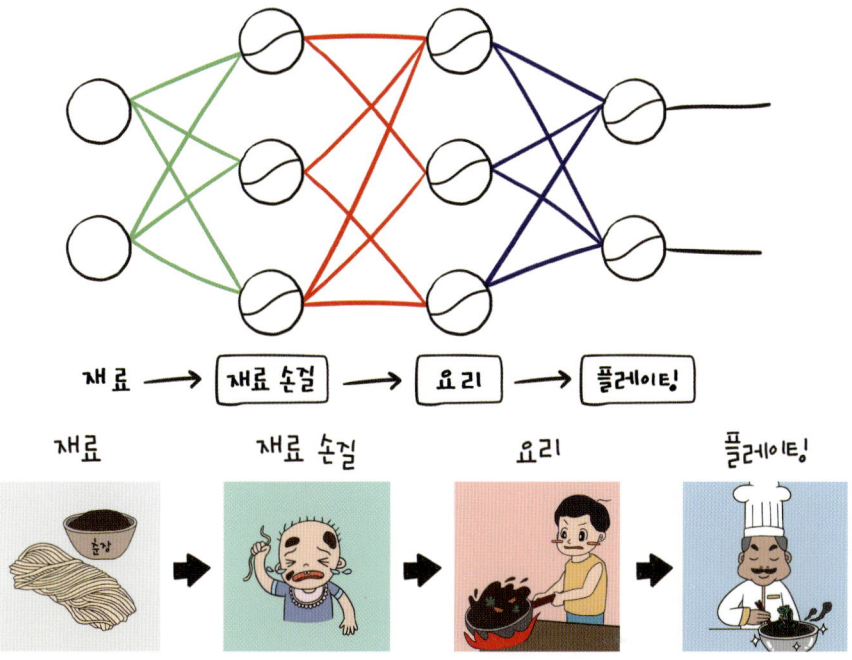

이를 더 잘 이해하기 위해, 인공 신경망을 식당에 비유해 보겠습니다. 이 식당에서는 입력으로 면과 춘장과 같은 재료가 들어오고, 첫 번째 레이어는 재료 손질, 두 번째 레이어는 요리, 세 번째 레이어는 플레이팅을 담당합니다. 각 노드는 한 명의 직원을 나타냅니다. 이 식당의 목표는 두 가지 재료로 세 명이 재료 손질, 세 명이 요리, 두 명이 플레이팅을 해서 최종적으로 맛있는 짜장면 두 그릇을 만드는 것입니다.

기울기 소실이 일어난 상황에서 학습이 수렴할 때까지 진행된다면, 플레이팅 층은 어느 정도 학습이 되겠지만 재료 손질 층은 학습 시작부터 끝까지 전혀 학습이 이뤄지지 않을 것입니다.

웨이트 초기화는 각 층의 노드(구성원)들이 갓 태어난 아기의 상태로 학습을 시작하는 순간에 비유할 수 있습니다. 즉, 처음에는 아무것도 모르는 아기의 상태에서 시작해 조금씩 학습을 진행하며 성장하게 되는 것으로 학습 과정을 생각해 볼 수 있습니다. 따라서, 첫 번째 층의 노드들은 재료 손질을 전혀 하지 못하는 아기 수준이라고 볼 수 있습니다.

재료로 들어온 춘장과 면을 아기 셋이 손으로 주물럭거리면서 바닥에 내팽개치거나 춘장을 모르고 먹었다고 울고불고 난리가 난 상황에서 재료 손질이 끝나고, 이렇게 엉망이 된 재료를 그다음 층으로 전달합니다.

그다음 층은 그나마 아기 수준을 벗어나서 바닥에 널브러진 재료들을 주워 냄비에 담는 데에는 성공했습니다. 하지만 라면도 아직 끓여보지 않은 초등학생 수준에 머물러 있어서 모두 태워버리고 맙니다. 이 상태로 또 다음 층으로 전달합니다.

마지막 층에는(실제로는 이렇게 극단적으로 학습 차이가 나지는 않지만, 설명을 위해) 중화요리 전문 셰프 정도의 수준을 갖췄다고 가정해 봅시다. 다만 해당 계층의 역할은 플레이팅이기 때문에 앞서 모두 태운 짜장면을 예쁜 그릇에 올리고 마지막 오이 고명만을 멋있게 용 모양으로 잘라서 올릴 뿐입니다. 결국 최종적으로 출력된 짜장면 두 그릇은 도저히 먹을 수 없는 상태로 나오게 될 것입니다.

이것이 바로 기울기 소실 문제가 일어난 인공 신경망 안에서 벌어지는 비극입니다. 핵심은 단순히 그래디언트의 크기가 0에 수렴한다는 것이 아닙니다. 문제의 본질은 **출력층은 어느 정도 학습이 되더라도, 입력층에 가까운 층들이 제대로 학습되지 않아 입력 데이터를 망쳐놓기 때문에 뒤쪽 층에서 아무리 노력해도 좋은 결과를 낼 수 없게 된다는 점**입니다. 이는 마치 요리의 첫 단계인 재료 손질부터 잘못되면, 아무리 뛰어난 요리사가 와도 맛있는 음식을 만들 수 없는 것과 같습니다.

이러한 기울기 소실 문제를 고려하면, 오히려 재료 손질부터 플레이팅까지 모든 과정을 한 층에서 처리하는 단순한 모델이 각 과정을 서로 다른 층에서 담당하는 깊은 모델보다 더 나은 성능을 보일 수 있음을 직관적으로 이해할 수 있습니다.

다른 비유로는 인공 신경망을 회사로, 각 층을 사원, 부장, 임원 층으로 해석해 볼 수 있습니다. 여기서 기울기 소실이 일어난다면 어떻게 될까요? 이는 회사의 직급 체계가 너무 복잡하여 층이 불필요하게 많은 상황과 유사합니다. Loss에 가까운 임원급만 어느 정도 학습되고, 말단 사원들은 제대로 된 교육을 받지 못한 채 일을 하게 되어 전혀 성장하지 못하는 상황이 됩니다. 사원이 데이터를 받아 1차 가공을 해야 하는데 그 일을 제대로 수행하지 못해 결국 전체 회사의 운영에 차질이 생깁니다.

만약 기울기 소실을 해결할 수 있는 여러 가지 방법들을 적용한다면, 직급 체계뿐 아니라 교육 체계 등 시스템이 잘 갖춰져 있는 것과 같아 층이 많은 것이 장점이 되어 학습을 수월하게 할 수 있게 될 것입니다.

반면에 층이 적은 회사, 즉 스타트업은 어떨까요? 비록 전체 노드(직원) 수가 많지 않아 당장 대기업 수준의 성과를 내기는 어렵겠지만, 직급 체계가 한두 층으로 단순하게 이뤄져 있어 모든 구성원들이 학습에 어려움 없이 각자의 역할을 명확히 이해하고 수행할 수 있습니다. 즉, 빠르게 성장할 수 있는 구조라고 볼 수 있습니다.

이는 물론 기울기 소실의 측면에서만 인공 신경망의 학습 과정을 해석한 것으로, 층이 많은 것의 이점을 충분히 살리지 못했을 때는 차라리 층의 수가 적은 것이 더 낫다는 것을 의미합니다.

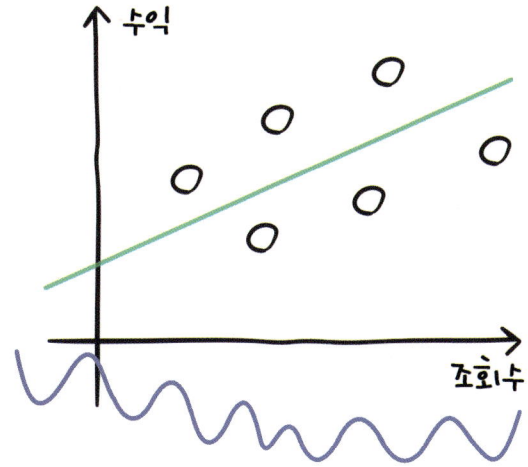

기울기 소실이 일어나면 Loss를 별로 줄이지 못한 채 수렴되는 모습을 보입니다. 이것을 입력-출력 그래프에서 보면, 입력 데이터를 앞선 레이어에서 망쳐놓다 보니 뒤 층에서 살리지 못하고 데이터에 다가가지도 못하는 것을 알 수 있습니다.

초록색 선은 매우 단순한 모델이지만 적절한 모델을 만드는 데에 성공한 반면, 파란색 선은 충분히 깊어서 비선형성이 뛰어나 복잡한 함수를 표현할 수 있음에도 불구하고 기울기 소실이 일어나 데이터에서 멀리 떨어진 곳에서 가까이 다가가기조차 못하고 수렴해 버린 모습입니다.

이와 같은 현상을 **과적합**(Overfitting)과 반대되는 개념인 **과소적합**(Underfitting)이라고 합니다. **과소적합은 모델이 훈련 데이터의 패턴을 충분히 학습하지 못해 데이터와 동떨어진 함수를 학습하게 되는 현상**입니다. 기울기 소실과 같은 문제로 인해 모델이 제대로 학습되지 않으면, 놀랍게도 테스트 데이터는 물론이고 심지어 훈련 데이터에 대해서조차 성능이 좋지 않은 상태가 됩니다.

6.1.1. ReLU(Rectified Linear Unit)

앞선 설명을 통해, 기울기 소실의 직접적인 원인은 활성화 함수에 있음을 알 수 있었습니다. 최대 기울기가 $\frac{1}{4}$인 Sigmoid 함수의 한계를 극복하여 기울기 소실 문제를 완화하고자 **ReLU**(Rectified Linear Unit)가 제안되었습니다.

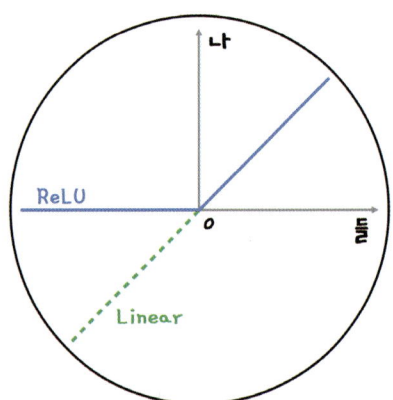

ReLU는 위 그림과 같이 '들' 값이 양수일 때는 입력값을 그대로 출력하고, 음수일 때는 0을 출력하는 활성화 함수입니다. 양수 입력에 대해서는 선형 액티베이션와 동일하고 음수 입력 부분만 수정되었기 때문에 Rectified(수정된) Linear Unit이라는 이름이 붙었습니다.

이 간단한 수정만으로도 ReLU는 중요한 특성을 갖게 됩니다. 활성화 함수의 미분값이 1(양수 영역) 또는 0(음수 영역)이 되어, 입력층으로 갈수록 그래디언트가 '점점 작아지는' 현상을 효과적으로 막을 수 있게 된 것입니다. 즉, '액웨·액웨·액나'에서 적어도 '액'에 의해 그래디언트가 줄어들지는 않는다는 것입니다.

하지만 여기서 한 가지 의문이 들 수 있습니다. ReLU는 '들' 값이 양수일 때 '액'이 1이 되지만, 음수일 때는 '액'이 0이 됩니다. 그렇다면 **'액웨·액웨·액나'에서 단 하나라도 0이 포함되면 전체가 0이 되므로 오히려 ReLU가 기울기 소실에 더 취약한 것이 아닐까요?**

이러한 오해는 한 가지 중요한 사실을 간과하고 있습니다. 바로 역전파 과정에서 편미분값을 구할 때, 해당 파라미터로 전달되는 모든 경로를 고려하여 그 값들을 더해주어야 한다는 점입니다.

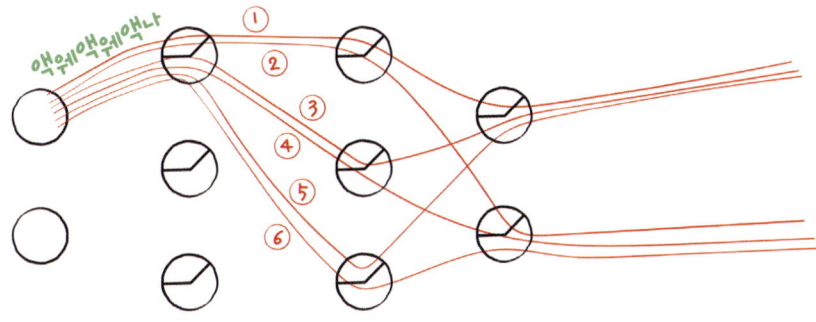

예를 들어, 위 그림의 경우 총 6개의 경로에 해당하는 '액웨·액웨·액나'가 더해집니다. 이 경로의 수는 해당 웨이트 이후 층들의 노드 개수의 곱으로 구할 수 있습니다. 이 중 일부 경로는 중간에 '액'이 0이어서 전체가 0이 될 수 있지만, 나머지 경로들은 '액'이 모두 1이므로 그래디언트가 온전히 전달됩니다. 따라서 Sigmoid를 사용했을 때와 달리, 입력층에 가까울수록 그래디언트가 필연적으로 작아지는 문제는 발생하지 않습니다.

즉, **ReLU를 사용하면 일부 경로가 차단되는 것은 피할 수 없지만, 살아있는 경로를 통해서는 그래디언트를 온전히 전달할 수 있습니다.** 반면 Sigmoid의 경우, 모든 경로에서 0이 아닌 값을 가지긴 하지만 이미 너무 작아진 값들이 더해지므로, 이는 **'티끌 모아 티끌'**에 불과합니다. 따라서 Sigmoid에서는 단순히 노드의 개수를 늘려 경로를 추가하는 것만으로는 문제 해결이 어렵습니다.

이를 통해 ReLU 사용에 관한 중요한 통찰을 얻을 수 있습니다. ReLU를 사용할 때는 노드의 개수가 충분히 많으면 기울기 소실 문제를 효과적으로 피할 수 있습니다. **하지만 노드의 개수가 적을 경우, 오히려 ReLU가 Sigmoid보다 기울기 소실에 더 취약해질 수 있다는 점**을 주의해야 합니다.

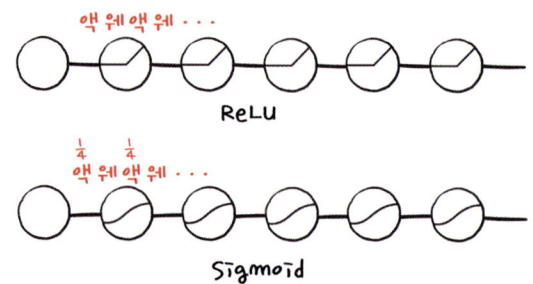

예를 들어, 위와 같이 깊은 층을 가지지만 각 층에 단 하나의 노드만 있는 신경망을 고려해 봅시다. 이러한 구조에서 ReLU와 Sigmoid를 각각 사용했을 때, 둘 중 어떤 신경망에 기울기 소실 문제가 더 심하게 일어날까요?

많은 사람들이 단순히 Sigmoid를 ReLU로 바꾸는 것만으로 기울기 소실 문제가 해결된다고 오해하곤 합니다. 하지만 놀랍게도 이런 구조에서는 오히려 ReLU를 사용한 신경망이 기울기 소실 문제를 겪을 가능성이 더 큽니다. 왜 그럴까요?

Sigmoid를 사용한 모델의 경우, 미분값이 비록 작지만 0은 아닙니다. 따라서 앞쪽 층의 편미분값이 매우 작더라도 완전히 사라지지는 않습니다. 반면, ReLU를 사용한 모델의 경우 '들' 값이 0 이하인 노드가 하나라도 있으면 그 이전의 모든 층에서 편미분이 0이 됩니다. 쉽게 말해, **중간에 하나라도 '막힌' 노드가 있으면 그 앞의 모든 노드들은 아무런 학습도 할 수 없게 되는 것**입니다.

이는 특히 앞쪽 층에서 심각한 문제가 됩니다. 앞쪽 층이 업데이트되려면 모든 중간층의 '들' 값이 양수여야 하는데, 이는 현실적으로 매우 어려운 조건입니다. 결과적으로 앞쪽 층들이 거의 학습을 하지 못하는 상황이 발생할 수 있습니다.

따라서 ReLU를 사용한다고 해서 항상 기울기 소실 문제가 해결되는 것은 아닙니다. 이는 신경망 구조 설계 시 단순히 활성화 함수만 바꾸는 것이 아니라, 전체적인 구조와 노드의 수를 함께 고려해야 한다는 중요한 교훈을 줍니다.

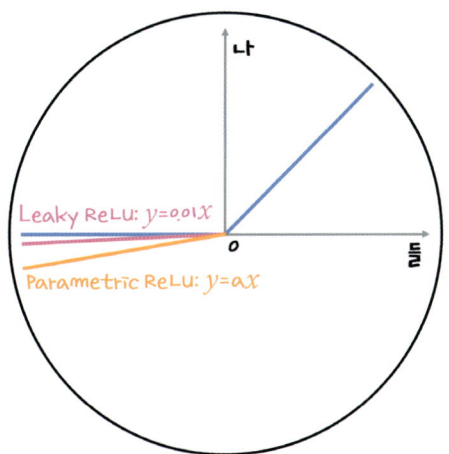

ReLU의 한계를 보완하기 위해, 음수 부분을 조금 더 고려하는 Leaky ReLU와 Parametric ReLU가 제안되었습니다. 이는 노드의 수를 늘려도 하나의 막힌 노드로 인해 전체 경로가 차단되는 ReLU의 극단적인 특성을 완화하기 위함입니다.

Leaky ReLU는 음수 영역의 기울기를 0이 아닌 0.01로 설정했습니다. 즉, 음수 부분에서 $y=0.01x$의 형태를 가집니다.

Parametric ReLU는 한 걸음 더 나아가 이 음수 영역의 기울기를 학습 가능한 파라미터 a로 설정했습니다. 이 a는 역전파 과정에서 다른 파라미터들과 마찬가지로 학습됩니다. 구체적으로, Loss를 a로 편미분하여 그래디언트에 포함시킴으로써 이 새로운 파라미터를 최적화할 수 있습니다.

Parametric ReLU의 역전파 과정은 다음과 같습니다:

1. '액웨·액웨'를 반복하여 해당 층까지 역전파를 진행합니다.
2. a에 대한 편미분을 계산할 때, $y=ax(x<0$일 때$)$를 a로 미분하면 x가 됩니다. 이는 '들' 값에 해당합니다.
3. 따라서 a에 대한 편미분은 '액웨·액웨·들'의 형태로 계산됩니다. 단, 이는 $x<0$인 경우에만 해당하며, $x\geq 0$일 때는 a에 대한 그래디언트가 0이 됩니다.
4. 또한, $y=ax$를 x로 미분하면 a가 되므로 이전 층으로의 그래디언트 전달에도 문제가 없습니다.

이처럼 **새로운 파라미터를 추가할 때는 두 가지를 확인해야** 합니다:

1. 새 파라미터에 대한 미분이 가능한지
2. 기존 역전파 과정에 지장이 없는지(x에 대한 미분 가능 여부)

Parametric ReLU를 사용하면 음수 영역의 기울기를 Loss를 최소화하는 방향으로 자동으로 조정할 수 있습니다. 이처럼 **활성화 함수 자체를 학습을 통해 최적화한다는 점이 매우 혁신적**입니다.

그러나 Parametric ReLU가 항상 ReLU보다 뛰어난 성능을 보장하는 것은 아닙니다. 만약 학습 과정에서 음수 영역의 기울기가 1에 가까워지면 선형 액티베이션인 $y=x$와 유사해집니다. 이로 인해 비선형성이 감소하여 신경망의 복잡도가 제한될 수 있습니다.

만약 음수 영역도 양수 영역과 동일하게 $y=x$ 형태로 만들어 항상 액티베이션의 미분을 1로 유지하는 선형 액티베이션을 사용하는 것은 어떨까요? 이는 사실 기울기 소실 문제 해결에는 이상적입니다. 그러나 Chapter 3에서 지적된 바와 같이, 비선형성이 전혀 없어 신경망의 복잡한 패턴을 학습하는 능력을 크게 제한한다는 치명적인 단점이 있습니다.

ReLU는 이러한 고민의 결과물입니다. **0에서 꺾음으로써 기울기 소실 문제를 완화하면서도 비선형성을 확보**했습니다.

> **잠깐! 알아두기**
>
> 선형 액티베이션, ReLU, Sigmoid를 비교하면 다음과 같습니다:
>
>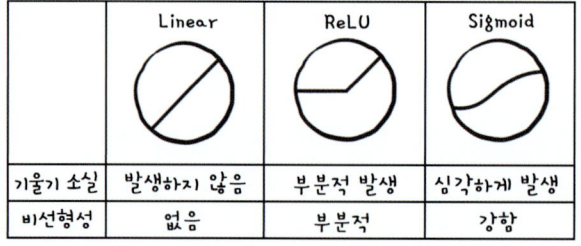
>
> 이를 통해 ReLU가 기울기 소실 완화와 비선형성 사이의 균형을 적절히 잡는 데 성공했음을 알 수 있습니다. 이것이 ReLU가 널리 사용되는 이유입니다.

6.1.2. Sigmoid vs ReLU 실험 결과 분석

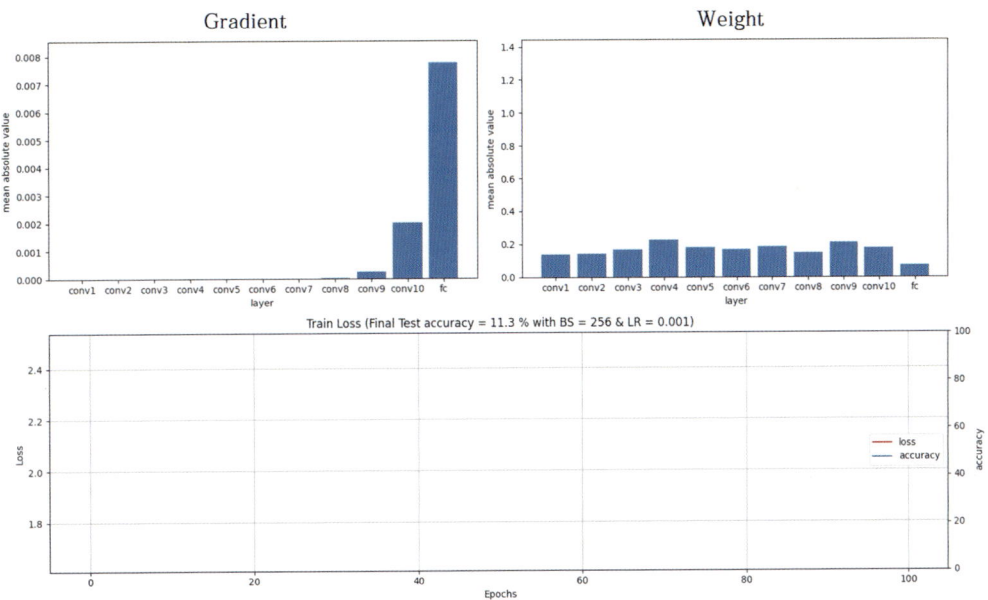

모든 층에 Sigmoid를 사용한 모델과 ReLU를 사용한 모델의 학습 과정을 비교해 보겠습니다. 이 실험에서는 CNN(Convolutional Neural Network)을 사용하여 10개 클래스의 다중 분류 문제를 학습시켰습니다. 각 층에서 그래디언트와 웨이트의 평균 절댓값을 막대그래프로 나타내고, Epoch에 따른 Train Loss와 훈련 데이터에 대한 정확도(Accuracy)의 변화를 관찰했습니다. 정확도는 전체 데이터 중 정답 클래스를 맞힌 비율(%)을 의미합니다.

먼저, Sigmoid를 사용한 결과를 살펴보겠습니다. Epoch 1에서부터 그래디언트의 크기가 층마다 크게 차이 나는 것을 확인할 수 있습니다. 특히 입력층에 가까운 쪽에서는 그래디언트의 크기가 거의 0에 가깝습니다. 출력층의 그래디언트는 절대적으로는 그다지 크진 않지만, 상대적으로는 더 큰 값을 가집니다.

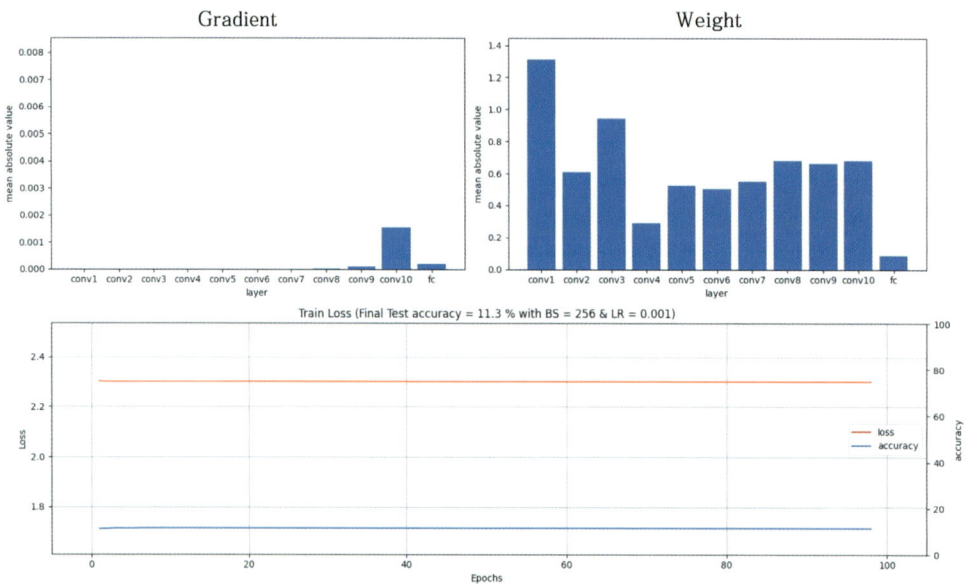

Epoch 100까지 학습을 진행해도 입력층의 그래디언트는 여전히 0에 가깝고, 출력층의 그래디언트는 작아지며 수렴했습니다. Loss와 정확도 그래프를 보면, 학습 시작부터 끝까지 Loss 값이 전혀 줄지 않았고, 정확도도 10%에 머물러 있습니다. 10개 클래스 중 하나로 분류하는 문제에서 10%의 정확도는 완전히 무작위로 예측하는 것과 다름없습니다.

흥미로운 점은 그래디언트가 작음에도 웨이트 값의 크기는 학습 시작 때와 비교해 크게 변했다는 것입니다. 이는 최적화 알고리즘으로 Adam을 사용했기 때문입니다. Adam은 작은 그래디언트 값을 분모에 반영하여 큰 보폭으로 이동하게 만듭니다. 그러나 웨이트 값이 변했음에도 Loss가 줄지 않은 것을 보면, 단순히 Adam을 사용하는 것만으로는 기울기 소실 문제를 해결할 수 없음을 알 수 있습니다. **모델이 Loss를 줄이지 못하는 평평한 영역에 머물러, 의미 없는 파라미터 갱신만 반복된 것**으로 보입니다.

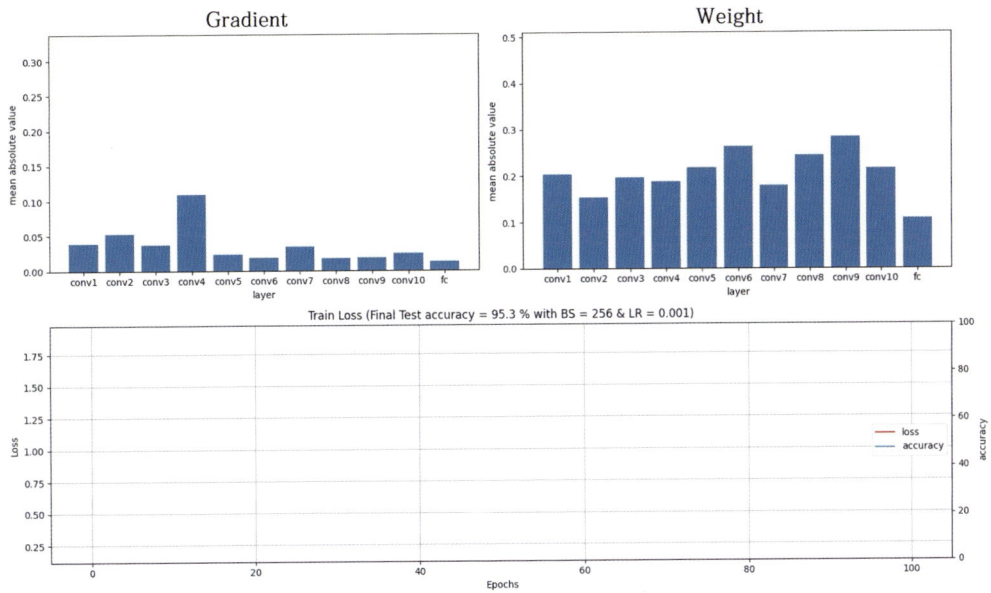

다음으로 ReLU의 실험 결과를 살펴보겠습니다. Epoch 1에서부터 확연한 차이를 보입니다. 그래디언트의 크기가 전체적으로 크고, 입력층과 출력층 사이의 불균형이 보이지 않습니다. 이는 전체 레이어가 균형 있게 학습될 것임을 예상할 수 있습니다.

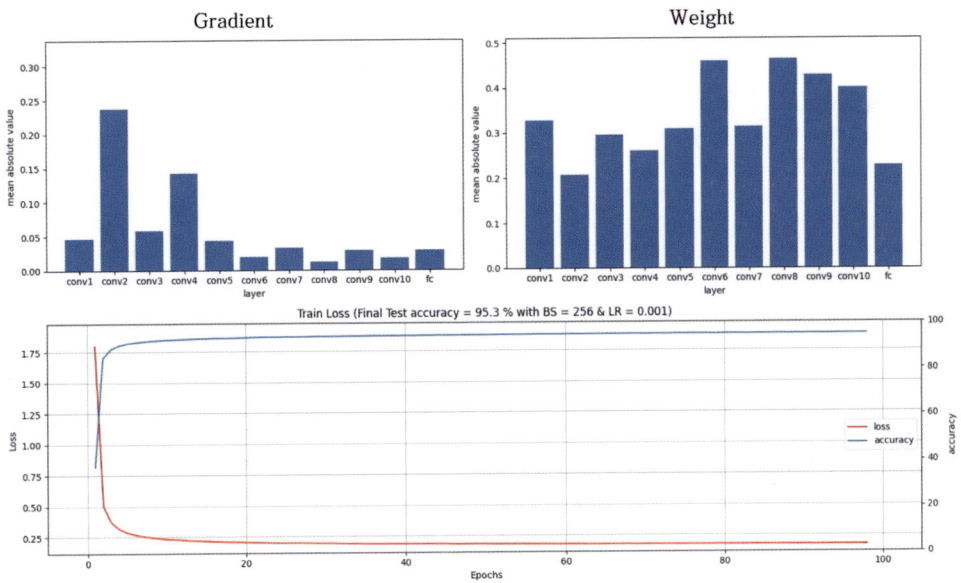

Chapter 6 깊은 인공 신경망의 고질적 문제와 해결 방안

Epoch 100에서의 결과를 보면, Loss는 급격히 감소하여 거의 0에 수렴했고, 훈련 데이터에 대한 정확도는 90%를 훌쩍 넘어 최종적으로 테스트 데이터에 대한 정확도 95.3%를 달성했습니다.

다른 모든 하이퍼파라미터는 동일한 상태에서 활성화 함수만 바꾼 것으로 이렇게 큰 차이가 나타난 것은 매우 인상적입니다. 이 실험 결과는 적절한 활성화 함수 선택의 중요성을 명확히 보여줍니다.

6.1.3. ReLU 그 후...

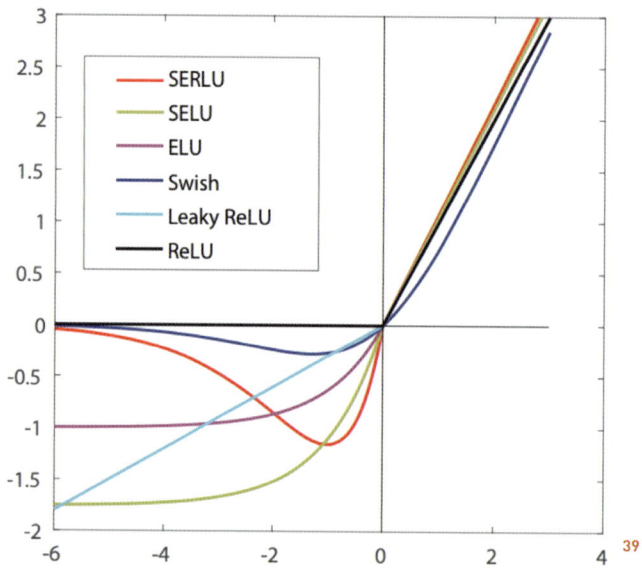

ReLU의 등장으로 딥러닝의 학습 성능이 비약적으로 향상되었고, 이를 더욱 개선하기 위한 새로운 활성화 함수 연구가 활발히 이루어졌습니다. 대표적으로 **Swish**, **ELU**(Exponential Linear Unit), **SELU**(Scaled ELU), **SERLU**(Scaled Exponentially-Regularized Linear Unit) 등이 제안되었습니다.

위 그래프에서 볼 수 있듯이, 이러한 새로운 활성화 함수들은 ReLU의 기본 구조를 유지하면서도 다양한 변형을 시도했습니다. 양수 영역에서도 일부 변형이 있었지만,

---

[39] G. Zhang 외 1인, 「Effectiveness of Scaled Exponentially-Regularized Linear Units(SERLUs)」, arXiv, 2018.

특히 눈에 띄는 것은 음수 영역에서의 다양한 변화입니다. 이러한 시도들은 비선형성을 유지하면서도 기울기 소실 문제를 더욱 효과적으로 완화하는 것을 목표로 합니다.

각각의 활성화 함수는 고유한 특성을 가지고 있어, 특정 상황이나 모델 구조에서 ReLU보다 더 나은 성능을 보일 수 있습니다. 그러나 ReLU의 단순함과 효과 덕분에 여전히 많은 딥러닝 모델에서 사용되고 있습니다.

6.1.4. 배치 정규화(Batch Normalization)

기울기 소실 문제를 해결하는 방법으로 ReLU의 사용을 살펴보았습니다. 이번에는 또 다른 중요한 기법인 **배치 정규화**(Batch Normalization)에 대해 알아보겠습니다. 이 기법 역시 기울기 소실 문제 해결에 큰 도움을 줍니다.

배치 정규화의 'Batch'는 Mini-Batch 학습에서의 'Batch'를 의미합니다. 이 기법의 이름은 **Batch에 대한 평균과 표준편차를 이용해 정규화(Normalization)를 수행하는 방식**에서 유래했습니다. Batch Size가 5일 때를 예로 들어, 어떻게 동작하는지와 어떤 원리로 기울기 소실 문제를 완화하는지 살펴보겠습니다.

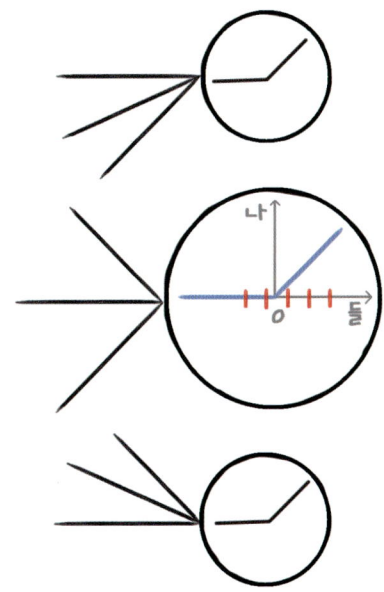

데이터가 인공 신경망을 통과할 때 세 개의 노드를 가진, ReLU를 사용하는 층을 만났다고 가정해 봅시다. 가운데 노드를 주목해서 보면, Batch Size가 5일 때 이 노드를 통과하는 '들' 값은 총 다섯 개가 될 것입니다. 이를 '들'축 위에 표현했습니다.

만약 이 다섯 개의 '들' 값이 모두 양수라면, 선형 액티베이션을 사용하든 ReLU를 사용하든 동일한 '나' 값들을 출력할 것입니다. 역전파에서도 액티베이션의 미분값이 모두 1이 되어 선형 액티베이션과 동일한 결과를 얻게 됩니다. 이는 현재 데이터 5개에 대해 이 노드가 기울기 소실 문제는 일으키지 않지만, 비선형성을 전혀 주지 못한다는 것을 의미합니다.

반대로 모두 음수로 들어가면 어떨까요? '나' 값이 모두 0일 뿐만 아니라 미분도 0이 되어, 비선형성도 주지 못하고 기울기 소실 문제도 일으킵니다. 즉, 활성화 함수에 어떤 값이 들어가느냐에 따라 해당 노드가 신경망에 끼치는 영향이 달라집니다.

따라서, 일부는 음수, 일부는 양수로 들어가 비선형성과 기울기 소실 사이의 균형을 갖는 것이 이상적일 것입니다. **배치 정규화는 이 '들' 값들을 재배치한 다음 액티베이션을 통과하게 하는 아이디어**입니다. 이때, '들' 값의 대소 관계는 유지한 채 재배치합니다.

'들' 값을 X, 다섯 개의 '들' 값에 대한 평균을 $\bar{X}$, 표준편차를 σ_X 라고 할 때, 평균 0, 분산 1로 재배치하는 방법은 다음과 같습니다:

1. 각 '들' 값에서 평균을 뺍니다: $X - \bar{X}$

   예를 들어, '들' 값이 1, 2, 3, 4, 5라면 평균 $\bar{X}$ 는 3입니다. 따라서 평균을 뺀 후에는 $-2, -1, 0, 1, 2$ 가 되어 평균이 0이 되는 것을 확인할 수 있습니다.

2. 1.의 결과를 표준편차로 나눕니다: $\dfrac{X - \bar{X}}{\sigma_X}$

   표준편차 σ_X 로 나누면 $-2/\sigma_X, -1/\sigma_X, 0, 1/\sigma_X, 2/\sigma_X$ 가 되어 분산과 표준편차가 1이 됩니다.

따라서, 이 과정을 거치면 재배치된 '들' 값들의 평균은 0, 분산은 1이 됩니다. 이러한 재배치를 **정규화**(Normalization)라고 합니다.

ReLU의 경우, 이렇게 '들' 값의 평균을 0, 분산을 1로 조정하면 비선형성을 적당히 살리면서 기울기 소실 문제도 어느 정도 완화하여 적절한 균형을 잡을 수 있을 것으로 보입니다. 하지만, 다른 활성화 함수에 대해서는 이렇게 일률적으로 적용하기 어렵습니다.

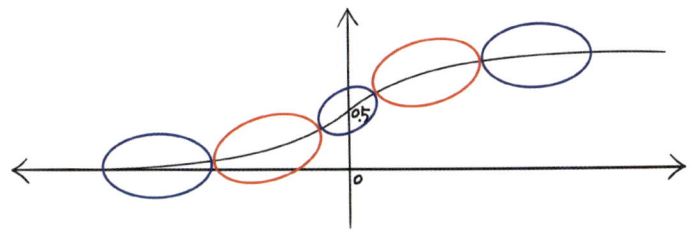

예를 들어, Sigmoid의 경우, 그래프의 중앙과 외곽 부분(파란색)은 비선형성이 부족하고, 중간 부분(빨간색)은 비선형성은 적당하지만 미분값이 너무 작습니다. 따라서, 일부는 중앙에, 일부는 빨간 부분으로 들어가야 둘의 균형을 맞출 수 있기 때문에 여기서는 평균 0, 분산 1로 조정하는 것이 항상 최적은 아닙니다. 또한, ReLU의 경우에도 평균 0 분산 1로 재배치하는 것이 최적이라고 단정할 순 없습니다.

즉, 활성화 함수에 따라 최적의 재배치 위치를 정확히 알기는 어렵습니다. 따라서, **배치 정규화는 어디로 재배치할지를 학습**합니다. '들' 값을 모래알에 비유한다면, 이 모래알들을 **어디에(평균), 얼마나 넓게(분산) 뿌릴지를 학습**하는 것입니다.

이를 위해 정규화된 '들' 값 $\frac{X-\bar{X}}{\sigma_X}$ 에 새로운 파라미터 a와 b를 도입합니다:

$$a\left(\frac{X-\bar{X}}{\sigma_X}\right)+b$$

이렇게 하면 평균 b, 분산 a^2으로 재배치할 수 있습니다. 이는 다음과 같은 이유 때문입니다:

1. $\frac{X-\bar{X}}{\sigma_X}$ 의 평균은 0이므로, 여기에 a를 곱해도 평균은 여전히 0입니다. 그 후 b를 더하면 평균이 b가 됩니다.

2. $\frac{X-\bar{X}}{\sigma_X}$ 의 분산은 1입니다. 여기에 a를 곱하면 분산은 a^2이 됩니다. b를 더하는 것은 분산에 영향을 주지 않습니다.

이제 역전파 과정에서 a와 b 각각에 대해 편미분을 구하여 업데이트 과정에 포함시키면 **Loss를 줄이는 방향으로 재배치 위치를 학습**하게 됩니다.

새로운 파라미터 추가가 가능한지 확인하기 위해, Parametric ReLU에서처럼 미분 가능성을 체크해야 합니다. $a\left(\frac{X-\bar{X}}{\sigma_X}\right)+b$ 에 대해 두 가지 조건을 확인해야 합니다:

1. 새 파라미터에 대한 미분 가능성 확인:
    - a로 미분하면 $\frac{X-\bar{X}}{\sigma_X}$가 됩니다.
    - b로 미분하면 1이 됩니다. 따라서, 두 새로운 파라미터 모두에 대해 미분이 가능합니다.

2. 역전파에 지장이 없는지 확인(X에 대한 미분 가능성):
    - $a\left(\frac{X-\bar{X}}{\sigma_X}\right)+b$는 X에 대해 미분 가능한 함수입니다.

즉, $a\left(\frac{X-\bar{X}}{\sigma_X}\right)+b$는 a, b, X에 대해 모두 미분 가능하므로, 새로운 파라미터를 추가하는 데 문제가 없습니다. 이는 역전파 과정에서 이 파라미터들을 학습할 수 있고, 동시에 이전 층으로의 그래디언트 전파에도 지장이 없음을 의미합니다.

이와 같이 어디에, 얼마나 넓게 뿌릴지를 학습한다는 것은 어떤 의미를 가질까요? 앞서 보았듯이, '들' 값들의 전반적인 위치와 분포에 따라 비선형성과 기울기 소실 문제의 발생 가능성이 달라집니다. 즉, **각 노드에 대해 비선형성과 기울기 소실 문제 해결 사이의 균형을 학습**한다고 볼 수 있습니다.

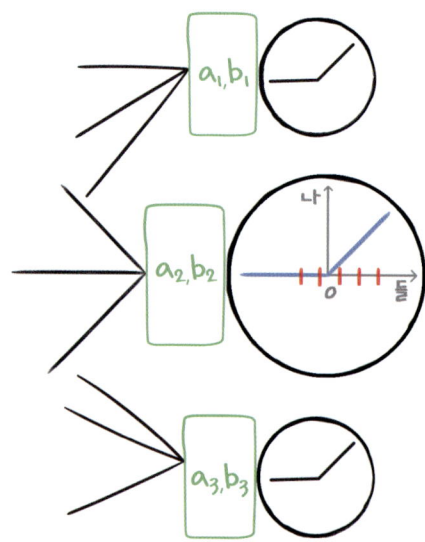

배치 정규화는 위 그림처럼 원하는 층에 적용(어떤 층에 적용할지는 하이퍼파라미터)되며, 각 노드마다 $\bar{X}$ 및 σ_X를 구하고 두 개의 파라미터(a, b)가 추가됩니다. 따라서 각 노드

앞에 '들' 값을 재배치하는 배치 정규화 모듈이 존재한다고 볼 수 있습니다. 참고로, 배치 정규화는 주로 '들' 값에 적용하지만, 활성화 함수를 통과한 후의 '나' 값에 적용하기도 합니다. 즉, 원하는 위치에 배치 정규화 층을 추가할 수 있습니다. 일반적으로는 '들' 값에 적용하는 것이 가장 흔히 사용되는 방식입니다. 또, 배치 정규화를 사용하는 층에서는 일반적으로 바이어스를 사용하지 않습니다. 왜 그런지 잠시 생각해 보는 시간을 가져봅시다. 힌트를 드리자면, 배치 정규화의 파라미터 b가 바이어스와 비슷한 역할을 한다는 점을 주목해 보세요.

배치 정규화를 사용할 때 반드시 기억해야 할 특성은 **학습 시와 테스트 시에 다르게 동작**한다는 것입니다. 이는 $\bar{X}$와 σ_X^2을 Batch에 대해 구하기 때문입니다. 만약 테스트 시 단일 데이터를 입력하면 $X - \bar{X} = 0$이 되고, $\sigma_X = 0$이 되어 Normalization 과정에서 문제가 발생합니다. 이를 해결하기 위해 학습 시 $\bar{X}$와 σ_X^2의 EMA(Exponential Moving Average)를 구합니다. 즉, **테스트 시에는 $\bar{X}$와 σ_X^2을 새롭게 구하지 않고 학습 시에 구한 EMA 값을 사용**합니다.

실제 적용 시 주의해야 할 점은 Batch Size가 작으면 배치 정규화를 적용하는 것이 성능에 오히려 악영향을 줄 수도 있다는 것입니다. 이는 Batch Size가 작을수록 각 Batch의 통계치(평균, 분산)가 전체 데이터의 실제 분포를 잘 반영하지 못할 수 있기 때문입니다. 예를 들어, **Batch Size가 2라면 $\bar{X}$와 σ_X^2 값의 변동이 커짐에 따라 EMA 값의 수렴이 어려워질 수 있고 이는 테스트 성능에 영향을 줄 수 있습니다.** 이러한 Batch Size 의존성을 해결하기 위해 **레이어 정규화**(Layer Normalization) 기법이 제안되었습니다. 이는 뒤에서 자세히 설명됩니다.

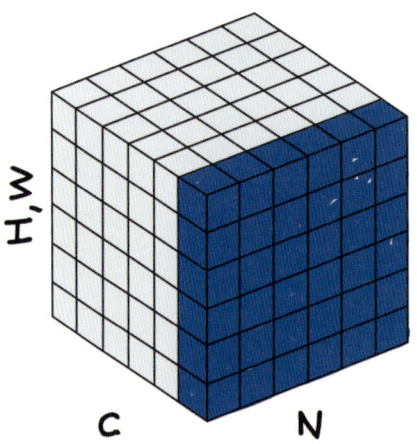

위 그림은 이미지 데이터에 대한 배치 정규화 적용 예시입니다. 파란색 부분이 $\bar{X}$ 와 σ_X^2 계산에 사용되는 샘플입니다. N 은 Batch Size(데이터 개수), C 는 채널 수, H 와 W 는 각각 이미지의 높이와 너비 픽셀의 수를 나타냅니다. 즉, 이미지 데이터에 배치 정규화를 적용할 때는 일반적으로 각 채널별로 Batch에 해당하는 모든 이미지 데이터의 모든 픽셀 위치의 값을 사용하여 $\bar{X}$ 와 σ_X^2 을 구합니다.

또한, 배치 정규화를 이미지 데이터에 적용할 때는 각 채널마다 a 와 b 두 파라미터를 가집니다. 예를 들어, 세 개의 채널을 가진 이미지의 경우 총 6개의 파라미터가 학습됩니다. 즉, **같은 채널 내의 모든 픽셀들에 대해서는 동일한 a 와 b 가 사용되는 것**입니다.

배치 정규화는 딥러닝 모델의 성능을 크게 향상시키는 것으로 알려져 있지만, 정확히 어떤 메커니즘으로 이러한 효과를 내는지에 대해서는 아직 완전히 밝혀지지는 않았습니다. 이 책에서 제시한 해석은 배치 정규화의 작동 원리에 대한 직관적인 이해를 돕기 위한 것이며, 이에 대한 연구는 현재도 진행되고 있습니다.

6.1.5. 배치 정규화(Batch Normalization) 실험 결과 분석

Sigmoid만 사용한 모델과 모든 층에 배치 정규화를 Sigmoid 전에 추가한 모델의 학습 과정을 비교해 보겠습니다. 이 실험에서는 CNN(Convolutional Neural Network)을 사용하여 손 글씨 숫자 이미지를 분류하는 10개 클래스(0~9 숫자)의 다중 분류 문제를 학습시켰습니다.

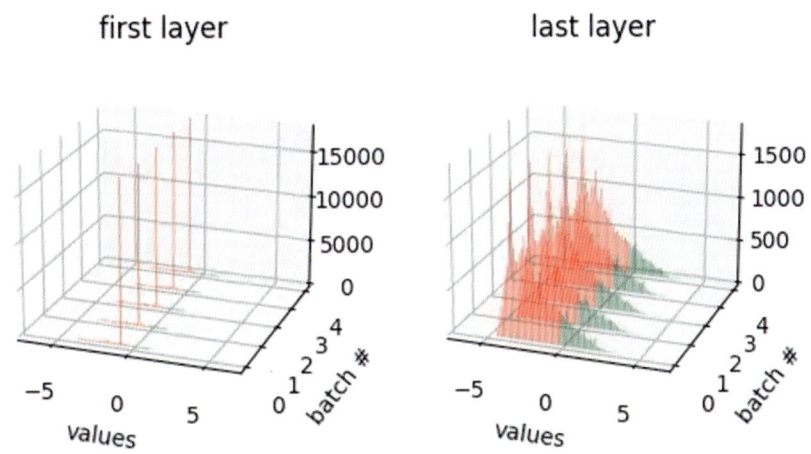

이 실험에서는 첫 번째 층과 마지막 층의 '들' 값 분포를 히스토그램으로 나타냈습니다. 히스토그램은 값의 분포를 시각적으로 보여주는 도구로, x 축을 일정한 간격의 구간으로 나누고 각 구간에 속하는 값의 개수를 막대의 높이로 표현합니다. 이를 통해 분포의 중심, 퍼진 정도, 대칭성 등을 한눈에 파악할 수 있습니다.

여기서는 양수 값을 초록색, 음수 값을 빨간색 막대로 표현하여 '들' 값의 부호별 분포도 쉽게 확인할 수 있게 했습니다. 첫 번째 층과 마지막 층의 히스토그램을 비교함으로써, 신경망을 통과하면서 '들' 값의 분포가 어떻게 변화하는지 관찰할 수 있습니다.

또한, 각 Batch마다 '들' 값의 분포가 조금씩 다를 수 있습니다. 이러한 Batch 간 변동성을 보여주기 위해 여러 개의 히스토그램을 겹쳐 표시했습니다. 이를 통해 단일 Batch가 아닌, 여러 Batch에 걸친 '들' 값의 전반적인 분포 경향을 파악할 수 있습니다.

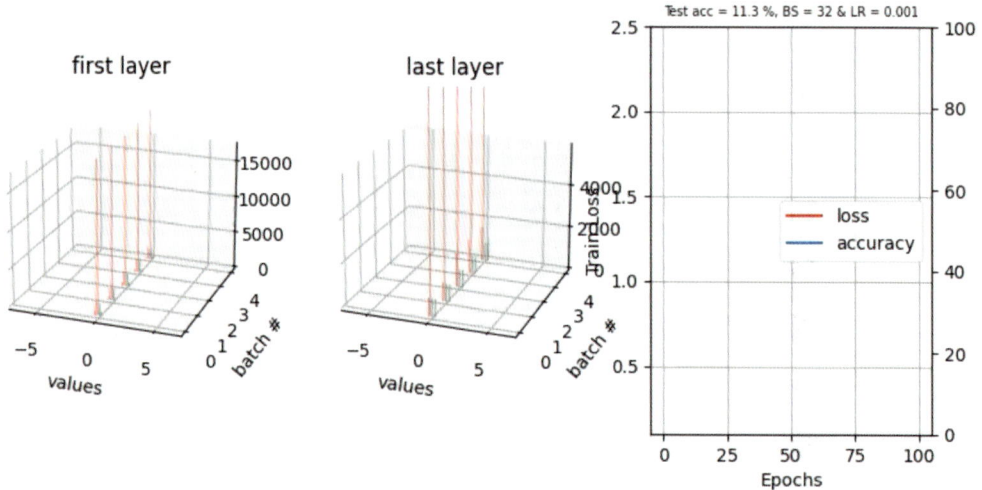

먼저, 배치 정규화를 적용하지 않은 모델의 학습 과정을 살펴보겠습니다. Epoch에 따른 Train Loss와 정확도의 변화도 함께 관찰했습니다.

Epoch 1에서는 웨이트가 0으로 초기화되기 때문에 첫 번째 층과 마지막 층 모두에서 '들' 값이 0 근처에 집중되어 있는 것을 확인할 수 있습니다.

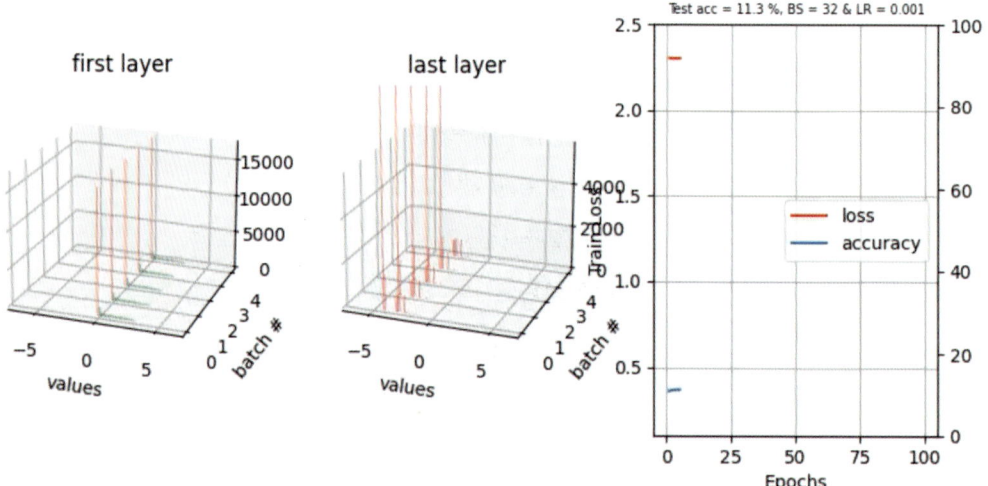

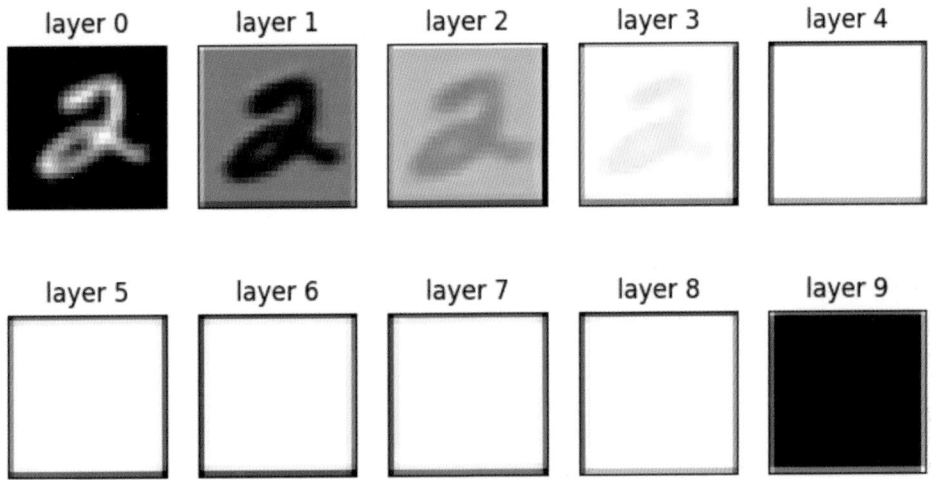

Epoch 5에 이르면 흥미로운 변화가 나타납니다. 마지막 층의 '들' 값이 음수 쪽으로 이동한 것을 볼 수 있습니다. 이는 파라미터 업데이트가 이루어졌음을 의미하지만, 동시에 기울기 소실 문제를 악화시킬 수 있는 위험도 내포하고 있습니다. **'들' 값이 음수로 치우치면 Sigmoid 함수의 미분값이 더욱 작아지는 영역으로 진입하게 되기 때문**입니다.

반면, 첫 번째 층은 Epoch 1과 비교하여 거의 변화가 없습니다. 이는 기울기 소실로 인해 파라미터 업데이트가 거의 이루어지지 않았음을 시사합니다. 결과적으로 앞쪽 층들은 점점 더 학습 기회를 잃게 됩니다.

두 번째 그림에서 레이어별 이미지의 변화를 살펴보면, 이러한 문제점이 더욱 명확해집니다. 앞쪽 층에서 이미지의 특징이 소실되고, 뒤쪽 층에서도 이를 제대로 복원하지 못하는 모습을 볼 수 있습니다. 마지막 층은 그래디언트의 크기가 상대적으로 크기 때문에 파라미터 업데이트는 일어나지만, 기울기 소실 문제로 인해 유의미한 특징을 학습하지는 못하고 있음을 알 수 있습니다.

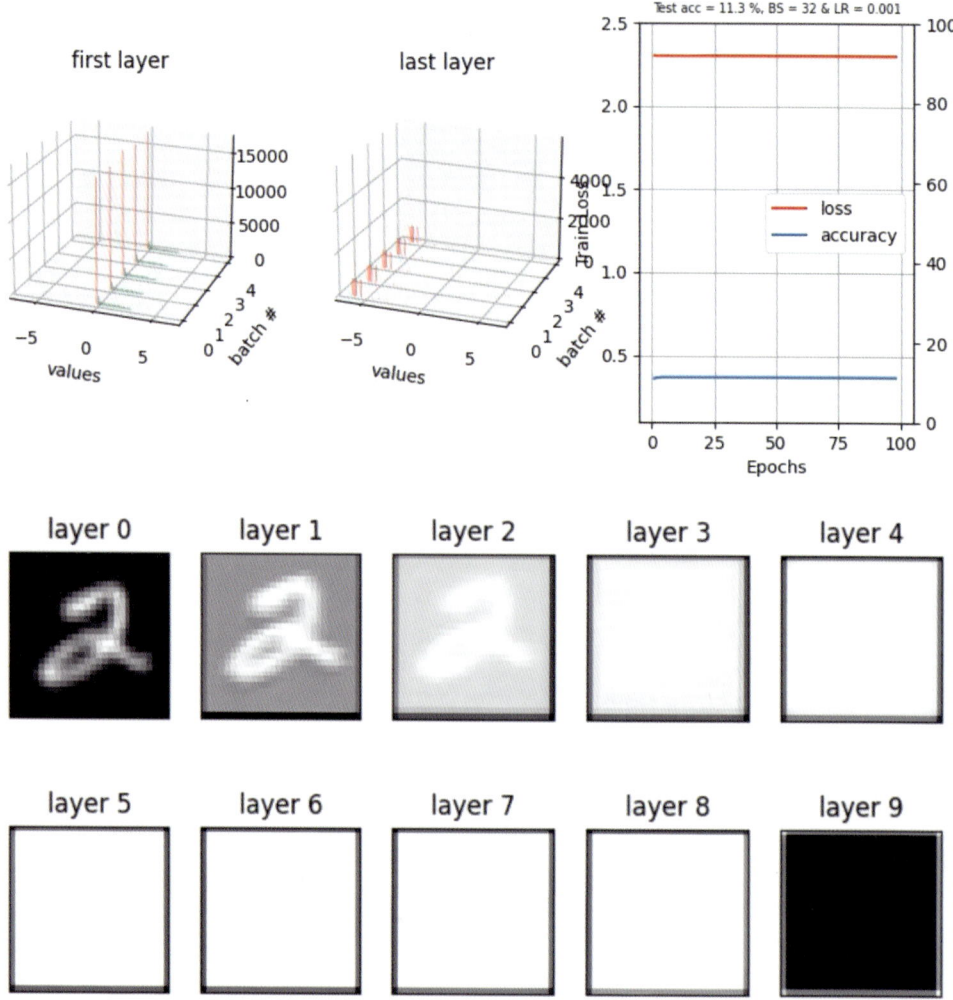

이러한 경향은 학습이 끝나는 Epoch 100까지 지속됩니다. 첫 번째 층은 여전히 학습되지 못한 모습을 보이며, 마지막 층의 '들' 값은 계속해서 음수 방향으로 이동하여 -5보다 작아져 그래프 범위를 벗어나고 말았습니다.

레이어별 이미지를 보면 학습 과정 전반에 걸쳐 거의 개선이 이루어지지 않았음을 알 수 있습니다. 결과적으로 이 모델의 테스트 정확도는 11.3%에 그쳤습니다. 이는 무작위로 추측하는 수준(10개 클래스이므로 10%)과 크게 다르지 않은 성능으로, 실질적인 학습이 거의 이루어지지 않았음을 의미합니다.

이러한 결과는 Sigmoid 활성화 함수만을 사용한 깊은 신경망은 기울기 소실 문제로 인해 효과적인 학습을 하지 못한다는 것을 명확히 보여줍니다. 다음으로는 배치 정규화를 적용한 모델의 학습 과정을 살펴보겠습니다. 다른 모든 하이퍼파라미터는 동일하게 유지한 채, 단순히 모든 층에 배치 정규화만을 추가했습니다.

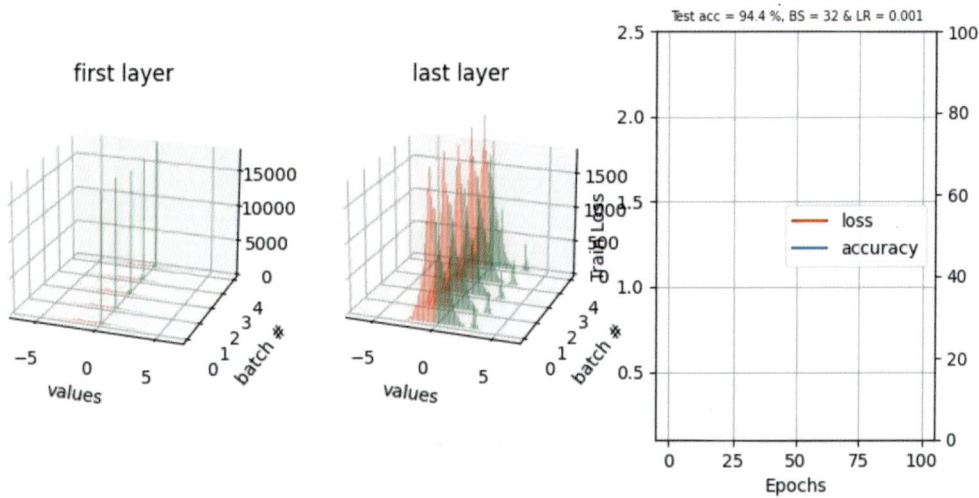

Epoch 1에서부터 놀라운 차이를 보입니다. 마지막 층의 히스토그램이 배치 정규화를 적용하지 않았을 때와 확연히 다른 모습을 보입니다. 이는 **배치 정규화의 초기 파라미터를 일반적으로 $a=1$, $b=0$으로 설정**하기 때문입니다. 즉, 초기에는 '들' 값의 평균을 0으로, 분산을 1로 만듭니다. 그에 따라, 배치 정규화를 적용하기 전보다 '들' 값의 분포가 더 넓게 퍼진 것을 확인할 수 있습니다.

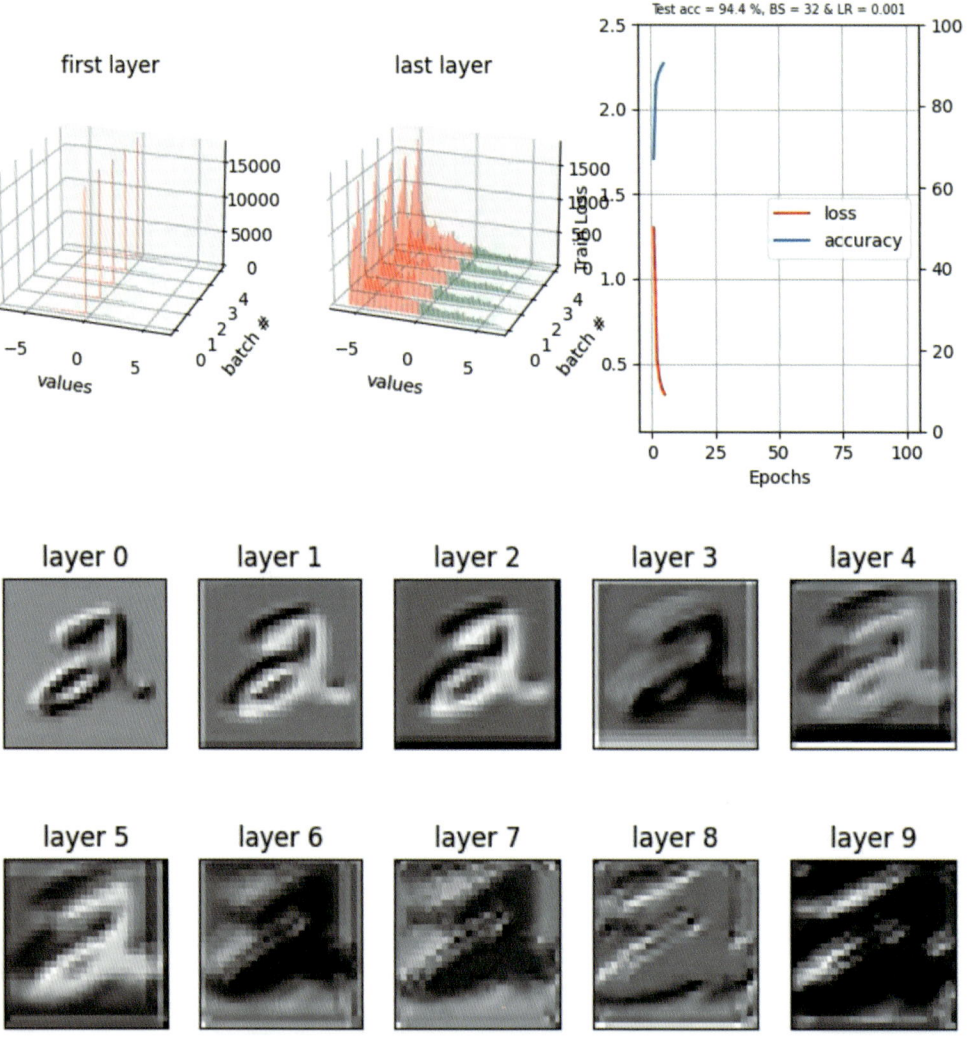

Epoch 5에 이르면 그 차이가 더욱 뚜렷해집니다. 먼저, 첫 번째 층의 '들' 값의 분포가 약간 변화했습니다. Epoch 1에서 주로 양수에 집중되어 있던 값들이 음수 영역으로 이동된 것을 볼 수 있습니다. 하지만 그 업데이트의 폭이 크진 않은 것을 통해, 학습이 이루어지고는 있지만 기울기 소실 문제가 완전히 해결되지는 않았음을 시사합니다. **모든 층에 최대 기울기가 1/4인 Sigmoid를 사용했기 때문에 배치 정규화를 적용했다고 하더라도 기울기 소실 문제에 완전히 자유로울 순 없기 때문입니다.**

마지막 층에서 흥미로운 변화가 관찰됩니다. '들' 값이 음수 쪽으로 이동하는 경향은 같지만,

그 분포가 훨씬 더 넓습니다. 이는 배치 정규화가 기울기 소실 문제를 완화하기 위해 넓게 재배치하고 있음을 보여줍니다.

Loss와 정확도 그래프에서도 큰 변화를 보입니다. Loss가 급격히 감소하고 정확도가 빠르게 상승하는 모습은 배치 정규화 적용 전 모델과 극명한 대조를 이룹니다.

레이어별 이미지 변환 과정 역시 놀랍습니다. 배치 정규화를 적용하지 않았을 때는 기울기 소실로 인해 정보가 점차 사라졌지만, 이제는 각 층이 숫자의 윤곽과 특징을 잘 포착하고 있습니다.

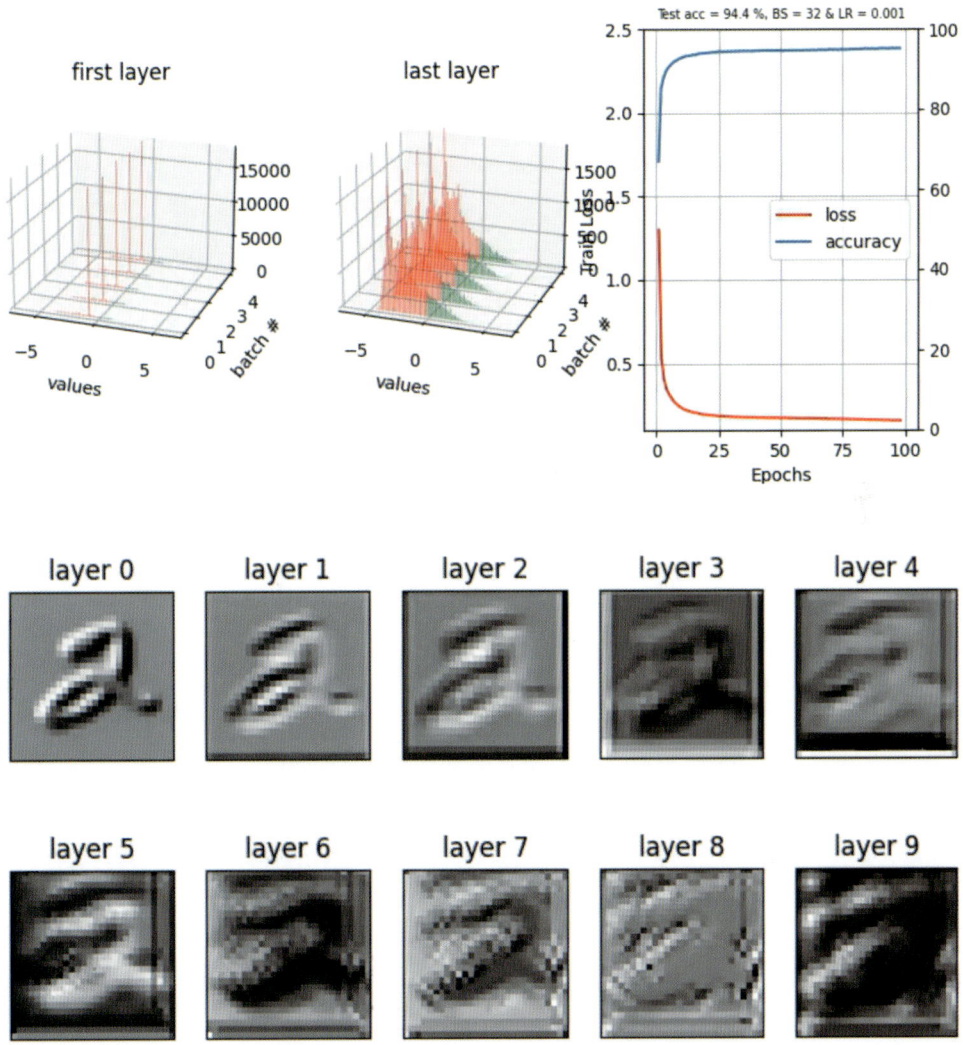

Epoch 100에서는 더욱 놀라운 결과를 보여줍니다. 마지막 층의 '들' 값 분포가 초반 Epoch에서는 음수 쪽으로 이동하다가 다시 양수 방향으로 이동함으로써, 비선형성을 유지하면서도 기울기 소실 문제를 효과적으로 완화하는 위치에 수렴했습니다. **이것은 마치 음수 쪽으로 더 이동하면 기울기 소실 문제가 더 악화됨을 감지하여 양수 쪽으로 이동한 듯한 모습입니다.**

레이어별 이미지를 보면 각 층이 숫자의 특징을 명확하게 포착하고 있음을 알 수 있습니다. 그 결과, 테스트 정확도가 94.4%라는 놀라운 수준에 도달했습니다.

이 실험 결과는 배치 정규화가 Sigmoid가 가진 한계점을 극복하는 데 크게 기여함을 보여줍니다. **다른 모든 조건이 동일한 상황에서 배치 정규화의 추가만으로 학습이 불가능했던 모델이 높은 성능을 달성하게 된 것입니다.**

이러한 결과를 통해, 배치 정규화의 재배치 파라미터가 **비선형성과 기울기 소실 문제 사이의 최적의 균형점을 찾아가는 과정을 학습한다**고 해석할 수 있습니다. 즉, AI가 학습 과정에서 스스로 이 균형을 찾아가며 성능을 향상시키는 것입니다.

흥미로운 점은 재배치 파라미터도 다른 파라미터와 마찬가지로 단순히 Loss를 줄이는 방향으로 학습된다는 것입니다. 그런데 이 과정에서 AI는 '들' 값을 비선형성과 기울기 소실 문제 사이의 균형 있는 위치로 재배치하는 것이 전체 네트워크의 Loss를 효과적으로 줄이는 데 도움이 된다는 것을 '발견'한 것으로 보입니다. 이는 배치 정규화가 신경망의 학습 과정을 근본적으로 개선하는 강력한 도구임을 보여줍니다.

6.1.6. 레이어 정규화(Layer Normalization)

배치 정규화의 한계점을 극복하고자 레이어 정규화(Layer Normalization)가 제안되었습니다. 배치 정규화는 평균($\bar{X}$)과 분산(σ_X^2)을 Batch에 대해 계산하기 때문에 학습과 테스트 시 다르게 동작해야 하며, 작은 Batch Size에서 성능 저하가 발생할 수 있었습니다. 레이어 정규화는 이러한 문제를 해결하기 위해 평균과 분산을 계산하는 기준을 변경했습니다.

레이어 정규화라는 이름에서 알 수 있듯이, 이 방법은 레이어에 대해 평균과 분산을 계산합니다. 구체적으로, **레이어에 들어가는 '들' 값들을 샘플로 사용해 평균과 분산을 구합니다.** 이를 그림으로 나타내면 다음과 같습니다:

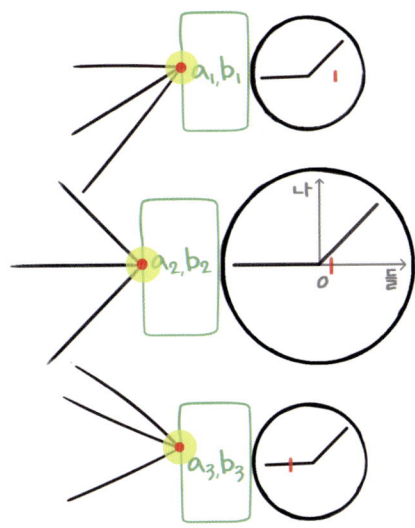

재배치 파라미터 a과 b가 각 노드마다 존재하고 이를 학습한다는 점은 배치 정규화와 동일합니다. 다만 그림과 같이 노란색으로 표현된 각 노드에 해당하는 '들' 값을 이용하여 $\bar{X}$와 σ_X^2을 계산합니다. 이러한 방식 덕분에 **레이어 정규화는 Batch Size에 영향을 받지 않는다**는 큰 장점이 있습니다. 정리하면:

1. 학습과 테스트 시 동일한 방식으로 $\bar{X}$와 σ_X^2을 계산할 수 있어, 일관성 있는 동작이 가능합니다. 즉, 테스트 시에도 해당 레이어에 들어온 값들을 샘플로 이용하여 $\bar{X}$와 σ_X^2을 구합니다(EMA를 구할 필요가 없음).

2. Batch Size와 무관하게 동작하므로, Batch Size에 따른 성능 차이가 발생하지 않습니다.

흥미롭게도, 이미지 데이터와 **자연어 처리**(Natural Language Processing, NLP) 작업에서 서로 다른 정규화 방법이 선호됩니다. 일반적으로 이미지 데이터에는 배치 정규화를, 자연어 데이터에는 레이어 정규화를 주로 사용합니다. 이러한 차이가 있는 이유 중 하나는 **Padding 토큰**(Token) 때문입니다.

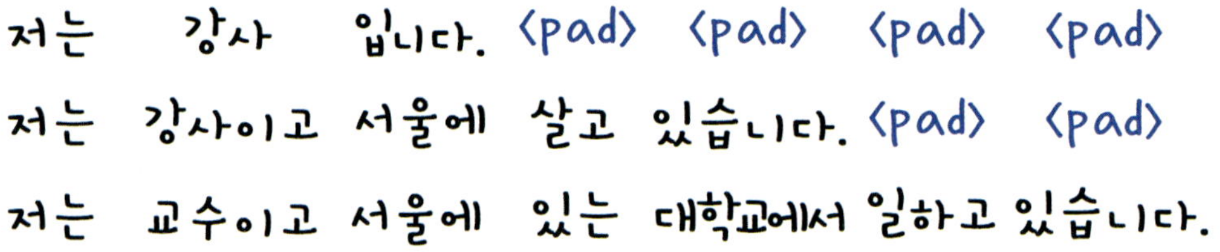

저는 강사 입니다. \<pad> \<pad> \<pad> \<pad>
저는 강사이고 서울에 살고 있습니다. \<pad> \<pad>
저는 교수이고 서울에 있는 대학교에서 일하고 있습니다.

예를 들어, 한글을 영어로 번역하는 모델을 만들 때 Batch Size를 3으로 설정하면, 위 그림과 같이 세 개의 입력 문장이 동시에 처리됩니다. 그러나 각 문장의 길이가 다를 수 있기 때문에, 병렬 처리를 위해서는 모든 문장을 같은 길이로 맞춰야 합니다. 이를 위해 짧은 문장들의 끝에 생기는 빈 공간을 '\<pad>'라는 특별한 토큰으로 채워줍니다.

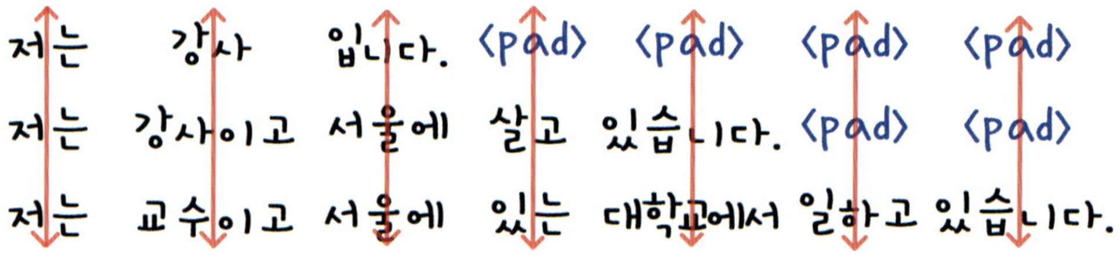

저는 강사 입니다. \<pad> \<pad> \<pad> \<pad>
저는 강사이고 서울에 살고 있습니다. \<pad> \<pad>
저는 교수이고 서울에 있는 대학교에서 일하고 있습니다.

이때, 배치 정규화를 사용할 경우, $\bar{X}$ 와 σ_X^2 계산이 Batch에 대해 이루어지므로 위와 같이 세로축으로 계산된다고 볼 수 있습니다. 그런데, 마지막 시점에서는 \<pad> 토큰이 압도적으로 많아, 계산된 평균($\bar{X}$) 이 \<pad> 토큰의 값에 가까워지고 분산(σ_X^2) 은 과도하게 작아질 수 있습니다. 이는 학습의 불안정성을 초래할 수 있습니다.

반면, 레이어 정규화는 각 토큰을 벡터로 표현할 때 해당 토큰 벡터의 차원을 축으로 $\bar{X}$ 와 σ_X^2 을 계산합니다. 따라서 배치 정규화에서처럼 \<pad> 토큰으로 인한 문제가 발생하진 않습니다.

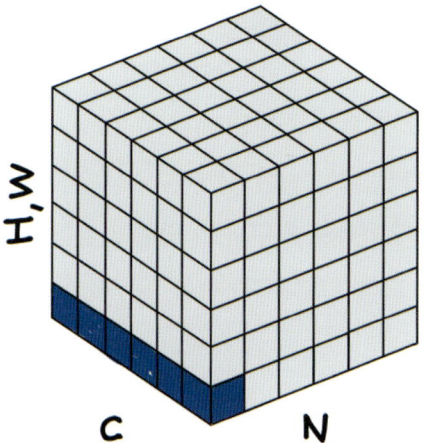

이미지 데이터에 레이어 정규화를 적용할 때는 일반적으로 위 그림과 같이 각 픽셀 위치에 대해 $\bar{X}$와 σ_X^2을 계산합니다. 이는 Batch가 아닌 **각 데이터의 각 픽셀 위치에서 모든 채널에 대해 계산**하여 각 데이터와 각 픽셀 위치마다 독립적으로 $\bar{X}$와 σ_X^2을 구한다는 점에서 배치 정규화와 차이가 있습니다. 이 방식은 ViT, Swin Transformer, ConvNeXt 등 최신 비전 모델에서도 널리 사용됩니다. 즉, 레이어 정규화는 NLP뿐 아니라 이미지 처리 모델에서도 자주 사용됩니다.

또한, 레이어 정규화를 이미지 데이터에 적용할 때는 일반적으로 배치 정규화와 마찬가지로 각 채널마다 a와 b 두 파라미터를 가집니다. 예를 들어, 세 개의 채널을 가진 이미지의 경우 총 6개의 파라미터가 학습됩니다. 즉, **같은 채널 내의 모든 픽셀들에 대해서는 동일한 a와 b가 사용되는 것**입니다.

이처럼 레이어 정규화는 배치 정규화의 한계를 극복하고, 특히 NLP 작업에서 더욱 안정적인 학습을 가능하게 합니다. 데이터의 특성과 작업의 유형에 따라 적절한 정규화 방법을 선택하는 것이 중요합니다.

6.2. Loss Landscape 문제와 ResNet의 Skip-Connection

앞서 배치 정규화와 ReLU가 각각 기울기 소실 문제를 어떻게 완화하는지 살펴보았습니다. 이 두 기법을 함께 사용하면 기울기 소실 문제를 효과적으로 막을 수 있어, 깊은 신경망의 학습이 수월해질 것으로 예상할 수 있습니다.

그러나 흥미롭게도, 이 두 기법을 조합한 모델에서도 예상치 못한 문제가 발견됐습니다. **기울기 소실 문제는 해결되었음에도 불구하고, 모델이 깊어질수록 훈련 데이터와 테스트 데이터 모두에 대한 성능이 오히려 떨어지는** 현상, 즉 **과소적합**(Underfitting)이 나타났습니다.

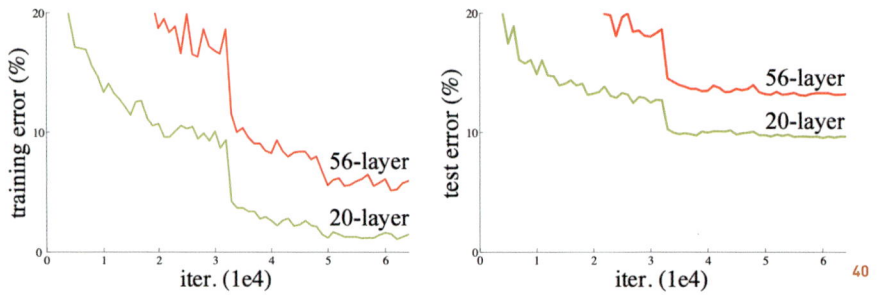[40]

위 그래프는 20층 모델과 56층 모델의 훈련 에러와 테스트 에러를 비교한 것입니다. 두 모델 모두 모든 층에서 배치 정규화와 ReLU를 사용한 모델입니다. 놀랍게도, 56층 모델이 20층 모델보다 훈련 에러와 테스트 에러 모두 높게 나타났습니다.

이 결과에서 주목할 점은, 논문에 따르면, 그래디언트 크기를 직접 확인해 보니 **기울기 소실 문제가 효과적으로 해결되었음을 확인**할 수 있었다고 합니다. 즉, **그래디언트의 크기는 충분하기 때문에 파라미터 업데이트에는 문제가 없었다는 뜻**입니다. 만약 기울기 소실 문제가 있었다면, 앞서 본 실험 결과처럼 Loss가 전혀 줄어들지 않았을 것입니다. 하지만, 이 실험에서는 두 모델 모두 학습이 잘 진행되어 수렴했음을 볼 수 있습니다. 두 모델 모두 기울기 소실 문제 없이 잘 학습이 되었음에도 두 모델의 격차가 생겼으며 이 격차는 더 많은 Epoch을 진행해도 좁혀지지 않았다고 합니다.

더욱 놀라운 점은, 56층보다 더 깊은 모델일수록 훈련 에러가 더 크게 나타났다는 것입니다. 이는 모델이 깊어질수록 Underfitting 현상이 더 심해짐을 보여줍니다.

---

[40] Kaiming He 외 3인, 「Deep Residual Learning for Image Recognition」, Microsoft Research, 2015.

이 문제의 원인을 이해하기 위한 다양한 연구가 진행되었습니다. 그중 **Loss Landscape** 연구는 고차원 공간의 Loss 함수를 시각화하여 중요한 통찰을 제공했습니다. 이 연구 결과, **모델이 깊어질수록 Loss 함수의 모양이 복잡해져 학습이 어려워진다는 사실**이 밝혀졌습니다.

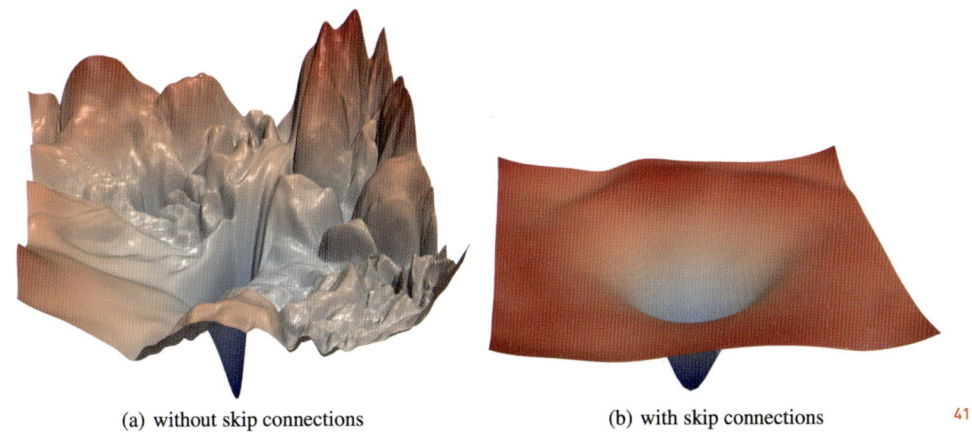

(a) without skip connections   (b) with skip connections [41]

위 그림은 Loss 함수의 모양을 3차원으로 시각화한 것으로, 이를 Loss Landscape이라고 합니다. Loss Landscape은 마치 지형도처럼 Loss 함수의 '풍경'을 보여주며, 이를 통해 학습 과정의 난이도를 시각적으로 이해할 수 있게 합니다.

왼쪽 그래프는 56층 모델의 Loss Landscape을, 오른쪽 그래프는 같은 56층 모델이지만 **Skip-Connection**이라는 기법을 적용한 모델의 Loss Landscape을 보여줍니다.

논문에서는 층의 수가 적을수록 오른쪽과 같이 평평한 모양을 갖는 반면, 깊어질수록 왼쪽 그래프처럼 굴곡이 심하고 복잡한 형태로 변해감을 보였습니다.

위의 두 그림을 통해 Skip-Connection을 적용한 모델의 Loss Landscape이 훨씬 더 평평하고 단순해진 것을 볼 수 있습니다. 실제로 이 기법을 적용했을 때는 56층 모델이 20층 모델보다 훨씬 더 좋은 성능을 보였습니다.

---

[41] Hao Li 외 4인, 「Visualizing the Loss Landscape of Neural Nets」, 『Advances in Neural Information Processing Systems 31』, NeurIPS, 2018.

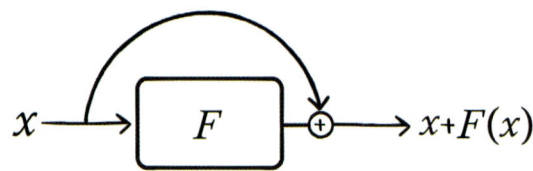

Skip-Connection은 위 그림과 같이 블록을 통과하기 전의 값을 블록 통과 후에 더하는 간단한 기법입니다. 여기서 블록은 2~3개의 인공 신경망 층을 하나로 묶은 것을 의미합니다. 이 기법을 적용하면, 블록의 출력이 $F(x)$가 아닌 $x+F(x)$가 됩니다. 이에 따라 $F(x)$는 **입력과 출력의 차이(잔차)만을 학습하면 되므로, 학습이 더 쉬워집니다.** 이러한 방식을 **잔차 학습**(Residual Learning)이라고 하며, 이 기법을 최초로 적용한 CNN 모델을 **ResNet**(Residual Neural Network)이라고 부릅니다.[42]

이처럼 Loss Landscape 문제는 기울기 소실 문제와는 다른 양상을 보입니다. 기울기 소실 문제가 발생하면 학습 속도가 매우 느려지거나 거의 진행되지 않을 수 있지만, Loss Landscape 문제의 경우 학습은 진행되나 최적의 성능에 도달하기 어려워집니다. 이 문제는 모델의 깊이가 증가함에 따라 Loss 함수의 모양이 복잡해져 발생하는 것으로, Skip-Connection과 같은 구조적 변화를 통해 해결할 수 있습니다.

많은 문헌에서는 Skip-Connection이 기울기 소실 문제를 해결하기 위해 제안된 것으로 설명하고 있습니다. 그러나 이는 Skip-Connection에 관한 대표적인 오해입니다. **Skip-Connection이 기울기 소실 문제를 완화하는 역할도 하지만, 이는 Skip-Connection의 최초 제안 목적이 아니었습니다.** 실제로, Skip-Connection은 기울기 소실 문제가 발생하지 않았음에도 불구하고 모델이 깊어질수록 Underfitting이 일어나는 문제를 해결하기 위해 제안되었습니다. 이는 딥러닝 연구의 역사에서 중요한 전환점이었으며, 모델의 깊이와 성능 사이의 관계에 대한 우리의 이해를 크게 발전시켰습니다.

이후 연구를 통해 Skip-Connection이 Loss Landscape 문제를 완화할 뿐만 아니라, 기울기 소실 문제 해결 등 다양한 이점을 가진다는 사실이 밝혀졌습니다. 이러한 장점들로 인해 Skip-Connection은 현재까지도 최신 딥러닝 모델에서 광범위하게 사용되고 있습니다. 이는 때로는 간단한 아이디어가 얼마나 강력한 영향을 미칠 수 있는지를 보여주는 훌륭한 예시입니다.

---

42 Skip-Connection과 잔차 학습에 관한 자세한 설명은 이 책의 범위를 벗어납니다. 여기서는 개념적인 이해를 돕기 위해 간단히만 설명하였습니다.

6.3. 과적합(Overfitting)

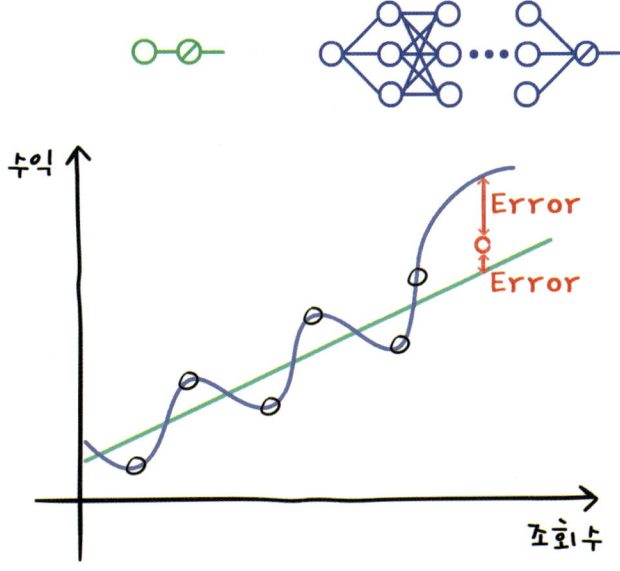

기울기 소실 문제와 Loss Landscape 문제에 이어, 딥러닝에서 자주 마주치는 또 다른 중요한 문제인 **과적합**(Overfitting)에 대해 알아보겠습니다. 위 그래프의 검은색 점은 (조회수, 수익) 훈련 데이터 6개를 나타낸 것입니다. 이 데이터로 회귀 문제를 풀 때, 두 가지 방식으로 접근하여 결과를 얻고 그래프에 표현했습니다.

초록색 선은 선형 회귀를 통해 얻은 결과입니다. 이는 매우 간단한 모델을 사용했을 때의 결과로, 입력과 출력 사이의 관계를 직선으로 표현합니다. 반면, 파란색 선은 더 복잡한 모델을 사용했을 때의 결과입니다. 이 모델은 더 많은 층과 노드를 가진 신경망으로, 더 복잡한 관계를 표현할 수 있습니다. 물론, 모델이 너무 깊다면 앞서 살펴본 기울기 소실 문제와 Loss Landscape 문제를 고려해야 합니다. 이 두 문제를 잘 해결했다고 가정하면, 파란색 선은 초록색 선보다 훈련 데이터의 Loss를 더 많이 줄일 수 있습니다.

그런데 여기서 중요한 점이 있습니다. **훈련 데이터의 Loss를 줄이는 것이 항상 좋은 결과로 이어지지는 않는다는 것**입니다. 이것이 바로 Overfitting의 함정입니다.

Overfitting은 말 그대로 모델이 훈련 데이터에 '과하게 맞춰진' 상태를 의미합니다. 모델은 오직 훈련 데이터만을 보고 학습하기 때문에, 때로는 훈련 데이터의 패턴을 너무 세세하게 학습해 버리는 경우가 있습니다. 이렇게 되면 훈련 데이터에 대한 성능은 좋아지지만, 새로운 데이터(테스트 데이터)에 대한 성능은 오히려 떨어지게 됩니다.

즉, Overfitting은 모델이 훈련 데이터에 대해서는 우수한 성능을 보이지만, 일반화 능력(새로운 데이터에 대한 예측 능력)은 떨어지는 현상을 말합니다. 그래프에서 빨간색 점은 테스트 데이터를 나타냅니다. 파란색 선(복잡한 모델)은 훈련 데이터에 대해서는 매우 정확하지만, 이 테스트 데이터에 대해서는 오히려 초록색 선(간단한 모델)보다 예측 오차가 큽니다. 이것이 바로 Overfitting의 전형적인 모습입니다.

Overfitting이 발생하는 주된 이유는 모델이 풀고자 하는 문제에 비해 지나치게 복잡하기 때문입니다. 다시 말해, 입력과 출력 사이의 관계를 필요 이상으로 복잡하게 간주한 것입니다.

그렇다면 이 문제를 어떻게 해결할 수 있을까요? 한 가지 방법은 **모델 경량화**입니다. 이는 신경망의 층 수나 노드 수를 줄여 모델을 더 단순하게 만드는 것을 말합니다. 이렇게 하면 모델이 표현할 수 있는 관계의 복잡도가 줄어들어 Overfitting을 완화할 수 있습니다.

또 다른 효과적인 방법은 **조기 종료(Early Stopping)**입니다. 이 방법은 검증 데이터를 활용하여 최적의 학습 시점을 찾아 Overfitting을 방지합니다. 구체적으로, 모델을 학습시키는 동안 계속해서 검증 데이터에 대한 성능을 확인합니다. 검증 데이터에 대한 성능이 더 이상 개선되지 않거나 오히려 악화되기 시작하면, 그 시점에서 학습을 중단합니다. 이렇게 하면 모델이 훈련 데이터에 과도하게 맞춰지는 것을 방지하고, 일반화 성능이 가장 좋은 시점에서 학습을 멈출 수 있습니다. 이는 Epoch 수를 적절히 조절하여 Overfitting을 효과적으로 제어하는 방법입니다.

하지만, 이 둘만이 유일한 해결책은 아닙니다. Overfitting을 방지하고 완화하는 다른 효과적인 기법들도 있습니다. 이어서 이러한 기법들을 자세히 살펴보도록 하겠습니다.

6.3.1. 데이터 증강(Data Augmentation)

Overfitting의 주요 원인으로 모델의 과도한 복잡성을 들 수 있지만, **데이터 부족 역시 중요한 원인** 중 하나입니다. 데이터가 부족한 경우에는 단순히 모델을 경량화하는 것만으로는 문제를 해결하기 어려울 수 있습니다.

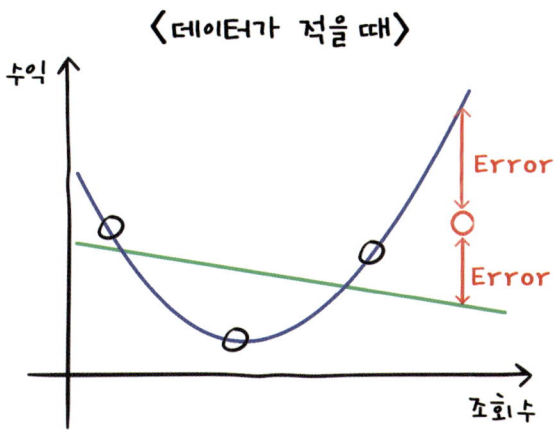

예를 들어, 위 그래프처럼 훈련 데이터가 단 세 개뿐이라면, 단순한 모델(초록색 선)과 복잡한 모델(파란색 선) 모두 테스트 데이터(빨간색 점)에 대해 큰 오차를 보입니다.

이러한 상황에서는 데이터를 더 많이 확보하는 것이 중요합니다. 하지만 새로운 데이터를 얻는 것은 많은 비용이 발생할 수 있기 때문에, 기존 데이터를 최대한 활용하는 **데이터 증강(Data Augmentation)** 기법을 주로 사용합니다.

예를 들어, 동물 분류 모델을 학습시키는 상황을 생각해 봅시다. 하나의 강아지 사진을 여러 가지 방법으로 변형하여 다양한 데이터처럼 활용할 수 있습니다.

 돌려도 강아지야~

 잘라도 강아지야~

 눌러도 강아지야~

  밝아도 어두워도 강아지야~

  채도가 높아도 낮아도 강아지야~

  좌우 반전, 상하 반전해도 강아지야~

강아지 사진을 90도 회전하더라도 여전히 강아지 사진입니다. 따라서 회전된 사진에도 '강아지'라는 레이블을 부여할 수 있습니다. 이 외에도 다음과 같은 방법으로 데이터를 변형할 수 있습니다:

- 사진의 일부분 잘라내기
- 채도, 명도, 색조 변경
- 이미지 비율 조절
- 상하 반전, 좌우 반전

이런 방식으로 하나의 원본 이미지를 증강한다면 위의 그림에서 제시한 것과 같이 원본 포함 총 10개의 훈련 데이터를 만들 수 있습니다. 물론, 10장의 새로운 데이터가 1장을 증강하여 얻은 10장보다 더 좋은 성능을 낼 것입니다. 하지만 원본만을 학습시키는 것보단 증강을 통해 얻은 데이터도 활용하면 다양한 상황을 학습시킬 수 있어 Overfitting을 완화하는 데 도움이 됩니다.

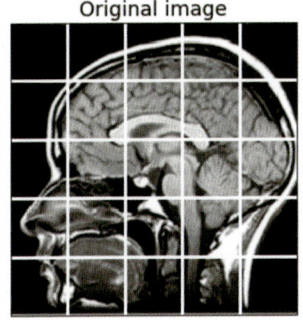
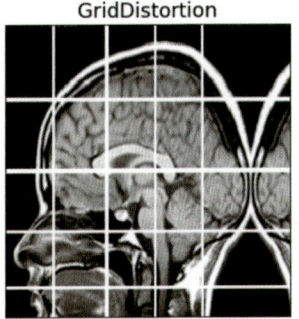
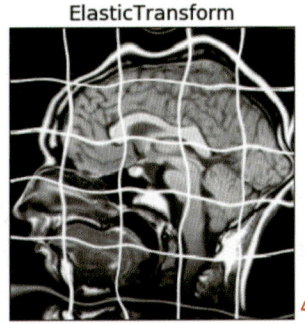

데이터 증강은 의료 분야에서도 널리 사용됩니다. 의료 데이터는 확보하기 어렵고 많은 비용이 들기 때문에 딥러닝을 의학에 접목하는 연구에서 다양한 증강 기법이 개발되었습니다. Grid Distortion, Elastic Transform 등의 기법은 이미지를 격자로 나누어 변형하는 방식입니다. 이렇게 변형된 이미지로 학습하면, 실제로 다양한 모양으로 변형될 수 있는 세포 등을 더 잘 인식할 수 있게 됩니다.

하지만 무분별한 데이터 증강은 오히려 학습에 악영향을 줄 수 있습니다. 따라서, 데이터 증강 시 다음과 같은 요소들을 고려해야 합니다:

1. 변형의 정도: 강아지 사진의 너무 작은 영역만을 잘라내어 배경만 보이게 되면, 모델이 배경을 통해 강아지를 인식하게 될 수 있습니다. 이로 인해 같은 배경에 고양이가 있더라도 강아지라고 잘못 판단할 수 있습니다. 또, 이미지를 과도하게 늘리거나 압축하여 강아지를 매우 길쭉하거나 납작하게 만들면, 모델은 실제 강아지의 자연스러운 비율을 학습하지 못할 수 있습니다. 이로 인해 정상적인 비율의 강아지 사진을 제대로 인식하지 못하거나, 길쭉한 다른 동물을 강아지로 오인식할 수 있습니다. 즉, **중요한 정보가 손실될 정도로 과도하게 변형하면 학습에 문제가 생길 수 있습니다.**

2. 모델의 집중 포인트: 변형의 정도를 결정할 때는 **모델이 어떤 특징에 더 집중하고, 어떤 특징에 덜 민감해져야 하는지 고려해야** 합니다. 예를 들어, 강아지와 고양이를 구별하는 모델이라면 색보다는 모양에 더 집중해야 합니다. 이 세상에는 하얀 강아지도 존재하고 하얀 고양이도 존재하므로, 털의 색만으로는 구별이 어렵기 때문입니다. 이런 경우 색조에 대한 변형은 적극적으로 가하고 모양에 대한 변형은 소극적으로

---

[43] Alexander Buslaev 외 4인, 「Albumentations: fast and flexible image augmentations」, 2018.

가함으로써 모델이 색의 변화에 덜 민감해지고, 대신 형태나 특징적인 패턴 등 다른 중요한 특징에 더 집중하도록 유도할 수 있습니다.

이렇게 데이터 증강을 적절히 활용하면 제한된 데이터로도 모델의 성능을 향상시키고 Overfitting을 효과적으로 줄일 수 있습니다.

6.3.2. Dropout

Overfitting을 완화하는 또 다른 효과적인 방법으로 Dropout이 있습니다. 이 기법은 **학습 과정에서 일부 노드를 무작위로 비활성화하는 방식**으로 작동하며, 이러한 특징에서 그 이름이 유래했습니다.

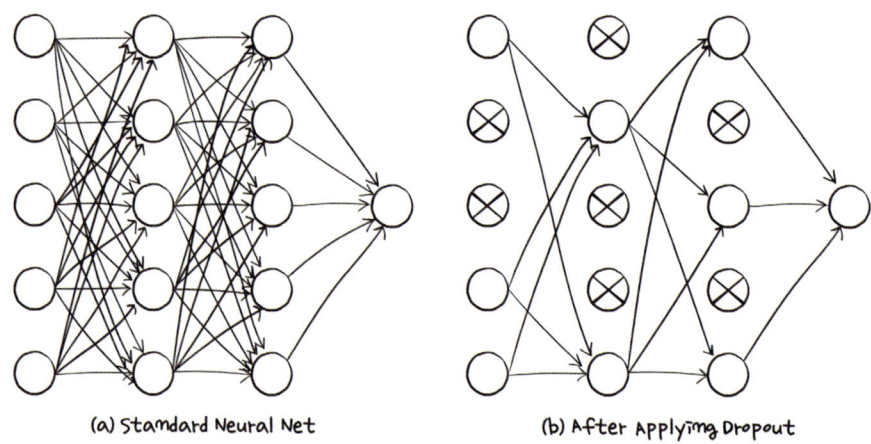

오른쪽 그림에서 볼 수 있듯이, Dropout은 랜덤하게 선택된 노드를 일시적으로 '탈락시키는' 방식으로 동작합니다. 이렇게 일부 노드가 무작위로 비활성화된 상태의 네트워크를 하나의 독립적인 모델로 간주한다면, Dropout은 마치 여러 개의 서로 다른 네트워크로 학습하는 것과 유사합니다. 테스트 단계에서는 이렇게 학습된 '여러 네트워크'를 앙상블합니다.

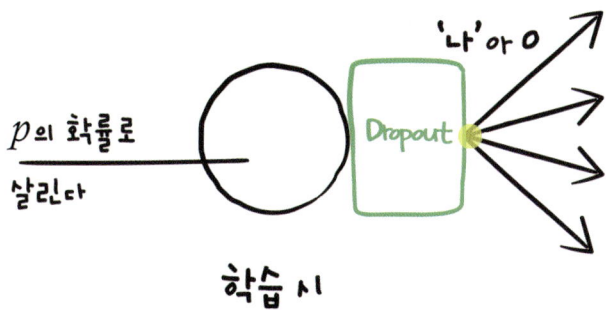

Dropout의 구현 방식은 상당히 간단합니다. 배치 정규화와 유사하게, 원하는 층에 Dropout 층을 추가합니다. 이 층에서는 각 노드의 출력값을 그대로 유지할지, 아니면 0으로 만들지를 결정하여 해당 노드의 활성 여부를 정합니다. 배치 정규화는 일반적으로 액티베이션 전에 적용하는 반면, Dropout은 일반적으로 액티베이션 후에 적용합니다.

구체적으로, 학습 과정에서는 Dropout 층의 노드에 대해 '살릴 확률' p 를 지정합니다 (이는 하이퍼파라미터입니다). 데이터가 이 층을 통과할 때마다, p의 확률에 따라 각 노드의 활성 여부가 새롭게 결정됩니다. 이는 사실상 매 데이터마다 서로 다른 구조의 네트워크를 통과하는 것과 같은 효과를 냅니다. 여기서 '살아남은' 노드는 활성화 함수를 통과한 값을 그대로 출력하고, '탈락된' 노드는 출력값이 0이 됩니다.

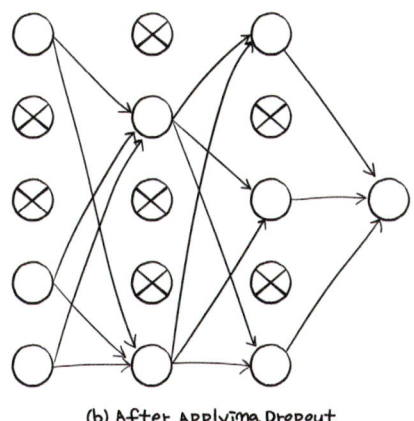

(b) After Applying Dropout

예를 들어, Batch Size가 5인 경우를 생각해 봅시다. 이 5개의 데이터는 각각 새롭게 구성된(어떤 노드가 탈락될지 랜덤하게 결정된) 네트워크를 통과하게 됩니다. 첫 번째 데이터로 계산한 Loss를 L_1, 두 번째 데이터의 Loss를 L_2 등으로 표기하면, 이 Batch에 대한 전체 Loss는 $\frac{L_1+L_2+L_3+L_4+L_5}{5}$ 가 됩니다. 이 Loss를 바탕으로 그래디언트를 계산하고 파라미터를 업데이트합니다.

이러한 과정을 통해 **일부 노드가 탈락되더라도 Loss를 효과적으로 줄일 수 있는 방향으로 학습**이 이루어집니다. Dropout은 이처럼 레이어의 일부 노드를 탈락시켜 학습함으로써, 특정 노드에 과도하게 의존하는 것을 방지하고 더 다양한 특징을 학습할 수 있게 합니다.

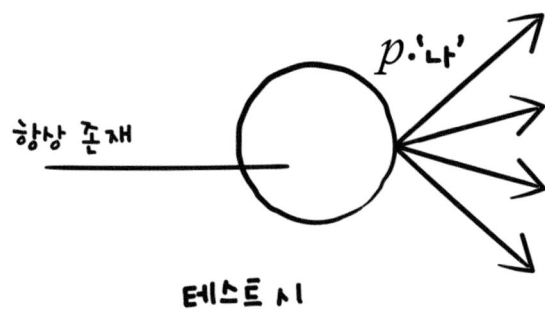

Dropout을 사용할 때 반드시 기억해야 할 특성은 **학습 시와 테스트 시에 다르게 동작**한다는 것입니다. 이는 배치 정규화와 유사한 특성입니다.

학습 과정에서는 여러 네트워크를 통과하는 것과 같은 효과를 얻지만, 테스트 시에는 이러한 다양한 네트워크들의 앙상블 효과를 얻기 위해 모든 노드를 살립니다. 다만, 학습 당시 Dropout이 적용되었던 레이어의 각 노드의 출력값에 '살릴 확률' p를 곱합니다. 즉, **테스트 시에는 어떤 노드도 탈락되지 않습니다.**

테스트 시에 Dropout을 적용했던 레이어에 속하는 모든 노드의 출력값에 p를 곱하는 이유는 학습 시와 테스트 시의 전체 네트워크 출력값의 크기를 비슷한 수준으로 유지하기 위해서입니다. 학습 중에는 일부 노드가 탈락되어 전체적으로 출력의 크기가 감소하는 반면, 테스트 시에는 모든 노드를 살리므로 이를 보정해주는 것입니다.

인공 신경망을 회사에 비유하면, Dropout은 일부 직원이 휴가를 가는 것과 비슷합니다. 일부 직원이 없어도 회사는 정상적으로 운영되어야 하므로, Dropout을 적용한 학습은 일부 구성원이 휴가 중인 상태에서도 업무 성과를 높이는 것(Loss를 줄이는 것)과 같습니다.

반면, 테스트 단계는 회사의 중요한 발표 날과 같아서 모든 직원이 출근해야 합니다. 하지만 모든 직원이 출근하면 평소보다 많은 인원이 일하게 되므로, 이를 조절하기 위해 각 직원의 업무량(노드의 출력값)에 평소 출근 확률(p)을 곱해 전체적인 균형을 맞추는 것입니다.

Dropout은 특히 FC 레이어에서 주로 사용됩니다. FC 레이어는 모든 노드가 서로 연결되어 있어 Overfitting에 취약한 편입니다. 즉, 노드가 필요 이상으로 많으면 모델이 훈련 데이터의 레이블을 단순히 암기하게 되어, 새로운 데이터에 대해서는 적절한 예측을 하기 어려워집니다.

Dropout을 적용하면 일부 노드가 없어도 Loss를 효과적으로 줄일 수 있어야 하므로, **각 노드가 독자적인 역할을 찾아 의미 있는 특징을 추출하도록 유도**됩니다. 이는 마치 각 직원이 자신만의 고유한 역량을 개발하는 것과 유사합니다.

6.3.3. 오토인코더(Autoencoder)에 Dropout 적용, 실험 결과 분석

Dropout의 효과를 입증하기 위해, 이 기법이 최초로 제안된 논문의 실험을 재현해 보았습니다. 그 결과, 각 노드가 서로 독립적으로 작동하면서 고유한 특징을 추출하는 것을 시각적으로 확인할 수 있었습니다. 이 실험에서는 **오토인코더**(Autoencoder)를 학습시켰습니다. 오토인코더라는 이름은 '자기 자신을 인코딩한다'는 의미에서 유래한 것으로 해석해 볼 수 있습니다.

오토인코더의 표면적인 학습 목표는 간단합니다: 입력된 값을 그대로 출력하는 것입니다. 그렇다면 왜 단순히 입력을 그대로 복사하지 않고 딥러닝을 이용한 학습을 할까요? 그 이유는 오토인코더의 실제 목표가 입력 정보를 효과적으로 압축하여 낮은 차원에 고차원 정보를 담는 방법을 학습하는 것이기 때문입니다.

일반적으로 오토인코더는 두 부분으로 구성됩니다:

1. 인코더(Encoder): 노드의 개수가 점점 줄어들며 정보를 압축합니다.
2. 디코더(Decoder): 노드의 개수가 점점 늘어나며 원래 정보를 복원합니다.

오토인코더의 주요 목표는 좋은 인코더를 만드는 것이므로, 디코더는 이를 위한 보조 역할을 합니다.

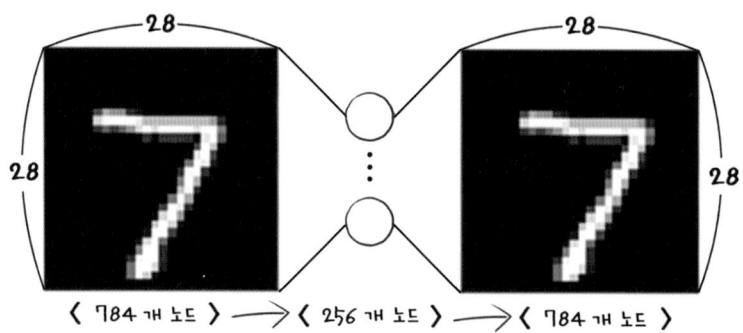

이 실험에서는 28×28 크기의 손 글씨 이미지(784개의 입력 노드)를 256 차원으로 압축한 뒤(히든 레이어), 다시 28×28 크기(784개의 출력 노드)로 복원하는 오토인코더를 사용했습니다. 이 실험에서는 오토인코더의 히든 레이어에 Dropout을 적용했습니다. 또, Loss 함수로는 MSE Loss를 사용했습니다.

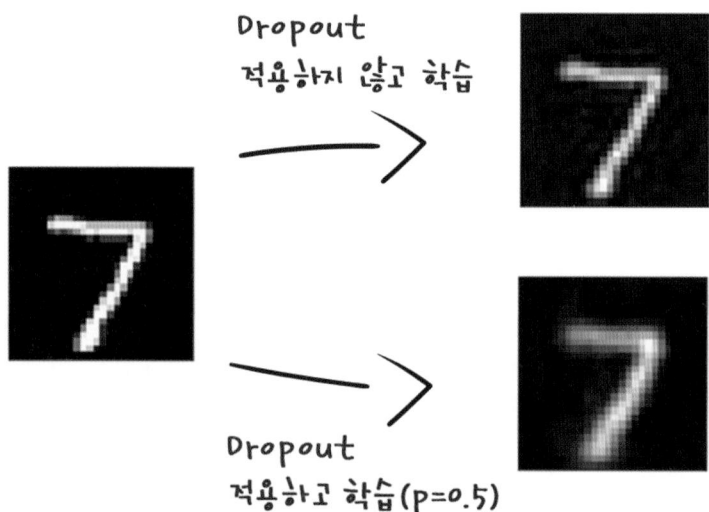

학습 결과, 위 그림과 같이 테스트 데이터에 대해서도 압축과 복원에 성공하여 입력과 유사한 출력을 만들어내는 것을 확인할 수 있습니다. 이 실험에서는 Dropout의 '살릴 확률' p를 0.5로 설정했습니다.

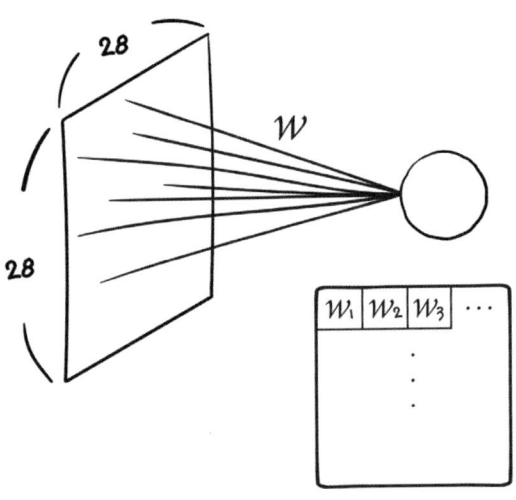

또, Dropout 적용 여부에 따른 웨이트의 차이를 비교하기 위해, 웨이트를 이미지 형태로 시각화했습니다. 28×28 입력 이미지가 FC 레이어로 연결되어 있으므로, 각 히든 노드는 784개의 웨이트 값을 갖습니다. 이를 28×28 행렬 형태로 나타내면, 256개의 노드에 대해 각각 28×28 크기의 행렬을 얻을 수 있습니다.

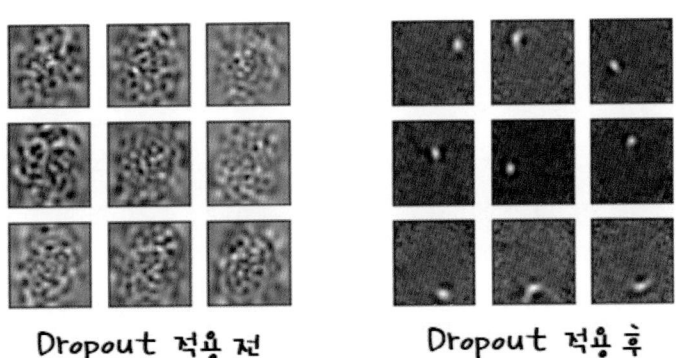

Dropout 적용 전   Dropout 적용 후

여기서는 256개의 웨이트 행렬 중 9개의 행렬만을 표시했습니다. 이미지에서 밝은 부분일수록 웨이트 값이 큰 것을 의미합니다. 이를 통해 각 노드가 어떤 부분에 주로 집중하는지 파악할 수 있습니다.

Dropout을 적용하지 않았을 때의 결과를 보면, 노드들 간의 패턴이 매우 유사해 구별하기 어렵습니다. 이는 각 노드가 특징적인 정보를 추출하지 못하고, 단순히 Loss를 줄이기 위해 웨이트를 조정한 것으로 해석할 수 있습니다.

반면, Dropout을 적용한 경우, 각 노드가 특정 모양을 담당하는 것처럼 보입니다. 이는 해당 모양을 포함하는 이미지가 입력될 때 그 노드의 출력값이 크게 나타날 것임을 의미합니다. 따라서 Dropout을 적용했을 때 각 노드가 고유한 역할을 찾았다고 볼 수 있습니다.

6.3.4. Regularization

Regularization은 Overfitting을 완화하는 또 다른 효과적인 방법입니다. 이 기법은 **Loss 함수에 파라미터의 크기를 추가하여 함께 고려**하는 기법입니다. 즉, 기존의 Loss L 대신 $L + \frac{\lambda}{p} \|\mathbf{w}\|_p^p$ 를 새로운 Loss 함수로 사용합니다. 여기서:

- $\mathbf{w}$ 는 모든 파라미터를 포함하는 벡터입니다.
- $\| \cdot \|_p$ 는 벡터의 p-norm 을 의미합니다.
- p 는 1 또는 2의 값을 가집니다.
- λ 는 하이퍼파라미터로, Regularization의 강도를 조절합니다.

이때, $p=1$ 일 때는 L1-Regularization, $p=2$ 일 때는 L2-Regularization이라고 부릅니다.

위에서 $\| \cdot \|_2^2$ 은 2-norm 의 제곱을 나타내며 다음과 같이 계산됩니다. 수식의 간략화를 위해 파라미터가 웨이트 세 개뿐이라고 가정하겠습니다:

$$\| [w_1, w_2, w_3] \|_2^2 = \sqrt{w_1^2 + w_2^2 + w_3^2}^2 = w_1^2 + w_2^2 + w_3^2$$

또, $\| \cdot \|_1^1$ 은 1-norm 을 나타내며 다음과 같이 계산됩니다:

$$\| [w_1, w_2, w_3] \|_1^1 = |w_1| + |w_2| + |w_3|$$

λ 는 0근처의 작은 양수 값으로 설정합니다. λ 의 값에 따라 Regularization의 강도는 다음과 같은 원리로 결정됩니다:

- $\lambda = 0$이면 $L + \frac{\lambda}{p}\|\mathbf{w}\|_p^p = L$ 이 되어 Regularization이 적용되지 않습니다.
- λ가 매우 크면 $L + \frac{\lambda}{p}\|\mathbf{w}\|_p^p \approx \frac{\lambda}{p}\|\mathbf{w}\|_p^p$ 가 되어 파라미터 크기를 줄이는 데만 집중하게 됩니다.

따라서 λ 값을 적절히 조절하여 L 과 $\frac{\lambda}{p}\|\mathbf{w}\|_p^p$ 사이의 균형을 맞추는 것이 중요합니다.

그렇다면 왜 파라미터의 크기를 줄이려고 할까요? 주요 이유는 다음과 같습니다:

1. **모델 단순화**: 파라미터 크기를 줄임으로써 모델의 복잡도를 줄이고 더 단순한 모델을 만듭니다.

   파라미터의 크기가 큰 모델은 더 복잡한 관계를 표현하게 됩니다. 이는 파라미터의 크기를 키우면 입력의 작은 변화에도 출력이 크게 변하게 되고, 여러 층에 걸쳐 이러한 효과가 누적되므로 매우 복잡한 비선형 관계를 표현할 수 있게 되기 때문입니다.

   예를 들어, $ax^4 + bx^3 + cx^2 + dx + e$ 와 같은 다항 함수에서는 계수가 파라미터(웨이트, 바이어스)의 역할을 한다고 볼 수 있는데, a, b, c의 크기가 클수록 이 다항 함수를 나타내는 그래프의 굴곡이 심해져 더 복잡한 비선형 관계를 표현하게 됩니다. 이러한 원리가 신경망에서도 비슷하게 적용됩니다.

   하지만, 파라미터값이 큰 모델은 너무 복잡한 관계를 나타내므로 Overfitting의 위험도 커지기 때문에 파라미터의 크기도 L 과 함께 고려하여 $L + \frac{\lambda}{p}\|\mathbf{w}\|_p^p$ 를 최소화합니다.

   이때, L 만을 최소화할 때보다는 모든 파라미터의 크기가 전체적으로 줄어들지만, 그 정도는 파라미터의 중요도에 따라 다릅니다:

   - 크기를 줄였을 때 L 을 크게 상승시키는 파라미터는 상대적으로 덜 줄이게 됩니다. 이는 이 파라미터들을 줄이면 L 이 크게 증가하여 전체 합 $(L + \frac{\lambda}{p}\|\mathbf{w}\|_p^p)$ 을 줄이지 못하기 때문입니다.
   - 크기를 줄였을 때 L 이 별로 커지지 않거나 유지 혹은 작아지게 하는 파라미터는 더 많이 줄이거나 0에 가까워지게 만듭니다. 이는 이러한 파라미터들의 크기를 줄이는 것이 전체 합을 더 효과적으로 줄일 수 있기 때문입니다.

결과적으로 이 과정은 모델이 너무 복잡한 관계를 학습하는 것을 방지하고, 더 일반화된 패턴을 학습하도록 돕습니다. 동시에 모델의 성능을 크게 저하시키지 않으면서도 불필요한 복잡성을 제거할 수 있게 합니다.

2. 과도한 학습 방지: 충분히 수렴한 후에도 계속 학습을 진행하면 파라미터의 크기가 계속 커질 수 있습니다. 기울기 소실 문제 실험 중 ReLU를 사용한 실험 결과를 다시 살펴보겠습니다.

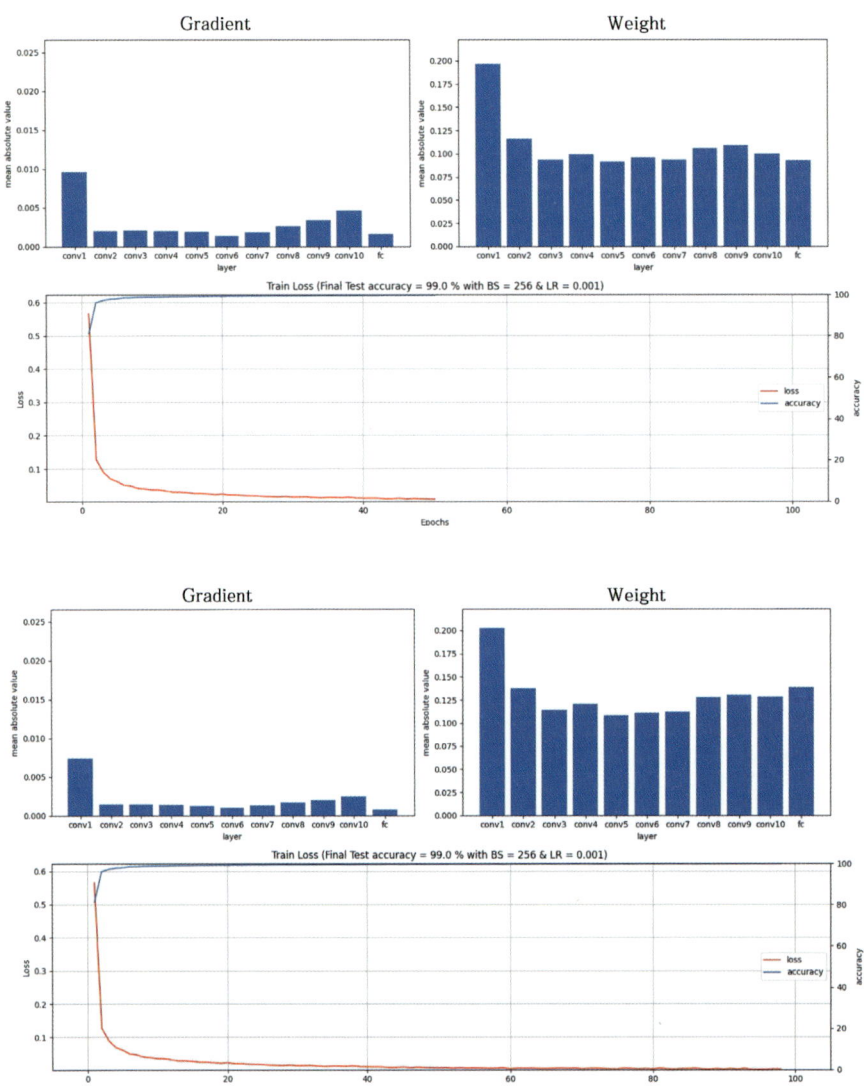

위 그림은 Epoch 50과 100에서의 학습 결과입니다. Epoch 50에서 이미 Loss가 충분히 줄었음에도 Epoch 100까지 학습을 계속 진행하면 Loss가 미세하게 더 줄어들긴 하지만, 웨이트의 크기가 전체적으로 증가합니다. 이는 웨이트의 크기를 키워 모델의 복잡도를 더 키움으로써 훈련 데이터에 과도하게 Fitting 하려는 시도로, Overfitting을 유발할 수 있습니다.

Regularization을 적용하면, 학습 초기에는 모든 파라미터는 랜덤하게 0 근처로 초기화되기 때문에 $\frac{\lambda}{p}\|\mathbf{w}\|_p^p$ 보단 주로 L을 줄이는 데 집중하다가, L이 어느 정도 줄어들면 파라미터 크기 $\frac{\lambda}{p}\|\mathbf{w}\|_p^p$도 함께 고려하여 전체 $L + \frac{\lambda}{p}\|\mathbf{w}\|_p^p$를 줄이는 방향으로 학습이 진행됩니다. 이를 통해 모델의 복잡도를 적절히 제어하고 Overfitting을 방지할 수 있습니다.

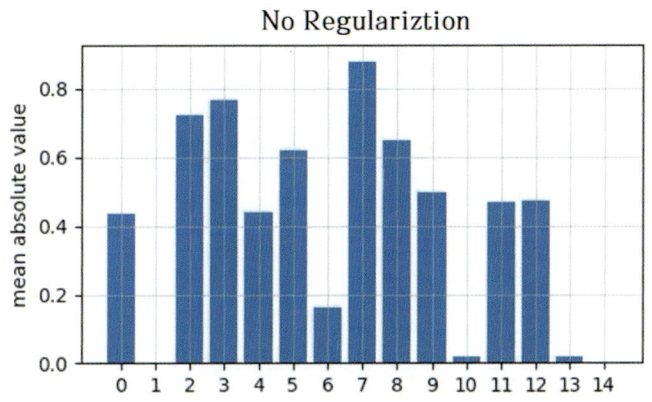

Regularization을 직관적으로 이해해 보겠습니다. 위 그림과 같이 15개의 웨이트에 대해 크기를 막대그래프로 표현했을 때, **Regularization은 마치 이 막대기들을 망치로 두들기는 과정과 비슷**합니다. Loss를 줄이는 데 큰 기여를 하지 못하는 파라미터를 찾아 그 크기를 줄이는 것입니다.

예를 들어, 7번 웨이트를 두들겼을 때 L이 별로 커지지 않거나 오히려 줄어든다면, 이 웨이트를 강하게 두들겨 $\frac{\lambda}{p}\|\mathbf{w}\|_p^p$를 줄임으로써 $L + \frac{\lambda}{p}\|\mathbf{w}\|_p^p$ 전체를 줄일 수 있습니다. 이와 달리, 만약 3번 웨이트가 중요한 역할을 한다면, 이를 두들길 때는 L이 급격히 커질 것입니다. 이런 경우 $\frac{\lambda}{p}\|\mathbf{w}\|_p^p$는 작아지더라도 $L + \frac{\lambda}{p}\|\mathbf{w}\|_p^p$ 전체가 오히려 커지기 때문에, 이 웨이트는 거의 줄이지 않거나 반대로 키울 수도 있습니다.

이제 L2-Regularization과 L1-Regularization의 차이를 살펴보겠습니다:

1. L2-Regularization: **크기가 작은 파라미터는 살살, 큰 파라미터는 강하게** 두들깁니다.
2. L1-Regularization: 파라미터 **크기와 상관없이 모두 같은 힘으로** 두들깁니다.

이러한 차이가 발생하는 이유를 알아보겠습니다. 파라미터가 w_1, w_2, w_3 세 개만 있다고 가정해 봅시다. 이때, L2-Regularization의 Loss 함수는 다음과 같습니다:

$$L + \frac{\lambda}{2}\|\mathbf{w}\|_2^2 = L + \frac{\lambda}{2}\left(w_1^2 + w_2^2 + w_3^2\right)$$

이를 w_1에 대해 편미분 하면 다음을 얻을 수 있습니다:

$$\frac{\partial L}{\partial w_1} + \lambda w_1$$

여기서 $\frac{\partial L}{\partial w_1}$ 은 기존 Loss의 미분값이므로, Regularization을 적용했을 때 λw_1 만 추가된 것을 알 수 있습니다. Mini-Batch GD의 업데이트 수식을 고려했을 때 이는 결국 기존 업데이트에 $-\alpha \lambda w_1$ 이 추가되는 셈입니다(α는 Learning Rate). 즉, w_1의 크기에 비례해 두들기므로, 큰 파라미터는 강하게, 작은 파라미터는 약하게 두들기는 것으로 생각할 수 있습니다.

이번에는 L1-Regularization을 살펴보겠습니다. L1-Regularization의 Loss 함수는 다음과 같습니다:

$$L + \lambda\|\mathbf{w}\|_1^1 = L + \lambda\left(|w_1| + |w_2| + |w_3|\right)$$

이를 w_1에 대해 편미분 하면 다음을 얻을 수 있습니다:

$$\frac{\partial L}{\partial w_1} \pm \lambda$$

여기서 $\pm$ 는 w_1의 부호에 따라 결정됩니다. 즉, L1-Regularization은 파라미터 크기와 무관하게 $\alpha\lambda$ 만큼 두들깁니다.

이러한 차이로 인해, L1-Regularization은 작은 파라미터를 더 빠르게 0으로 만듭니다.

결과적으로 L2-Regularization보다 더 많은 연결(Connection)이 끊어집니다. 즉, L1-Regularization은 중요한 연결만 남기고 나머지는 제거하는 방식이라고 해석할 수 있습니다. 이는 특징 선택(Feature Selection) 효과를 가져와 모델을 더욱 간결하게 만들어 줍니다.

6.3.5. Regularization과 MAP(Maximum A Posteriori)

Chapter 4에서 딥러닝을 MLE(Maximum Likelihood Estimation)의 관점에서 해석해 봤습니다. 그 결과, 서로 다른 Loss 함수들이 사실은 NLL(Negative Log-Likelihood)이라는 공통된 뿌리를 가지고 있음을 알 수 있었습니다. 이와 유사하게, L1-Regularization과 L2-Regularization도 **MAP**(Maximum A Posteriori)[44] 관점에서 해석하면 같은 뿌리를 가지고 있으며, 단지 가정하는 분포만 다르다는 것을 알 수 있습니다.

MLE가 Likelihood를 최대화하는 파라미터를 찾는다면, MAP는 **사후 분포**(Posterior Distribution)의 값을 최대화하는 파라미터를 찾습니다. 수식으로 표현하면, $p(y|\mathbf{w})$에서 $p(\mathbf{w}|y)$로 최대화하고자 하는 대상이 바뀝니다.

여기서, 베이즈 정리에 의해 $p(\mathbf{w}|y) = \frac{p(y|\mathbf{w})p(\mathbf{w})}{p(y)}$가 성립하므로, $\mathbf{w}$에 대한 변수만 고려하면 다음과 같이 정리할 수 있습니다:

$$p(\mathbf{w}|y) = \frac{p(y|\mathbf{w})p(\mathbf{w})}{p(y)} \propto p(y|\mathbf{w})p(\mathbf{w})$$

따라서, Likelihood $p(y|\mathbf{w})$만을 고려하던 것에서 $p(y|\mathbf{w})p(\mathbf{w})$와 같이 파라미터에 대한 **사전 분포**(Prior Distribution) $p(\mathbf{w})$도 함께 고려하여 최적화하는 것으로 변화했음을 알 수 있습니다. 즉, $\mathbf{w}$에 대한 사전 정보도 함께 활용하는 접근 방식입니다.

MAP가 MLE에 비해 추가적인 사전 정보를 활용하므로 성능이 더 좋을 것으로 기대할 수 있습니다. **하지만 $\mathbf{w}$에 대한 사전 정보가 부정확하다면 오히려 성능에 악영향을 줄 수 있습니다.** 따라서 MLE와 MAP는 서로 다른 접근법으로, 어느 한쪽이 무조건 더 나은 방법이라고 할 수는 없습니다.

---
[44] MAP의 개념이 생소하다면, **부록: 딥러닝을 위한 필수 기초 수학**을 참고하시기 바랍니다.

이제 NLL을 구할 때와 마찬가지로 $p(y|\mathbf{w})p(\mathbf{w})$ 에 $-\frac{1}{N}\log$ 를 취하면 다음과 같이 Loss 함수를 얻을 수 있습니다:

$$-\frac{1}{N}\log p(y|\mathbf{w})p(\mathbf{w}) = -\frac{1}{N}\log p(y|\mathbf{w}) - \frac{1}{N}\log p(\mathbf{w}) = L - \frac{1}{N}\log p(\mathbf{w})$$

여기서 $-\frac{1}{N}\log p(y|\mathbf{w})$ 는 NLL로, 기존의 Loss 함수 L 과 같습니다. 추가된 $\log p(\mathbf{w})$ 는 λ 와 같은 하이퍼파라미터로 조절되므로 $\frac{1}{N}$ 은 무시하고 $-\log p(\mathbf{w})$ 만 고려하면 됩니다. 따라서 최종적인 Loss 함수는 다음과 같습니다:

$$L - \log p(\mathbf{w})$$

여기서 $p(\mathbf{w})$ 가 어떤 분포를 따르냐에 따라 위 Loss 함수가 L2-Regularization 또는 L1-Regularization을 표현하게 됩니다. 이는 파라미터에 대한 사전 분포가 특정 분포를 따른다고 가정하는 것이므로, **AI에게 "파라미터는 이런 분포를 따를 거야"라고 귀띔을 해주는** 셈입니다.

앞선 예시와 동일하게 파라미터가 w_1, w_2, w_3 세 개만 존재하고, 각 파라미터가 서로 독립이라고 가정하면 다음과 같이 전개할 수 있습니다:

$$-\log p(\mathbf{w}) = -\log p(w_1, w_2, w_3) = -\log p(w_1) - \log p(w_2) - \log p(w_3)$$

먼저, w_1, w_2, w_3 각각이 평균 0, 분산 σ^2 인 가우시안 분포를 따른다고 가정하면 다음과 같이 전개할 수 있습니다:

$$-\log p(w_1) = -\log \frac{1}{\sqrt{2\pi\sigma^2}} e^{-\frac{w_1^2}{2\sigma^2}} = -\log \frac{1}{\sqrt{2\pi\sigma^2}} + \frac{w_1^2}{2\sigma^2}$$

여기서 $-\log \frac{1}{\sqrt{2\pi\sigma^2}}$ 는 w_1 에 대한 항이 아니므로 무시하면, $-\log p(\mathbf{w})$ 는 다음과 같이 전개됩니다:

$$-\log p(\mathbf{w}) \rightarrow \frac{1}{2\sigma^2}(w_1^2 + w_2^2 + w_3^2)$$

여기서 $\frac{1}{\sigma^2}$ 를 λ 로 치환하고 $L - \log p(\mathbf{w})$ 를 다시 전개하면 L2-Regularization의 Loss 함수와 동일한 형태를 얻을 수 있습니다:

$$L + \frac{\lambda}{2}(w_1^2 + w_2^2 + w_3^2)$$

이제 λ의 역할을 다시 해석해 보면, λ를 작은 값으로 설정하는 것은 분산이 큰 가우시안 분포를 가정하는 것과 같음을 알 수 있습니다($\frac{1}{\sigma^2} = \lambda$이므로). 분산이 무한대에 가깝다면 분포는 완전히 평평하여 특정 영역에 값이 집중되지 않습니다. 즉, 파라미터값에 대한 사전 정보가 거의 없는 상태이므로 Regularization을 하지 않는 것과도 같습니다.

반대로, λ를 큰 값으로 설정하는 것은 분산이 작은 가우시안 분포를 가정하는 것과 같습니다. 이런 분포는 평균(0) 주변에서 매우 뾰족한 형태를 띠며, 대부분의 값이 평균에 매우 가깝게 분포합니다. 따라서, 이 사전 정보에 의해 최대한 웨이트의 크기를 줄이게 됩니다.

만약 파라미터가 가우시안이 아닌 평균이 0인 라플라스 분포를 따른다고 가정하면, 다음을 얻을 수 있습니다:

$$-\log p(w_1) = -\log \frac{1}{\sqrt{2}\sigma} + \frac{\sqrt{2}|w_1|}{\sigma}$$

여기서 $\lambda = \frac{\sqrt{2}}{\sigma}$로 치환하고 같은 방식으로 전개하면 L1-Regularization의 Loss 함수와 동일한 형태를 얻을 수 있습니다:

$$L - \log p(\mathbf{w}) \to L + \frac{\sqrt{2}}{\sigma}(|w_1| + |w_2| + |w_3|) = L + \lambda(|w_1| + |w_2| + |w_3|)$$

라플라스 분포는 가우시안 분포에 비해 평균 주변에서 더 뾰족한 형태를 가집니다. 이는 0에 매우 가까운 값들이 가우시안에 비해 상대적으로 더 많을 것임을 의미합니다. 이를 통해 L1-Regularization이 L2-Regularization보다 더 많은 파라미터를 0에 가깝게 만들어 더 많은 연결(Connection)이 끊어지는 효과가 나타남을 예상할 수 있습니다.

이처럼 MAP 관점에서 Regularization을 해석하면, 단순히 파라미터의 크기를 제한하는 것이 아니라, 파라미터의 분포에 대한 사전 지식을 모델에 반영하는 과정으로 이해할 수 있습니다. 이 접근 방식은 모델의 학습 과정에 문제 영역에 대한 전문 지식을 자연스럽게 통합할 수 있게 해줍니다. 결과적으로, 데이터와 도메인 지식을 결합하여 더 강력하고 해석 가능한 모델을 만들 수 있게 됩니다.

6.3.6. L2-Regularization vs L1-Regularization 실험 결과 분석

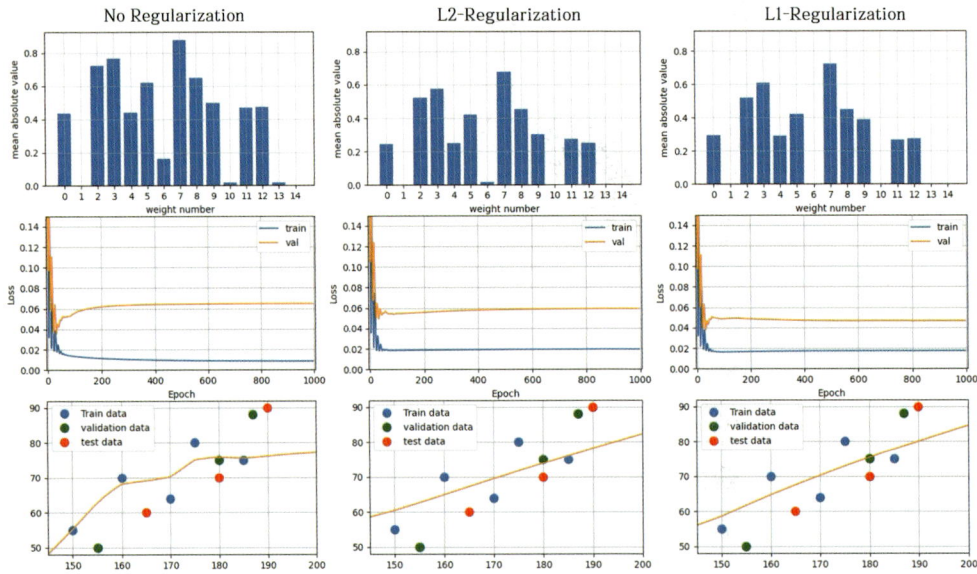

이 실험에서는 (키, 몸무게) 관계를 파악하기 위해 간단한 MLP를 사용했습니다. 모델이 충분히 수렴할 수 있도록 1,000 Epoch까지 학습을 진행했습니다.

그래프는 세 가지 모델의 결과를 보여줍니다: 왼쪽은 Regularization을 적용하지 않은 모델, 가운데는 L2-Regularization, 오른쪽은 L1-Regularization을 적용한 모델입니다.

각 모델에 대해 다음 세 가지 그래프를 제시했습니다:

1. 상단 막대그래프: 전체 파라미터 중 15개를 선정하여 그 크기를 보여줍니다.
2. 중앙 그래프: Train Loss와 Val Loss의 변화를 나타냅니다.
3. 하단 그래프: x축은 키, y축은 몸무게로, 파란색 점은 훈련 데이터, 초록색 점은 검증 데이터, 빨간색 점은 테스트 데이터를 나타냅니다. 주황색 선은 모델의 예측 곡선입니다.

Regularization을 적용하지 않은 모델은 Train Loss가 가장 낮지만, Val Loss는 가장 높아 세 모델 중 Overfitting이 가장 강하게 나타났습니다. 예측 곡선도 가장 오른쪽에 존재하는 훈련 데이터에 맞추려다 보니 오른쪽 부분이 꺾인 모양이 되어, 검증 데이터와 멀어지며 Overfitting이 일어나는 것을 보여줍니다.

반면, Regularization이 적용된 두 모델은 예측 곡선이 더 선형적이며, Val Loss와 Train Loss의 차이도 더 작습니다. 이는 Overfitting이 완화되었음을 나타냅니다.

웨이트 크기를 비교해 보면, Regularization을 적용한 모델들이 전체적으로 더 작은 웨이트를 가집니다. 이는 복잡도가 낮은, 더 단순한 모델에 가까워졌음을 의미합니다.

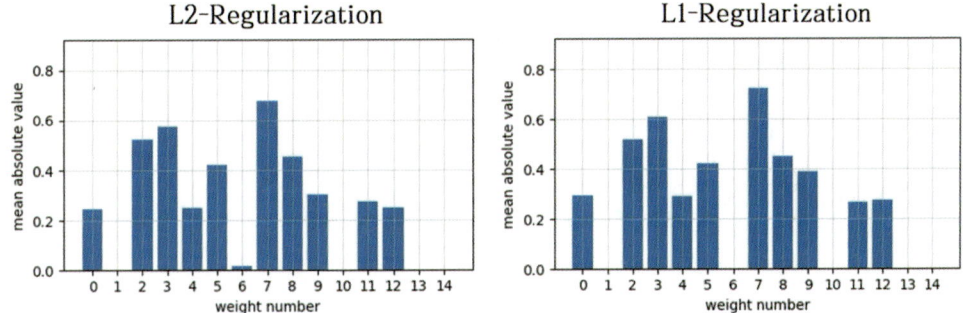

L2-Regularization과 L1-Regularization의 차이는 다음과 같습니다:

1. 가장 큰 값을 가지는 7번 웨이트: L2-Regularization은 큰 웨이트를 더 강하게 줄이는 경향이 있어, L1-Regularization의 결과보다 더 작은 값을 가집니다.

2. 비교적 작은 값을 가지는 6번 웨이트: L2-Regularization은 작은 웨이트를 덜 줄이는 반면, L1-Regularization은 웨이트의 크기에 상관없이 모든 웨이트를 비슷한 정도[45]로 줄입니다. 따라서, L2-Regularization 결과에서는 값이 아직 남아있지만, L1-Regularization에서는 0으로 수렴한 것을 확인할 수 있습니다.

이러한 차이로 인해, L1-Regularization은 더 희소한(Sparse) 모델(많은 파라미터가 0인 모델)을 만들어내는 경향이 있습니다.

---

[45] 크기를 줄였을 때 Loss가 커지게 하는 웨이트는 줄이지 않으므로 완전히 동일하지는 않습니다.

Chapter 7
왜 CNN이 이미지 데이터에 많이 쓰일까?

앞선 챕터들에서는 인공 신경망의 기본 개념부터 복잡한 문제 해결 방법까지 폭넓게 다루었습니다. MLP를 이용해 회귀, 이진 분류, 다중 분류 문제를 해결하는 방법과 역전파 및 다양한 최적화 알고리즘을 통해 깊은 인공 신경망을 효과적으로 학습시키는 기법들을 다뤘습니다.

또한, 비선형성이 가진 힘과 선형성과의 균형의 중요성을 설명했으며, Universal Approximation Theorem을 통해 MLP의 놀라운 표현력을 확인했습니다. 하지만 단순히 층을 깊게 쌓고 노드를 추가하는 것은 몇 가지 문제를 초래했습니다. 기울기 소실 문제, Loss Landscape 문제, Overfitting 등 깊은 인공 신경망이 직면하는 여러 난관을 배치 정규화, Skip-Connection, Regularization 등의 기법으로 극복하는 방법도 상세히 다루었습니다.

이제 더 강력하고 데이터의 형태별 특화된 모델들을 탐험할 차례입니다. 이미지 처리의 강자 CNN, 연속 데이터를 다루는 RNN, 그리고 현대 딥러닝의 혁명을 일으킨 트랜스포머의 핵심인 Attention 메커니즘이 이어질 내용입니다.

이번 챕터에서는 **CNN**(Convolutional Neural Network)에 대해 알아보겠습니다. 현재 우리 주변에는 이미지를 인식하는 AI 기술이 넘쳐납니다. 스마트폰의 얼굴 인식, 자율주행 차량의 도로 표지판 판독, 의료 영상 분석 등 다양한 분야에서 이미지 처리 AI가 활약하고 있습니다. 이런 기술의 중심에 CNN이 있습니다.

CNN은 **컨볼루션**(Convolution)이라는 특별한 연산을 사용하는 딥러닝 모델로, 이미지 처리 분야에서 가장 강력한 도구 중 하나입니다. 그 힘의 원천은 바로 인간의 시각 정보 처리 방식을 효과적으로 모방한 데 있습니다. CNN은 이미지의 간단한 특징부터 시작해 점점 더 복잡한 패턴을 인식해 나가는데, 이는 사람이 물체를 인식하는 과정과 매우 유사합니다.

이어지는 내용에서는 CNN의 구조를 자세히 들여다보며, 이 모델이 어떻게 인간의 시각 체계를 모방했는지, 그리고 어떻게 복잡한 이미지에서 중요한 정보를 추출하는지 알아볼 것입니다. CNN의 세계로 들어가면, 우리가 무의식적으로 수행하는 '보는' 행위의 놀라운 과정을 새롭게 이해하게 될 것입니다.

7.1. CNN은 어떻게 인간의 사고방식을 흉내 냈을까?

CNN(Convolutional Neural Network)은 인간의 시각 처리 방식에서 영감을 받은 딥러닝 모델입니다. 그 핵심은 **컨볼루션**(Convolution) 연산에 있습니다. 이 연산이 인간의 시각 처리 방식과 어떻게 유사한지, 그리고 왜 이미지 인식에 특별히 효과적인지 알아보겠습니다.

먼저, CNN의 구조가 일반적인 신경망과 어떻게 다른지 살펴보겠습니다. 기존의 FC 레이어는 모든 입력 노드를 모든 출력 노드에 연결합니다. 반면, **CNN의 컨볼루션 레이어는 입력의 일부분만을 보는 '국소적 연결'을 사용**합니다. 이는 마치 신경 다발을 잘 끊어놓은 것과 같습니다. 컨볼루션 레이어도 FC 레이어와 마찬가지로 웨이트를 곱하고 바이어스를 더한 후 액티베이션을 통과하는 기본 과정은 동일하지만, 전체가 아닌 일부분만을 연결한다는 점이 가장 큰 차이점입니다. 이러한 국소적 연결 구조가 CNN의 독특한 특성을 만들어냅니다.

이러한 구조는 시각 처리에 관한 다양한 연구 결과를 반영한 것입니다. 그 중 대표적인 연구로, 1959년부터 1960년대 초반에 걸쳐 진행된 Hubel과 Wiesel의 고양이 시각 피질 연구는 두 가지 중요한 사실을 밝혀냈습니다.

첫째, 특정 뉴런들이 시야의 특정 부분에만 반응한다는 것입니다. 예를 들어, 어떤 뉴런은 시야의 왼쪽 상단에서 오는 자극에만 반응하고, 다른 뉴런은 중앙 부근의 자극에만 반응하는 식입니다.

둘째, 뉴런들이 특정 모양이나 방향의 자극에 선택적으로 반응한다는 것이었습니다. 예를 들어, 어떤 뉴런은 수직선에만 반응하고, 다른 뉴런은 수평선에만 반응하며, 또 다른 뉴런들은 특정 각도의 선 또는 원형 같은 특정 형태에만 반응했습니다.

이후의 연구들은 더 복잡한 형태나 패턴에 반응하는 뉴런들도 발견했습니다. 이 발견들은 뇌가 복잡한 이미지를 다양한 기본 요소들로 분해하여 처리한다는 것을 시사합니다.

이후 인간을 대상으로 한 연구들에서도 유사한 결과가 확인되었습니다. 예를 들어, fMRI를 이용한 연구들은 인간의 시각 피질에서도 특정 영역이 특정 시각 자극에 선택적으로 반응한다는 것을 보여주었습니다. 어떤 영역은 얼굴 인식에 특화되어 있고, 또 다른 영역은 글자 인식에 특화되어 있다는 식입니다.

이러한 연구 결과들은 시각 정보 처리가 전체적으로 이루어지는 것이 아니라, **부분적인 정보들을 조합하여 이루어질 수 있음**을 시사합니다. CNN은 이런 인간의 시각 처리 방식을 모방했습니다.

CNN의 또 다른 특징은 '위치별 특징 추출'입니다. 이는 이미지 내의 요소들(예: 눈, 코, 입)의 위치 정보를 유지하면서 특정 패턴을 찾아내는 능력을 의미합니다. 이 기능은 이미지의 구조적 특성을 파악하는 데 핵심적인 역할을 하며, 이는 효과적인 이미지 인식의 기반이 됩니다.

이를 더 잘 이해하기 위해, 갓난아기(초기화된 인공 신경망)가 강아지와 고양이를 구별하는 법을 깨우치는 과정을 상상해 봅시다. 이 아기는 처음에는 강아지는커녕 동물이 무엇인지, 심지어 눈이나 코가 무엇인지조차 모르는 상태에서 학습을 시작합니다.

수많은 사진을 접하면서 아기는 점차 패턴을 인식하기 시작합니다. 먼저 큰 패턴, 즉 얼굴, 몸통, 다리와 같은 전체적인 형태를 인지하게 됩니다. 그다음 더 작은 패턴인 눈, 코, 입과 같은 세부적인 특징을 파악하게 됩니다.

더 나아가 아기는 이러한 패턴들 사이의 위치 관계를 학습합니다. 예를 들어, 다리는 몸통에 붙어 있고, 얼굴 안에 눈, 코, 입이 위치하며, 두 눈은 대칭을 이루고 그 사이에 코가 있으며 그 아래에 입이 있다는 식의 구조적 관계를 파악하게 됩니다.

이렇게 전체적인 형태와 이들 사이의 구조적 관계를 학습하면서, 아기는 먼저 강아지의 특징(예: 길쭉한 주둥이, 검은 코)과 고양이의 특징(예: 짧은 주둥이, 분홍색 코)을 각각 파악하게 됩니다. 그런 다음 이 특징들을 비교하며 강아지와 고양이의 차이점을 인식하게 됩니다. 예를 들어, 강아지의 주둥이가 고양이보다 더 길고, 강아지의 코가 대체로 검은색인 반면 고양이의 코는 주로 분홍색이라는 등의 차이를 학습하게 되는 것입니다. 이러한 과정을 통해 아기는 결국 두 동물을 정확하게 구분할 수 있는 능력을 갖추게 됩니다.

컨볼루션 연산은 바로 이런 '위치별 패턴 찾기'를 수행합니다. 따라서 CNN을 사용한다는 것은 AI에게 "이미지의 픽셀들은 무작위로 존재하는 것이 아니라, 의미 있는 패턴을 이루고 있다"는 중요한 사전 정보를 제공하는 것과 같습니다. 이러한 특징(＝패턴)들을 결합하여, CNN은 복잡한 이미지 패턴을 효과적으로 학습하고 인식할 수 있게 되는 것입니다.

그렇다면, 이미지를 곧바로 FC 레이어에 통과시키면 어떤 문제가 생길까요?

7.2. 이미지 인식에서 FC 레이어가 가지는 문제

위 그림과 같이 이미지는 수많은 픽셀로 구성되어 있습니다. **이미지를 곧바로 FC 레이어에 통과시킨다면, 모델은 각 픽셀을 지나치게 세세하게 분석**하게 됩니다. 이는 마치 강아지 사진의 모든 픽셀을 하나하나 들여다보고 강아지라고 인식하려는 것과 같습니다.

예를 들어, "아, 첫 번째 픽셀값이 61이고, 두 번째 픽셀값은 53이고, 세 번째 픽셀값은 72이고... 이런 조합이 강아지를 나타내는 거구나"와 같이 개별 픽셀의 값과 위치가 '강아지다움'에 어떻게 기여하는지를 학습하려 합니다.

하지만, 이 방식은 픽셀들 사이의 공간적 관계나 전체적인 패턴을 직접적으로 고려하지 않습니다. 대신, 모든 픽셀의 값이 동등하게 중요하다고 가정하고, 이들의 복잡한 조합을 통해 '강아지다움'을 판단하려 합니다. 즉, 이는 픽셀들의 배열이 만드는 전체적인 패턴이나 구조를 직접적으로 인식하는 것이 아닌, **개별 픽셀값에 과도한 의미를 부여하는 방식**입니다.

반면, 사람이 강아지 사진을 인식할 때는 픽셀값을 하나하나 보지 않고 전체적인 모습을 통해 판단합니다. 즉, 눈, 코, 입의 위치나 전반적인 형태를 종합적으로 고려합니다. 반면 FC 레이어는 모든 픽셀을 동등하게 취급하기 때문에, 오히려 세부 사항에 지나치게 집중하여 **'나무만 보고 숲을 보지 못하는'** 문제가 발생합니다.

주목할 만한 점은, **학습 및 테스트 데이터의 모든 이미지에 대해 동일한 규칙으로 픽셀의 위치를 섞은 후 FC 레이어를 학습시키더라도, 그 성능은 원본 이미지로 학습한 경우와**

거의 차이가 없을 거란 점입니다. 왜냐하면 FC 레이어에서는 모든 입력 픽셀이 모든 출력 노드와 연결되어 있어, 픽셀들 간의 상대적 위치 정보가 손실되기 때문입니다. 이는 결과적으로 FC 레이어가 이미지의 공간적 구조나 픽셀의 위치 정보를 효과적으로 활용하지 못한다는 것을 의미합니다.

반면, 인간에게 이렇게 픽셀이 섞인 이미지를 보여주고 강아지와 고양이를 구별하라고 한다면 상당히 어려워할 것입니다. 이를 통해 **이미지를 FC 레이어에 곧바로 통과시키는 방식은 인간의 시각 처리 방식과 큰 차이가 있음**을 알 수 있습니다. 따라서 FC 레이어가 아닌, 이미지의 구조적 특성을 고려할 수 있는 새로운 방식의 레이어가 필요합니다.

즉, AI에게 적절한 가이드를 제공해 주어야 합니다. 픽셀들의 위치와 배치가 중요하다는 사전 정보를 AI에게 알려주어, 그림과 같이 눈, 코, 입 등의 특징이 어디에 위치하는지를 인식할 수 있도록 유도해야 합니다. 이러한 접근을 가능하게 하는 것이 바로 컨볼루션 연산입니다.

7.3. 컨볼루션(Convolution)의 동작 방식

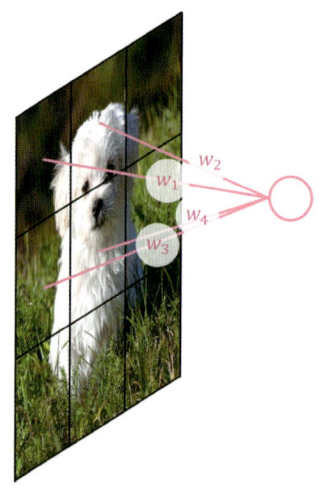

이제 본격적으로 컨볼루션의 동작 방식을 알아보겠습니다. 위 그림처럼 3×3 크기의 9개 픽셀로 이루어진 이미지가 컨볼루션 레이어에 입력된다고 가정해 봅시다. FC 레이어와 달리, **컨볼루션은 이미지의 일부분만 연결**합니다. 그림에서 볼 수 있듯이, 오른쪽과 아래쪽 부분은 연결되지 않았습니다. 이렇게 일부분만 연결하여 웨이트를 곱하고, 바이어스를 더한 뒤 액티베이션 함수를 통과시켜 하나의 노드를 생성합니다.

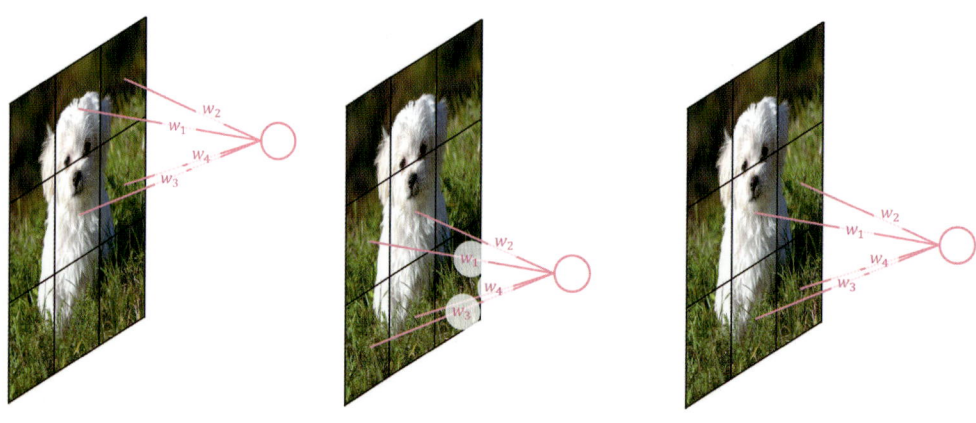

다음으로, 한 칸 오른쪽으로 이동하여 같은 동작을 수행합니다. 여기서 주목할 점은 **웨이트와 바이어스를 재사용한다는 것**입니다. 즉, 왼쪽 위에서 사용했던 네 개의 웨이트 값과 한 개의 바이어스 값을 그대로 유지합니다. 이는 동일한 파라미터 세트로 이미지 전체를 스캔하는 것과 같습니다.

이 과정을 오른쪽 끝까지 반복한 후, 다시 처음 위치로 돌아가 아래로 한 칸 이동하여 같은 동작을 수행합니다. 이를 반복하여 이미지의 왼쪽 위부터 오른쪽 아래까지 전체를 빠짐없이 스캔합니다. 이렇게 전체를 스캔하는 이유는 이미지의 모든 부분에서 특정 패턴이나 특징을 추출하기 위해서입니다.

예를 들어, 강아지 사진을 분석할 때 눈이 항상 이미지의 상단에 위치하리란 법이 없습니다. 강아지가 누워있는 사진이라면 눈이 이미지의 하단에 위치할 수도 있습니다. 따라서 이미지 전체를 균일하게 스캔함으로써, 눈과 같은 중요한 특징이 어디에 있든 놓치지 않고 추출할 수 있습니다.

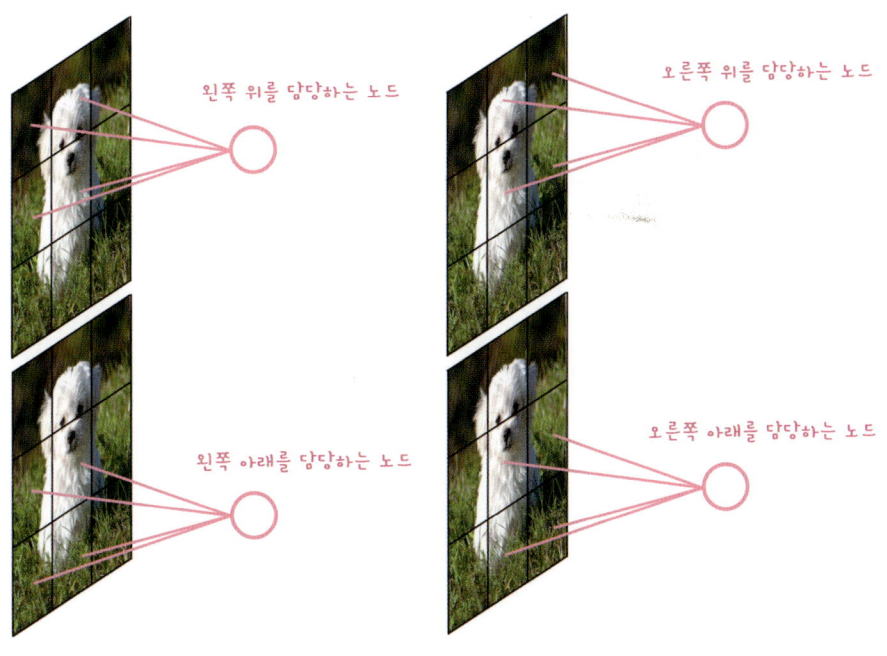

이렇게 가까이 밀집된 픽셀들만을 연결함으로써 **위치 정보가 보존**됩니다. 예를 들어, 왼쪽 위 네 픽셀만을 연결해 만들어진 노드는 '왼쪽 위를 담당하는 노드'라고 할 수 있습니다. 마찬가지로 '오른쪽 위를 담당하는 노드', '왼쪽 아래를 담당하는 노드' 등 **각 노드가 특정 영역을 담당**한다는 특별한 의미를 갖게 됩니다.

FC 레이어도 이론적으로는 왼쪽 위 네 개의 픽셀에 대한 웨이트만 0이 아닌 값을 갖고 나머지는 0으로 학습된다면 '왼쪽 위를 담당하는 노드'를 만들 수 있습니다. 하지만, 실제로 FC 레이어가 이런 식으로 학습될 확률은 매우 낮습니다. 반면 컨볼루션은 이러한 구조를 사용함으로써 위치 정보를 의도적으로 보존하고, FC 레이어보다 훨씬 적은 파라미터로 효율적인 학습을 가능하게 합니다.

또한, 동일한 웨이트 세트를 사용해 이미지 전체를 스캔하기 때문에, 이 웨이트 세트가 특정 패턴을 찾아다니는 효과를 얻게 됩니다. 이는 마치 특정 특징(예: 눈, 코, 귀 등)을 찾아 이미지 전체를 탐색하는 것과 유사합니다.

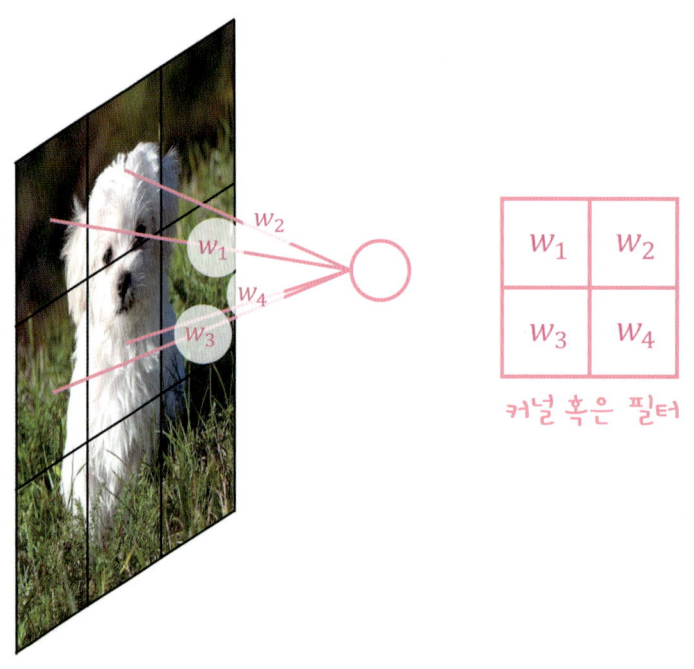

컨볼루션에 사용되는 이 웨이트 세트는 위 그림과 같이 행렬로 표현할 수 있으며, 이를 **커널**(Kernel) 혹은 **필터**(Filter)라고 부릅니다. 물론 컨볼루션 레이어에는 바이어스도 포함되어 있습니다. 웨이트와 바이어스 모두 이미지를 스캔하는 동안 그 값이 변하지 않고 재사용됩니다. 이를 통해 이미지 내 어느 위치에서든 동일한 특징을 일관되게 추출할 수 있게 됩니다.

7.3.1. 컨볼루션은 어떻게 위치별 특징을 추출할까?

〈세로 특징이 있는 이미지〉

컨볼루션이 이미지의 위치별 특징을 어떻게 추출하는지 그 원리를 자세히 살펴보겠습니다. 먼저, 컨볼루션 레이어에 통과시킬 간단한 이미지를 준비했습니다. 이 이미지는 왼쪽 부분의 픽셀값이 1, 오른쪽 부분의 픽셀값이 2로 구성되어 있습니다. 따라서 왼쪽보다 오른쪽이 상대적으로 밝아 가운데에 뚜렷한 세로 특징이 나타납니다.

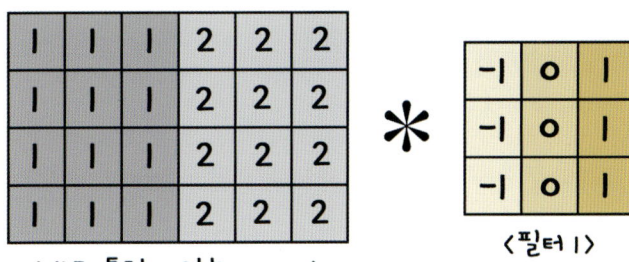

〈세로 특징이 있는 이미지〉   〈필터 1〉

이 이미지에 필터 1을 적용하여 컨볼루션을 수행해 보겠습니다. 그림에서 '∗' 기호는 컨볼루션 연산을 나타냅니다. 필터 1은 3×3 크기의 커널로, 이미지의 3×3 영역만을 연결합니다. 필터 내의 숫자들은 각 위치의 웨이트를 나타냅니다.

컨볼루션 과정은 필터를 이미지의 왼쪽 상단부터 시작하여 한 칸씩 이동하면서 각 위치에서 필터와 이미지 영역을 곱하고 그 결과를 더하는 방식으로 진행됩니다. 이는 마치 필터가 **"나와 비슷한 패턴을 가진 부분이 어디 있나?"라고 묻고 다니며 이미지 전체를 탐색하는 것**과 같습니다.

이러한 컨볼루션 연산의 핵심인 **곱하고 더하는 행위는 수학적으로 두 벡터 간의 내적과 동일**합니다. 여기서 3×3 필터는 9개의 숫자로 이루어진 9차원 벡터로 볼 수 있고,

이미지의 각 3×3 영역 또한 같은 방식으로 9차원 벡터로 표현할 수 있습니다. 내적은 두 벡터의 유사성을 측정하는 방법 중 하나이므로, 필터가 이미지를 돌아다니며 수행하는 연산은 사실상 **이미지의 각 부분과 필터 사이의 유사도를 위치별로 측정하는 것**과 같습니다.

이러한 과정을 통해 필터가 가진 특정 특징을 이미지에서 추출할 수 있습니다. 예를 들어, 필터 1은 첫 번째 열이 －1, 두 번째 열이 0, 세 번째 열이 1로 구성되어 있어 세로 패턴을 감지하는 데 적합합니다. 따라서 이 필터로 컨볼루션을 수행하면 이미지에서 세로 특징(패턴)이 각 위치에 얼마나 강하게 나타나는지를 측정할 수 있게 됩니다.

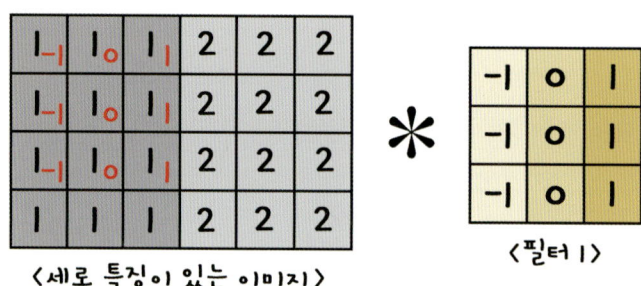

본격적으로 필터 1과의 컨볼루션 결과를 계산해 보겠습니다. 이미지의 왼쪽 상단부터 시작하여 필터 1을 적용합니다. 필터의 웨이트 값은 빨간색으로 표시되어 있습니다. 이제 각 위치에서 픽셀값과 필터의 웨이트값을 곱하고 바이어스와 함께 더한 다음 액티베이션을 통과한 값이 그 위치에서의 결괏값이 됩니다. 이 과정에서 바이어스는 0을, 액티베이션 함수는 ReLU를 사용한다고 가정하겠습니다.

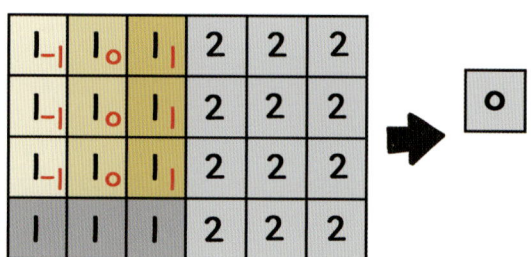

왼쪽 상단에서의 첫 번째 결괏값은 0입니다. 이는 가장 왼쪽 상단을 담당하는 노드의 값이 됩니다. 이어서 한 칸 오른쪽으로 이동하여 같은 연산을 수행합니다.

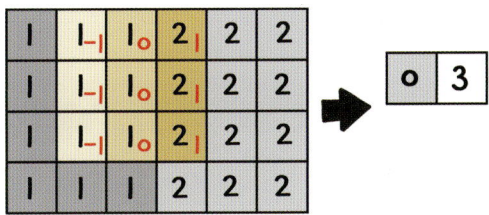

두 번째 위치에서의 결괏값은 3입니다. 이는 이 위치가 필터 1의 패턴을 3만큼 가지고 있다고 해석할 수 있습니다. 위치 정보를 유지하기 위해 이 값 3을 이전 결괏값 0의 오른쪽에 배치합니다.

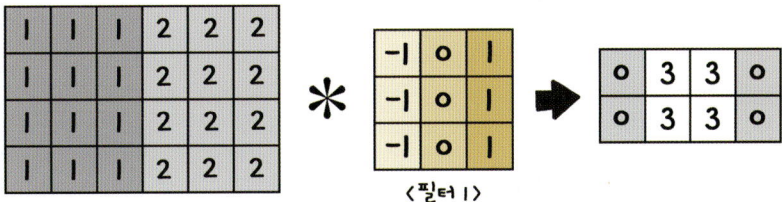

이 과정을 오른쪽으로 계속 이동하며 반복한 후, 다시 왼쪽으로 돌아와 한 칸 아래로 내려가 같은 작업을 수행합니다. 이를 이미지 전체에 걸쳐 반복하면 위와 같이 컨볼루션을 거친 결과 이미지를 얻게 됩니다.

이렇게 얻은 결과 이미지는 원본 이미지에 **어떤 특징이 어디에, 얼마나 강하게 존재하는지**를 보여줍니다. 필터 1이 세로 특징을 추출하도록 설계되었으므로, 결과에서 가운데 부분이 3이고 외곽 부분이 0인 것은 **"가운데에 세로 특징이 3만큼 강하게 존재한다!"**고 해석할 수 있습니다.

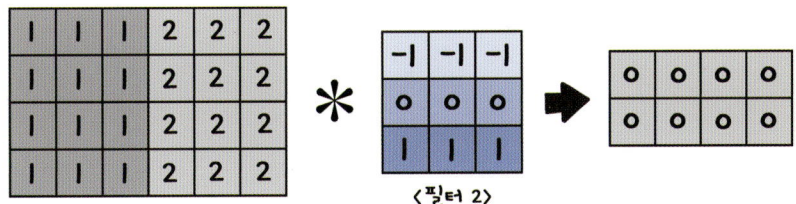

다음으로 필터 2를 적용해 보겠습니다. 필터 2는 가로 특징을 찾는 필터입니다. 같은 방식으로 컨볼루션 연산을 수행하면 모든 값이 0이 나옵니다. 이는 **"가로 특징은 어디에도 없다!"**는 것을 의미합니다.

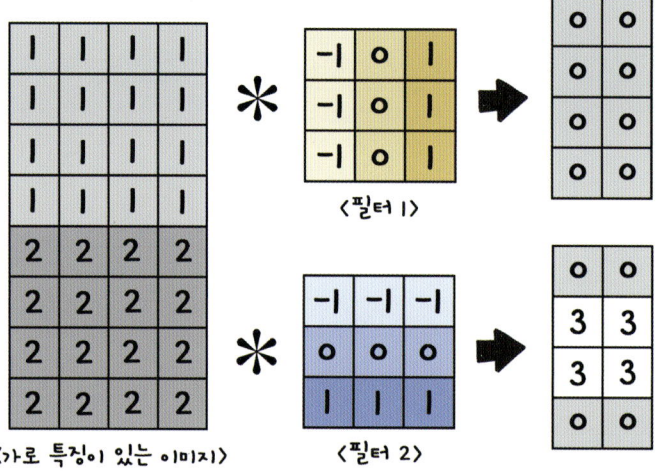

마지막으로, 원본 이미지 행렬에 전치(Transpose)를 취한 후 같은 필터들을 적용해 보면, 이번에는 세로 특징이 어디에도 없고 가로 특징이 가운데에 3만큼 있음을 확인할 수 있습니다.

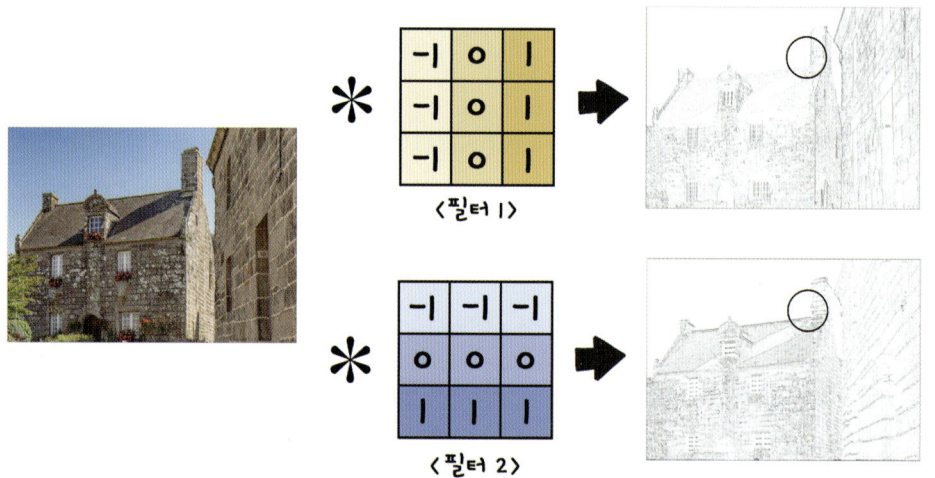

이제 실제 이미지에 컨볼루션을 적용한 결과를 살펴보겠습니다. R, G, B 세 채널 각각에 동일한 필터를 적용한 후 평균을 내어 흑백 이미지를 얻었습니다. 결과 이미지에서는 값이 클수록 더 어둡게 표시하였습니다. 굴뚝과 지붕 부분을 확대하여 비교해 보겠습니다.

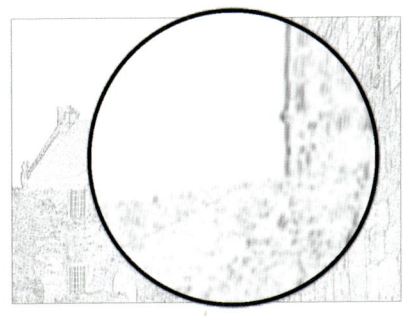
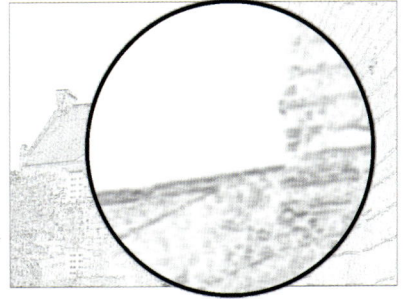

〈 필터 1을 적용한 이미지 〉 〈 필터 2를 적용한 이미지 〉

이미지에서 굴뚝은 세로 방향의 특징이, 지붕은 가로 방향의 특징이 두드러집니다. 세로 특징을 감지하는 필터 1을 적용한 결과에서는 굴뚝의 외곽선이 진하게 나타나고, 가로 특징을 감지하는 필터 2를 적용한 결과에서는 지붕의 외곽선이 더 진하게 나타난 것을 확인할 수 있습니다. 이를 통해 각 필터가 어떤 특징을 효과적으로 추출하는지 시각적으로 확인할 수 있습니다.

 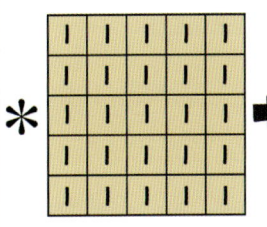 

컨볼루션은 사실 신호 처리 분야에서 필터의 출력을 계산하기 위한 연산으로 제안되었습니다. 이후 이미지 처리 분야에 도입되면서 이미지의 특징을 추출하거나 변형을 가하는 강력한 도구로 재해석되었습니다.

예를 들어, 위 그림의 커널로 컨볼루션을 수행하면,[46] "평평한 특징을 추출했다"고 볼 수도 있지만, 이미지에 블러 효과를 준 것으로 해석하는 것이 더 적절할 수 있습니다. 이처럼 컨볼루션의 결과는 사용된 필터의 특성에 따라 다양하게 해석될 수 있습니다. 이러한 해석에 따라 컨볼루션은 이미지의 특정 패턴 강조, 노이즈 제거, 윤곽선 검출 등 다양한 이미지 처리 작업을 수행하는 데 활용됩니다.

---

[46] 여기서는 R, G, B 각각에 적용한 다음 더하지 않아 색 정보는 변형되지 않았습니다.

7.3.2. 특징 맵(Feature Map)

앞서 살펴본 것처럼, 컨볼루션 레이어는 하나의 이미지에서 다양한 특징을 추출할 수 있습니다. 가로 필터, 세로 필터 등 **여러 종류의 필터를 사용하여 이미지의 다양한 특징을 포착**합니다. 이렇게 컨볼루션을 통해 얻은 결과를 **특징 맵**(Feature Map)이라고 부릅니다. 특징 맵은 말 그대로 이미지의 특정 특징을 나타내는 지도입니다. 예를 들어, 세로 필터로는 세로 특징 맵을, 가로 필터로는 가로 특징 맵을, 대각선 필터로는 대각선 특징 맵을 얻을 수 있습니다.

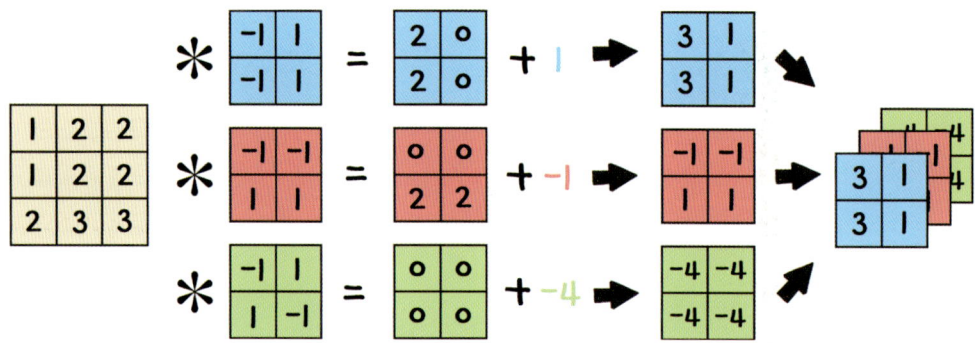

위 그림은 세 개의 필터 및 바이어스를 적용하여 세 개의 특징 맵을 추출한 결과를 보여줍니다. 이렇게 얻은 여러 특징 맵은 단순히 더하거나 옆으로 또는 세로로 쌓지 않고, 깊이 방향의 **채널**(Channel) **축으로 쌓아 결과를 만듭니다.** 이 방식은 위치 정보를 유지하고 각 채널이 추출한 특징 정보를 분리하여 보존할 수 있게 해줍니다. 만약 특징 맵들을 더하거나 평면적으로 쌓는다면, 어떤 특징을 추출한 맵인지, 어디에 해당 특징이 있는지를 구분할 수 없게 됩니다.

컨볼루션 레이어에서 학습 가능한 파라미터는 필터가 가지는 웨이트와 바이어스입니다. 반면, 커널의 크기와 사용할 필터의 개수는 우리가 직접 설정해야 하는 하이퍼파라미터입니다. 이러한 구조를 통해 CNN은 이미지의 다양한 특징을 효과적으로 학습하고 추출할 수 있게 됩니다.

7.3.3. 어떤 특징을 추출할지 AI가 알아낸다!

CNN의 가장 놀라운 점은 이미지에서 **어떤 특징을 추출해야 분류(및 이미지 관련 문제들)를 잘 수행할 수 있을지를 AI 스스로 학습을 통해 알아낸다**는 것입니다. 이는 **각 필터의 웨이트 행렬이 어떤 형태여야 할지를 AI가 결정**하기 때문입니다.

예를 들어, 강아지와 고양이를 분류하는 문제를 생각해 봅시다. CNN을 사용한다면 사람이 직접 어떤 특징을 봐야 두 동물을 구별할 수 있을지 고민할 필요 없이, AI가 학습을 통해 중요한 특징들을 찾아냅니다.

이러한 해석이 가능한 이유는 컨볼루션 필터의 역할에 있습니다. 앞서 살펴봤듯이, 필터는 자신이 가진 패턴이 이미지 어디에 있는지를 찾아다닙니다. 이때 필터가 가지는 웨이트가 학습 파라미터이기 때문에, 어떤 패턴으로 스캔해야 할지, 즉 **어떤 특징을 추출해야 할지를 학습을 통해 결정**하는 것입니다.

CNN의 웨이트와 바이어스 역시 역전파를 통해 구한 그래디언트를 기반으로 하는 최적화 기법을 통해 Loss를 줄이는 방향으로 업데이트됩니다. 즉, **학습의 기본 원리는 다른 신경망과 동일하지만, 컨볼루션이라는 연산을 사용함으로써 이러한 특별한 해석이 가능해진 것**입니다.

전통적인 컴퓨터 비전(Computer Vision) 연구에서는 이미지로부터 의미 있는 정보를 얻기 위해 연구자들이 직접 필터를 설계해야 했습니다. 예를 들어, Sobel 필터는 이미지의 윤곽을 탐지하기 위해 사람이 직접 개발한 필터입니다. 하지만 CNN에서는 이러한 필터의 역할을 학습을 통해 자동으로 찾아낸다는 것입니다.

이것이 CNN이 특징을 추출하는 핵심 원리입니다. CNN과 FC 레이어의 주요 차이점은 일부만 연결하고 파라미터를 재사용하며 이미지를 스캔한다는 것뿐인데, 이 작은 차이가 이렇게 다른 해석을 가능하게 한다는 점이 참 놀랍습니다.

7.4. 다채널 입력에 대한 컨볼루션

지금까지는 단일 채널을 가진 이미지에 대한 컨볼루션 레이어의 동작을 살펴봤습니다. 이제 RGB 컬러 이미지와 같은 다채널 입력에 대한 컨볼루션 과정을 알아보겠습니다.

다채널 입력에 대한 컨볼루션은 간단한 규칙 하나만 기억하면 됩니다: **필터의 채널 수를 입력 이미지의 채널 수와 동일하게 맞춘다**는 것입니다.[47] 예를 들어, 3채널(RGB) 이미지에 대해 컨볼루션을 수행할 때는 필터의 채널 수도 3으로 맞춥니다. 커널 사이즈를 5×5로 가정하면, 이 필터의 크기(Shape)은 3×5×5가 됩니다. 앞으로 필터의 Shape을 표기할 때는 이처럼 **'채(채널 수)×행(행 수)×열(열 수)'** 순으로 하겠습니다.

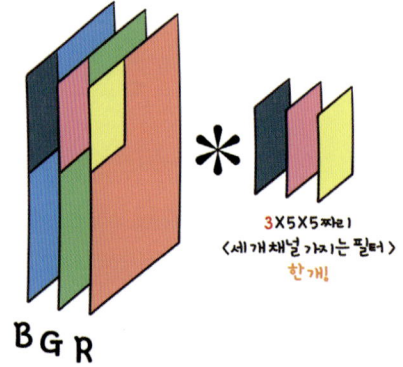

컨볼루션 연산 자체는 기존과 동일합니다. 필터를 이미지의 왼쪽 상단에 위치시키고, 내적을 계산한 후 바이어스를 더하고 활성화 함수를 통과시켜 하나의 값을 얻습니다. 이 과정에서, 현재 예시와 같이 3채널, 5×5 크기의 필터를 사용한다면 3*5*5＝75개의 숫자가 곱해지고 더해집니다. 이후 한 칸씩 이동하며 이 과정을 전체 이미지에 대해 반복합니다.

---

47 이 책에서 설명하는 방식은 가장 일반적으로 사용되는 보편적인 컨볼루션의 방식입니다. 실제로는 Depth-Wise 컨볼루션, Grouped 컨볼루션 등 다양한 컨볼루션 방식이 존재합니다.

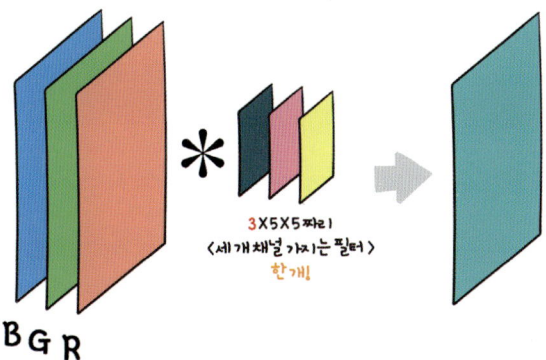

이 과정을 통해 하나의 필터로 하나의 특징 맵을 만들어냅니다. 다채널 입력의 경우, R, G, B 세 채널의 정보를 모두 활용하여 특징을 추출한다는 점이 단일 채널 입력과의 차이점입니다.

예를 들어, 필터의 첫 번째 채널 웨이트가 세로 패턴을 가지고 있고 나머지 두 채널의 웨이트가 모두 0이라면, 이 필터는 '빨간색 세로 특징'을 추출한다고 볼 수 있습니다. 이처럼 다채널 필터를 사용하면 더 다채로운 특징을 추출할 수 있습니다.

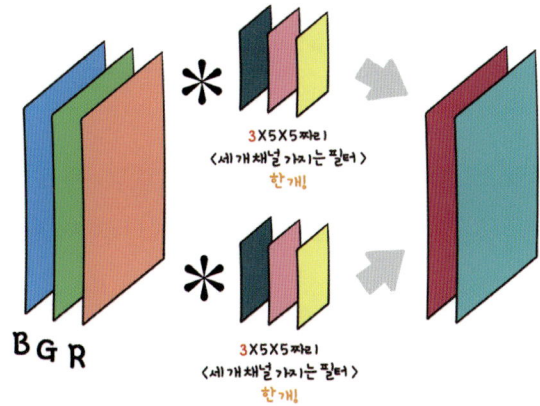

단일 채널 컨볼루션과 동일하게 여러 개의 필터를 사용하여 여러 개의 특징 맵을 얻을 수 있습니다. 필터마다 다른 커널 사이즈를 사용할 수 있고, 정사각형뿐만 아니라 직사각형 형태도 가능합니다. 이는 하이퍼파라미터이므로 필요에 따라 조정할 수 있습니다. 이 예시에서는 두 번째 필터도 5×5 크기로 가정하겠습니다. 두 번째 필터 역시 채널 수는 입력 이미지와 동일하게 3이 되어야 합니다.

이렇게 첫 번째 컨볼루션 레이어를 통과하여 두 가지 특징을 추출했습니다. 이처럼 하나의 컨볼루션 레이어는 여러 개의 필터를 가져 여러 특징을 추출할 수 있으며, 모든 필터의 채널 수는 입력 채널 수와 동일해야 합니다.

여기서, 첫 번째 컨볼루션 레이어의 필터 Shape을 2×3×5×5로 표기하면, 3×5×5 크기의 필터를 두 개 사용했다는 것을 의미합니다. 즉, 컨볼루션 레이어의 필터 Shape은 **'개(필터 개수)×채×행×열'**로 표현할 수 있습니다. 이러한 표기법을 통해 레이어의 구조를 간단하고 명확하게 나타낼 수 있습니다. 이때 필터의 Shape '개×채×행×열'에서 '채'는 입력의 채널 수에 의해 자동으로 결정되므로, 실제로 설정 가능한 하이퍼파라미터는 '개(필터 개수)', '행', '열'입니다.

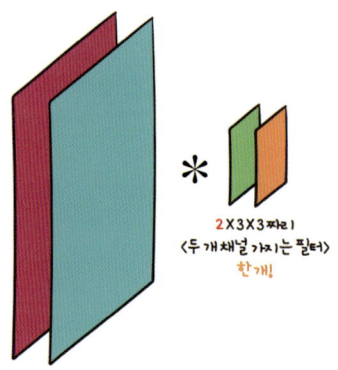

FC 레이어를 여러 개 쌓듯 컨볼루션 레이어를 여러 개 쌓아 더 복잡한 특징을 추출할 수 있습니다. 앞서 얻은 두 개의 특징 맵을 한 번 더 컨볼루션 레이어에 통과시켜 보겠습니다.

두 번째 컨볼루션 레이어의 필터의 채널 수는 해당 레이어에 들어온 입력 채널 수와 동일한 2가 되어야 합니다. 즉, 커널 사이즈를 3×3으로 설정한다면, 하나의 필터 Shape은 2×3×3이 됩니다.

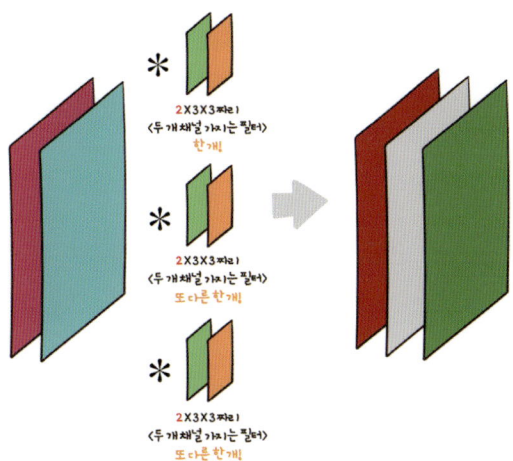

이러한 필터를 세 개 사용하여 세 개의 새로운 특징 맵을 얻을 수 있습니다. 따라서, 두 번째 컨볼루션 레이어 필터의 Shape은 3×2×3×3 (개×채×행×열) 이 됩니다.

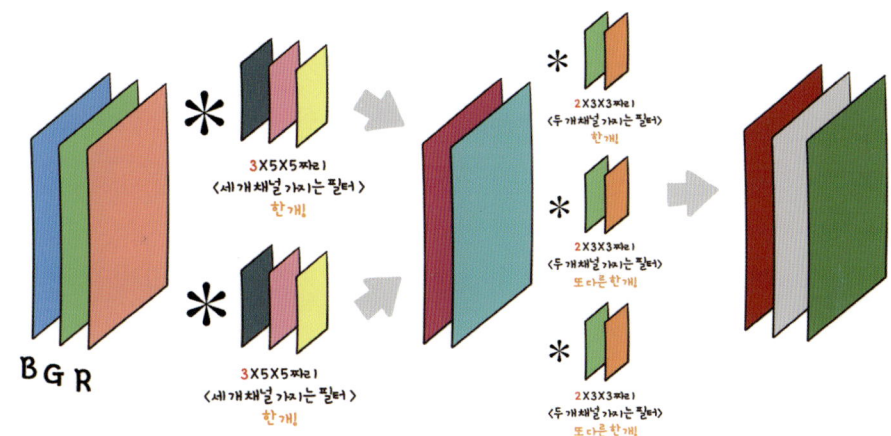

RGB 이미지가 두 개의 컨볼루션 레이어를 통과하는 전체 과정을 살펴보겠습니다:

1. 첫 번째 레이어: 3채널 이미지 입력 → 3채널 필터 2개 사용 → 2개의 특징 맵 추출 (필터 Shape: 2×3×5×5)

2. 두 번째 레이어: 2채널 특징 맵 입력 → 2채널 필터 3개 사용 → 3개의 새로운 특징 맵 추출 (필터 Shape: 3×2×3×3)

잠깐! 알아두기

입력 이미지의 Shape이 3×8×8(채×행×열)이고, 3×3 커널 사이즈의 필터를 사용하는 경우를 생각해 봅시다. 이때 필터의 채널 수는 입력과 동일한 3이어야 합니다. 만약 이러한 필터를 10개 사용한다면, 이 컨볼루션 레이어의 필터 Shape은 10×3×3×3(개×채×행×열)이 됩니다.

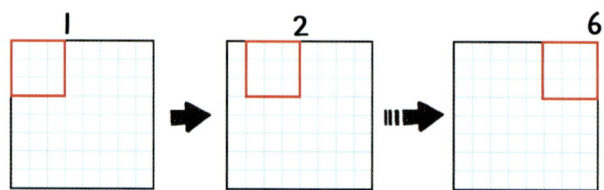

이 필터를 통과한 결과의 Shape은 어떻게 될까요? 필터가 이동할 수 있는 위치는 가로, 세로 각각 6개씩이므로 출력 크기는 6×6이 됩니다. 또, 10개의 필터를 사용했으므로 10개의 특징 맵을 얻게 되어, 출력의 Shape은 10×6×6(채×행×열)이 됩니다.

여기에 이어서 3×3 커널을 20개 사용하는 두 번째 컨볼루션 레이어를 추가한다면, 이 레이어의 필터 Shape은 20×10×3×3이 됩니다. 이를 통과하면 20개의 특징 맵을 얻고, 크기는 4×4로 줄어들어 최종 출력 Shape은 20×4×4가 됩니다.

Batch 학습을 고려한다면, Batch Size가 32일 때 입력의 Shape은 32×3×8×8로, 마찬가지로 **'개(데이터 개수)×채×행×열'** 과 같이 표현할 수 있습니다. 이에 따라 중간 과정과 최종 출력의 Shape도 각각 32×10×6×6, 32×20×4×4로 변경됩니다.

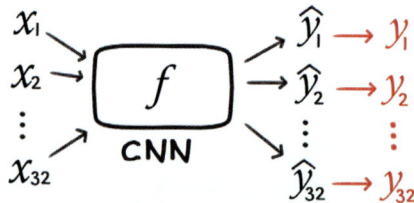

여기서 주의할 점은 컨볼루션 레이어의 필터 Shape은 데이터의 개수와 무관하다는 것입니다. 복수의 데이터가 입력되어도 필터의 Shape은 여전히 10×3×3×3과 20×10×3×3입니다. 이는 CNN도 일반적인 인공 신경망의 학습 원리를 따르기 때문입니다. 위의 그림과 같이 하나의 모델에 여러 데이터를 통과시켜 각 입력 데이터에 해당하는 레이블과 유사한 값이 나오도록 학습시키는 것이므로, 컨볼루션 레이어의 필터 Shape은 데이터의 개수와 무관합니다.

7.5. 1x1 컨볼루션의 의미

컨볼루션 연산에서 커널 사이즈를 1×1로 줄이면 어떤 일이 일어날까요? 단 하나의 픽셀에 해당하는, 너무나 좁은 영역만 보는 것이므로 언뜻 보기에는 큰 의미가 없어 보입니다. 하지만 이 작은 변화가 모델의 구조와 효율성에 중요한 영향을 미칩니다. 1×1 컨볼루션은 일반적인 컨볼루션의 기능인 공간적 특징 추출과는 다른, 독특한 기능을 수행합니다. 이는 '**특징 맵 간의 가중합**(Weighted Sum)'이라는 새로운 관점으로 해석할 수 있습니다. 이 흥미로운 개념이 어떻게 작동하고 왜 중요한지 자세히 살펴보겠습니다.

입력 채널 수가 3인 경우를 가정해 봅시다. 1×1 컨볼루션을 적용할 때, 앞서 설명한 규칙에 따라 필터의 채널 수도 3이 됩니다. 하나의 필터만 사용한다고 가정하면, 이 컨볼루션 레이어의 필터 Shape은 $1 \times 3 \times 1 \times 1$이 됩니다.

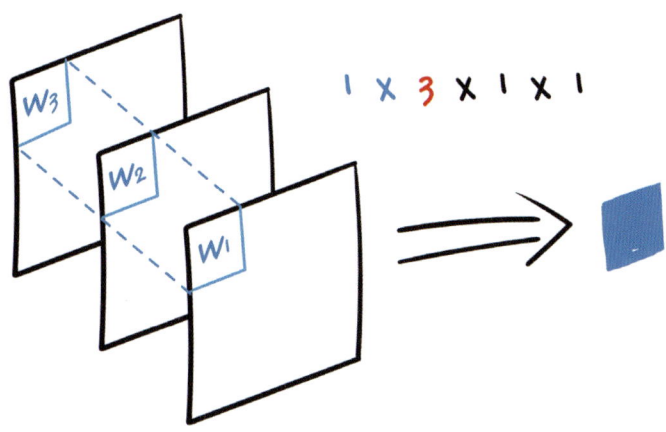

연산 과정은 위 그림과 같습니다. 세 개의 웨이트를 사용하며, 각 픽셀 위치에서 채널 축으로 w_1, w_2, w_3를 각각 곱하여 더합니다. 여기서는 바이어스와 액티베이션은 생략하겠습니다.

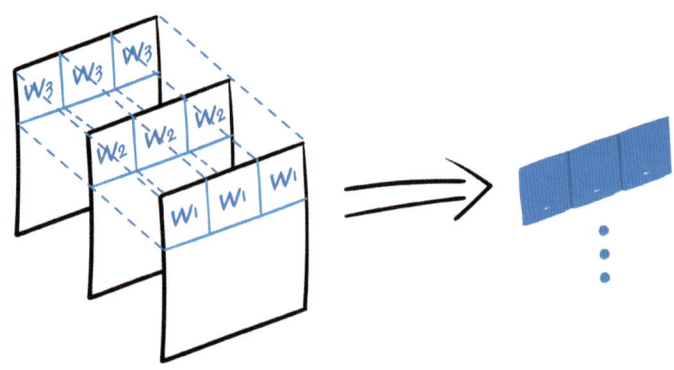

이 과정을 한 칸씩 이동하며 반복하면 하나의 특징 맵을 얻게 됩니다. 이 연산은 기존 컨볼루션과 동일한 방식입니다. 그런데 이 과정을 자세히 들여다보면, 각 입력 특징 맵에 고정된 웨이트가 곱해지는 것을 알 수 있습니다. 따라서 픽셀 단위로 연산할 필요 없이, 전체 특징 맵에 각 웨이트를 곱한 후 더하는 것으로도 동일한 결과를 얻을 수 있습니다. 입력 특징 맵을 $\mathbf{F}_1, \mathbf{F}_2, \mathbf{F}_3$라고 하면, 이 과정은 다음과 같이 간단히 표현됩니다:

$$w_1\mathbf{F}_1 + w_2\mathbf{F}_2 + w_3\mathbf{F}_3$$

이는 곧 입력 특징 맵들 각각에 가중치(웨이트)를 곱하여 더하는 가중합을 의미합니다. **즉, 여러 특징 맵을 가중합을 통해 조합하여 새로운 특징 맵**을 만드는 것입니다.

이 개념은 '신이 나를 만들 때'라는 밈(Meme)을 통해서 쉽게 이해할 수 있습니다. 이 밈은 신이 어떤 특성을 얼마나 넣어 '나'를 만들었는지를 유머러스하게 표현합니다. 예를 들어, 위 그림처럼 '똑똑함' 한 스푼, '잘생김' 두 스푼, '작은 키'는 실수로 많이 넣은 것처럼 말이죠.

이 밈이 바로 가중합을 설명하는 매우 적절한 예시입니다. '똑똑함', '잘생김', '작은 키'는 특징 맵 F_1, F_2, F_3에 해당하고, '한 스푼', '두 스푼', '매우 많이'는 가중치 w_1, w_2, w_3에 대응됩니다. 즉, 1×1 컨볼루션은 마치 요리사가 레시피를 조정하듯, 입력된 특징들 중 어떤 것은 많이 넣고, 어떤 것은 적게 넣어 새로운 특징 맵을 만들어내는 과정과도 같습니다.

이 비유를 확장하면, 1×1 컨볼루션은 **'신이 특징 맵을 만들 때'**라고 표현할 수 있습니다. 마치 신이 여러 재료를 조합해 새로운 특성을 만들어내듯, 1×1 컨볼루션은 입력 특징 맵들에 각각 다른 비중을 두어 새로운 특징 맵을 만들어냅니다.

흥미로운 점은 **AI가 학습을 통해 어떤 특징을 얼마나 강조하고 어떤 특징을 얼마나 약화시킬지 결정**한다는 것입니다. 이는 1×1 컨볼루션의 가중치가 학습 가능한 파라미터이기 때문입니다. 즉, 학습 과정에서 이 가중치들이 조정되면서 AI는 어떤 특징이 중요한지, 어떤 특징을 더 강조해야 하는지를 데이터로부터 배우게 됩니다.

또, 1×1 컨볼루션이 다른 컨볼루션과 구별되는 점은 특징 맵의 공간적 구조를 변경하지 않고, 채널 간의 정보를 재조합하여 새로운 의미를 가진 특징 맵을 만들어낸다는 것입니다. 예를 들어, 가로 방향과 세로 방향의 특징을 각각 담고 있는 두 개의 특징 맵에 1×1 컨볼루션을 적용하면, 이 두 특징을 결합하여 'ㄱ', 'ㄹ'과 같은 가로와 세로가 조합된 더 복잡한 형태의 특징을 추출할 수 있습니다.

만약 필터의 Shape이 $10 \times 3 \times 1 \times 1$ 이라면 어떨까요? 이는 $w_1 F_1 + w_2 F_2 + w_3 F_3$의 조합을 10가지로 만드는 것과 같습니다. 즉, **10명의 '신'이 각자의 특별한 레시피로 특징 맵을 조합해 10개의 서로 다른 새 특징 맵을 만드는 것**으로 볼 수 있습니다. 이 경우, 3개였던 입력 채널이 10개의 출력 채널로 늘어나게 됩니다. 반대로, 필터의 개수를 줄이면 채널 수를 감소시킬 수도 있습니다.

이렇게 1×1 컨볼루션은 간단하면서도 강력한 도구로, 특징 맵들을 효과적으로 조합하고 변형하여 채널 수를 조절하는 데 사용됩니다. 이를 통해 모델은 더 복잡하고 추상적인 특징을 학습할 수 있게 되며, 동시에 모델의 복잡도와 연산량을 조절할 수 있어 결과적으로 성능 향상과 계산 효율성 개선에 기여합니다.

7.6. Padding & Stride

컨볼루션 레이어를 적용할 때 주로 사용되는 두 가지 중요한 옵션이 있습니다. 바로 Padding과 Stride입니다. 이 두 개념이 어떻게 작동하고 왜 중요한지 살펴보겠습니다.

Padding은 컨볼루션을 적용하기 전 입력 이미지의 테두리에 값을 추가하여 채워 넣는 것을 말합니다. 이 작업은 두 가지 중요한 목적을 가집니다: 1) 이미지 크기 유지, 2) 테두리 정보 보존.

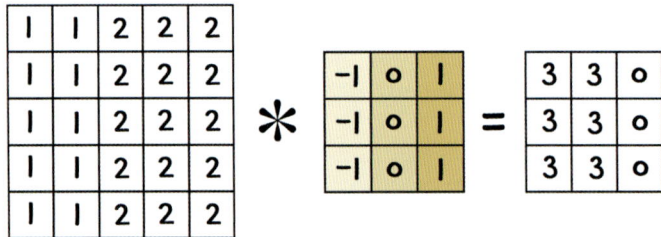

이 두 가지 목적 중 첫 번째인 '이미지 크기 유지'의 필요성을 이해하기 위해, 패딩을 적용하지 않았을 때의 상황을 떠올려봅시다. 앞서 살펴본 바와 같이, 3×3 컨볼루션을 적용하면 이미지의 크기가 작아지게 됩니다. 이는 여러 층의 컨볼루션을 거치면서 특징 맵의 크기가 점점 줄어드는 문제를 야기할 수 있습니다. 하지만 Padding을 적용하면 이러한 크기 감소를 방지할 수 있습니다.

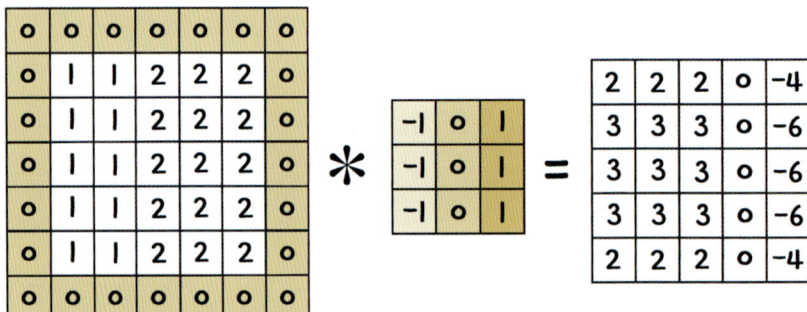

위 그림처럼 테두리에 0을 추가한 후 3×3 컨볼루션을 적용하면 입력 이미지의 크기가 유지됩니다. 이를 'Zero-Padding'이라고 하며, 가장 일반적으로 사용됩니다. 다른 Padding 방법도 존재합니다:

1. Constant Padding: 0 또는 1 등 지정된 상숫값으로 Padding합니다(Zero-Padding은 이의 특별한 경우입니다).
2. Replicate Padding: 이미지의 가장자리 픽셀을 복제하여 Padding합니다.
3. Reflect Padding: 이미지의 경계를 거울처럼 반사시켜 Padding합니다.

각 방법은 특정 상황에서 유용할 수 있지만, 대부분의 경우 Zero-Padding이 충분히 효과적이며 계산도 간단합니다.

Padding의 크기를 조절함으로써 출력 이미지의 크기를 일정 범위 내에서 제어할 수 있습니다. 주로 컨볼루션 연산으로 인한 크기 감소를 방지하는 데 사용되지만, 더 많은 Padding을 추가하면 출력 이미지의 크기를 입력보다 더 크게 만들 수도 있습니다. 예를 들어, 3×3 커널을 사용할 때 Padding을 1로 설정하면 입력 크기가 유지되고, 2 이상으로 설정하면 출력 크기가 입력보다 커지게 됩니다.

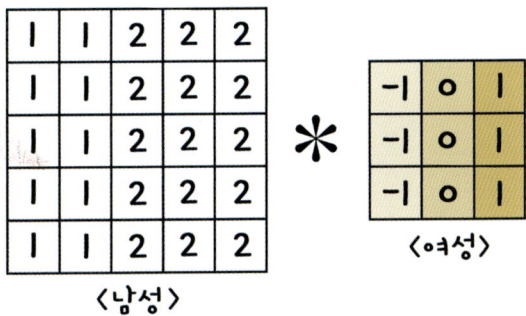

또, Padding은 이미지 테두리의 정보를 더 잘 활용할 수 있게 해줍니다. 이를 단체 소개팅에 비유해 설명해 보겠습니다. 25명의 남성이 5×5 배열로 앉아있고, 9명의 여성이 3×3 그룹으로 돌아다니며 남성들과 대화를 나누는 상황을 상상해 봅시다.

대화의 기본 규칙은 다음과 같습니다:

- 여성 그룹은 10분간 대화를 나눈 후 한 칸씩 이동합니다.

1. Padding=0인 경우(Padding이 없는 경우):

- 여성 그룹은 총 3×3=9개의 위치로 이동할 수 있습니다.
- 전체 소개팅은 90분 동안 진행됩니다.

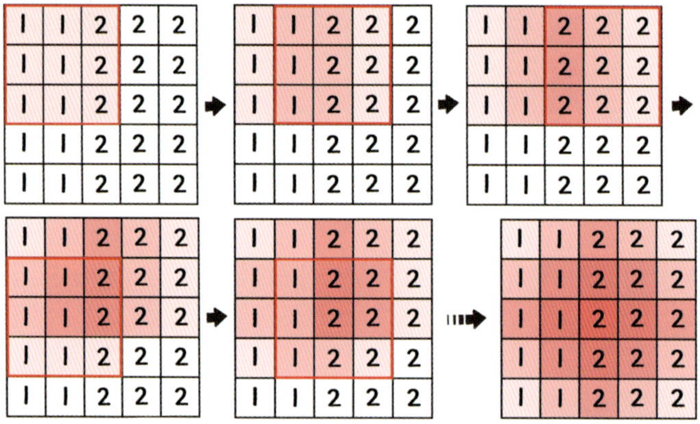

- 위 그림처럼 꼭짓점에 앉은 남성들은 단 10분의 대화 기회만 얻게 됩니다.
- 가운데 앉은 남성은 90분 동안 계속 대화에 참여할 수 있습니다.
- 이는 대화 시간의 불평등이 심각하게 일어난 것으로, 이미지의 테두리에 있는 정보가 충분히 활용되지 못하고 있음을 보여줍니다.

2. Padding=1을 적용한 경우(Zero-Padding):

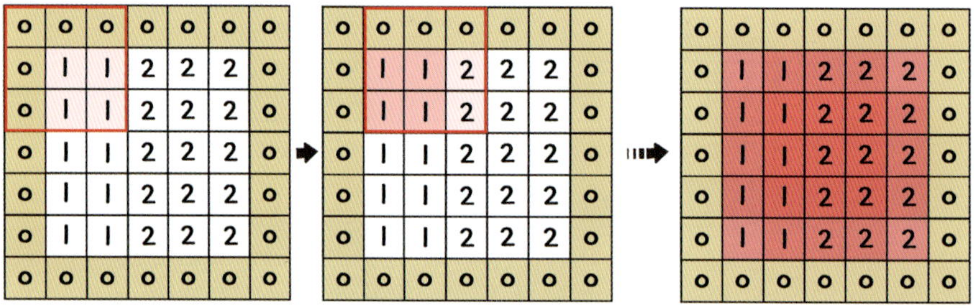

- 주변에 한 줄의 추가 좌석(Padding)을 배치합니다. 이 자리들은 비어 있습니다(Zero-Padding).
- 여성 그룹이 이 빈자리가 있는 곳에 도달하면, 빈자리에 앉은 여성은 10분간의 휴식 시간을 갖습니다. 이는 마치 필터가 0과 연산하는 것과 같습니다.
- 전체 소개팅 시간은 250분으로 늘어나며, 여성 그룹은 총 25개의 위치에서 대화를 나눌 수 있습니다.
- 꼭짓점에 앉은 남성들은 이제 40분의 대화 시간을 갖게 되어, 이전보다 4배 증가했습니다.

- 정 가운데에 앉은 남성은 여전히 가장 긴 90분의 대화 시간을 갖지만, 전체적인 불균형이 크게 완화되었습니다.

이러한 비유를 통해 Zero-Padding의 효과를 이해할 수 있습니다. Padding은 이미지의 가장자리 정보가 컨볼루션 과정에서 충분히 고려되도록 합니다. 동시에 추가된 0값은 원본 데이터에 최소한의 영향을 주면서 이미지의 크기를 유지할 수 있게 합니다. 결과적으로, 이미지의 모든 부분이 분석에 균형 있게 기여할 수 있게 되어 특징 추출의 품질이 향상되고, 이는 전반적인 모델의 성능 개선으로 이어집니다. 이러한 장점 때문에 Padding, 특히 Zero-Padding은 CNN 설계에서 널리 사용되는 중요한 기법입니다.

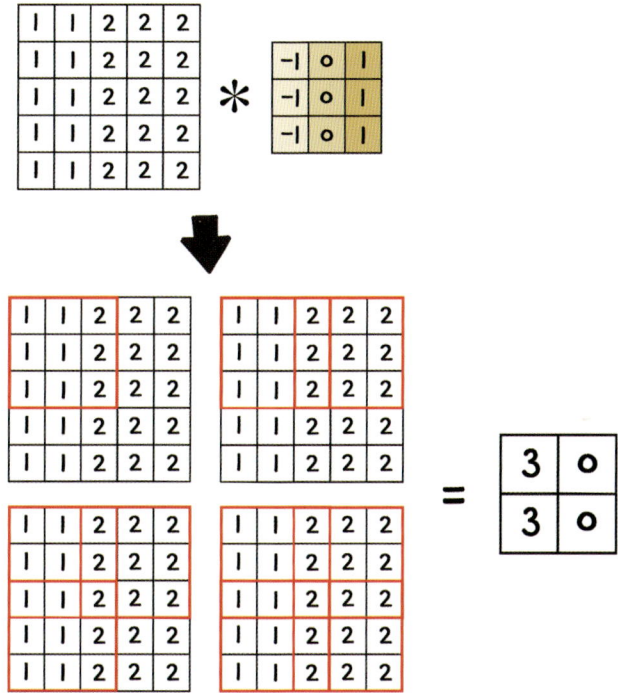

다음으로 Stride는 '성큼성큼 걷다'라는 뜻을 가진 단어로, **컨볼루션 필터가 이미지 위를 이동하는 보폭**을 의미합니다. 즉, 필터가 한 번에 몇 칸씩 이동할지를 결정하는 파라미터입니다.

예를 들어, Stride=(2, 2)는 필터가 행 방향(아래로)과 열 방향(오른쪽으로) 각각 두 칸씩 이동한다는 뜻입니다. 기본값인 Stride=(1, 1)은 필터가 행과 열 모두 한 칸씩 이동하며 모든 위치를 빠짐없이 살펴보는 것을 의미합니다.

Stride를 키우는 주된 이유는 다음과 같습니다:

1. 특징 추출의 효율성: 큰 Stride를 사용하면 이미지를 더 넓은 간격으로 살펴보게 됩니다. 이는 세세한 특징보다는 전반적인 특징을 추출하는 데 도움이 됩니다.
2. 계산량 감소: Stride를 늘리면 출력 크기가 줄어들어 연산량이 감소합니다. 이는 모델의 학습과 추론 속도를 향상시킬 수 있습니다.

그러나 너무 큰 Stride는 중요한 정보의 손실을 초래하여 모델의 성능을 저하시킬 수 있습니다. 따라서 Stride는 모델의 성능과 계산 효율성 사이의 균형을 고려하여 적절히 설정해야 합니다.

Padding과 Stride를 적절히 조합하여 사용하면, 네트워크의 성능과 효율성을 크게 향상시킬 수 있습니다. 이 두 요소는 CNN 설계에서 중요한 하이퍼파라미터로 작용합니다.

7.7. Pooling 레이어

Pooling 레이어는 CNN을 구성할 때 컨볼루션 레이어와 함께 자주 사용되는 레이어입니다. Pooling 레이어는 주로 **입력 데이터의 공간적 크기를 줄이면서 중요한 특징을 보존하는 역할**을 합니다. 이 레이어의 특별한 점은 학습 가능한 파라미터 없이 동작한다는 것입니다.

Pooling의 주요 기법으로는 Max Pooling과 Average Pooling이 있습니다. **Max Pooling은 지정된 영역에서 최댓값을 선택하고, Average Pooling은 평균을 구하여 해당 영역을 대표하는 값으로 사용**합니다.

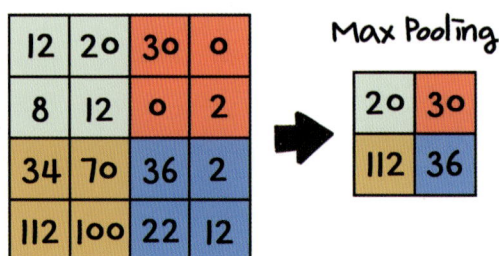

예를 들어, 2×2 크기의 Max Pooling을 Stride (2, 2)로 적용하면 다음과 같이

동작합니다: 2×2 영역에서 가장 큰 값을 선택합니다. 즉, 왼쪽 상단에서 시작하여 20을 선택하고, 오른쪽으로 두 칸 이동하여 30을 선택합니다. 그다음 행에서도 같은 방식으로 112와 36을 선택합니다.

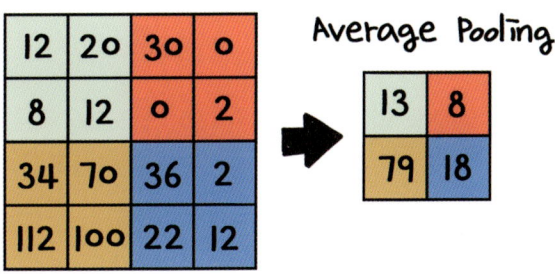

반면 Average Pooling은 같은 영역에서 평균값을 계산합니다. 이 경우 13, 8, 79, 18이 각 영역의 대푯값이 됩니다. 이러한 Pooling 작업은 **각 특징 맵(채널)에 독립적으로 적용되므로, 채널의 수는 변하지 않습니다.**

Pooling 레이어는 여러 가지 중요한 이점을 제공합니다:

1. 데이터 압축: 공간적 크기를 줄여 정보를 압축하고 중요한 특징을 보존합니다.
2. 계산 효율성 향상: 크기 감소로 후속 레이어의 연산량과 메모리 사용을 줄입니다.
3. Overfitting 위험 감소: 모델의 복잡도를 낮춰 일반화 능력을 향상시킵니다.
4. 특징의 불변성 증가: 입력의 작은 변화나 위치 변동에 덜 민감해집니다.

특별한 경우로, Pooling의 커널 크기를 입력 이미지의 전체 크기와 동일하게 설정하면 이를 Global Pooling이라고 합니다. 특히 Global Average Pooling(GAP)이 자주 사용됩니다. GAP는 각 특징 맵의 모든 값들의 평균을 계산하여, 특징 맵 하나를 하나의 값으로 압축합니다. 이는 주로 모델의 마지막 부분에서 특징을 효과적으로 요약하는 역할을 합니다.

GAP의 주요 장점은 입력 이미지의 크기에 대한 유연성을 제공한다는 점입니다. GAP는 주로 CNN의 마지막 부분에서 다중 분류를 위한 FC 레이어 직전에 사용됩니다. 따라서 GAP를 사용하지 않으면, 입력 이미지의 크기가 변경될 때마다 FC 레이어의 구조를 수정해야 하는 제약이 있습니다. 반면 GAP는 각 특징 맵을 하나의 값으로 압축하여

FC 레이어에 전달하므로, 입력 이미지의 크기에 관계없이 항상 고정된 크기의 출력을 FC 레이어에 제공할 수 있습니다. 이에 따라 CNN은 다양한 크기의 입력 이미지를 유연하게 처리할 수 있게 되며, 이는 실제 응용에서 크기가 다양한 이미지를 다룰 때 특히 유용합니다. 또한, GAP는 모델의 파라미터 수를 크게 줄여 모델의 복잡도를 낮추고 Overfitting 위험을 줄이는 데에도 기여합니다.

이러한 Pooling 레이어의 특성들 덕분에, CNN은 데이터를 효율적으로 압축하고 중요한 특징을 추출하며 다양한 크기의 입력을 처리할 수 있는 강력한 이미지 처리 능력을 갖추게 됩니다.

7.8. CNN의 전체 구조: 특징 추출부터 분류까지

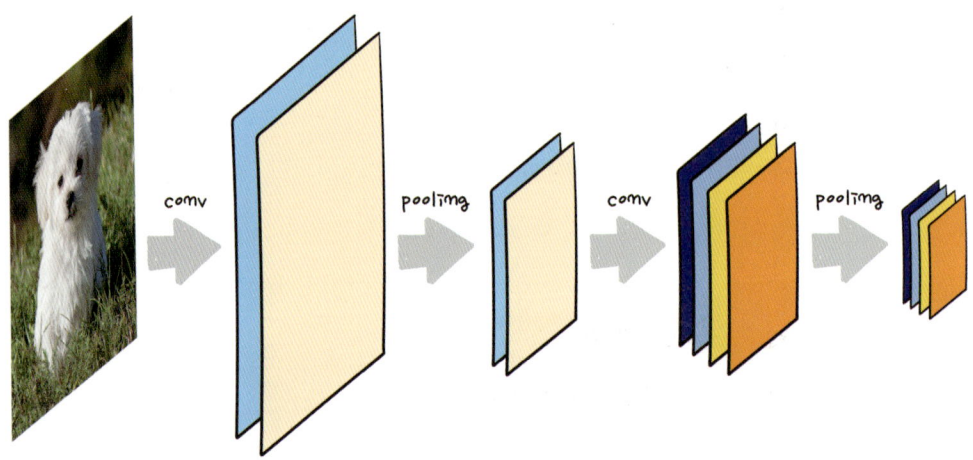

컨볼루션과 Pooling을 반복하면 어떤 변화가 일어날까요? 위 그림에서 볼 수 있듯이, 특징 맵의 크기는 점점 작아지는 반면 깊이는 점점 깊어집니다. 이는 **각 픽셀이 점점 더 넓은 범위의 정보를 대표하게 되며, 동시에 더 많은 종류의 특징을 포착하게 된다는 것을 의미**합니다.

물론 추출할 특징의 수는 하이퍼파라미터로, 설정하기 나름이지만, 일반적으로 컨볼루션 레이어들을 거치면서 점점 더 많은 특징을 추출하도록 구성합니다. 예를 들어, 첫 번째 컨볼루션 레이어에서는 2개의 특징 맵을, 두 번째 컨볼루션 레이어에서는 4개의 특징 맵을 생성하고 있습니다. 또한, 두 번의 Pooling을 거치면서 특징 맵의 가로와 세로 길이가 각각 4배씩 축소된 것을 확인할 수 있습니다.

파라미터의 Shape를 살펴보면, 3×3 의 컨볼루션 커널을 사용한다고 가정할 때, 첫 번째 컨볼루션 레이어는 RGB 3채널 입력으로부터 2개의 특징 맵을 생성하므로 2×3×3×3(개×채×행×열)의 Shape을 갖습니다. 두 번째 레이어에서는 2개의 특징 맵을 입력받아 4개의 특징 맵을 생성하므로 Shape은 4×2×3×3 이 됩니다.

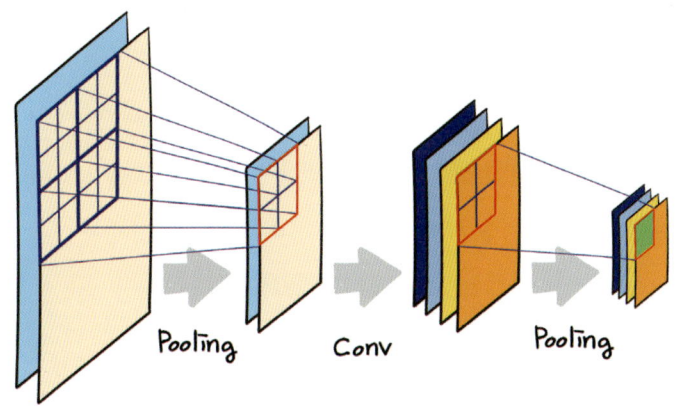

Pooling의 효과만 따로 살펴보면, 두 번의 2×2 Pooling을 거친 후 각 픽셀은 특징 맵의 4×4 영역에 해당하는 정보를 담고 있습니다. 이는 각 픽셀이 더 넓은 영역의 특징을 대표하게 된다는 의미입니다.

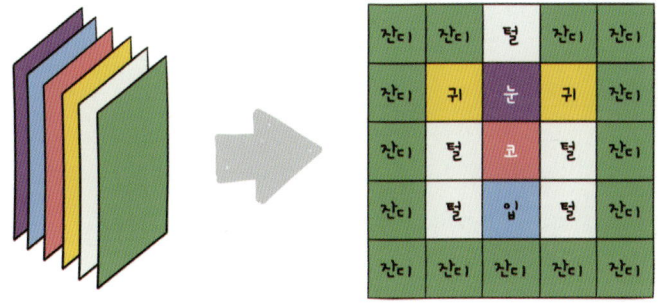

이러한 과정을 거치면서 CNN은 크기는 작지만 다양한 특징을 포착한 여러 개의 특징 맵을 생성합니다. 각 특징 맵은 서로 다른 특징을 담당하므로, 강아지 사진의 경우 위 그림처럼 위치별로 주요 특징을 표현할 수 있습니다. 예를 들어, '잔디' 특징 맵에서는 잔디가 있는 부분의 값이 크고 나머지 영역의 값은 작을 것입니다. 즉, 위 그림은 각 위치에서 가장 강하게 활성화된 특징을 나타낸 것입니다.

이처럼 컨볼루션과 Pooling 레이어를 통해 이미지의 복잡한 정보를 점진적으로 추상화하고 압축할 수 있습니다. 이 과정은 '나무를 보는 것으로 시작해 숲을 보는' 능력을 AI에게 부여합니다. 즉, **초기 층에서는 선이나 모서리 같은 저수준 특징(나무)을 추출하고, 더 깊은 층에서는 이를 조합하여 눈, 코, 귀와 같은 의미 있는 고수준 특징(숲)을 추출**할 수 있게 됩니다. 그렇다면 이렇게 계층적으로 추출된 특징들을 어떻게 최종적으로 분류에 활용할 수 있을까요?

이 질문에 답하기 위해, 앞서 살펴본 FC 레이어의 문제점을 다시 생각해 봐야 합니다. FC 레이어를 이미지에 곧바로 적용할 때는 개별 픽셀에 과도한 의미를 부여하고 이미지의 공간적 구조를 무시하게 되는 문제가 있었습니다. 하지만 컨볼루션과 Pooling을 통해 이미지 정보가 충분히 정제된 다음에는 상황이 달라집니다. 이 시점에서는 FC 레이어(또는 MLP)의 사용이 오히려 매우 효과적이 됩니다.

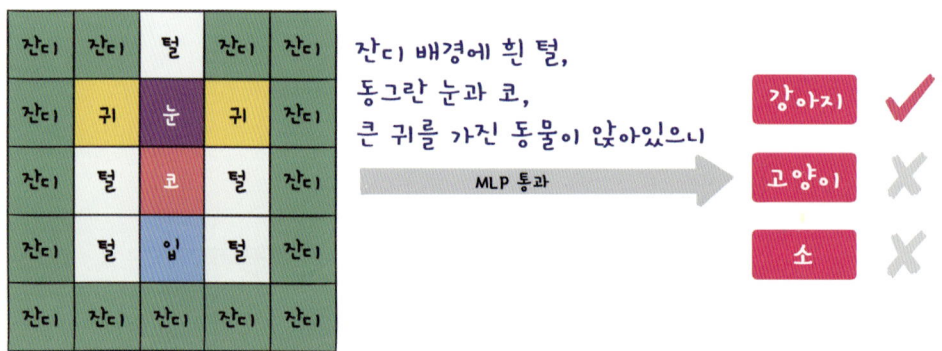

충분한 정제를 통해 고수준의 특징 맵들을 얻은 후에는, 이제 모든 위치의 모든 특징값을 종합적으로 고려해야 합니다. 따라서, 이를 위해 마지막 단계에서는 MLP를 사용하는 것입니다. MLP는 각 특징 맵의 모든 위치 정보를 입력으로 받아, 이들 간의 복잡한 관계를 학습할 수 있게 합니다. 이는 마치 **"잔디 배경에 흰 털, 동그란 눈과 코, 큰 귀를 가진 동물이 앉아있으니 강아지구나!"** 라고 판단하는 인간의 인식 과정과 유사합니다.

결과적으로, CNN의 전체 구조는 다음과 같이 작동합니다:

1. 컨볼루션과 Pooling 레이어: 이미지의 공간적 구조를 보존하면서 점진적으로 추상화된 특징을 학습합니다.
2. MLP(또는 FC 레이어): 충분히 정제된 정보들을 종합적으로 분석하여 최종 분류를 수행합니다.

이러한 구조는 단순히 FC 레이어만을 처음부터 사용하는 것보다 훨씬 효율적이고 정확한 이미지 분류를 가능하게 합니다. 이러한 구조적 이점이 있기 때문에 CNN은 다양한 이미지 인식 작업에서 뛰어난 성능을 보이게 되는 것입니다.

7.9. CNN의 특징 맵 실험 결과 분석

CNN이 실제로 어떤 특징을 포착하는지 실험을 통해 알아보겠습니다. 특히 컨볼루션 레이어를 거치며 특징 맵이 어떻게 변화하는지 살펴보겠습니다.

이 실험에서는 CIFAR-10 데이터셋을 사용했습니다. 이 데이터셋은 강아지, 고양이, 자동차, 비행기 등 10개 클래스에 대해 학습 데이터 5만 장, 테스트 데이터 1만 장을 포함하고 있습니다.

```python
class CNN_deep(nn.Module):
    def __init__(self):
        super().__init__()
        self.conv_block1 = nn.Sequential(nn.Conv2d(3,32,3,padding=1),
                                         nn.BatchNorm2d(32),
                                         nn.ReLU(),
                                         nn.Conv2d(32,32,3,padding=1),
                                         nn.BatchNorm2d(32),
                                         nn.ReLU())
        self.Maxpool1 = nn.MaxPool2d(2)

        self.conv_block2 = nn.Sequential(nn.Conv2d(32,64,3,padding=1),
                                         nn.BatchNorm2d(64),
                                         nn.ReLU(),
                                         nn.Conv2d(64,64,3,padding=1),
```

```
                            nn.BatchNorm2d(64),
                            nn.ReLU(),
                            nn.Conv2d(64,64,3,padding=1),
                            nn.BatchNorm2d(64),
                            nn.ReLU())
    self.Maxpool2 = nn.MaxPool2d(2)

    self.conv_block3 = nn.Sequential(nn.Conv2d(64,128,3,padding=1),
                            nn.BatchNorm2d(128),
                            nn.ReLU(),
                            nn.Conv2d(128,128,3,padding=1),
                            nn.BatchNorm2d(128),
                            nn.ReLU(),
                            nn.Conv2d(128,128,3,padding=1),
                            nn.BatchNorm2d(128),
                            nn.ReLU())
    self.Maxpool3 = nn.MaxPool2d(2)

    self.classifier = nn.Sequential(nn.Linear(128*4*4,512),
                            nn.ReLU(),
                            nn.Linear(512,10))

def forward(self, x):
    x = self.conv_block1(x)
    x = self.Maxpool1(x)
    x = self.conv_block2(x)
    x = self.Maxpool2(x)
    x = self.conv_block3(x)
    x = self.Maxpool3(x)
    x = torch.flatten(x, start_dim=1)
    x = self.classifier(x)
    return x
```

위 코드에서 표현된 모델 구조는 다음과 같습니다:

1. 세 개의 컨볼루션 블록

2. 각 블록 뒤에 Max Pooling 레이어

3. 마지막에 두 개의 FC 레이어로 구성된 MLP

모든 컨볼루션 레이어와 FC 레이어에는 ReLU 활성화 함수를 사용했고, MLP를 제외한 모든 층에 배치 정규화를 적용했습니다.

각 컨볼루션 블록의 구성은 다음과 같습니다:

- conv_block1: 2개의 컨볼루션 레이어
- conv_block2: 3개의 컨볼루션 레이어
- conv_block3: 3개의 컨볼루션 레이어

각 컨볼루션 레이어를 자세히 살펴보겠습니다.

예를 들어 nn.Conv2d(3,32,3,padding=1)은 순서대로 다음을 의미합니다:

- 입력 채널 수: 3(RGB)
- 출력 채널 수(생성할 특징 맵의 개수 = 필터의 개수): 32
- 커널 크기: 3×3
- padding=1: 테두리에 한 줄의 Zero-Padding 추가

또, nn.MaxPool2d(2)는 2×2 크기의 영역에서, Stride는 (2, 2)로 Pooling하는 것을 의미합니다.

학습 후 모델의 정확도는 79.9%로 나타났습니다. 이제 테스트 데이터 세트의 강아지 사진 하나를 입력하여 각 단계에서의 특징 맵을 분석해 보겠습니다. 이 실험에서는 각 Max Pooling 레이어 직전의 특징 맵을 관찰합니다. 즉, 32개(conv_block1 후), 64개(conv_block2 후), 128개(conv_block3 후)의 특징 맵을 살펴볼 것입니다.

앞서 어떤 특징을 추출할지는 AI가 학습을 통해 자동으로 결정한다는 것을 알 수 있었습니다. 그러나 AI가 어떤 특징을 추출했는지 명시적으로 알려주지는 않습니다. **따라서, 필터의 웨이트 패턴이나 특징 맵을 관찰함으로써 간접적으로 추출된 특징을 파악해야** 합니다.

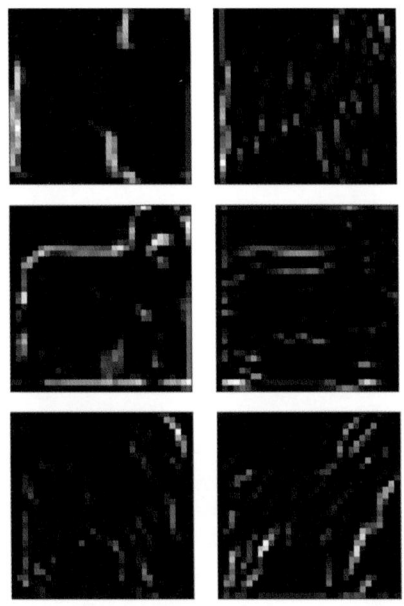

'conv_block1'을 통과한 후의 32개 특징 맵 중 주요한 것들을 살펴보면 위와 같습니다. 특징 맵들에서 밝은 부분은 해당 필터가 강하게 반응한 영역이므로 특징 맵이 가지는 패턴을 통해 어떤 특징을 추출했는지를 알 수 있습니다.

구체적으로 살펴보면:

1. 첫 번째 줄의 특징 맵들에서는 굵은 세로와 얇은 세로로 밝은 선들이 나타납니다. 이는 해당 필터들이 각각 이미지의 굵은 세로선과 얇은 세로선에 강하게 반응했음을 의미합니다.

2. 두 번째 줄에서는 굵은 가로선과 얇은 가로선들이 두드러집니다. 즉, 이는 가로 방향의 특징을 감지하는 필터들의 결과입니다.

3. 세 번째 줄에서는 대각선 방향으로 밝은 부분이 나타나는데, 이는 대각선 특징을 추출했음을 보여줍니다.

이러한 관찰을 통해 첫 번째 컨볼루션 블록에서는 주로 '선 특징'을 추출하고 있음을 알 수 있습니다. 이는 **CNN의 초기 층에서는 주로 기본적인 형태와 엣지를 감지한다**는 일반적인 이론과 일치합니다.

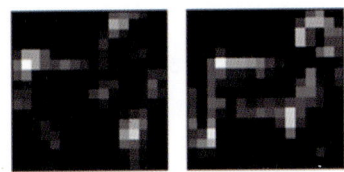

앞서 얻은 32개 특징 맵을 Max Pooling 한 후 'conv_block2'를 통과시켜 얻은 64개 특징 맵 중 주요한 것들은 위와 같습니다. 두 번째 블록에서는 32개의 특징 맵을 입력으로 받아 64개의 새로운 특징 맵을 생성합니다. 이 과정에서 **이전 단계의 특징들이 조합되어 더 복잡한 패턴을 형성**하는 것을 관찰할 수 있습니다. 예를 들어, 첫 번째 특징 맵은 가로와 대각선이 섞인 패턴을, 두 번째 특징 맵은 가로, 세로, 대각선을 조합하여 윤곽을 나타내는 듯한 모습을 보입니다.

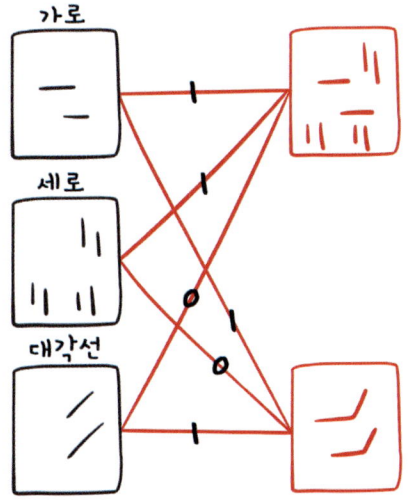

특징 추출 과정을 좀 더 쉽게 이해하기 위해, 실제로는 두 개의 3×3 컨볼루션 레이어를 통과하지만, 이 대신 간단히 하나의 1×1 컨볼루션 레이어를 통과한 것으로 생각해 봅시다. 이 경우, 32개의 특징 맵을 가중합하여 64개의 새로운 특징 맵을 만들어내는 것으로 볼 수 있습니다. 예를 들어:

1. 가로와 세로 특징 맵에 가중치 1을 주고 대각선 특징 맵에 가중치 0을 주면, 가로와 세로선이 조합된 새로운 특징 맵이 만들어집니다.
2. 가로와 대각선 특징 맵에 가중치 1을 주고 세로 특징 맵에 가중치 0을 주면, 가로와 대각선 패턴이 조합된 새로운 특징 맵이 생성됩니다.

이렇게 이전 층의 특징들을 다양하게 조합함으로써 더 복잡하고 추상적인 패턴을 포착할 수 있게 됩니다. 이는 CNN이 층을 거듭할수록 더 고수준의 특징을 추출할 수 있게 하는 핵심 메커니즘입니다.

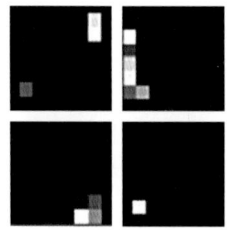

마지막 컨볼루션 블록을 통과하여 얻은 128개 특징 맵 중 주요한 것들은 위와 같습니다. 이 단계에서는 이전의 Max Pooling들을 거치면서 특징 맵의 크기가 작아지고, 특정 부분에만 높은 값이 집중되는 현상이 관찰됩니다. 이는 더 **고수준의 특징들을 추출하고 있음**을 시사합니다. 예를 들어, 위 특징 맵들은 순서대로 강아지의 머리, 꼬리, 앞발, 뒷발과 같은 특정 부위에 대한 특징을 추출한 것으로 해석할 수 있습니다.

128개의 특징 맵을 모두 합친 결과는 위 그림과 같습니다. 노란색은 큰 값을, 파란색은 작은 값을 나타냅니다. 이 그림은 모델이 이미지의 어떤 부분에서 강한 특징을 감지했는지를 종합적으로 보여줍니다.

이 종합된 특징 맵을 원본 이미지에 겹쳐 보면, **모델이 어떤 부분을 주목해서 판단했는지**를 알 수 있습니다. 위 예시에서 모델은 강아지의 머리와 다리 부분에 집중하여 성공적으로 '강아지'로 분류했습니다.

다른 예시로, 비행기 사진에서는 날개와 프로펠러 부분에 집중하여 정확하게 '비행기'로 분류한 것을 볼 수 있습니다.

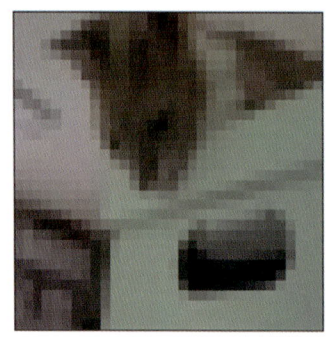 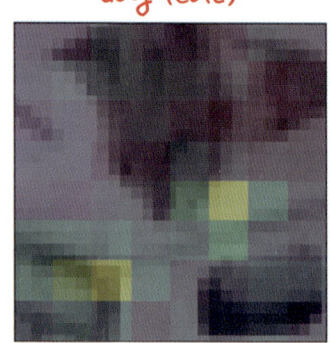

반면, 분류에 실패한 경우도 있습니다. 고양이 사진을 강아지로 잘못 예측한 이 예시에서는, 모델이 고양이가 들어있는 상자에 과도하게 집중한 것이 오류의 원인으로 보입니다. 그러나 고양이의 머리도 어느 정도 주목한 것으로 보아, 완전히 잘못된 예측을 한 것은 아니며 비슷한 특징을 가진 강아지로 분류한 것으로 추측됩니다.

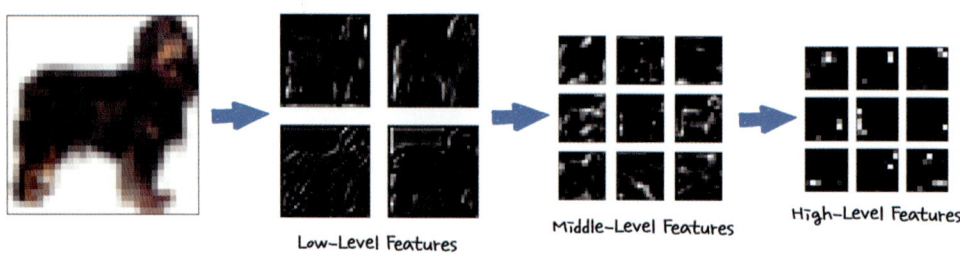

정리하자면, CNN은 컨볼루션 레이어를 거듭할수록 점진적으로 더 복잡하고 추상적인 특징을 포착하게 됩니다. 초기 층에서는 선과 같은 기본적인 특징을 추출하고, 중간층에서는 이러한 기본 특징들을 조합하여 더 복잡한 패턴을 형성합니다. 마지막 층에 가까워질수록 객체의 특정 부분이나 전체적인 형태와 같은 고수준의 특징을 인식하게 됩니다. 이러한 계층적 특징 학습 능력은 CNN이 이미지 인식 작업에서 뛰어난 성능을 보이는 핵심 요인입니다.

하지만 **이러한 해석은 일반적인 경향을 설명하는 것일 뿐, 모든 CNN이 반드시 이런 방식으로 학습된다고 단정 지을 수는 없습니다.** 실제로 CNN의 학습 과정은 매우 복잡하고, 데이터셋, 모델 구조, 하이퍼파라미터 등 다양한 요인에 의해 영향을 받습니다.

때로는 예상과 다른 방식으로 특징을 학습할 수도 있는데, 이는 CNN을 포함한 딥러닝 모델들의 공통적인 특성입니다.

이처럼 **모델의 복잡성으로 인해 내부 의사결정 과정을 완전히 해석하기는 어려우므로 딥러닝 모델들을 종종 '블랙박스'라고 표현하기도** 합니다. 따라서 특징 맵 분석은 모델의 동작을 이해하는 데 중요한 도구이지만, 이를 절대적인 해석 방법으로 간주해서는 안 됩니다. 다양한 분석 기법과 실험을 통해 모델의 동작을 종합적으로 이해하고, 이를 바탕으로 CNN의 성능과 해석 가능성을 지속적으로 개선해 나가는 것이 중요합니다.

7.10. VGGNet 완벽 해부

VGGNet은 Oxford 대학의 Visual Geometry Group에서 개발한 모델로, 2014년 ImageNet 챌린지에서 2위를 차지했습니다. ImageNet 챌린지는 약 128만 개의 훈련 이미지, 5만 개의 검증 이미지, 10만 개의 테스트 이미지를 사용하여 1,000개의 클래스로 사진을 분류하는 대회입니다. 이 데이터셋은 다양한 객체, 동물, 풍경 등을 포함하고 있어 컴퓨터 비전 분야에서 중요한 벤치마크로 활용됩니다.

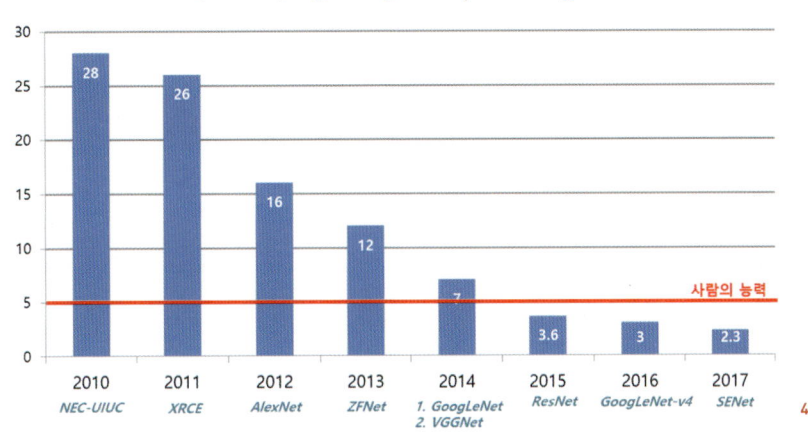

대회에서 사용된 성능 지표는 Top 5 에러율입니다. 이는 **모델이 예측한 상위 5개 클래스 중 정답이 포함되지 않은 비율**을 의미합니다.

---

48 https://bskyvision.com/entry/ILSVRC-대회-이미지넷-인식-대회-역대-우승-알고리즘들

Top 5 에러율은 다음과 같이 계산됩니다:

1. 모델은 각 이미지에 대해 1,000개 클래스 각각의 확률을 출력합니다.
2. 이 중 확률이 가장 높은 5개 클래스를 선택합니다.
3. 실제 정답 클래스가 이 5개 중에 포함되어 있으면 정확한 예측으로 간주합니다.
4. 전체 테스트 셋에 대해 이 과정을 반복하고, 5개 안에 정답이 포함되지 않은 비율을 계산합니다.

이 지표를 사용하는 이유는 다음과 같습니다:

- ImageNet과 같이 클래스 수가 많은 경우, 정확히 한 클래스만 맞추는 것은 매우 어려울 수 있습니다.
- 실제로 이미지에 여러 객체가 포함되어 있을 수 있어, Top 5 예측을 고려하는 것이 더 실용적입니다.
- 인간의 인식 능력과 비교할 때도, 여러 가능성을 고려하는 것이 더 공정한 비교가 될 수 있습니다.

2012년 AlexNet을 시작으로 딥러닝 모델들이 대회에 참가하기 시작했고, 2015년부터는 딥러닝 모델들이 인간의 분류 성능을 뛰어넘는 결과를 보여주고 있습니다.

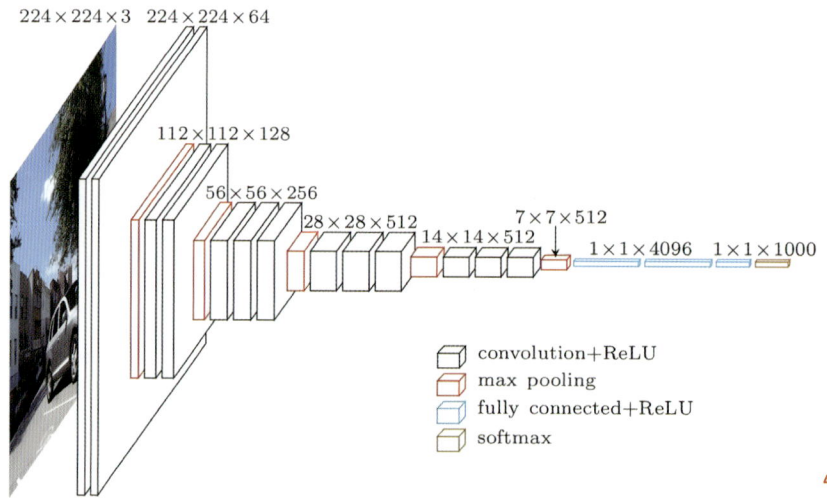

49 https://neurohive.io/en/popular-networks/vgg16/

VGGNet은 그 구조가 비교적 단순하여 그림으로 표현하기 쉽습니다. 하지만 이후 개발된 모델들은 더욱 깊고 복잡해져 주로 표 형태로 구조를 설명합니다.

ConvNet Configuration					
A	A-LRN	B	C	D	E
11 weight layers	11 weight layers	13 weight layers	16 weight layers	16 weight layers	19 weight layers
input (224 × 224 RGB image)					
conv3-64	conv3-64 LRN	conv3-64 conv3-64	conv3-64 conv3-64	conv3-64 conv3-64	conv3-64 conv3-64
maxpool					
conv3-128	conv3-128	conv3-128 conv3-128	conv3-128 conv3-128	conv3-128 conv3-128	conv3-128 conv3-128
maxpool					
conv3-256 conv3-256	conv3-256 conv3-256	conv3-256 conv3-256	conv3-256 conv3-256 conv1-256	conv3-256 conv3-256 conv3-256	conv3-256 conv3-256 conv3-256 conv3-256
maxpool					
conv3-512 conv3-512	conv3-512 conv3-512	conv3-512 conv3-512	conv3-512 conv3-512 conv1-512	conv3-512 conv3-512 conv3-512	conv3-512 conv3-512 conv3-512 conv3-512
maxpool					
conv3-512 conv3-512	conv3-512 conv3-512	conv3-512 conv3-512	conv3-512 conv3-512 conv1-512	conv3-512 conv3-512 conv3-512	conv3-512 conv3-512 conv3-512 conv3-512
maxpool					
FC-4096					
FC-4096					
FC-1000					
soft-max					

[50]

VGGNet은 여러 버전이 제안되었는데, 앞선 그림이 나타내는 모델은 'D' 버전입니다. 참고로, 이 버전의 모든 컨볼루션 레이어는 Padding=1, Stride=(1, 1)를 사용합니다. Max Pooling은 2×2 크기로 Stride=(2, 2)를 사용하여 통과할 때마다 이미지의 크기를 가로, 세로 각각 절반으로 줄입니다.

---

50 Karen Simonyan 외 1인, 「Very Deep Convolutional Networks for Large-Scale Image Recognition」, 2014.

'D' 모델의 구조를 좀 더 자세히 살펴보겠습니다:

1. 입력: 224×224 크기의 RGB 이미지(Shape: 3×224×224(채×행×열))
2. 첫 번째 컨볼루션 블록:
   - 'conv3-64': 커널 크기 3×3인 컨볼루션, 64개 필터 사용(Shape: 64×3×3×3(개×채×행×열))
   - 결과 Shape: 64×224×224
   - 한 번 더 'conv3-64' 통과(필터 Shape: 64×64×3×3)
   - 결과 Shape: 64×224×224
   - Max Pooling으로 크기 축소
   - 결과 Shape: 64×112×112 (채널 수는 유지)
3. 두 번째 컨볼루션 블록:
   - 'conv3-128': 128개 필터(Shape: 128×64×3×3)
   - 결과 Shape: 128×112×112
   - 다시 'conv3-128' 통과(필터 Shape: 128×128×3×3)
   - 결과 Shape: 128×112×112
   - Max Pooling으로 크기 축소
   - 결과 Shape: 128×56×56 (채널 수는 유지)

이러한 패턴이 계속 반복되며, 세 번째 블록부터는 연속 3개의 컨볼루션 레이어를 사용합니다. 블록을 거치며 필터의 수는 두 배씩 증가하는 것을 확인할 수 있습니다(64 → 128 → 256 → 512).

마지막 컨볼루션 블록을 통과한 후에는 512×7×7 크기의 특징 맵을 얻게 됩니다. 이는 224×224 크기의 입력 이미지가 다섯 번의 Max Pooling을 거쳐 각 차원이 2^5으로 나눠진 결과입니다.

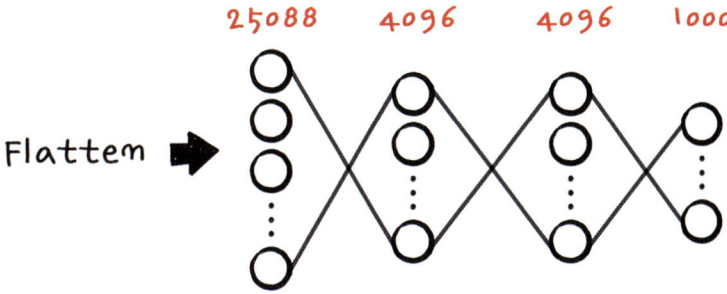

컨볼루션 블록들을 모두 통과한 후, 모델은 MLP를 사용하여 최종 분류를 수행합니다. 이 과정은 다음과 같습니다:

1. Flatten: 512×7×7 크기의 특징 맵을 25,088개의 1차원 벡터로 변환합니다. 이는 3차원 데이터를 1차원으로 '펼치는' 작업입니다.

2. MLP:

    - FC-4096: 25,088개 노드를 4,096개 노드로 연결

    - 다시 FC-4096: 4,096개 노드를 유지

    - FC-1000: 최종적으로 1,000개 노드로 축소(ImageNet의 1,000개 클래스에 대응)

3. Softmax와 Cross-Entropy Loss: 마지막 1,000개 노드에 Softmax를 적용하고 Cross-Entropy Loss를 계산합니다.

4. **역전파와 최적화**: 계산된 Loss를 바탕으로 역전파를 수행하여 그래디언트를 구하고, Adam과 같은 최적화 알고리즘을 사용하여 전체 네트워크의 파라미터를 업데이트합니다.

VGGNet의 구조를 더 직관적으로 이해하기 위해, 각 픽셀을 사람으로 비유해서 생각해 보겠습니다:

1. **동네 사람들(검은색 픽셀)**: 원본 이미지의 각 픽셀을 동네 사람들로 봅시다.

2. **동장(파란 픽셀)**: 첫 번째 Max Pooling에서 선택된 픽셀로, 4명의 동네 사람들 중 대표를 뽑는 것과 같습니다.

3. **구청장(빨간 픽셀)**: 두 번째 Max Pooling에서 선택된 픽셀로, 4명의 동장 중 대표를 뽑는 것과 같습니다.

4. **시장(초록 픽셀)**: 세 번째 Max Pooling에서 선택된 픽셀로, 4명의 구청장 중 대표를 뽑는 것과 같습니다.

5. **도지사**: 네 번째 Max Pooling에서 선택된 픽셀로, 4명의 시장 중 대표를 뽑는 것과 같습니다.

6. **대통령(마지막 7×7 특징 맵)**: 마지막 다섯 번째 Max Pooling을 통해 최종적으로 선출된 49명의 '대통령'은 각각 이미지의 다른 영역을 담당하며, 각 영역에 대해 512가지의 특징 정보를 가지고 있습니다.

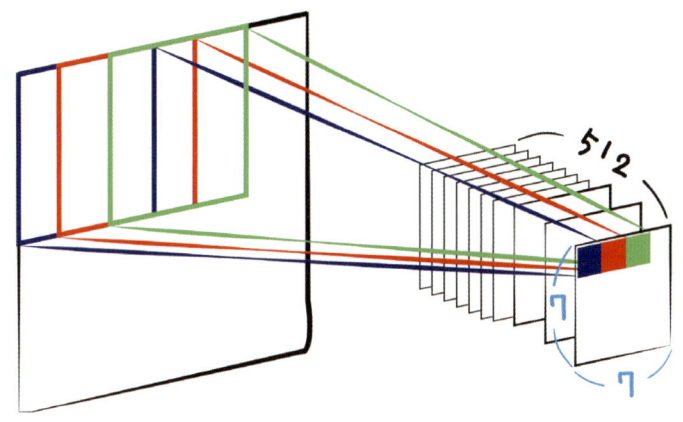

즉, 각 '대통령'은 자신의 '나라'(이미지의 특정 영역)에 대한 512가지 특징을 담고 있는 것으로 볼 수 있습니다. 예를 들어, 어떤 나라는 경제가 발달했고, 다른 나라는 문화가 풍부하듯이, 이미지의 각 영역별로 다양한 특징들의 강도가 픽셀값으로 표현되는 것입니다.

MLP는 이 49개 영역의 512가지 특징을 종합적으로 분석하여 최종 분류를 수행합니다. 이는 마치 **49개 국가의 다양한 특성을 종합적으로 고려하여 세계의 현황을 판단하는 것**과 유사합니다. MLP는 이러한 고수준의 특징들 간의 복잡한 관계를 학습하여 이미지가 어떤 클래스에 속하는지를 결정합니다.

예를 들어, 강아지 이미지를 분류할 때:

1. 어떤 '대통령'은 이미지의 상단 왼쪽을 대표하며, 이 영역에서 '둥근 형태'나 '털의 질감' 같은 특징을 강하게 나타낼 수 있습니다.
2. 다른 '대통령'은 이미지의 중앙을 대표하며, '네 개의 다리' 또는 '몸통의 형태' 같은 특징을 강하게 나타낼 수 있습니다.
3. 또 다른 '대통령'은 이미지의 하단을 대표하며, '꼬리의 존재' 또는 '바닥과의 접촉' 같은 특징을 나타낼 수 있습니다.

네트워크는 이러한 정보를 종합하여 "이 이미지에는 둥근 얼굴, 털로 덮인 몸체, 네 개의 다리, 꼬리 등이 있으므로 강아지일 확률이 높다"와 같은 결론을 내립니다. 이러한 방식으로 CNN은 이미지의 지역적 특징과 전체적 구조를 모두 고려하여 정확한 분류를 수행하며,

이는 다양한 클래스(강아지, 고양이, 자동차 등)에 대해 동일한 원리로 적용됩니다.

VGGNet은 초기 CNN 모델로서 몇 가지 한계점을 가지고 있습니다:

1. 파라미터 분포의 불균형: VGG-19 모델(19층 깊이의 'E' 모델)은 총 1억 4천만 개가량의 파라미터를 가지고 있는데, 이 중 약 1억 2천만 개가 MLP에 집중되어 있습니다. 이는 특징 추출(컨볼루션 레이어)보다 분류(MLP)에 과도하게 치중된 구조입니다.

2. Overfitting 위험: 많은 파라미터가 MLP에 집중되어 있어 Overfitting의 위험이 높습니다. 이는 모델이 훈련 데이터에 과도하게 맞춰져 새로운 데이터에 대한 일반화 능력이 떨어질 수 있음을 의미합니다.

3. 계산 비용: 깊은 구조와 많은 파라미터로 인해 학습과 추론에 많은 계산 자원이 필요합니다.

그러나 **VGGNet의 단순하고 규칙적인 구조는 큰 장점이 되어, 후속 연구에 많은 영향을 미쳤습니다.** 특히 ResNet은 VGGNet의 기본 구조를 기반으로 삼고, 여기에 Skip-Connection이라는 혁신적인 요소를 추가해 더 깊은 네트워크의 학습을 가능하게 했습니다. 이는 VGGNet의 단순한 구조가 있었기에 가능한 발전이었으며, 이후 많은 CNN 모델들이 이러한 접근 방식을 채택하게 되었습니다.

VGGNet은 비록 현재 기준으로는 다소 단순하고 비효율적인 면이 있지만, 그 구조의 명확성과 확장성으로 인해 딥러닝 연구와 응용 분야에서 여전히 중요한 위치를 차지하고 있습니다.

7.10.1. Receptive Field 개념과 여러 번 컨볼루션 레이어를 통과하는 이유

VGGNet의 특징 중 하나는 동일한 크기의 컨볼루션 레이어를 여러 번 거친 후 Max Pooling을 통과하는 구조입니다. 이러한 구조가 가져오는 효과를 이해하기 위해 Receptive Field 개념을 살펴보겠습니다.

Receptive Field란 출력 레이어의 한 픽셀이 입력 이미지의 어느 정도 영역을 참조하는지를 나타냅니다. 즉, **하나의 결과 픽셀을 만들기 위해 입력 이미지의 얼마만큼의 영역이 관여하는지**를 의미합니다.

그런데, 3×3 크기의 컨볼루션 필터는 상대적으로 작은 영역만을 볼 수 있습니다. 그렇다면 224×224 크기의 원본 이미지에서 머리나 다리와 같은 큰 패턴을 한 번의 3×3 컨볼루션으로 찾아내기는 어려울 것입니다. 하지만 3×3 컨볼루션을 여러 번 거치면 Receptive Field를 점진적으로 넓혀 이러한 문제를 해결할 수 있습니다. 이 과정을 자세히 살펴보겠습니다:

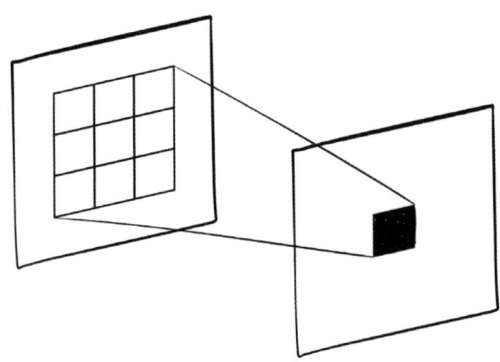

1. 첫 번째 3×3 컨볼루션:
   - 출력의 한 픽셀은 입력의 3×3 영역을 직접 참조합니다.
   - 이때의 Receptive Field는 3×3입니다.

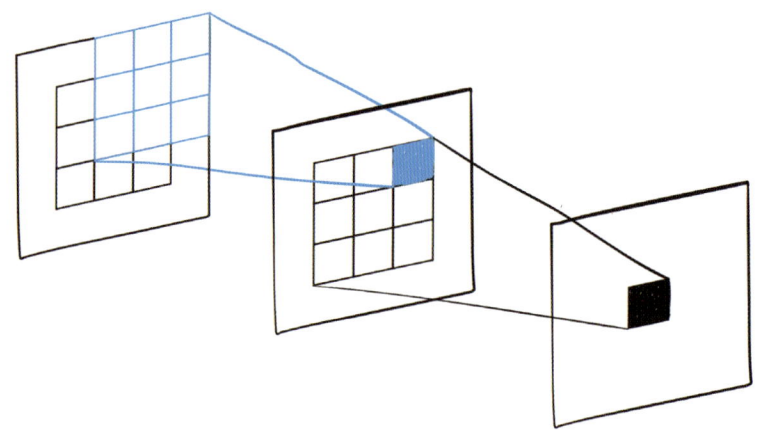

2. 두 번째 3×3 컨볼루션:

    - 첫 번째 컨볼루션의 출력에 다시 3×3 컨볼루션을 적용합니다.
    - 이전 단계의 각 픽셀이 위 그림과 같이 이미 3×3 영역의 정보를 담고 있으므로, 두 번째 컨볼루션의 결과 픽셀은 더 넓은 영역의 정보를 포함하게 됩니다.
    - 결과적으로 Receptive Field는 5×5로 확장됩니다.

이처럼 3×3 컨볼루션을 반복적으로 적용함으로써, 네트워크는 점진적으로 더 넓은 영역의 정보를 처리할 수 있게 됩니다. 이는 작은 필터를 사용하면서도 큰 패턴을 효과적으로 인식할 수 있게 해주는 VGGNet의 핵심 아이디어 중 하나입니다.

3×3 컨볼루션을 여러 번 사용하는 VGGNet의 접근 방식은 얼핏 보기에 비효율적으로 보일 수 있습니다. **5×5 컨볼루션을 사용하면 단일 레이어로도 동일한 5×5 Receptive Field를 얻을 수 있는데, 왜 굳이 3×3 컨볼루션을 두 번 통과시켜 같은 결과를 얻으려 할까요?** 이 질문에 답하기 위해 두 접근 방식을 비교해 보면, VGGNet 설계의 몇 가지 중요한 이점을 발견할 수 있습니다:

1. 파라미터 효율성: 3×3 컨볼루션을 두 번 사용하면 총 18개(3*3*2)의 파라미터가 필요한 반면, 5×5 컨볼루션은 25개(5*5)의 파라미터가 필요합니다. 같은 Receptive Field를 얻는데 더 적은 파라미터를 사용하므로, 3×3 컨볼루션의 반복 사용이 더 효율적이라고 할 수 있습니다.

2. **비선형성 증가**: 3×3 컨볼루션을 두 번 사용하면 두 번의 활성화 함수를 통과하게 됩니다. 반면, 5×5 컨볼루션은 한 번의 활성화 함수만 통과합니다. 활성화 함수를 더 많이 통과할수록 모델의 비선형성이 증가하여, 더 복잡한 패턴을 학습할 수 있는 능력이 향상됩니다.

3. **영역별 '집중도'[51] 차이**: 컨볼루션의 '집중도'를 시각화하면 그 차이를 더 명확히 이해할 수 있습니다. 여기서 '집중도'란 특정 픽셀값을 계산할 때 주변 픽셀들의 영향력을 나타내는 개념입니다.

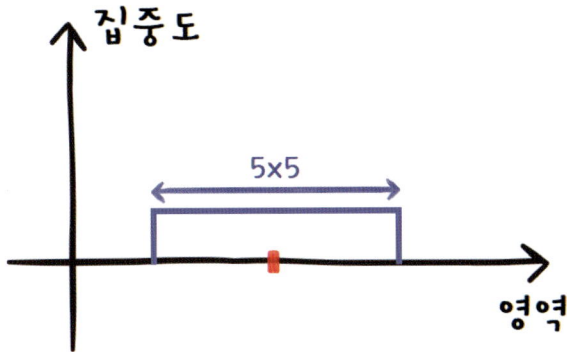

그래프에서 x 축은 영역을, y 축은 집중도를 나타내며, 빨간색 위치는 중심 픽셀의 위치를 의미합니다. 각 방식이 주변 픽셀들을 어떻게 고려하는지 살펴보겠습니다.

- 5×5 컨볼루션: 그래프에서 파란색 직사각형 모양으로 나타납니다. 5×5 영역 내의 모든 픽셀을 고려하지만, 이 영역 밖의 픽셀은 전혀 고려하지 않습니다. 따라서 그래프에서 일정한 높이의 네모난 모양을 보입니다.

---

[51] 이는 컨볼루션 연산의 특성을 직관적으로 설명하기 위해 도입된 비유적 표현입니다. 이것은 공식적인 용어가 아니며, 정량적 수치가 아닌 정성적 개념입니다. 컨볼루션 필터가 입력 데이터의 특정 영역에 어떻게 '주목'하는지를 시각화하는 데 도움을 주지만, 엄밀한 수학적 표현은 아님에 유의해야 합니다.

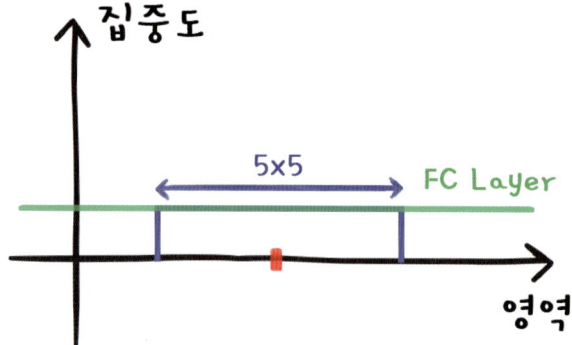

- FC 레이어: 그래프에서 녹색 선으로 표현됩니다. 모든 픽셀을 균등하게 고려하므로, 전체 영역에 걸쳐 일정한 높이를 유지합니다. 이는 지나치게 세세한 정보를 활용하려는 경향이 있어, 이미지의 공간적 구조를 무시하고 Overfitting을 일으킬 수 있습니다.

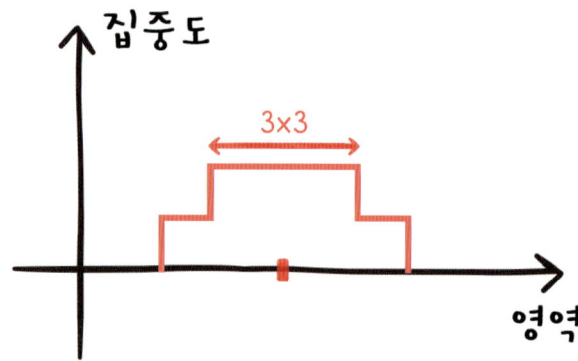

- 3 × 3 컨볼루션 두 번: 빨간색 계단 모양으로 나타납니다. 5 × 5 영역을 커버하지만, 중앙의 3 × 3 영역에 더 높은 집중도를 보입니다. 따라서 중앙 부분이 더 높고, 가장자리로 갈수록 낮아지는 계단 형태를 보입니다. 이는 중심 픽셀 주변의 정보를 더 중요하게 고려하는 효과가 있습니다.

  이러한 형태가 나타나는 이유는 중앙 3 × 3 영역의 픽셀들은 두 번의 컨볼루션 모두에 관여하게 되는 반면 가장자리 픽셀들은 두 번째 컨볼루션에서만 간접적으로 관여하게 되기 때문입니다.

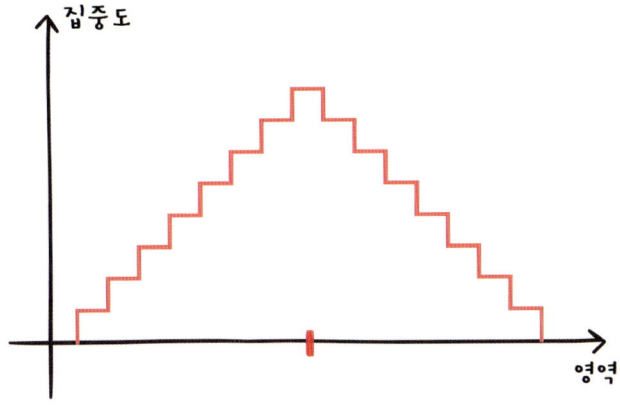

- 3×3 컨볼루션 여러 번: 그래프에서 중앙이 높고 양쪽으로 점진적으로 낮아지는 계단 모양으로 나타납니다. 이는 다음과 같은 특징을 보여줍니다:

  1. 중앙 집중: 해당 픽셀이 존재하는 주변 영역에 가장 높은 집중도가 부여됨을 의미합니다.

  2. 점진적 감소: 여러 번의 컨볼루션을 거치면서 더 넓은 영역의 정보가 간접적으로 반영되지만, 중심에서 멀어질수록 그 영향력이 줄어듦을 보여줍니다.

  3. 넓은 수용 영역: 그래프가 넓게 퍼져 있어, 전체적으로 넓은 영역의 정보를 고려하고 있음을 알 수 있습니다.

결론적으로, 이러한 접근 방식은 CNN이 '선택과 집중'을 효과적으로 수행할 수 있게 합니다. 중심 주변의 높은 집중도는 세부 특징 포착에 도움을 주고, 넓게 퍼진 영역은 이미지의 전체적인 구조와 패턴을 파악하는 데 기여합니다. **즉, 담당하는 위치를 가장 집중해서 보면서도 주변 정보를 고려할 수 있게 합니다.** 이러한 특성은 VGGNet이 깊은 구조를 가지면서도 효율적으로 학습하고 좋은 성능을 낼 수 있는 핵심 요인이 됩니다.

7.11. CNN에 대한 추가적인 고찰

CNN의 구조와 작동 원리를 더 깊이 이해하기 위해, 몇 가지 중요한 점들을 추가로 살펴보겠습니다.

먼저, CNN의 마지막 단계에서 MLP를 사용하는 이유를 다시 생각해 봅시다. CNN은 초기 단계에서는 서로 멀리 떨어진 픽셀들을 직접 연결하지 않고 인접한 픽셀 간의 연결을 통해 지역적인 특징을 추출합니다. 하지만 이미지를 최종적으로 판단할 때는 각 영역의 특징을 종합적으로 고려해야 합니다. 즉, CNN을 통해 정제된 지역적 특징들을 얻은 후, 이를 바탕으로 이미지 전체를 판단하는 과정이 필요합니다. 이 때문에 모든 영역에서 추출된 특징을 종합적으로 고려할 수 있는 MLP가 CNN의 마지막 부분에 사용되는 것입니다.

예를 들어, 물 배경에 고양이처럼 생긴 동물이 있다면, 이는 실제로는 다른 동물일 가능성이 큽니다. 이처럼 배경 정보가 분류에 중요한 역할을 할 수 있습니다. 또, 누워있는 강아지 사진의 경우처럼 테두리 부분에 중요한 정보가 있을 수 있습니다. 따라서 모든 픽셀의 정보를 종합적으로 활용하여 배경, 테두리, 그리고 CNN이 추출한 특징들을 전체적으로 고려해 최종 판단을 내려야 합니다.

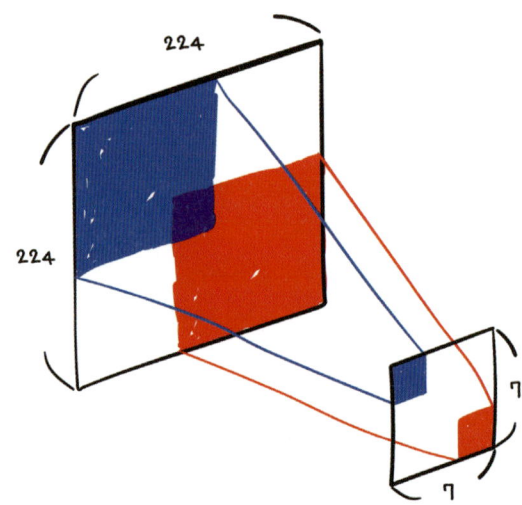

또, VGGNet의 경우, 512×7×7 크기의 마지막 특징 맵에서 각 픽셀의 Receptive Field는 224×224 전체 이미지를 완전히 포함하지 못합니다. 위 그림에서 볼 수 있듯이, 양 끝에 있는 두 픽셀은 이미지의 일부 영역만을 담고 있습니다. 따라서, 이미지 전체 정보를 활용하기 위해 이 두 영역의 정보를 모두 사용하는 MLP를 연결하는 것입니다.

VGGNet은 Max Pooling을 다섯 번만 수행합니다. 그 이유는 Pooling을 너무 많이 하면 공간 정보를 과도하게 잃게 되어, 특징이 '어디에 얼마나 있는지'에 대한 정보에서 '어디에'라는 부분이 모호해질 수 있기 때문입니다. 그러나 흥미롭게도, Inception Net이나 ResNet과 같이 더 뛰어난 성능을 보이는 모델들은 최종 MLP를 통과하기 전에 GAP(Global Average Pooling)를 적용하여 특징 맵을 1×1 크기로 줄입니다.

GAP를 사용하면 각 특징 맵의 평균값만 남기 때문에 공간적 정보가 크게 손실됩니다. 예를 들어, 특정 특징이 이미지의 어느 위치에 있는지에 대한 정보가 사라집니다. 그럼에도 불구하고 이 접근이 빛을 발할 수 있었던 이유는 다음과 같습니다:

1. Inception Net과 ResNet은 특징 맵의 크기가 7×7로 줄어든 후에도 추가적인 컨볼루션 레이어를 거칩니다. 이에 따라 마지막 특징 맵의 각 픽셀이 거의 이미지 전체의 정보를 포함하게 됩니다.

2. 이 모델들은 VGGNet보다 훨씬 깊은 구조를 가지고 있어 더 고수준의 의미 있는 특징들을 추출할 수 있습니다.

따라서, 이미지 전체를 포괄하는 매우 고수준의 의미 있는 특징들을 추출했기 때문에 GAP를 적용하더라도 충분히 분류 문제를 풀 수 있는 것입니다. 정보 손실이 있음에도 이렇게 GAP를 사용하는 이유는 파라미터 수를 크게 줄여 오버피팅을 방지하기 위함입니다. 또한, 이 두 모델은 GAP 이후에 단 한 층의 FC 레이어만을 통과시킵니다. 그 이유는 이러한 설계가 MLP에 과도하게 의존하지 않고 컨볼루션의 장점을 최대한 활용할 수 있게 해주기 때문입니다.

지금까지 우리는 CNN의 이미지 처리 능력에 대해 살펴보았습니다. 그러나 CNN의 응용 범위는 이미지 처리에만 국한되지 않습니다. **CNN의 강력한 특징 추출 능력은 다양한 분야에 적용될 수 있습니다.** 이를 잘 보여주는 흥미로운 예로, 3차원 공간에 배치된 온도계 문제를 생각해 보겠습니다. 가로, 세로, 높이로 각각 10개씩, 총 1,000개의 온도계가 있고, 중앙의 온도계가 고장 났다고 가정해 봅시다. 이때 주변 온도계들의 정보를 이용해 중앙 온도를 예측하는 문제를 풀어볼 수 있습니다.

이 문제를 해결하기 위한 핵심 정보는 온도계들의 위치 정보입니다. 중앙에 가까운 온도계의 값이 더 중요할 것이라는 점을 AI가 인식해야 합니다. 만약 단순히 FC 레이어를 사용한다면, 온도계의 위치 정보를 효과적으로 활용하기 어려울 것입니다.

이런 경우, 입력 데이터를 3차원 행렬로 구성하고 CNN을 적용하면 문제를 더 잘 해결할 수 있습니다. CNN은 각 온도계의 위치 관계를 유지하면서 정보를 처리할 수 있기 때문입니다. 예를 들어, 3×3×3 크기의 3D 컨볼루션[52]을 사용하면 중앙 온도계 주변의 26개 온도계 정보를 직접적으로 활용할 수 있습니다. 이는 온도의 공간적 분포를 고려한 예측을 가능하게 합니다.

결론적으로, **CNN의 핵심은 신경망 연결 구조를 효과적으로 설계한 것**입니다. 기존 FC 레이어가 모든 픽셀을 동시에 고려하려 했던 것과 달리, CNN은 '선택과 집중'을 통해 이 문제를 해결했습니다. 필터의 웨이트를 공유하고 이미지를 스캔하는 방식으로 패턴을 추출하며, 위치적으로 가까운 노드들의 정보를 먼저 조합한 후 점진적으로 더 넓은 영역의 정보를 통합합니다.

이러한 접근 방식은 **멀리 있는 픽셀들의 정보도 활용하되, 여러 단계의 정제 과정을 거친 후에 활용**하게 합니다. 이를 통해 CNN은 지역적 특징과 전역적 정보를 모두 효과적으로 포착할 수 있게 되어, 이미지 처리 분야에서 탁월한 성능을 보이게 되었습니다.

그러나 CNN도 한계가 있습니다. 특히 **회전이나 크기 변화에 대한 불변성이 부족**합니다. 예를 들어, 똑바로 서 있는 고양이 이미지로 학습한 CNN은 거꾸로 된 고양이 이미지를 인식하는 데 어려움을 겪을 수 있습니다. 또한, 학습된 크기와 다른 크기의 객체를 인식하는 데도 제한이 있습니다. 이러한 한계를 극복하기 위해 데이터 증강이나 특수한 구조의 CNN 등 다양한 기법들이 연구되고 있습니다. 이는 컴퓨터 비전 분야가 계속해서 발전하고 있음을 보여줍니다.

---

52 3D 컨볼루션은 2D 컨볼루션의 개념을 3차원으로 확장한 것입니다. 높이, 너비뿐만 아니라 깊이(또는 채널)축으로도 필터를 스캔합니다. 이는 3차원 데이터의 공간적 관계를 모든 차원에서 효과적으로 포착할 수 있게 해줍니다.

Chapter 8
왜 RNN보다 트랜스포머가 더 좋다는 걸까?

연속적인 데이터를 처리하는 딥러닝 모델의 발전은 자연어 처리, 음성 인식, 시계열 예측 등 다양한 분야에 혁명을 일으켰습니다. 이번 챕터에서는 연속 데이터 처리의 획기적인 발전을 이끈 **RNN**(Recurrent Neural Network)과 **트랜스포머**(Transformer)의 핵심인 **Attention** 메커니즘에 대해 깊이 있게 살펴보겠습니다.

RNN은 이전 정보를 기억하고 활용하여 시간적 순서나 순차적 관계를 가진 데이터를 효과적으로 처리할 수 있는 혁신적인 구조로, 트랜스포머가 등장하기 전까지 연속 데이터 처리의 주역이었습니다. 하지만 RNN도 긴 시퀀스를 처리할 때 정보 손실 문제가 발생하고, 병렬 처리가 어려워 학습 속도가 느리다는 한계가 있었습니다.

이러한 문제를 해결하기 위해 등장한 것이 바로 Attention 메커니즘과 이를 적극적으로 활용한 트랜스포머입니다. 「Attention is all you need」[53]라는 제목의 유명한 논문에서 소개된 트랜스포머는 RNN의 한계를 뛰어넘는 혁신적인 구조를 제시했습니다. 특히, 트랜스포머에서 사용된 Self-Attention은 긴 시퀀스를 효과적으로 처리하고 병렬 연산이 가능해 학습 속도를 크게 향상시켰습니다.

이 챕터에서는 RNN의 기본 개념과 한계점, 이를 개선하기 위해 등장한 Attention 메커니즘의 작동 원리, 그리고 Self-Attention의 개념과 장점에 대해 차례로 살펴볼 것입니다. RNN에서 Attention, 그리고 Self-Attention으로 이어지는 기술의 진화를 따라가다 보면, Attention이 왜 그토록 강력한지, 그리고 어떻게 자연어 처리와 관련 분야에 혁명을 일으켰는지 이해할 수 있을 것입니다.

---

[53] Ashish Vaswani 외 7인, 「Attention Is All You Need」, 「Advances in Neural Information Processing Systems 30」, NeurIPS, 2017.

8.1. 연속적인 데이터와 토크나이징(Tokenizing)

연속적인 데이터는 우리 일상 속에서 흔히 볼 수 있습니다. 이러한 데이터를 처리하는 다양한 예시를 살펴보겠습니다:

1. 검색창의 자동 완성 기능: 사용자가 '딥러닝'이라고 입력하면, 자동 완성 AI는 이 연속된 글자 입력을 바탕으로 '딥러닝 강의', '딥러닝 프레임워크', '딥러닝 모델' 등과 같이 가능한 검색어의 뒷부분을 예측합니다. 이는 사용자의 입력 히스토리 또는 검색 데이터베이스의 분석을 통해 이루어집니다.

2. 영화 감상평의 감정 분석: "이 영화는 처음에는 지루했지만, 후반부로 갈수록 흥미진진해져서 결국에는 정말 좋았습니다"와 같은 긴 감상평 전체를 읽고 그 내용이 긍정적인지 부정적인지를 판단합니다. 이 경우, 문장의 처음부터 끝까지 읽어봐야 정확한 판단이 가능합니다.

3. 주가 예측: 과거부터 현재까지의 주가, 거래량, 경제 지표 등의 연속적인 데이터를 분석하여 미래의 주가 움직임을 예측합니다.

4. 동영상에서의 동작 인식: 체조 선수의 연기를 담은 동영상에서 연속된 프레임을 분석하여 선수의 동작을 인식하고, 그 난이도와 완성도를 바탕으로 점수를 예측합니다.

이러한 연속적인 데이터를 효과적으로 처리하기 위해 개발된 것이 바로 **RNN**(Recurrent Neural Network)입니다. RNN은 이전 정보를 기억하고 활용하여 시간의 흐름이나 순서가 중요한 데이터를 다룹니다.

RNN으로 연속적인 데이터를 처리하기 위해서는 먼저 데이터를 적절한 단위로 나누는 과정이 필요합니다. 이 과정을 **토크나이징**(Tokenizing)이라고 하며, 나눠진 각 단위를 **토큰**(Token)이라고 부릅니다.

자연어 처리에서 토크나이징 방법은 다양합니다. 글자 단위로 나누거나 띄어쓰기 단위로 나눌 수 있지만, 최근에는 주로 Sub-Word 단위의 토크나이징을 사용합니다. 이 방식은 **단어를 더 작게 나누어, 모델이 새로운 단어나 복합어의 의미를 유추**할 수 있게 해줍니다.

예를 들어, 'Pretrained'라는 단어가 학습 데이터에는 없지만 테스트 데이터에 있다고 가정해 봅시다. 띄어쓰기 단위로 토크나이징을 했다면 AI는 이 단어의 뜻을 전혀 알 수 없을 것입니다. 하지만 Sub-Word 단위로 나누는 **토크나이저**(Tokenizer)를 사용한다면 이 단어를 'Pre/train/ed'와 같이 나눕니다. 이때, 만약 모델이 'Preview', 'training', 'Weighted' 등의 단어를 통해 'Pre', 'train', 'ed' 각각의 의미를 학습했다면, 이들을 조합하여 '사전 학습된'이라는 의미를 유추할 수 있습니다.

저는   강사   입니다
[1, 0, 0]   [0, 1, 0]   [0, 0, 1]

토크나이징 후에는 각 토큰을 숫자로 변환해야 합니다. 이때 주로 사용되는 방법은 One-Hot Encoding입니다. 이 과정에서 각 토큰은 고유한 인덱스를 부여받게 됩니다. 예를 들어, 토크나이저의 어휘 사전이 다음과 같다고 가정해 봅시다:

{ '저는': 0, '강사': 1, '입니다': 2, '당신을': 3, '사랑': 4, '합니다': 5 }

이 경우, 각 토큰은 다음과 같이 One-Hot 벡터로 표현됩니다:

- '저는': [1, 0, 0, 0, 0, 0]
- '강사': [0, 1, 0, 0, 0, 0]
- '입니다': [0, 0, 1, 0, 0, 0]
- '당신을': [0, 0, 0, 1, 0, 0]
- '사랑': [0, 0, 0, 0, 1, 0]
- '합니다': [0, 0, 0, 0, 0, 1]

이 대응 관계는 문장 내 단어의 순서와는 무관합니다. 즉, '저는 강사입니다'와 '당신을 사랑합니다'는 각각 다음과 같이 인코딩됩니다:

- '저는 강사입니다': [[1, 0, 0, 0, 0, 0], [0, 1, 0, 0, 0, 0], [0, 0, 1, 0, 0, 0]]
- '당신을 사랑합니다': [[0, 0, 0, 1, 0, 0], [0, 0, 0, 0, 1, 0], [0, 0, 0, 0, 0, 1]]

이렇게 인코딩된 데이터는 순차적으로 RNN에 입력됩니다.

주의할 점은, 실제로는 이 One-Hot 벡터의 길이가 토크나이저가 가진 전체 토큰의 개수와 같다는 것입니다. 만약 토크나이저가 10,000개의 토큰을 가지고 있다면, 각 토큰은 10,000차원의 One-Hot 벡터로 표현됩니다. 이 책에서는 설명의 편의를 위해 '저는': [1, 0, 0], '강사': [0, 1, 0], '입니다': [0, 0, 1]로 One-Hot Encoding 되었다고 가정하겠습니다.

8.2. RNN의 동작 방식

이제 RNN의 구체적인 동작 방식과 그 특징에 대해 더 자세히 알아보겠습니다.

RNN(Recurrent Neural Network)은 '되풀이되는', '반복되는'이라는 뜻의 'Recurrent'에서 그 이름이 유래했습니다. RNN은 각 토큰을 One-Hot Encoding 한 후 순차적으로 처리하는 방식을 사용합니다. 이 과정을 자세히 살펴보겠습니다.

예를 들어, '저는', '강사', '입니다'라는 세 토큰의 One-Hot Encoding된 벡터를 각각 x_1, x_2, x_3라고 합시다. RNN은 이 벡터들을 순서대로 처리하며, 각 단계를 '시점'이라고 부릅니다.

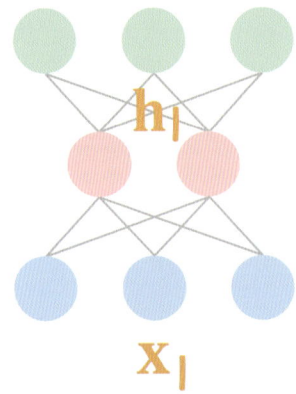

첫 번째 시점:

1. x_1을 FC 레이어에 통과시킵니다.
    - 만약 FC 레이어의 노드가 2개라면, x_1의 크기는 1×3 이므로, 웨이트 행렬 W_x의 크기는 3×2가 됩니다.
    - x_1에 W_x를 곱하고 바이어스 b (1×2 벡터)를 더한 후 액티베이션을 통과시킨 결과를 h_1으로 표현하겠습니다.

2. h_1에 출력층의 웨이트 W_y(2×3 행렬)를 곱하고 바이어스 b_y(1×3 벡터)를 더해 첫 번째 출력 $\hat{y}_1$을 얻습니다.

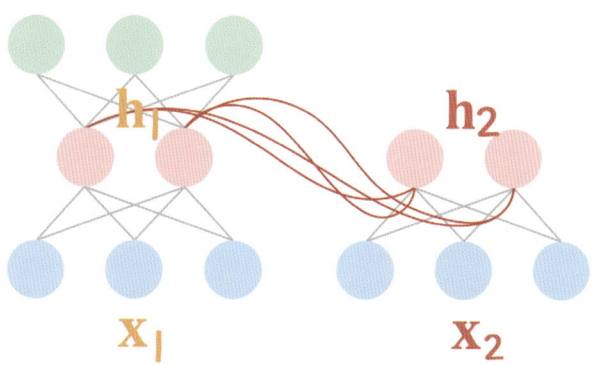

두 번째 시점:

1. x_2에 대해 같은 과정을 반복합니다. 여기서 중요한 점은 **x_2가 통과하는 레이어는 x_1이 통과한 것과 동일**하다는 것입니다. 즉, x_2에도 동일한 행렬 W_x를 곱하여 $x_2 W_x$를 얻습니다.

2. **RNN의 핵심은 이전 시점의 정보를 현재 시점에 전달하는 것**입니다. 따라서 $x_2 W_x$에 h_1을 FC 레이어에 통과시킨 $h_1 W_h$도 더합니다(W_h는 2×2 크기의 웨이트 행렬).

3. $x_2 W_x + h_1 W_h$에 바이어스 b를 더하고 액티베이션을 통과시켜 h_2를 얻습니다.

4. h_2에 W_y를 곱하고 b_y를 더해 두 번째 출력 $\hat{y}_2$를 얻습니다. 여기서 W_y 역시 h_1에 곱한 것과 동일한 행렬입니다.

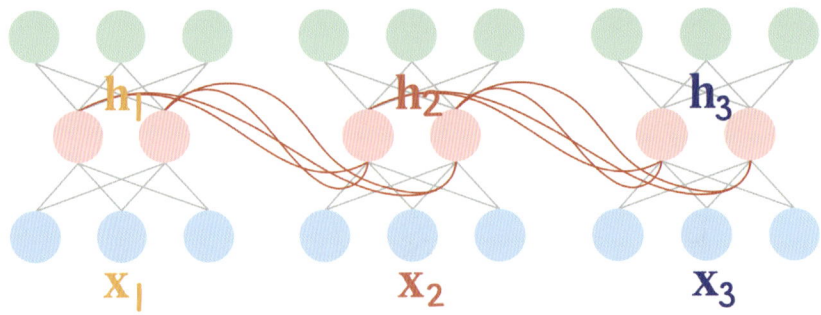

세 번째 시점:

1. x_3에 대해서도 같은 과정을 반복합니다.

2. $x_3 W_x + h_2 W_h$에 바이어스 b를 더하고 액티베이션을 통과시켜 h_3를 얻습니다. 여기서 W_h 역시 h_1에 곱한 것과 동일한 행렬입니다.

3. h_3에 W_y를 곱하고 b_y를 더해 세 번째 출력 $\hat{y}_3$을 얻습니다.

잠깐! 알아두기

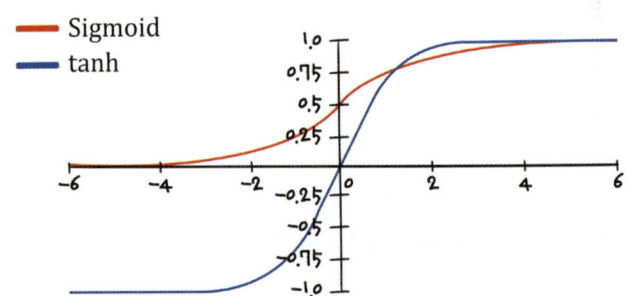

RNN에서는 활성화 함수로 주로 tanh(Hyperbolic Tangent)를 사용합니다. tanh는 Sigmoid와 비슷한 S자 모양이지만, 출력 범위가 -1에서 1 사이입니다. 또한, tanh의 최대 기울기는 1로, Sigmoid의 최대 기울기 0.25보다 4배 더 크기 때문에 Sigmoid보다는 기울기 소실 문제를 조금 더 완화할 수 있습니다.

RNN에서는 CNN에서 널리 사용되는 ReLU가 아닌 tanh를 주로 사용하는 이유는 다음과 같습니다:

1. 정규화 효과: tanh의 출력이 -1에서 1 사이로 제한되어 있어, 학습 과정에서 값이 폭발적으로 커지는 것을 방지합니다.

2. 기울기 소실 및 폭발 완화:
   - ReLU는 음수 입력에 대해 기울기가 0이 되어 그래디언트가 완전히 차단될 수 있지만, tanh는 항상 어느 정도의 기울기를 가집니다.
   - 또한, tanh의 미분값이 항상 1 이하이므로, 역전파 과정에서 기울기가 폭발적으로 커지는 것을 방지할 수 있습니다.
3. 비선형성: tanh는 강한 비선형성을 가지고 있어, 복잡한 패턴을 학습하는 데 유리합니다.

그러나 tanh는 시퀀스가 길어질수록 초기 입력의 정보가 점차 사라지는 문제가 존재합니다. 이로 인해 생기는 RNN의 한계점에 대해서는 뒤에서 자세히 다룹니다.

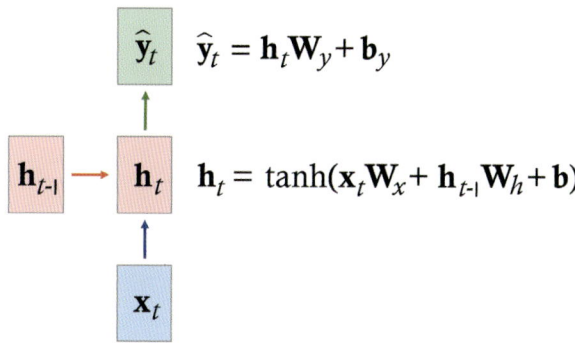

앞서 설명한 RNN의 동작을 수식으로 정리하면 다음과 같습니다:

1. 첫 번째 시점: $h_1 = \tanh(x_1 W_x + b)$, 출력: $\hat{y}_1 = h_1 W_y + b_y$
2. 두 번째 시점: $h_2 = \tanh(x_2 W_x + h_1 W_h + b)$, 출력: $\hat{y}_2 = h_2 W_y + b_y$
3. 세 번째 시점: $h_3 = \tanh(x_3 W_x + h_2 W_h + b)$, 출력: $\hat{y}_3 = h_3 W_y + b_y$

여기서 주목할 점은 W_x, W_h, W_y, b, b_y가 **모든 시점에서 동일하게 사용된다**는 것입니다. 이는 RNN이 모든 시점에서 같은 규칙을 적용한다는 것을 의미합니다.

또한, 출력($\hat{y}$)은 반드시 매 시점마다 얻어야 하는 것은 아닙니다. 네트워크 설계에 따라 원하는 시점에다가만 출력층을 연결할 수 있습니다. 더불어, 출력의 활성화 함수는 문제의 유형에 따라 달라집니다. 회귀 문제에서는 활성화 함수 없이 그대로 사용하고, 분류 문제에서는 Softmax를 사용합니다.

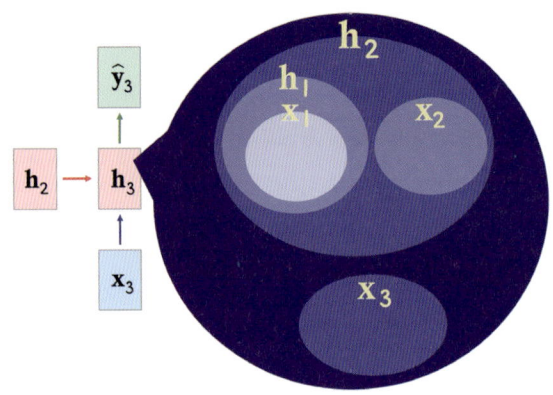

RNN의 이러한 구조는 두 가지 중요한 이점을 제공합니다:

1. 이전 정보의 유지: RNN은 이전 시점의 정보를 현재 시점으로 전달합니다. 예를 들어, h_2는 x_2의 정보뿐만 아니라 h_1을 통해 x_1의 정보도 포함하고 있습니다. 마찬가지로 h_3는 x_3, x_2, x_1의 정보를 담고 있습니다. 이러한 구조 덕분에 RNN은 연속적인 데이터의 맥락을 이해하고 처리할 수 있습니다.

이는 자연어 처리에서 특히 중요합니다. 예를 들어, "내가 요새 딥러닝 공부에 빠졌는데, 이거 되게 재밌다."라는 문장에서 '이거'라는 게 무엇을 지칭하는지 이해하려면 이전 단어들의 정보가 필요합니다. RNN은 이전 정보를 기억함으로써 이런 맥락을 파악할 수 있습니다.

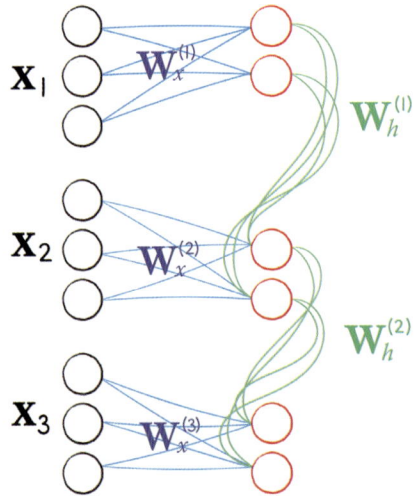

2. **가변적 입력 처리**: RNN은 동일한 레이어를 반복적으로 사용하기 때문에 다양한 길이의 입력을 자연스럽게 처리할 수 있습니다.

만약, 시점마다 다른 FC 레이어로 문장을 처리한다면 각 시점마다 다른 웨이트 행렬을 사용해야 할 것입니다. 즉, $\mathbf{x}_1, \mathbf{x}_2, \mathbf{x}_3$를 처리하려면, 입력된 토큰의 개수에 맞춰 웨이트 행렬은 $\mathbf{W}_x^{(1)}, \mathbf{W}_x^{(2)}, \mathbf{W}_x^{(3)}$와 같이 세 개를 사용해야 하며 이전 정보를 담기 위한 행렬도 마찬가지로 $\mathbf{W}_h^{(1)}, \mathbf{W}_h^{(2)}$와 같이 두 개가 필요합니다. 더욱이, 세 시점에 대한 행렬만을 마련했다면 이 모델에는 최대 세 토큰으로 이루어진 문장만을 통과시킬 수 있어, 네 토큰 이상의 더 긴 문장이 입력된다면 처리할 수 없게 됩니다.

이 문제를 해결하기 위해 최대 문장 길이(예: 100 토큰)를 정하고 모든 시점에 대한 웨이트 행렬을 정의한 후, 짧은 문장에는 앞 시점에 해당하는 웨이트 행렬만을 사용한다면 긴 문장도 처리할 수 있습니다. 그러나 이 방법은 문장의 앞부분을 담당하는 웨이트는 자주 학습되지만, 뒷부분의 웨이트는 학습 기회가 적어지는 학습 불균형 문제가 발생할 것입니다.

반면, RNN은 같은 레이어를 반복 사용하는 구조를 가지고 있어 이러한 문제를 피할 수 있습니다. RNN에서는 입력 시퀀스의 길이에 따라 **짧은 문장은 적은 횟수로, 긴 문장은 더 많은 횟수로 동일한 레이어를 통과**시키기만 하면 되기 때문입니다. 이 과정에서 모든 토큰은 동일한 웨이트 행렬을 통과하게 되므로, 특정 시점에 대응하는 웨이트만 집중적으로 학습되는 학습 불균형 문제가 발생하지 않습니다. 이러한 특성으로 인해 RNN은 가변적인 길이의 문장을 학습하는 데 더 유리합니다.

결과적으로 RNN은 "안녕하세요"부터 "오늘은 날씨가 정말 좋네요. 딥러닝 공부하기 좋은 날입니다."와 같이 다양한 길이의 문장을 자연스럽게 처리할 수 있습니다.

잠깐! 알아두기

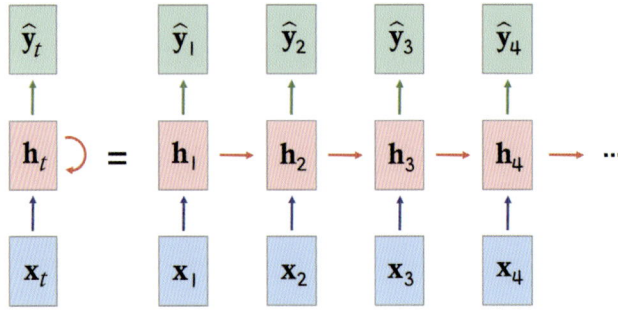

RNN은 주로 두 가지 방식으로 도식화됩니다:

1. 순환 표현(왼쪽 그림): 현재 시점의 입력(x_t)과 이전 시점의 정보(h_{t-1})가 합쳐져 현재 시점의 정보 h_t를 만드는 것을 나타내는 순환 화살표로 표현합니다.

2. 펼친 표현(오른쪽 그림): 각 시점을 개별적으로 나타내어, x_1에서 h_1을 만들고, x_2와 h_1으로 h_2를 만드는 등의 과정을 순차적으로 보여줍니다.

이 책에서는 주로 펼친 표현을 사용하여 RNN의 동작을 설명할 것입니다. 이 표현 방식은 시점에 따른 정보의 흐름을 더 명확하게 보여주기 때문입니다.

8.3. 다음 토큰 예측(Next Token Prediction)

RNN의 학습 원리와 구조적 한계를 이해하기 위해, 자동 완성 AI를 예로 들어 설명해 보겠습니다. 자동 완성 AI는 사용자의 입력에 따라 적절히 단어를 완성합니다. 'Hello'를 예로 들면 다음과 같이 동작합니다:

- 'H' 입력 시 'ello'를 제안하여 'Hello' 완성
- 'He' 입력 시 'llo'를 제안하여 'Hello' 완성
- 'Hel' 입력 시 'lo'를 제안하여 'Hello' 완성
- 'Hell' 입력 시 'o'를 제안하여 'Hello' 완성

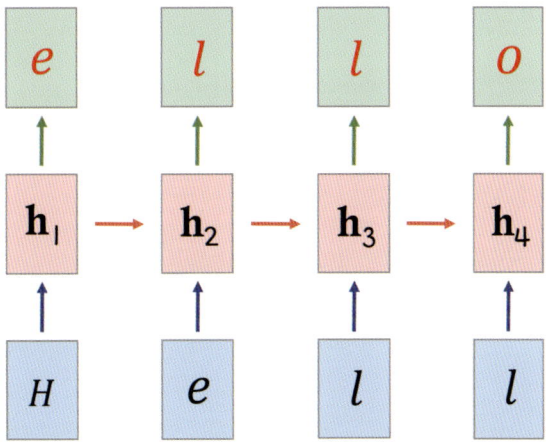

이를 RNN으로 구현하는 방법으로는 글자 단위 토크나이저를 사용하여 'Hell'을 입력으로, 'ello'를 각 시점의 레이블로 삼고 학습하는 모델을 고려할 수 있습니다. 즉, 시퀀스 'Hell'을 입력으로 받아, 각 시점마다 바로 다음 글자를 예측하도록 학습합니다.

하지만, 이런 학습 방식에 대해 의문점이 하나 생길 수 있습니다. RNN이 입력 시퀀스 'Hell'을 학습했다면, 자동 완성을 위해서는 항상 네 글자를 모두 입력해야 하는 걸까요? 그렇지 않습니다. **학습 과정과 실제 사용 과정(테스트)이 다르게 진행**되기 때문입니다.

학습 시에는 'Hell'을 입력하여 각 시점의 다음 글자인 'ello'를 예측하도록 합니다. 하지만 테스트 시에는 다양한 길이의 입력에 유연하게 대응할 수 있습니다. 예를 들어:

1. 'H'만 입력한 경우:
   - 잘 학습된 RNN이라면 'e'를 출력합니다.
   - 출력된 'e'를 다음 입력으로 사용합니다.
   - 'e'와 이전 시점의 정보('H')를 바탕으로 'l'을 예측합니다.
   - 예측된 'l'을 다시 입력으로 사용하여 다음 'l'을 예측합니다.
   - 마지막으로, 'l'을 입력으로 사용하여 'o'를 예측합니다.
   - 결과적으로 'H' 하나만 입력해도 'ello' 전체를 얻을 수 있습니다.

2. 'He'를 입력한 경우:
   - 'H'에 대한 첫 번째 시점의 출력은 무시합니다.
   - 'e'와 이전 시점의 정보('H')를 바탕으로 앞서 설명된 방식과 동일하게 'l', 'l', 'o'를 순차적으로 예측합니다.
   - 결과적으로 'He'를 입력하여 'llo'를 얻게 됩니다.

3. 'Hel'이나 'Hell'을 입력한 경우도 마찬가지 방법으로 입력된 부분 이후의 글자들을 예측합니다.

이렇게 테스트 시에는 RNN이 예측한 출력을 다음 입력으로 사용하는 방식을 취합니다. 이는 실제 자동 완성 기능에 적합합니다. 사용자가 'H'만 입력해도 전체 단어 'Hello'를 추천할 수 있는 것처럼, RNN도 한 글자만으로 전체 단어를 유추하여 제안할 수 있게 됩니다.

이러한 유연성 덕분에 RNN은 다양한 길이의 입력에 대응할 수 있는 효과적인 자동 완성 AI로 활용될 수 있습니다. 물론, 이 모든 과정은 RNN이 충분히 잘 학습되었다는 전제하에 가능합니다.

이러한 학습 방식을 **다음 토큰 예측**(Next Token Prediction)이라고 합니다. 각 시점에서 바로 다음에 올 토큰을 예측하는 것이 이 방식의 핵심입니다. **Next Token Prediction은 ChatGPT와 같은 대규모 언어 모델의 기본 학습 방식**이기도 합니다. 이 방법으로 모델은 먼저 언어의 패턴과 구조를 학습합니다. 예를 들어, "나는 학교에 ___"라는 문장에서 빈칸에 올 수 있는 단어로 '간다', '가고 있다', '도착했다' 등을 예측하는 훈련을 수많은 문장을 통해 반복합니다.

이렇게 언어의 기본 구조를 학습한 후, 모델은 더 복잡한 작업을 수행할 수 있게 됩니다. 예를 들어, "프랑스의 수도는?"이라는 질문에 대해 "파리입니다."라고 답변할 수 있습니다. 이는 모델이 "프랑스의 수도는?" 다음에 올 가능성이 높은 단어들을 예측하고, 그중에서 가장 적절한 것을 선택하는 과정을 학습함으로써 이루어집니다.

Next Token Prediction은 본질적으로 다중 분류 문제입니다. 각 시점에서 다음에 올 가장 적절한 글자나 단어를 전체 어휘 중에서 선택해야 하기 때문입니다. 따라서 출력층에는 Softmax 함수를 사용하고, Loss 함수로는 Cross-Entropy를 사용합니다.
전체 Loss는 각 시점에 대한 Cross-Entropy Loss의 평균으로 계산됩니다.

8.4. RNN의 구조적 한계

RNN의 이러한 구조는 강력하지만, 동시에 두 가지 주요한 한계를 지니고 있습니다:

1. **멀수록 잊혀진다: Loss와 멀리 있는 토큰의 정보가 그래디언트에 미치는 영향력이 매우 작아집니다.**

RNN에서는 시퀀스의 길이가 길어질수록 초기 입력 토큰들이 마지막 시점의 Loss에 대한 그래디언트에 미치는 영향력이 급격히 감소합니다. 이는 역전파 과정에서 여러 항을 더할 때, 시퀀스를 거슬러 올라갈수록 항의 크기가 점점 작아지기 때문입니다.

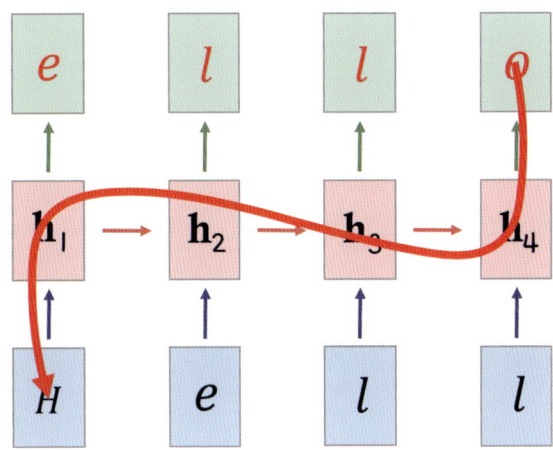

예를 들어, 'Hello'의 자동 완성 문제에서 마지막 글자 'o'를 예측할 때 발생하는 Loss를 고려해 봅시다. 이 Loss에 대한 웨이트 행렬 $\mathbf{W}_x$의 그래디언트를 구해보면, 가장 첫 글자인 'H'는 매우 작은 만큼만 고려됩니다. 결과적으로 'H'의 정보는 학습 과정에서 거의 반영되지 않습니다.

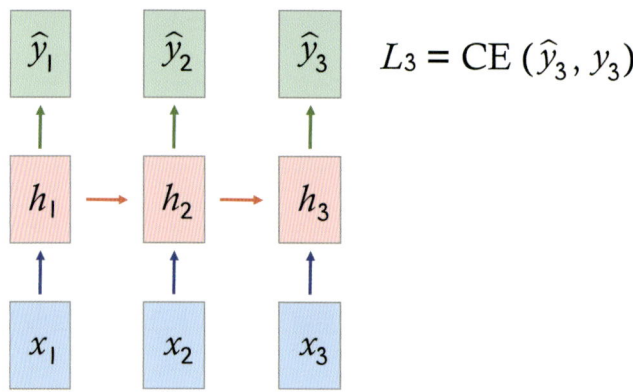

이 현상은 수식을 통해 더 명확히 이해할 수 있습니다. 간단한 예로, 세 시점에 대한 Next Token Prediction을 수행하는 RNN을 가정해 봅시다. 계산을 단순화하기 위해 모든 값을 행렬과 벡터가 아닌 하나의 숫자로 가정하겠습니다.

즉, 각 시점의 값은 다음과 같이 계산됩니다:

- 첫 번째 시점: $h_1 = \tanh(x_1 w_x + b)$, 출력: $\hat{y}_1 = h_1 w_y + b_y$
- 두 번째 시점: $h_2 = \tanh(x_2 w_x + h_1 w_h + b)$, 출력: $\hat{y}_2 = h_2 w_y + b_y$
- 세 번째 시점: $h_3 = \tanh(x_3 w_x + h_2 w_h + b)$, 출력: $\hat{y}_3 = h_3 w_y + b_y$

여기서 마지막 시점의 Loss L_3에 대한 편미분을 살펴보겠습니다.

- w_y에 대한 편미분: $\dfrac{\partial L_3}{\partial w_y} = \dfrac{\partial L_3}{\partial \hat{y}_3} \dfrac{\partial \hat{y}_3}{\partial w_y}$

- w_h에 대한 편미분: $\dfrac{\partial L_3}{\partial w_h} = \dfrac{\partial L_3}{\partial \hat{y}_3} \dfrac{\partial \hat{y}_3}{\partial h_3} \dfrac{\partial h_3}{\partial w_h} + \dfrac{\partial L_3}{\partial \hat{y}_3} \dfrac{\partial \hat{y}_3}{\partial h_3} \dfrac{\partial h_3}{\partial h_2} \dfrac{\partial h_2}{\partial w_h}$

w_h에 대한 편미분을 구할 때는 w_h가 여러 경로를 통해 최종 Loss에 영향을 미치는 것을 고려해야 합니다. h_2로 h_3를 만들 때, 그리고 h_1으로 h_2를 만들 때 w_h가 관여하여 최종적인 L_3를 만들기 때문에 두 경로를 고려해야 합니다. 첫 번째 항은 h_2에서 h_3로 가는 경로를, 두 번째 항은 h_1에서 h_2를 거쳐 h_3로 가는 경로를 나타냅니다.

- w_x에 대한 편미분:

$$\frac{\partial L_3}{\partial w_x} = \frac{\partial L_3}{\partial \hat{y}_3}\frac{\partial \hat{y}_3}{\partial h_3}\frac{\partial h_3}{\partial w_x} + \frac{\partial L_3}{\partial \hat{y}_3}\frac{\partial \hat{y}_3}{\partial h_3}\frac{\partial h_3}{\partial h_2}\frac{\partial h_2}{\partial w_x} + \frac{\partial L_3}{\partial \hat{y}_3}\frac{\partial \hat{y}_3}{\partial h_3}\frac{\partial h_3}{\partial h_2}\frac{\partial h_2}{\partial h_1}\frac{\partial h_1}{\partial w_x}$$

w_x에 대한 편미분을 구할 때 발생하는 세 경로의 차이를 분석하기 위해 공통된 부분인 $\frac{\partial L_3}{\partial \hat{y}_3}\frac{\partial \hat{y}_3}{\partial h_3}$ 를 제외하고 살펴보겠습니다. 각 항을 자세히 분석해 보면:

- $\frac{\partial h_3}{\partial w_x} = \tanh'(x_3 w_x + h_2 w_h + b) x_3$

이는 액티베이션 함수의 미분과 입력의 곱으로 나타납니다. 이를 간단히 '액나' 혹은 세 번째 시점의 입력값임을 명시하기 위해 '액x_3'로 표현할 수 있습니다.

- $\frac{\partial h_3}{\partial h_2} = \tanh'(x_3 w_x + h_2 w_h + b) w_h$

이는 액티베이션 함수의 미분과 웨이트의 곱으로, '액웨'로 표현할 수 있습니다.

- $\frac{\partial h_2}{\partial w_x}$ 와 $\frac{\partial h_1}{\partial w_x}$ 및 $\frac{\partial h_2}{\partial h_1}$ 은 같은 방식으로 전개됩니다.

이러한 분석을 바탕으로, w_x에 대한 L_3의 편미분을 공통부분을 제외하고 표현하면 다음과 같습니다:

$$\frac{\partial L_3}{\partial w_x} \propto 액\,x_3 + 액웨 \cdot 액\,x_2 + 액웨 \cdot 액웨 \cdot 액\,x_1$$

이 식을 통해 RNN의 구조적 특성과 그로 인한 한계를 명확히 볼 수 있습니다:

- 이 식은 각 시점의 입력(x_1, x_2, x_3)의 가중합입니다.
- tanh의 최대 미분값이 1이므로, '액'이 연속해서 곱해질수록 그 값은 1보다 작아집니다.
- 따라서, 각 시점의 입력이 미치는 영향력은 균등하지 않습니다. 가장 최근 입력인 x_3의 영향력이 가장 크고, 가장 먼 과거의 입력인 x_1의 영향력이 가장 작습니다.

이 결과가 중요한 이유는 $\frac{\partial L_3}{\partial w_x}$는 곧 w_x를 어떻게 업데이트해야 L_3를 줄일 수 있을지를 나타내기 때문입니다. 그런데 이 업데이트 방향을 결정하는 데 있어 멀리 있는 입력의 정보는 구조적인 이유로 거의 무시되고 있습니다.

결과적으로, 세 번째 시점의 예측을 잘하기 위해 w_x를 업데이트할 때, **가장 최근 입력인 x_3의 영향이 지배적이며, 가장 먼 과거의 입력인 x_1의 영향은 미미**합니다. 이것이 바로 RNN에서 '멀리 있는 정보가 잊혀지는' 현상의 수학적 근거입니다.

> **잠깐! 알아두기**
>
> RNN에서 나타나는 문제 현상을 '기울기 소실 문제'라고 흔히 표현하지만, 이는 주의 깊게 이해할 필요가 있습니다. 전통적인 의미의 기울기 소실 문제는 신경망의 깊이가 깊어질수록 입력층에 가까운 파라미터들에 대한 그래디언트 크기가 현저히 작아져 학습이 제대로 이루어지지 않는 현상을 말합니다.
>
> 그러나 RNN의 경우는 조금 다릅니다:
>
> - 파라미터 공유: RNN은 모든 시점에서 동일한 파라미터를 사용합니다. 따라서 모든 시점의 값이 그래디언트 계산에 관여하여 가중합으로 계산됩니다.
>
> - 다중 Loss 고려: RNN은 각 시점의 Loss를 모두 고려합니다. 이에 따라 특정 파라미터에 대한 전체 그래디언트의 크기는 일반적으로 작지 않습니다.
>
> - 불균형한 가중합: RNN의 실제 문제는 그래디언트를 구성하는 요소가 각 시점 입력의 가중합으로 표현되며, 이때 각 항의 크기가 불균형하다는 점입니다. 멀리 있는 시점에 대한 항은 상대적으로 작으므로, 그 정보가 효과적으로 반영되지 않습니다.
>
> 따라서 RNN에서 나타나는 현상을 정확히 표현하자면, '**그래디언트가 각 입력 시점에 대해 불균형적 가중합으로 구해지는 문제**'라고 할 수 있습니다. 이러한 RNN의 한계를 극복하기 위해 다양한 개선 방법이 제안되었으며, 그중 가장 혁신적인 해결책 중 하나가 바로 Attention 메커니즘입니다.

2. **갈수록 뭉개진다**: RNN의 두 번째 주요 한계점은 순전파(Forward Propagation) 과정에서 발생합니다. **시점을 거치면서 초기 시점의 입력에 대한 정보가 점점 뭉개지는 현상**을 볼 수 있습니다.

이 현상을 이해하기 위해 RNN의 작동 방식을 다시 살펴보면, 각 시점에서 RNN은 이전 시점의 $\mathbf{h}_{t-1}$과 현재 입력 $\mathbf{x}_t$를 결합하여 새로운 $\mathbf{h}_t$를 만듭니다. 이 과정에서 tanh 함수가 사용됩니다.

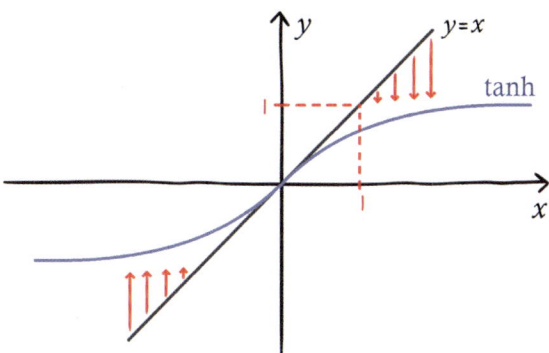

그런데, tanh 함수의 특성상, 입력값을 항상 −1과 1 사이의 값으로 변환합니다. 이는 두 가지 효과를 가집니다:

1. 정보의 정제: 반복된 비선형 변환을 통해 입력 데이터의 특징이 정제될 수 있습니다.

2. 정보의 압축: 하지만 동시에, 출력값이 -1과 1 사이로 압축되면서 입력값들의 세부적인 차이가 줄어들게 됩니다. 특히 큰 절댓값을 가진 입력들은 tanh 함수의 평탄한 부분으로 인해 그 차이가 크게 감소합니다. 예를 들어, 5와 10은 tanh 함수를 통과한 후 각각 약 0.9999와 1.0000으로 변환되어, 원래의 큰 차이가 거의 구별하기 어려울 정도로 작아집니다. 정보를 보존하는 $y=x$ 그래프와 비교해 보면, tanh 함수가 입력값들을 얼마나 급격하게 압축하는지 더욱 분명히 알 수 있습니다.

결과적으로, 시퀀스의 후반부로 갈수록 이전 입력들의 세부적인 정보가 점차 압축되어 구별하기 어려워집니다. 즉, RNN의 현재 **h**에는 이전의 모든 입력 정보가 담겨있긴 하지만, 최근 입력의 정보는 상대적으로 또렷하게 담겨 있는 반면, 오래된 입력의 정보일수록 점점 더 뭉개져 담기게 됩니다. 이는 RNN이 최근의 정보는 또렷하게 기억하지만, 오래된 정보일수록 세부적인 내용을 구분하기 어려워지는 경향이 있음을 의미합니다.

이러한 현상은 특히 긴 시퀀스를 다룰 때 문제가 됩니다. 다음과 같은 예를 생각해 봅시다: "딥러닝 책을 여러 해에 걸쳐 열심히 연구하고 고민하며 밤낮으로 노력하여 마침내 쓰다." 이 문장에서 마지막 단어인 '쓰다'의 의미를 정확히 파악하기 위해서는 문장의 맨 앞에 있는 '책을'이라는 정보가 필요합니다. 그러나 RNN이 이 긴 문장을 처리하면서 초반의 정보가 뭉개진다면, '쓰다'라는 단어를 처리할 때 "책을 쓰다"인지 "돈을 쓰다"인지 구분하기 어려울 수 있습니다.

이는 RNN의 구조적 특성으로 인한 한계점입니다. 이전 정보를 적절히 유지하면서도 새로운 정보를 효과적으로 통합해야 하는데, RNN은 이 균형을 잘 맞추지 못하는 것입니다.

이러한 RNN의 두 가지 주요 한계점(먼 입력은 잊혀지며 시점을 거치며 입력 정보가 뭉개짐)은 특히 긴 시퀀스를 다루는 작업에서 큰 문제가 됩니다. 한글을 영어로 번역하는 문제에서는 이런 한계점들이 어떻게 나타나는지, 그리고 이를 극복하기 위해 어떤 방식으로 발전해 왔는지 계속해서 살펴보도록 하겠습니다.

8.5. RNN의 여러 가지 유형

RNN은 다양한 형태로 구성될 수 있으며, 입력과 출력의 시점 수에 따라 여러 유형으로 나눌 수 있습니다.

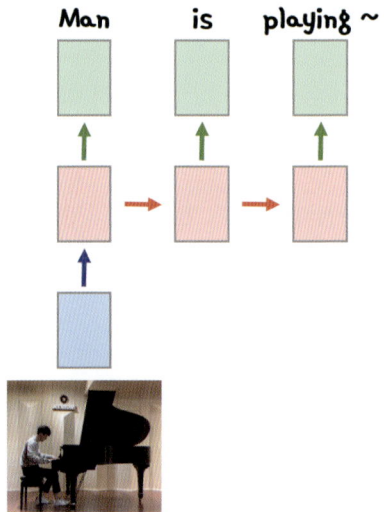

1. 'One to Many' 방식: 이 방식은 하나의 입력 시점과 여러 개의 출력 시점을 가집니다. 대표적인 예로 이미지 캡셔닝을 들 수 있습니다. 예를 들어, 피아노를 치는 사람의

사진이 단일 입력으로 주어지면, 모델은 "A man is playing the piano"와 같이 이미지를 설명하는 문장을 생성합니다. 이 과정에서 모델은 이미지의 주요 특징을 파악하고, 이를 바탕으로 순차적으로 단어를 생성하여 전체 문장을 만들어냅니다.

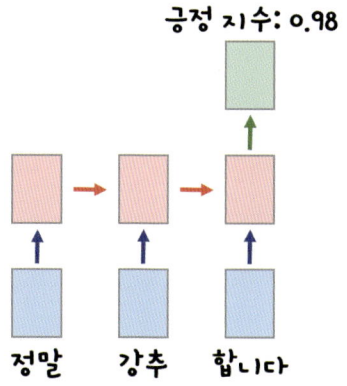

2. 'Many to One' 방식: 이 방식은 여러 개의 입력 시점과 하나의 출력 시점을 가집니다. 긍정 또는 부정으로 이진 분류하는 감정 분석이 대표적인 예입니다. 예를 들어, "이 영화는 정말 훌륭했습니다. 강력히 추천합니다!"라는 영화 리뷰가 입력으로 주어지면, 모델은 이를 분석하여 0.98과 같은 높은 긍정 지수를 출력할 수 있습니다. 이 과정에서 모델은 문장의 전체적인 맥락과 감정을 이해하고, 이를 단일 값으로 요약합니다.

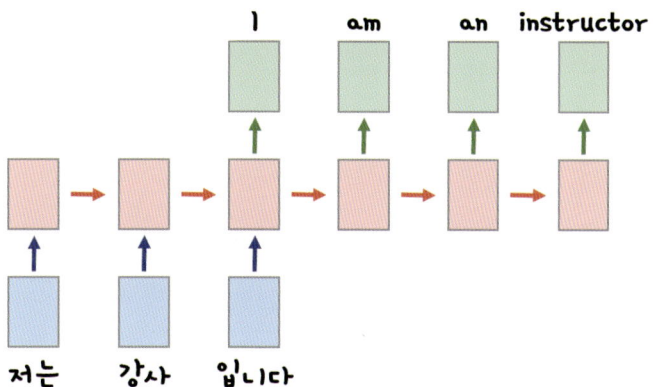

3. 'Many to Many' 방식: 이 방식은 여러 개의 입력 시점과 여러 개의 출력 시점을 가집니다. 기계 번역이 대표적인 예로, 이 책에서 중점적으로 다룰 한글-영어 번역기가 여기에 해당합니다. 예를 들어, "저는 강사입니다"라는 한국어 문장이 입력으로 주어지면, 모델은 이를 분석하여 "I am an instructor"라는 영어 문장을 출력합니다. 이 과정에서 모델은 입력 문장의 각 단어와 전체적인 의미를 이해하고, 이를 바탕으로 Target 언어의 문법과 어휘를 고려하여 번역문을 생성합니다.

8.6. Seq2seq 개념 및 문제점

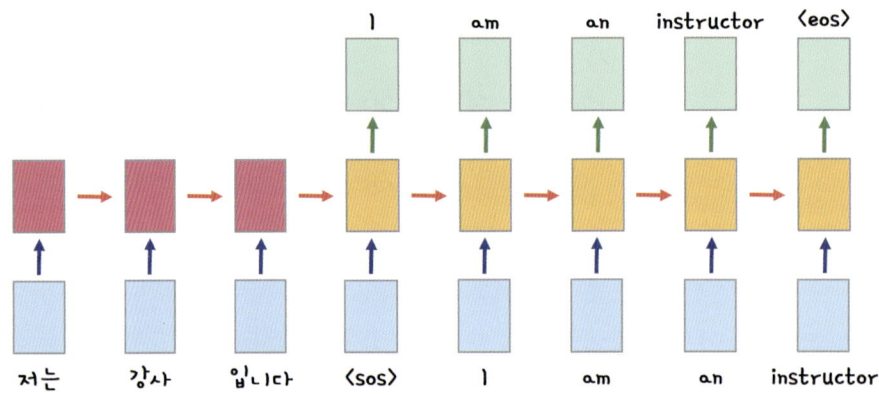

번역기는 주로 'Many to Many' 방식의 특별한 구조인 **Seq2seq**(Sequence-to-Sequence) 모델을 사용합니다. 이 모델은 시퀀스를 입력받아 다른 시퀀스를 출력하는 구조입니다.

Seq2seq 모델에서는 <sos>와 <eos>라는 특별한 토큰이 사용됩니다. <sos>는 'Start of Sentence(또는 Sequence)'를, <eos>는 'End of Sentence(또는 Sequence)'를 의미합니다. 이 토큰들은 문장의 시작과 끝을 표시하며, 다른 단어들과 마찬가지로 One-Hot Encoding 방식으로 벡터화됩니다.

<sos> 토큰은 디코더에게 번역 시작을 알리는 신호로 사용됩니다. <eos> 토큰은 특히 중요한데, 이는 모델이 번역을 언제 멈춰야 할지 학습할 수 있게 합니다. <eos> 없이는 모델이 언제 멈춰야 할지 몰라 무한히 단어를 생성할 수도 있기 때문입니다. 따라서 <eos>는 가변 길이의 출력을 다루는 데 필수적입니다.

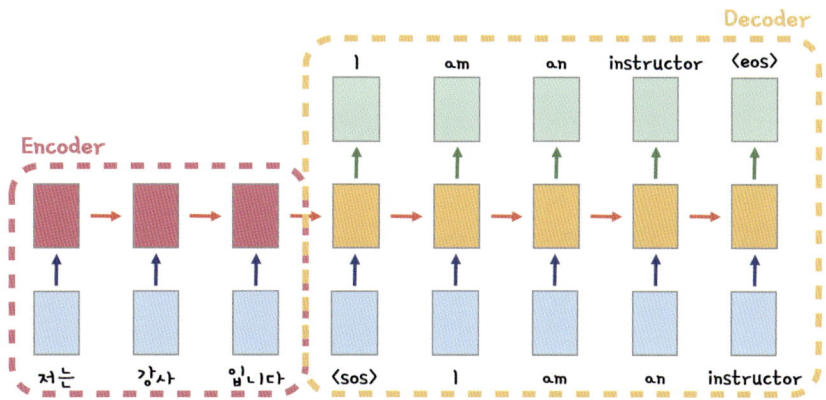

Seq2seq 모델은 인코더와 디코더, 두 부분으로 구성됩니다. 각 부분은 서로 다른 RNN으로 이루어져 있으며, 각각 고유한 $\mathbf{W}_x$, $\mathbf{W}_h$, $\mathbf{W}_y$ 파라미터 세트를 가지고 학습됩니다. 단, 각 부분 내에서는 모든 시점에서 파라미터가 공유됩니다.

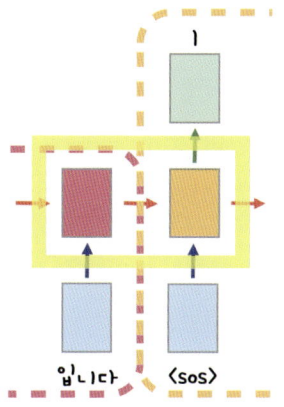

위 그림과 같이 인코더의 마지막 은닉 벡터($\mathbf{h}_3$)가 디코더로 전달되어 두 부분을 연결합니다. 여기서 $\mathbf{h}_3$는 Context Vector라고 불리는데, 입력 문장의 전체 맥락 정보를 담고 있기 때문입니다. **Context Vector는 인코더가 입력 시퀀스의 정보를 압축한 것으로, 디코더가 번역문을 생성할 때 참조하는 핵심 정보**가 됩니다. 따라서 인코더의 핵심 역할은 입력 시퀀스의 정보를 Context Vector에 잘 압축하는 것이라고 할 수 있습니다.

디코더는 이 Context Vector를 기반으로 번역을 수행합니다. <sos> 토큰으로 시작해, 다음 토큰을 순차적으로 예측하는 방식으로 번역문을 생성합니다. 이 과정은 앞서 설명한 Next Token Prediction과 유사합니다. 따라서, **Seq2seq의 디코더는 Next Token Predictor**라고 할 수 있습니다.

학습 과정에서, 디코더의 입력은 "<sos> I am an instructor"와 같고, 목표 출력은 "I am an instructor <eos>"와 같이 한 칸 밀린 형태가 됩니다. 이는 자동 완성 예시에서 'Hell'을 입력으로, 'ello'를 출력으로 학습시키는 것과 유사한 원리입니다.

이러한 구조를 통해 Seq2seq 모델은 다양한 길이의 입력 시퀀스를 받아 적절한 길이의 출력 시퀀스를 생성할 수 있게 됩니다.

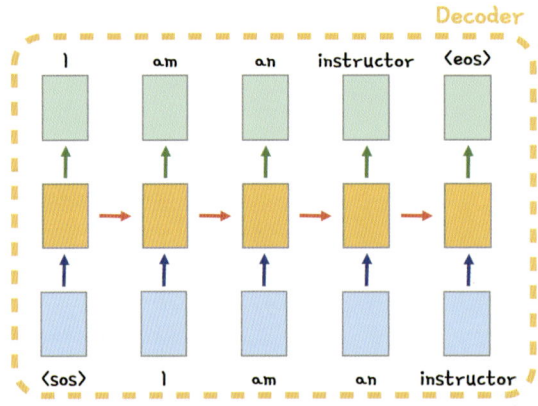

Seq2seq 모델은 학습 시와 실제 사용(테스트) 시에 다르게 동작합니다. 이는 앞서 설명한 자동 완성 AI의 동작 방식과 유사합니다.

- 학습 과정: 학습 시에는 **Teacher Forcing**이라는 기법을 사용합니다. 이 방법에서는 디코더에 전체 정답 문장을 한 번에 입력으로 제공합니다. 예를 들어, "<sos> I am an instructor"를 입력으로 주고, "I am an instructor <eos>"를 출력하도록 학습시킵니다. 이를 Teacher Forcing이라고 부르는 이유는 마치 선생님이 학생에게 정답을 알려주는 것처럼, 모델에게 정확한 이전 단어를 제공하기 때문입니다. 앞서 제시된 자동 완성 AI 역시 Teacher Forcing 기법으로 학습되는 예시입니다. 이 방법은 모델이 올바른 맥락에서 학습할 수 있게 해주며, 학습 속도를 높이는 장점이 있습니다.

- 추론 과정: 실제 사용 시에는 인코더가 입력 문장으로부터 Context Vector를 생성하고, 디코더는 이를 바탕으로 <sos> 토큰부터 시작하여 하나씩 토큰을 생성합니다. 즉, 추론 시에는 Teacher Forcing을 사용하지 않고 생성된 각 토큰을 다음 토큰 예측을 위한 입력으로 사용합니다.

Seq2seq 모델은 순차적으로 토큰을 생성하는 방식을 가지므로 초기에 잘못된 예측이 발생하면 이후의 모든 예측에 영향을 미칠 수 있습니다. 예를 들어, 첫 시점에서 'I' 대신 'He'가 생성되면, 뒤이어 'is'가 나올 가능성이 높아집니다. 이는 Seq2seq뿐만 아니라 대부분의 순차적 생성 모델이 가지고 있는 공통적인 문제입니다.

또한, Seq2seq는 두 개의 RNN을 연결한 구조이므로, RNN의 주요 한계점도 그대로 가지고 있습니다. 먼저, '멀수록 잊혀지는' 문제로 인해 디코더에서 Loss와 멀리 있는 입력 토큰이 그래디언트에 미치는 영향력이 작아집니다. 특히, 인코더의 파라미터들은 디코더의 첫 입력보다도 더 멀리 위치하여 학습이 더욱 어렵습니다.

'정보가 뭉개지는' 문제도 있습니다. Context Vector에 문장의 정보를 효과적으로 담아야 하는데, 이 과정에서 문제가 발생합니다. 예를 들어, "저는 강사입니다"라는 문장에서 h_3에는 '입니다'의 정보가 가장 뚜렷하게 담기고 '저는'의 정보는 가장 뭉개져 담기게 됩니다.

이러한 한계로 인해 Seq2seq 모델은 번역 시 입력 문장의 마지막 단어에 과도하게 의존하게 됩니다. 예를 들어 "저는 강사입니다"를 번역할 때, 'I'를 출력할 때는 '저는'에, 'instructor'를 출력할 때는 '강사'에 주목해야 합니다. 하지만 실제로는 '입니다'의 정보가 가장 뚜렷하게 담긴 Context Vector를 사용하게 됩니다. 이는 사람의 번역 방식과는 거리가 멉니다.

이러한 한계를 극복하기 위해 새로운 접근 방식이 필요했고, 여기서 Attention 메커니즘이 등장하게 됩니다. Attention은 '어떤 단어를 주목할지'를 학습하는 방법으로, Seq2seq의 성능을 획기적으로 향상시켰습니다. 이 Attention 메커니즘은 다음 섹션에서 자세히 살펴보겠습니다.

잠깐! 알아두기

Seq2seq 모델의 각 셀(Cell)은 주로 RNN의 발전된 형태인 LSTM(Long Short Term Memory)이나 GRU(Gated Recurrent Unit)를 사용합니다. GRU는 LSTM과 유사한 아이디어를 바탕으로 하지만 수식을 좀 더 간단하게 만든 버전입니다. 여기서는 LSTM을 중점적으로 살펴보겠습니다.

LSTM은 RNN의 '갈수록 뭉개지는' 문제를 해결하기 위해 고안되었습니다. LSTM은 현재 시점까지의 정보를 얼마나 유지할지(Long Term Momery), 그리고 새로운 입력값을 얼마나 받아들일지(Short Term Memory)를 학습합니다. 이는 마치 정보의 흐름을 조절하는 '밸브' 시스템과 유사합니다.

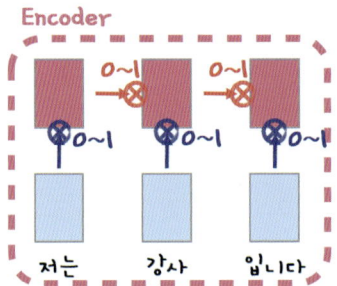

예를 들어, "저는 강사입니다"라는 문장을 처리할 때, LSTM은 '저는'과 '강사'라는 핵심 키워드에 더 많은 가중치를 두고, '입니다'와 같은 문법적 요소는 상대적으로 덜 중요하게 처리할 수 있습니다. 이러한 방식으로 LSTM은 문장의 핵심 의미를 더 잘 보존할 수 있습니다.

LSTM의 구조를 좀 더 자세히 살펴보면, 세 개의 '게이트'로 구성되어 있습니다:

1. 입력 게이트: 새로운 정보를 얼마나 받아들일지 결정합니다.

2. 망각 게이트: 기존 정보를 얼마나 유지할지 결정합니다.

3. 출력 게이트: 현재 셀의 상태를 얼마나 외부로 출력할지 결정합니다.

이 게이트들은 각각 0과 1 사이의 값을 가지며, 이 값들에 따라 정보의 흐름이 조절됩니다.

LSTM은 RNN의 '갈수록 뭉개지는' 문제를 상당 부분 개선했지만, 여전히 완벽한 해결책은 아닙니다. '멀수록 잊혀진다'는 RNN의 근본적인 문제는 여전히 존재하기 때문입니다. LSTM의 게이트 파라미터들도 결국 입력 토큰의 가중합으로 계산되기 때문에, Loss와 멀리 있는 입력 토큰의 영향력이 여전히 감소합니다. 즉, **멀리 있는 토큰에 대한 게이트 조절 학습이 제대로 이루어지기 어렵습니다.**

LSTM의 아이디어는 혁신적이었고 많은 자연어 처리 문제에서 성능 향상을 이뤄냈지만, 매우 긴 시퀀스를 처리할 때는 여전히 한계가 있었습니다. 이는 LSTM이 RNN의 순차적 연산이라는 기본 구조를 따르고 있어, 근본적인 제약을 완전히 극복하지는 못했기 때문입니다. 이러한 한계는 Seq2seq 모델의 성능 향상에 제약으로 작용했고, 자연어 처리 분야에서 새로운 접근 방식의 필요성을 제기하는 계기가 되었습니다.

8.7. Attention: 시점마다 다른 Context Vector의 사용

자연어 처리 분야에서 획기적인 발전을 이룬 Attention 메커니즘에 대해 자세히 살펴보겠습니다. Attention은 RNN 구조의 한계를 극복하는 데 큰 역할을 한 혁신적인 방법입니다.

Attention의 발전 과정은 자연어 처리 기술에 큰 변화를 가져왔습니다. 초기에는 RNN 구조에 Attention 개념을 도입하여 성능을 크게 향상시켰습니다. 이후 "Attention is all you need"라는 논문의 제목에서 알 수 있듯이 트랜스포머는 여기서 한 걸음 더 나아가 RNN 구조를 완전히 탈피하고 Attention의 사용을 극대화했습니다. 이로 인해 자연어 처리 분야는 비약적인 성능 발전을 이루게 되었고, 복잡한 언어 처리 작업에서 놀라운 성과를 거두며 현대 자연어 처리 기술의 기반을 마련했습니다.

이 책에서 제시하는 Attention 메커니즘은 Luong Attention[54]의 핵심 아이디어를 바탕으로 하되, 설명의 편의와 이해의 용이성을 위해 일부 단순화된 형태로 표현되었습니다. 원 논문의 구현과는 세부적인 차이가 있을 수 있으나, Attention의 핵심 개념을 잘 나타내고 있습니다.

Attention이 기존의 방식과 가장 크게 다른 점은 Context Vector가 출력 시점마다 달라진다는 것입니다. 기존의 Seq2seq 모델에서는 컨텍스트 벡터 c가 모든 시점에서 동일했습니다. 예를 들어, 출력 시점을 c_1, c_2, c_3, c_4, c_5로 구분할 때, $c_1 = c_2 = c_3 = c_4 = c_5 = h_3$와 같이 모든 c가 인코더의 마지막 은닉 벡터인 h_3와 같았습니다. 반면, **Attention 메커니즘은 매 시점마다 다른 Context Vector**($c_1 \neq c_2 \neq c_3 \neq c_4 \neq c_5$)**를 생성합니다.**

---

[54] Thang Luong 외 3인, 「Effective Approaches to Attention-based Neural Machine Translation」, EMNLP 2015, 2015.

잠깐! 알아두기

Context Vector의 정의는 **'입력 문장의 전체 맥락을 압축한 벡터'**입니다. 기본 Seq2seq 모델에서 Context Vector는 인코더의 마지막 은닉 벡터 h_3로, 디코더에 전달되어 첫 번째 은닉 벡터로 사용됩니다. 그런데 디코더의 RNN이 각 시점마다 은닉 벡터를 업데이트하기 때문에 Context Vector가 시점마다 달라진다고 오해할 수 있습니다. 하지만 h_3가 디코더로 전달된 후에는 더 이상 입력 문장의 정보를 추가로 활용하지 않기 때문에, 디코더의 모든 시점에서 동일한 Context Vector가 사용되는 것으로 봐야 합니다.

이렇게 시점마다 다르게 생성된 Context Vector는 각 시점의 출력을 계산할 때 사용됩니다. 구체적인 계산 과정을 살펴보겠습니다.

인코더의 은닉 벡터를 h_1, h_2, h_3로, 디코더의 은닉 벡터를 s_1, s_2, s_3, s_4, s_5로 표현할 때, 네 번째 시점에서의 Loss L_4는 다음과 같이 계산됩니다:

$$L_4 = \text{CE}(\hat{\mathbf{y}}_4, \mathbf{y}_4)$$

여기서 $\hat{\mathbf{y}}_4$은 네 번째 시점의 예측값, $\mathbf{y}_4$는 네 번째 시점의 레이블입니다.

이때, 기존의 Seq2seq 구조에서 $\hat{\mathbf{y}}_4$은 다음과 같이 계산됩니다:

$$\hat{\mathbf{y}}_4 = \text{Softmax}(\mathbf{s}_4 \mathbf{W}_y + \mathbf{b}_y)$$

반면, Attention 메커니즘에서는 다음과 같이 계산합니다:

$$\hat{\mathbf{y}}_4 = \text{Softmax}(\mathbf{s}_4 \mathbf{W}_y + \mathbf{c}_4 \mathbf{W}_c + \mathbf{b}_y)$$

즉, Attention 메커니즘에서는 각 시점의 Context Vector가 추가로 출력 계산에 관여합니다. 이렇게 각 시점마다 다른 Context Vector를 사용함으로써, Attention 메커니즘은 디코더가 출력을 생성할 때 시점에 따라 어떤 단어를 '주목'해야 할지를 학습할 수 있게 합니다.

8.7.1. Attention: Context Vector 만들기

Attention 메커니즘에서 Context Vector를 만드는 과정을 이해하기 위해서는 먼저 인코더의 은닉 벡터(h_1, h_2, h_3)를 바라보는 관점의 전환이 필요합니다.

기존 RNN에서는 h_3를 x_1, x_2, x_3의 정보를 모두 담은 '문장 벡터'로 해석했습니다. 그러나 Attention 메커니즘은 이를 다른 관점에서 바라봅니다. **Attention에서는 각 은닉 벡터의 본분을 '개별 단어를 잘 표현하는 것'으로 봅니다.** 이는 중요한 관점의 변화입니다.

이러한 새로운 시각에서 h_1, h_2, h_3는 각각 '저는', '강사', '입니다'를 벡터 공간에서 표현하는 워드 임베딩 벡터(Word Embedding Vector)로 볼 수 있습니다. 워드 임베딩 벡터는 각 단어의 의미와 특성을 고차원의 벡터 공간에 '임베드(Embed)', 즉 '박아 넣는' 역할을 하는 **벡터**를 말합니다.

즉, h_1의 본분은 '저는'을, h_2의 본분은 '강사'를, h_3의 본분은 '입니다'를 벡터 공간에서 잘 표현하는 것입니다. 이는 각 은닉 벡터가 해당 단어의 의미와 특성을 잘 포착해야 한다는 것을 의미합니다.

하지만, h_3에는 분명 x_1, x_2, x_3가 모두 담겨있기 때문에 '입니다'만을 표현하는 벡터라는 것이 잘 이해가 가지 않을 수 있습니다. 물론 h_3에는 이전 단어들의 정보도 포함되어 있지만, 이는 **'입니다'를 임베딩할 때 '저는'과 '강사'의 정보도 참고했다는 것**으로 이해할 수 있습니다. 예를 들어, "지금은 6시입니다"와 "저는 강사입니다"에서 '입니다'의 기본 의미는 같지만, 문맥상 뉘앙스가 완전히 다릅니다. h_3는 이러한 문맥적 차이를 반영합니다. 여기서 중요한 점은, h_3의 주된 임무가 여전히 '입니다'를 잘 표현하는 것이라는 점입니다. 즉, h_3는 '입니다'라는 단어의 의미를 중심으로 하되, 이전 단어들의 문맥을 고려하여 더 풍부하고 정확한 표현을 하는 임베딩 벡터라고 볼 수 있습니다.

이러한 관점에서 보면, 기존 방식처럼 $c_4 = h_3$로 설정하는 것은 입력 문장에서 '입니다'만을 고려하는 것과 같음을 알 수 있습니다. 따라서, 이는 전체 문장의 의미를 파악하는 데 부족하여 학습에 어려움이 따를 것이라고 직관적으로 예상할 수 있습니다. 따라서, 모든 단어의 의미를 담기 위해 $h_1 + h_2 + h_3$와 같이 모든 워드 임베딩 벡터를 더하는 방법을 고려할 수 있습니다.

하지만 단순히 벡터들을 더하는 것만으로는 충분하지 않습니다. 문장 내 각 단어의 중요도가 다를 텐데, 어떤 단어를 더 '주목'해야 할지 알 수가 없기 때문입니다. 이를 해결하기 위해 **단순히 더하는 것이 아닌 가중합을 사용**합니다.

즉, $c_4 = w_1 h_1 + w_2 h_2 + w_3 h_3$ 와 같이 각 벡터에 가중치를 곱한 후 더합니다. 여기서 w_1, w_2, w_3 는 학습 가능한 새로운 파라미터입니다.

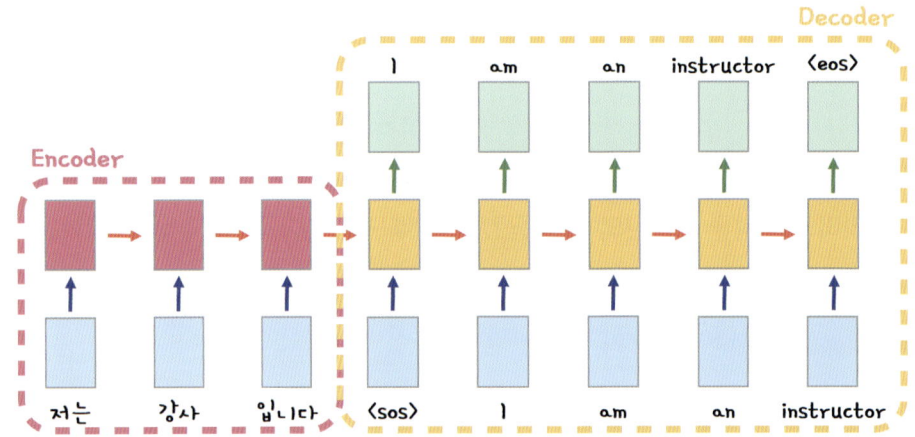

그러나 이 방법에도 문제가 있습니다. 예를 들어, 네 번째 출력 시점에서 'instructor'를 출력하기 위해서는 w_2('강사'에 해당하는 가중치)가 커야 합니다.

하지만 "저는 딥러닝 강사입니다"와 같이 문장이 길어지면 '강사'의 위치가 바뀌고, $c_4 = w_1 h_1 + w_2 h_2 + w_3 h_3 + w_4 h_4$ 와 같이 가중치의 개수도 늘어납니다. 이는 두 가지 문제를 야기합니다:

1. 학습 기회의 불균형: 긴 문장에서만 나타나는 가중치(예: w_{100})는 학습 기회가 적습니다.

2. 학습 방향의 비일관성: '강사'의 위치가 바뀜에 따라 어떤 가중치를 높여야 할지가 달라집니다.

    이러한 불일치는 AI의 학습을 어렵게 만듭니다. 예를 들어, "저는 강사입니다"가 입력 문장일 때는 w_2를 높이는 방향으로 학습이 진행되지만, "저는 딥러닝 강사입니다"가 입력 문장일 때는 w_3를 높이는 방향으로 학습이 진행될 것입니다.

이렇게 학습 방향이 일관성 없이 계속 바뀌면, 결국 모델은 어떤 토큰을 중요하게 여겨야 할지 혼란에 빠지게 되고, 효과적인 학습이 이루어지기 어렵습니다.

이러한 문제를 해결하기 위해, **가중치를 고정된 파라미터가 아닌 각 단어의 함수로 만들어야 합니다.** 이렇게 하면 단순히 "두 번째 단어를 더 중요하게 봐라"가 아닌 "'강사'라는 단어를 더 주목해라"라는 방식으로 학습시킬 수 있습니다. 그러면 "저는 딥러닝 강사입니다"라는 문장에서도 'instructor'를 출력하기 위해서는 세 번째 시점의 '강사'라는 단어가 중요하다는 것을 자연스럽게 학습할 수 있게 됩니다.

여기서 끝이 아닙니다. 아직 꼭 포함해야 할 중요한 정보가 남아 있습니다. **각 출력 시점마다 다른 Context Vector를 생성하기 위해서는 현재의 출력 시점 정보가 필요**합니다. 만약 이 정보가 없다면, 모든 시점에서 동일한 Context Vector를 사용하게 되어 Attention의 장점을 살릴 수 없습니다.

이를 위해 디코더의 현재 은닉 상태 s를 활용합니다. s는 각 시점의 단어 정보를 담고 있는 워드 임베딩 벡터입니다. 예를 들어, s_1은 '<sos>', s_2는 'I', s_3는 'am', s_4는 'an', s_5는 'instructor'의 정보를 담고 있습니다. 이 s를 이용함으로써, 각 시점에서 입력 문장의 어떤 부분에 주목해야 할지를 결정할 수 있게 합니다.

이를 반영하여 네 번째 시점의 Context Vector를 다음과 같이 표현할 수 있습니다:

$$c_4 = f(s_4, h_1)h_1 + f(s_4, h_2)h_2 + f(s_4, h_3)h_3$$

여기서 $f(s_4, h_i)$는 현재 시점의 임베딩 벡터 s_4와 각 입력 단어의 임베딩 벡터 h_i 사이의 '주목도'를 나타내는 함수입니다.

Luong Attention에서는 이 함수를 내적(Dot Product)으로 정의합니다. 두 벡터의 내적을 < , >로 표기하면, c_4는 다음과 같이 표현됩니다:

$$c_4 = <s_4, h_1>h_1 + <s_4, h_2>h_2 + <s_4, h_3>h_3$$

이렇게 하면 현재 시점이 'an'일 때, 입력 문장 중 어떤 단어를 주목하면 'instructor'를 출력할 수 있을지를 AI가 스스로 학습을 통해 깨닫게 됩니다. 예를 들어, 네 번째 시점에 대해서는 '강사'에 해당하는 $<s_4, h_2>$ 값을 키우는 방향으로 학습이 이뤄지게 됩니다.

실제로는 가중합을 하기 전에 각 단어에 대한 주목도(가중치: $<s_4, h_1>$, $<s_4, h_2>$, $<s_4, h_3>$)를 0과 1 사이의 값으로 표현하고, 그 합이 1이 되도록 만들기 위해 **Softmax 함수를 적용**합니다. 즉, Softmax 함수를 통과한 가중치로 가중합하여 Context Vector를 만드는 것입니다. 이는 다음과 같은 이유에서 중요합니다:

1. 크기 규제: Softmax를 적용함으로써 특정 단어의 가중치가 지나치게 커지는 것을 방지합니다. 이는 모델이 한 단어에만 과도하게 집중하는 것을 막아줍니다.

2. 양수 보장: 주목도는 개념적으로 '얼마나 중요한가'를 나타내므로, 음수가 되면 해석하기 어렵습니다. Softmax는 항상 양수 값을 출력합니다.

3. 분포로 해석: 가중치의 합이 1이 되므로, 각 단어에 대한 주목도를 분포로 해석할 수 있습니다. 이는 모델의 결정을 이해하고 해석하는 데 도움이 됩니다. 예를 들어, '강사'에 대한 주목도가 0.7이라면, 모델이 이 단어에 70%의 주의를 기울이고 있다고 해석할 수 있습니다.

이러한 방식으로 Attention 메커니즘은 각 출력 시점에서 입력 문장의 어떤 부분에 주목해야 할지를 효과적으로 학습할 수 있게 합니다. 이어지는 내용에서는 설명의 편의상 $c_4 = <s_4, h_1>h_1 + <s_4, h_2>h_2 + <s_4, h_3>h_3$ 와 같이 Softmax는 생략하여 표기하도록 하겠습니다.

8.7.2. Attention의 학습 원리와 해석

앞서 Chapter 7에서 1×1 컨볼루션을 '신이 특징 맵을 만들 때'로 비유했던 것처럼, Attention 메커니즘은 **'신이 Context Vector를 만들 때'**로 이해할 수 있습니다. 즉, 현재 시점의 Context Vector를 만들 때 어떤 단어에 더 주목하고, 어떤 단어는 덜 고려해야 할지를 학습합니다. 이는 마치 신이 각 단어의 중요도를 판단하여 Context Vector라는 '요리'를 위해 적절한 양의 재료(워드 임베딩 벡터)들을 넣는 것과 같습니다.

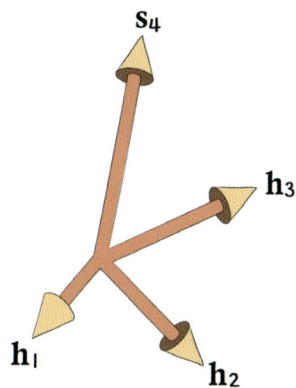

이때, Attention의 가중치를 구하는 방법으로 **내적을 사용하는 이유는** 내적이 두 벡터의 **'닮은 정도'를 나타내는 좋은 척도이기 때문입니다.** 예를 들어, s_4(디코더의 현재 시점의 워드 임베딩 벡터)와 h_1, h_2, h_3(인코더의 워드 임베딩 벡터들)가 벡터 공간에 위와 같이 존재할 때, 네 번째 시점에서 h_2가 중요하다면 $<s_4, h_2>$의 값이 커지도록 학습이 이루어집니다. 이는 s_4와 h_2를 벡터 공간상에서 서로 가까워지게 만드는 과정입니다.

여기서 주목할 점은 **가중치 값 자체를 직접 학습하는 것이 아니라, 벡터들을 '어디에 위치시킬지'를 학습한다**는 것입니다. 디코더에서 s_4를 만들거나 인코더에서 h_2를 만들 때, 입력 토큰에 웨이트 행렬을 곱하여 만듭니다. 따라서 이 웨이트 행렬을 학습한다는 것은 곧 입력 토큰 벡터(One-Hot 벡터)를 벡터 공간의 어느 위치로 이동시키는 것이 좋을지를 결정하는 것과 같습니다.

예를 들어, 네 번째 시점에서 'instructor'를 출력해야 한다면, 모델은 s_4와 h_2('강사'를 임베딩한 벡터)가 서로 가까운 곳에 위치하도록 파라미터를 업데이트할 것입니다. 이렇게 함으로써, 'instructor'를 출력할 때 '강사'라는 단어에 더 주목하게 됩니다. 이러한 학습 과정을 통해 모델은 각 출력 시점마다 입력 문장의 어떤 부분에 집중해야 할지를 효과적으로 학습하게 됩니다.

이로부터 흥미로운 사실을 하나 알 수 있습니다. 디코더가 Next Token Predictor로 작동하기 때문에, **실제로 가까워지도록 학습되는 것은 'instructor'와 '강사'가 아닌, 'an'과 '강사'라는 점입니다.** 앞서 s_4와 h_2가 서로 가깝게 되도록 학습될 것임을 예상할 수 있었습니다. 그런데 여기서 s_4는 'an'을 임베딩하는 벡터이고, h_2는 '강사'를 임베딩하는 벡터이므로 이러한 흥미로운 현상이 발생하게 됩니다.

결과적으로, 'an' 다음에 오기에 적합한 영어 단어에 대응하는 한글 단어들이 'an' 벡터와 가까워지게 됩니다. 예를 들어, '강사(instructor)', '사과(apple)', '비행기(airplane)' 등이 이에 해당합니다. 반면, '의사(doctor)'와 같은 단어는 거리가 멀어질 것입니다. 왜냐하면 'an doctor'는 문법적으로 맞지 않기 때문입니다. 또한, 'an' 다음에 어울리지 않는 '저는'이나 '입니다'와 같은 단어들도 거리가 멀어지도록 학습될 것입니다. 따라서, 현재 예시에서는 'an'과 '강사'는 가까워지고, '저는', '입니다'와는 멀어지는 방향으로 학습이 이루어질 것임을 예상할 수 있습니다.

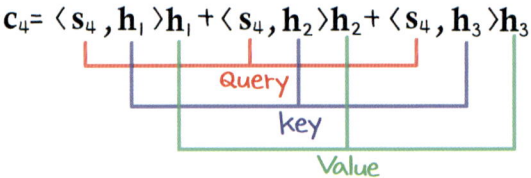

마지막으로, $c_4 = <s_4, h_1>h_1 + <s_4, h_2>h_2 + <s_4, h_3>h_3$ 식을 좀 더 자세히 들여다보겠습니다. 여기서 s_4는 **현재 시점이 'an'일 때 다음으로 어떤 토큰이 와야 하는지를 묻는 역할**을 합니다. 이러한 이유로 s_4를 Query 벡터라고 부릅니다. 또, h_1, h_2, h_3는 이 질문에 답변을 제공하는 역할을 하므로 Key 벡터라고 합니다. 동시에 이 벡터들은 가중합의 대상이 되며, 각 **단어의 의미를 담고 있다는 점**에서 Value 벡터라고도 부릅니다.

트랜스포머 모델에서는 이러한 개념을 더욱 발전시켜, Query, Key, Value 벡터를 각각 생성하는 별도의 FC 레이어를 사용합니다. 이는 Attention 메커니즘을 더욱 유연하고 강력하게 만드는 중요한 특징입니다.

8.7.3. RNN+Attention의 두 가지 문제점

Attention 메커니즘의 도입은 RNN을 기반으로 한 Seq2seq 구조의 성능을 비약적으로 향상시켰습니다. 이는 자연어 처리 분야에 큰 혁신을 불러일으켰고, 기계 번역을 비롯한 다양한 응용 분야에서 획기적인 발전을 이끌어냈습니다.

그러나 RNN과 Attention을 결합한 방식에도 여전히 개선의 여지가 남아있었습니다. RNN+Attention의 두 가지 문제점 중 첫 번째는, **'멀수록 잊혀진다'는 RNN의 근본적인 문제가 디코더 부분에서 여전히 존재**한다는 것입니다. 즉, Loss와 시간적으로 멀리 떨어진 디코더의 입력 토큰은 해당 시점의 Loss의 그래디언트에 미치는 영향력이 여전히 작습니다.

다만, Attention의 도입으로 인코더 부분에서는 이 문제가 상당 부분 완화되었습니다. 이러한 변화를 더 깊이 이해하기 위해, 네 번째 시점의 Loss L_4를 기준으로 수식을 다시 살펴보겠습니다:

$$L_4 = \text{CE}(\hat{\mathbf{y}}_4, \mathbf{y}_4)$$

$$\hat{\mathbf{y}}_4 = \text{Softmax}(\mathbf{s}_4 \mathbf{W}_y + \mathbf{c}_4 \mathbf{W}_c + \mathbf{b}_y)$$

$$\mathbf{c}_4 = <\mathbf{s}_4, \mathbf{h}_1> \mathbf{h}_1 + <\mathbf{s}_4, \mathbf{h}_2> \mathbf{h}_2 + <\mathbf{s}_4, \mathbf{h}_3> \mathbf{h}_3$$

기존에는 $\mathbf{W}_x$까지 역전파가 전달이 되는 경로 중 가장 짧은 경로는 다음과 같았습니다:

$$L_4 \rightarrow \hat{\mathbf{y}}_4 \rightarrow \mathbf{s}_4 \rightarrow \mathbf{s}_3 \rightarrow \mathbf{s}_2 \rightarrow \mathbf{s}_1 \rightarrow \mathbf{h}_3 \rightarrow \mathbf{W}_x$$

하지만, Attention 메커니즘이 도입되면서 Context Vector $\mathbf{c}_4$가 $\hat{\mathbf{y}}_4$을 계산하는 데 직접적으로 관여하게 되었고, 이로 인해 역전파의 전달 경로가 크게 개선되었습니다. $\mathbf{c}_4$는 $\mathbf{s}_4$ 뿐만 아니라 인코더의 $\mathbf{h}_1, \mathbf{h}_2, \mathbf{h}_3$를 포함합니다. 따라서, 새로운 역전파 경로가 형성되었고 기존의 긴 경로가 크게 단축되었음을 알 수 있습니다. 예를 들어, 다음과 같은 새로운 경로가 형성되었습니다:

$$L_4 \rightarrow \hat{\mathbf{y}}_4 \rightarrow \mathbf{c}_4 \rightarrow \mathbf{h}_3 \rightarrow \mathbf{W}_x$$

이 경로는 기존의 경로보다 훨씬 짧습니다. 더욱 중요한 것은, $\mathbf{c}_4$를 계산할 때 $\mathbf{h}_1, \mathbf{h}_2, \mathbf{h}_3$ 간의 가중합을 사용한다는 것입니다. 이로 인해 $\mathbf{h}_1$(또는 $\mathbf{h}_2$)으로의 역전파 경로도 다음과 같이 동일한 길이를 가지게 됩니다:

$$L_4 \rightarrow \hat{\mathbf{y}}_4 \rightarrow \mathbf{c}_4 \rightarrow \mathbf{h}_1 \rightarrow \mathbf{W}_x$$

이는 인코더의 모든 시점이 출력에 대해 '동등한 거리'에 있음을 의미하며, 이것이 바로 인코더에서 '멀수록 잊혀지는' 문제를 Attention을 통해 크게 완화할 수 있었던 핵심 이유입니다. 즉, 시간적 거리에 관계없이 중요한 정보를 효과적으로 활용할 수 있게 된 것입니다. 하지만 디코더는 여전히 '멀수록 잊혀지는' 문제를 가지고 있습니다.

RNN+Attention의 두 번째 문제점은 **"의미를 제대로 담지 못한 워드 임베딩 벡터에 Attention을 적용한다"**는 것입니다. 이는 기본 Seq2seq 구조는 단어의 의미를 효과적으로 임베딩하는 데 한계가 있음을 의미합니다.

이 문제를 이해하기 위해 '쓰다'라는 단어를 예로 들어보겠습니다. '쓰다'는 문맥에 따라 여러 가지 의미를 가질 수 있습니다:

1. "돈을 쓰다" - 영어로 'spend'
2. "글을 쓰다" - 영어로 'write'
3. "모자를 쓰다" - 영어로 'put on' 또는 'wear'
4. "맛이 쓰다" - 영어로 'bitter'

정확한 번역을 위해서는 이 단어가 사용된 맥락을 정확히 파악해야 합니다. 그러나 RNN 구조에서는 이러한 맥락 정보를 완벽히 포착하기 어렵습니다.

예를 들어, '쓰다'가 문장의 일곱 번째 토큰으로 입력되고 '돈을'이 첫 번째 토큰으로 입력되었다고 가정해 봅시다. 이상적으로는 h_7이 '소비하다'라는 의미를 정확히 담아야 합니다. 하지만 RNN의 특성상, x_1의 정보가 일곱 번째 시점까지 가면서 뭉개져 온전히 전달되기 어렵습니다.

결과적으로, '돈을'이라는 단어가 일곱 번째 시점까지 잘 전달되지 않아 h_7은 '쓰다'의 정확한 의미('소비하다')를 제대로 포착하지 못할 가능성이 높습니다. 따라서 Attention 메커니즘을 통해 Context Vector를 만들 때 h_7에 높은 가중치를 부여하더라도, 이를 'spend'로 정확히 번역하기 어려울 수 있습니다. 이는 **Attention 메커니즘의 접근 방식이 매우 훌륭함에도 불구하고, 애초에 워드 임베딩 벡터가 단어의 의미를 제대로 담지 못하면 전체적인 학습 과정에 어려움이 따를 수 있음**을 시사합니다.

이 문제는 영어를 한국어로 번역할 때 더욱 심각해질 수 있습니다. "I have dinner"와 "I have a pen"에서 'have'는 각각 '먹는다'와 '가지고 있다'와 같이 서로 다른 의미로 해석됩니다. 그러나 RNN 구조에서 'have'의 임베딩 벡터는 'I'와 'have'의 정보만을 이용하여 생성되므로, 뒤에 오는 단어에 따른 의미 차이를 포착하기 어렵습니다.

이러한 문제를 해결하기 위해 Bidirectional RNN이 제안되었습니다. Bidirectional RNN은 입력 시퀀스를 양방향으로 처리합니다. 즉, 순방향(left-to-right)과 역방향(right-to-left)으로 두 개의 RNN을 사용하여 각 단어의 앞뒤 문맥을 모두 고려할 수 있게 합니다. 이를 통해 'have'와 같은 단어의 의미를 결정할 때 뒤에 오는 단어('dinner' 또는 'pen')의 정보도 활용할 수 있게 됩니다.

그러나 Bidirectional RNN 역시 완벽한 해결책은 아닙니다. 비록 양방향으로 정보를 처리하지만, 여전히 RNN의 기본 구조를 사용하기 때문에 거리가 먼 토큰의 정보를 효과적으로 활용하는 데 한계가 있습니다. 즉, **시점을 이동하며 입력 토큰의 정보를 하나씩 담는 방식은 불가피하게 거리에 영향을 받을 수밖에 없어, 역방향으로 처리할 때도 멀리 있는 토큰의 정보를 온전히 반영하기 어렵습니다.**

예를 들어, "The musician draws, with his soulful melodies and heartfelt lyrics, a large crowd of fans"라는 문장을 생각해 봅시다. 이 문장에서 'draws'의 정확한 의미('끌어모으다')를 파악하기 위해서는 문장의 끝부분에 있는 'crowd'라는 단어를 고려해야 합니다. 이를 위해 Bidirectional RNN을 사용하더라도, 이렇게 멀리 떨어진 정보를 효과적으로 활용하는 것은 여전히 어려운 과제입니다.

이러한 문제들은 모두 RNN의 구조적 한계에서 비롯됩니다. 트랜스포머는 이러한 한계를 극복하기 위해 RNN 구조를 완전히 탈피하고, Self-Attention이라는 혁신적인 메커니즘을 도입했습니다. 이를 통해 문장 내 모든 단어 간의 관계를 직접적으로 고려할 수 있게 되었습니다. 그 결과, 거리에 관계없이 중요한 정보를 효과적으로 활용할 수 있게 되었고, RNN의 구조적 한계들을 획기적으로 해결할 수 있게 되었습니다.

8.8. 트랜스포머의 Self-Attention

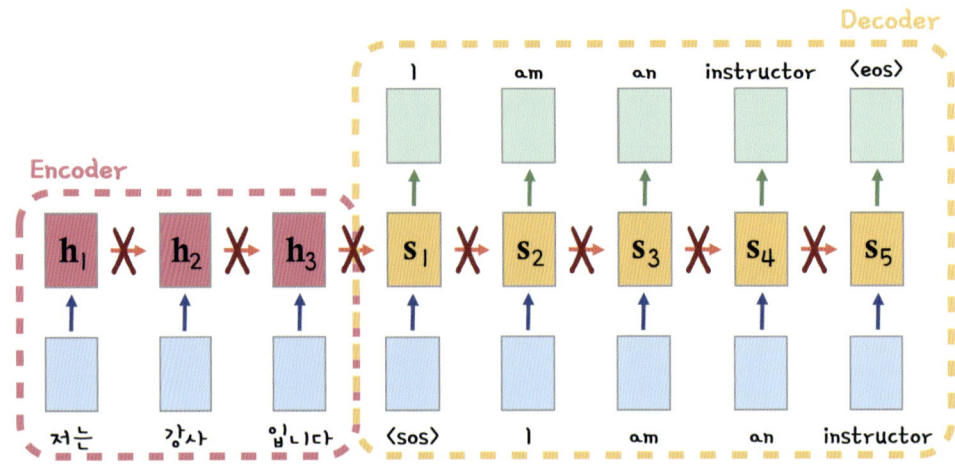

트랜스포머는 혁신적인 접근 방식으로 RNN의 구조적 한계를 극복합니다. 놀랍게도, **RNN의 핵심이라고 할 수 있는 '시점을 이동하며 이전 정보를 담는 연결'**(예: $h_1 \rightarrow h_2$, $h_3 \rightarrow s_1$, $s_1 \rightarrow s_2$ 등)을 완전히 끊어냄으로써 RNN의 두 가지 주요 문제를 동시에 **해결**합니다.

RNN에서 거리에 따른 문제가 발생하는 근본적인 이유는 시점을 이동하며 W_h와 같은 웨이트 행렬이 계속해서 곱해지는 구조 때문입니다. 트랜스포머는 이러한 연결을 모두 끊어내어, 각 워드 임베딩 벡터가 초기에는 다른 토큰을 참조하지 않고 독립적으로 생성되도록 합니다. 예를 들어, "돈을 쓰다"라는 문장에서 '쓰다'에 해당하는 임베딩 벡터는 처음에는 오직 '쓰다'라는 토큰만을 고려하여 생성됩니다.

다만, 이렇게 연결을 끊음으로써 각 토큰의 위치 정보도 함께 소실됩니다. 트랜스포머는 이 문제를 해결하기 위해 위치 인코딩(Positional Encoding)이라는 기법을 사용합니다. 위치 인코딩은 각 토큰의 임베딩 벡터에 해당 토큰의 위치 정보를 추가하는 방식으로, 모델이 토큰의 순서를 인식할 수 있게 해줍니다. 이를 통해 트랜스포머는 순차적 연결 없이도 토큰의 순서 정보를 유지할 수 있습니다.

이렇게 독립적으로 생성된 초기 임베딩 벡터는 문맥 정보를 담을 수 없습니다. 따라서, 트랜스포머는 **워드 임베딩 벡터를 점진적으로 쇄신해 나가는 방식을 채택**합니다. 이를 위해 도입된 핵심 메커니즘이 바로 Self-Attention입니다. Self-Attention은 인코더와 디코더 각각이 자신이 가진 임베딩 벡터들에 대해 Attention을 수행하는 과정을 말합니다.

예를 들어, "저는 강사입니다"라는 문장을 생각해 봅시다. 최초 임베딩된 $\mathbf{h}_1$, $\mathbf{h}_2$, $\mathbf{h}_3$는 각 토큰만을 보고 임베딩한 벡터입니다. 이후 Self-Attention을 수행하여 새로운 임베딩 벡터 $\mathbf{h}^{new}$를 얻습니다. 예를 들어, $\mathbf{h}_2^{new}$는 다음과 같이 계산됩니다:

$$\mathbf{h}_2^{new} = <\mathbf{h}_2, \mathbf{h}_1>\mathbf{h}_1 + <\mathbf{h}_2, \mathbf{h}_2>\mathbf{h}_2 + <\mathbf{h}_2, \mathbf{h}_3>\mathbf{h}_3$$

이 과정에서 $\mathbf{h}_2$는 Query 벡터가 되어 '강사'를 잘 임베딩하기 위해 주변 단어에 '질문'을 합니다. 주변 단어인 $\mathbf{h}_1$, $\mathbf{h}_2$, $\mathbf{h}_3$는 Key 벡터이자 Value 벡터가 되어, 어떤 단어에 주목할지 가중치를 결정하고 이 가중치를 바탕으로 Value Vector 간의 가중합을 구함으로써, '강사'라는 토큰의 워드 임베딩 벡터를 주변 단어를 고려하여 쇄신합니다. **이 과정은 문장의 맥락을 파악하여 해당 단어의 의미를 더 정확하게 이해하는 것**과 같습니다. 또한, RNN과 달리 모든 위치의 단어들을 동시에 처리할 수 있어 병렬 연산이 가능하며, 거리에 관계없이 모든 단어 간의 관계를 직접적으로 고려할 수 있습니다.

Self-Attention과 RNN의 방식을 비교해 보면 그 차이점이 더욱 명확해집니다. 예를 들어, '쓰다'라는 토큰의 임베딩 벡터를 $\mathbf{h}_7$이라고 가정해 봅시다. RNN 방식에서는 여덟 번째 시점 이후의 정보를 담을 수 없으며, 첫 번째 시점과 같이 멀리 있는 토큰의 정보를 효과적으로 반영하기 어렵습니다. 반면, **Self-Attention은 전체 시점의 토큰들을 모두 참조하며 거리에 영향을 받지 않기 때문에** 멀리 있는 '돈을'과 같은 토큰의 정보도 문제없이 활용할 수 있습니다.

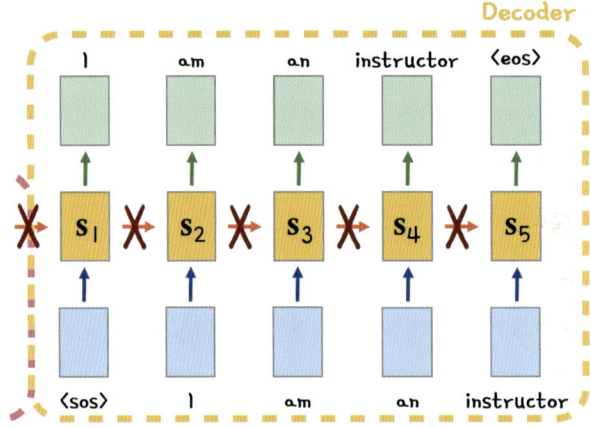

디코더 역시 Self-Attention을 수행합니다. 만약 인코더와 같은 방식으로 계산한다면, 예를 들어 s_4^{new} 는 다음과 같이 계산될 것입니다:

$$s_4^{new} = <s_4, s_1>s_1 + <s_4, s_2>s_2 + <s_4, s_3>s_3 + <s_4, s_4>s_4 + <s_4, s_5>s_5$$

그러나 디코더의 Self-Attention에는 중요한 주의점이 있습니다. 학습 시와 테스트 시의 동작 방식이 다르기 때문입니다.

디코더는 학습 시에는 Teacher Forcing 방식을 사용합니다. 이는 정답 문장을 입력으로 제공하는 방식이므로, 위와 같이 네 번째 시점의 워드 임베딩 벡터를 구할 때 미래 시점인 다섯 번째 시점의 임베딩 벡터 s_5 도 활용할 수 있습니다.

반면, 테스트 시에는 이전 토큰의 출력만을 활용할 수 있습니다. 즉, 네 번째 시점에서는 네 번째 시점까지의 정보만을 사용할 수 있습니다. 이러한 차이를 모델에 반영하지 않으면 테스트 시 성능이 크게 저하될 수 있습니다. 그 이유는 다음과 같습니다:

1. 학습 시: 모델이 "다음 토큰은 무엇일까?"를 예측하는 것을 학습할 때 "근데 다음 토큰의 임베딩 벡터는 s_5 야"라는 정보를 받습니다. 이로 인해 모델은 s_5 에 과도하게 의존하도록 학습될 수 있습니다.

2. 테스트 시: 모델은 다섯 번째 토큰의 정보를 모르는 상태에서 s_4^{new} 를 생성해야 합니다. 학습 시 크게 의존했던 s_5 정보가 없어 성능이 급격히 떨어지게 됩니다.

이는 마치 모델에게 미래 정보를 '줬다 뺏는' 것과 같습니다.

이러한 불일치를 해결하기 위해 **디코더의 Self-Attention에서는 '마스킹(Masking)' 기법을 사용**합니다. 이 기법을 적용하면 s_4^{new}는 다음과 같이 계산됩니다:

$$s_4^{new} = <s_4, s_1>s_1 + <s_4, s_2>s_2 + <s_4, s_3>s_3 + <s_4, s_4>s_4$$

이와 같이 학습 시에 미래 시점은 참조하지 못하게 강제합니다. 마스킹 기법은 현재 시점 이후의 토큰들에 대한 내적값을 $-\infty$로 바꿔 소프트맥스 함수를 통과한 후 0이 되도록 만듭니다. 이를 통해 모델은 학습 시에도 미래 정보를 활용하지 못하게 되어, 테스트 시의 상황과 일치하게 됩니다.

위 예시는 네 번째 시점에 대한 수식이므로 s_5만 마스킹 되었지만, 실제로는 각 시점마다 다르게 적용됩니다. 예를 들어, 세 번째 시점에서는 s_4와 s_5 둘 다 참조하지 못하게 해야 합니다. 각 시점에서의 계산을 정리하면 다음과 같습니다:

$$s_1^{new} = <s_1, s_1>s_1$$

$$s_2^{new} = <s_2, s_1>s_1 + <s_2, s_2>s_2$$

$$s_3^{new} = <s_3, s_1>s_1 + <s_3, s_2>s_2 + <s_3, s_3>s_3$$

$$s_4^{new} = <s_4, s_1>s_1 + <s_4, s_2>s_2 + <s_4, s_3>s_3 + <s_4, s_4>s_4$$

$$s_5^{new} = <s_5, s_1>s_1 + <s_5, s_2>s_2 + <s_5, s_3>s_3 + <s_5, s_4>s_4 + <s_5, s_5>s_5$$

이렇게 미래 시점의 정보를 사용하지 않도록 미래 시점에 해당하는 가중치를 0으로 만드는 방식의 Self-Attention을 **Masked Self-Attention**이라고 합니다.

실제 트랜스포머 모델에서는 임베딩 벡터의 쇄신은 한 번으로 끝나지 않습니다. 여러 인코더 레이어와 디코더 레이어를 거치면서 임베딩 벡터를 지속적으로 업데이트합니다. 특히, 디코더에서는 각 레이어마다 Self-Attention을 수행한 후 Context Vector도 갱신합니다.

예를 들어, 네 번째 시점에서 Context Vector는 다음과 같이 계산됩니다:

$$c_4^{new} = <s_4^{new}, h_1^{new}>h_1^{new} + <s_4^{new}, h_2^{new}>h_2^{new} + <s_4^{new}, h_3^{new}>h_3^{new}$$

여기서 Query 벡터인 s_4^{new}는 디코더의 각 레이어마다 갱신되는 임베딩 벡터를 사용하며, h_1^{new}, h_2^{new}, h_3^{new}는 인코더 레이어를 모두 통과한 최종 임베딩 벡터를 사용합니다. 이렇게 디코더의 Query 벡터와 인코더의 Key, Value 벡터를 사용하여 Context Vector를 생성하는 과정을 **Encoder-Decoder Attention** 이라고 부릅니다.

정리하면, 트랜스포머는 RNN의 주요 한계점들을 다음과 같이 해결했습니다:

1. '갈수록 뭉개지는' 현상으로 인해 디코더가 입력 문장의 마지막 단어에만 집중하는 문제는 Encoder-Decoder Attention으로 완화했습니다.

2. '멀수록 잊혀지는' 현상으로 인한 디코더 파라미터 학습의 어려움은 디코더의 Self-Attention으로 해결했습니다.

3. '의미를 제대로 담지 못한 워드 임베딩 벡터에 Attention'하는 문제는 인코더의 Self-Attention으로 개선했습니다.

이러한 혁신적인 구조 덕분에 트랜스포머는 긴 문장을 처리할 때도 우수한 성능을 보이며, 병렬 처리가 가능해 학습 속도도 크게 향상되었습니다. 트랜스포머의 등장은 자연어 처리 분야에 혁명을 일으켰으며, 그 영향력은 AI 산업 전반으로 확산되었습니다.

이후 트랜스포머를 기반으로 한 GPT, BERT 등의 모델들이 등장하면서 자연어 처리 기술은 더욱 발전했습니다. 이러한 모델들은 번역, 요약, 질의응답, 감성 분석 등 다양한 언어 관련 작업에서 인간에 버금가는, 일부는 인간을 뛰어넘는 성능을 보여주었습니다. 특히 GPT-3와 같은 대규모 언어 모델의 등장으로 AI가 인간의 언어를 이해하고 생성하는 능력이 크게 향상되었고, 이는 ChatGPT와 같은 혁신적인 서비스의 탄생으로 이어졌습니다.

트랜스포머의 영향력은 자연어 처리를 넘어 다른 분야로도 계속해서 확장되고 있습니다. 컴퓨터 비전 분야에서는 ViT(Vision Transformer)가 등장하여 이미지 분류 작업에서 뛰어난 성능을 보였고, Swin Transformer는 객체 탐지와 이미지 분할 등 더 복잡한 문제에서도 우수한 성능을 입증했습니다. 이는 트랜스포머 구조가 언어뿐만 아니라 이미지 정보를 처리하는 데도 효과적임을 보여줍니다.

음성 인식과 합성 분야에서도 트랜스포머 기반 모델들이 주목받고 있으며, 심지어 신약 개발이나 단백질 구조 예측과 같은 생명과학 분야에서도 트랜스포머 구조를 활용한 연구가 활발히 진행되고 있습니다.

이처럼 트랜스포머는 AI 기술의 새로운 지평을 열었으며, 다양한 분야에서 혁신을 이끌고 있습니다. 앞으로도 트랜스포머를 기반으로 한 새로운 모델과 응용 사례들이 계속해서 등장할 것으로 예상됩니다. 이러한 발전은 우리의 일상생활과 산업 전반에 큰 변화를 가져오고 있으며, AI 기술의 무한한 가능성을 보여주고 있습니다.

맺으며

자, 여기까지가 "Easy! 딥러닝"의 여정이었습니다. 이 책에서는 복잡해 보이는 개념들을 일상적인 비유와 직관적인 설명으로 풀어내고자 노력했습니다. 수학적으로 어려워 보이는 개념들도, 그것이 왜 등장했는지 생각해 보고 의미를 파헤치다 보면 더 쉽게 이해할 수 있다는 것을 여러분과 함께 경험했습니다.

예를 들어, 기울기 소실 문제를 이해하기 위해 신경망을 '식당' 혹은 '회사'로 비유했고, 배치 정규화를 '모래알의 재배치'로 설명했습니다. 또, Dropout은 '직원들의 휴가'로, 1×1 컨볼루션은 '신이 특징 맵을 만들 때'로, Attention은 '신이 Context Vector를 만들 때'로 비유했습니다. 이러한 접근 방식은 어려운 개념들을 단순히 암기하는 것이 아니라, 그 본질과 의미를 더 깊이 이해할 수 있게 도와줍니다.

AI 기술은 정말 놀라운 속도로 발전하고 있습니다. 말 그대로 자고 일어나면 새로운 기술이 나오는 세상입니다. 하지만 이렇게 빠르게 변화하는 시대에도, 딥러닝의 근본 원리와 핵심 개념은 변하지 않습니다. 이 책에서 배운 딥러닝의 뿌리가 되는 이론들을 토대로, 여러분이 앞으로 마주칠 새로운 개념들도 충분히 정복해 나갈 수 있으리라 믿습니다.

앞으로 새로운 딥러닝 이론이나 논문을 접하게 될 때, 이 책의 접근법을 사용해 보세요. 어려운 개념을 쉬운 말로 풀어보고, 왜 그런 방식이 필요했는지 생각해 보며, 일상 속 비유를 찾아보세요. 그렇게 하면 여러분은 그 어떤 새로운 개념도 충분히 쉽게 이해하고 활용할 수 있을 것입니다.

"Easy! 딥러닝"의 여정은 여기서 끝이지만, 여러분의 AI 학습 여정은 계속될 것입니다. 이 책을 통해 여러분은 단순히 지식을 습득하는 것을 넘어, 스스로 사고하고 문제를 해결할 수 있는 능력을 갖추게 되었습니다. 이렇게 얻은 통찰력과 비판적 사고는 여러분이 AI 분야에서 독자적으로 성장할 수 있는 든든한 기반이 되어줄 것입니다.

여러분의 끊임없는 호기심과 탐구 정신으로 AI 기술의 혁신을 이뤄낼 그날을 기대하며, 여러분의 딥러닝 여정을 진심으로 응원하겠습니다. 마지막 페이지까지 함께해 주셔서 감사합니다. 이제 여러분만의 AI 여정을 펼쳐나가세요!

부록

유튜브 < Easy! 딥러닝 >
재생목록 QR Code

혁펜하임 딥러닝 공부방 1호점	혁펜하임 딥러닝 공부방 2호점	혁펜하임 딥러닝 공부방 디스코드점

참여코드: 3300

부록 · 딥러닝을 위한 필수 기초 수학

본 부록은 딥러닝을 이해하는 데 필요한 핵심 수학 개념들을 다루고 있습니다. 이 부분은 본문의 내용을 더 깊이 이해하고 응용하는 데 도움이 될 것입니다.

독자 여러분은 본문을 읽어나가면서 특정 수학 개념에 대한 이해가 부족하다고 느껴질 때마다 이 부록을 참고하시면 됩니다. 대부분의 주제는 독립적으로 구성되어 있어 필요한 부분만 선택적으로 학습할 수 있습니다. 다만, 일부 주제들(예: 극한, 미분, 편미분, 그래디언트)은 연결되어 있어 순서대로 학습하시면 더 효과적일 수 있습니다.

딥러닝에 처음 입문하시는 분들은 Chapter 1을 읽은 후, Chapter 2를 읽기 전에 이 부록을 미리 살펴보시는 것도 좋은 방법입니다. 이를 통해 전반적인 수학적 기초를 다질 수 있으며, 본문의 내용을 더욱 수월하게 이해할 수 있게 될 것입니다.

각 장의 내용은 기본 개념부터 시작하여 점진적으로 심화되는 형태로 구성되어 있습니다. 수학에 대한 두려움이 있더라도 걱정하지 마세요. 각 개념을 최대한 직관적으로 설명하려 노력했습니다.

이 부록을 통해 딥러닝의 수학적 기반을 튼튼히 다지시고, 더 나아가 인공지능 분야에 대한 깊이 있는 이해와 응용 능력을 키우시기 바랍니다. 여러분의 학습 여정에 이 부록이 유용한 길잡이가 되기를 희망합니다.

1-1강 함수

$$x \rightarrow \boxed{f} \rightarrow f(x) = y$$

함수(Function)란 **입력값을 처리하여 하나의 출력값에 대응시키는 것**입니다. 이를 수학적으로 표현해 보겠습니다. 입력을 x, 함수를 f(function의 첫 글자)라고 표기하면, 출력은 $f(x)$로 나타냅니다. 이 $f(x)$를 **함숫값**이라고 부릅니다. 일반적으로 출력을 y로 표현하므로, $y=f(x)$라고 쓸 수 있습니다. 이는 x를 f에 통과시켜 y를 얻는다는 것을 의미합니다.

예를 들어, f가 입력값을 제곱하는 함수라면 $f(x)=x^2$와 같이 표기합니다. 구체적인 값을 대입해 보면, $f(2)=4$, $f(-1)=1$, $f(3)=9$ 등이 됩니다.

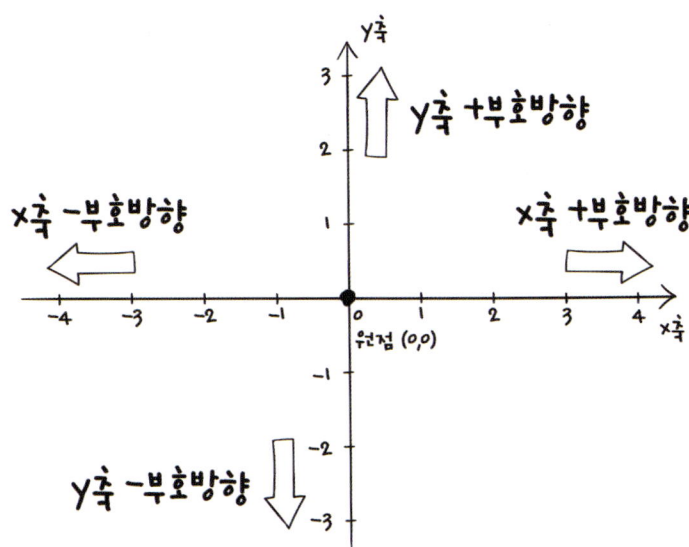

함수는 그래프로 나타낼 수 있습니다. 2차원 좌표평면에서 가로축은 x축, 세로축은 y축입니다. x축은 오른쪽으로 갈수록, y축은 위로 갈수록 값이 커집니다. 원점을 기준으로 오른쪽과 위쪽은 양수, 왼쪽과 아래쪽은 음수를 나타냅니다.

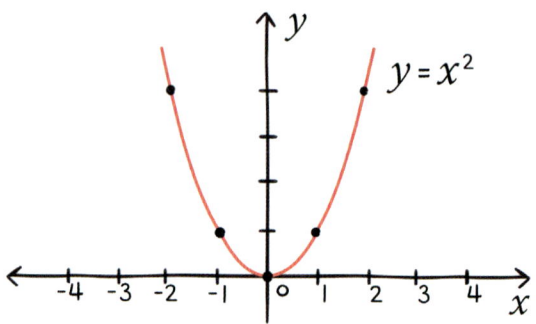

$y=f(x)=x^2$의 그래프를 그리는 방법은 다음과 같습니다. 다양한 x 값에 대해 y 값을 계산하여 좌표를 얻고, 이 점들을 평면 위에 나타냅니다. 이렇게 좌표평면에 나타낸 무수히 많은 점들이 모여 함수의 그래프를 형성합니다. $f(x)=x^2$의 경우, 그래프는 하나의 매끄러운 곡선 형태를 띱니다.

예를 들어, (0,0), (1,1), (2,4), (−1,1), (−2,4), (3,9) 등의 점들을 무한히 나타내면, 이 점들이 모여 하나의 매끄러운 포물선 모양을 형성하게 됩니다. 이 포물선이 바로 $y=x^2$의 그래프입니다.

$$x \rightarrow \boxed{f} \rightarrow f(x,y)$$
$$y \nearrow$$

함수는 두 개 이상의 입력값을 가질 수도 있습니다. 이 경우, 입력은 **벡터**(Vector)[55]로 볼 수 있습니다. 예를 들어, x 와 y 두 개의 입력이 있다면 $f(x,y)$로 표기하고, 보통 $z=f(x,y)$와 같이 표현합니다.

구체적인 예로, $z=f(x,y)=yx^2$ 이라는 함수가 있다고 해봅시다. 이 함수에 대해 $f(1,2)=2$, $f(2,1)=4$와 같이 함숫값을 계산할 수 있습니다.

이러한 2변수 함수의 그래프는 3차원 공간에서 표현됩니다. x축, y축, z축으로 이루어진 3차원 좌표계에서 함수를 만족하는 무수히 많은 점 $(x,y,f(x,y))$를 나타내면, 이 점들이 모여 함수의 그래프를 형성합니다. $f(x,y)=yx^2$의 경우, 곡면의 형태로 그래프가 나타납니다.

---

[55] 숫자를 [1,2]와 같이 모은 것을 벡터라고 합니다. 좀 더 자세한 개념은 다음 챕터에서 설명됩니다.

$$x \rightarrow \boxed{f} \rightarrow [x^2, 2x]$$

함수는 여러 개의 출력값을 가질 수도 있습니다. 이는 처음에 제시한 "하나의 입력에 **하나의 출력**을 대응시킨다"는 함수의 정의와 모순되는 것처럼 보일 수 있습니다. 하지만, 이 경우에도 함수의 정의를 만족할 수 있습니다.

이를 이해하는 핵심은 여러 개의 출력값을 하나의 묶음, 즉 벡터로 간주하는 것입니다. 이렇게 하면 여전히 "하나의 입력에 하나의 출력(벡터)"을 대응시키는 것으로 볼 수 있습니다.

예를 들어, 입력 x에 대해 $[x^2, 2x]$를 출력하는 함수가 있다고 해봅시다. $x=1$이 입력되면 항상 $[1, 2]$라는 하나의 벡터가 출력됩니다. 이는 하나의 입력(1)에 하나의 출력($[1, 2]$)이 대응되는 것이므로, 함수의 정의를 만족합니다. 이러한 함수의 그래프는 각 출력 성분에 대해 별도의 2차원 그래프로 표현할 수 있습니다.

잠깐! 알아두기

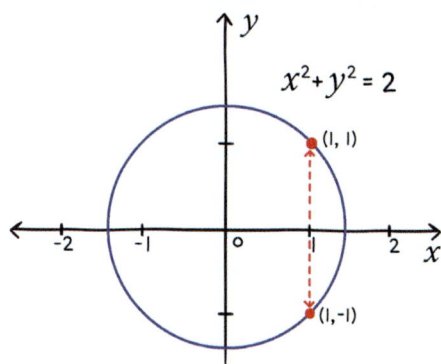

$x^2+y^2=2$와 같은 원의 방정식은 함수가 아닙니다. 이를 y에 대해 풀면 $y=\pm\sqrt{2-x^2}$가 되어 하나의 x값에 대해 두 개의 y값이 대응되기 때문입니다. 예를 들어, $x=1$을 대입해 보면 y는 1 또는 -1이 됩니다. 즉, 하나의 x값(1)에 대해 두 개의 y값(1과 -1)이 대응되므로, 이는 함수의 정의를 만족하지 않습니다.

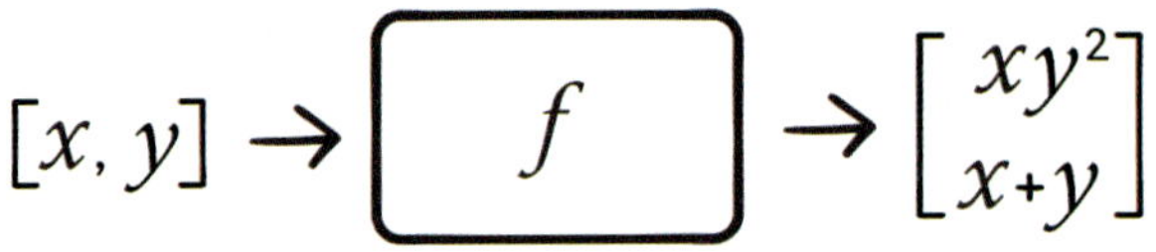

$$[x, y] \rightarrow \boxed{f} \rightarrow \begin{bmatrix} xy^2 \\ x+y \end{bmatrix}$$

여러 개의 입력과 여러 개의 출력을 가진 함수도 존재합니다. 이는 벡터를 입력받아 벡터를 출력하는 함수로 볼 수 있습니다. 예를 들어, 위 그림과 같이 $[x, y]$를 입력받아 $[xy^2, x+y]$를 출력하는 함수를 생각해 볼 수 있습니다.

인공 신경망도 이러한 다변수 다출력 함수의 한 예입니다. 인공 신경망 역시 여러 입력값을 받아 여러 출력값을 내보내는 하나의 함수로 볼 수 있습니다.[56]

1-2강 로그함수

로그함수는 딥러닝에서 매우 중요한 역할을 합니다. 특히 Loss 함수를 만들 때 자주 사용됩니다. 로그함수는 보통 지수 함수의 역함수로 설명되지만, 이 방식은 지수 함수와 더불어 역함수의 개념까지 먼저 이해해야 해서 다소 복잡할 수 있습니다. 따라서 여기서는 로그함수의 본질을 직관적으로 이해해 보겠습니다.

로그함수는 '$\log_\square \triangle$'와 같이 표현하며 이 기호의 의미는 "□를 몇 제곱해야 △가 되는가?" 입니다. 여기서 □는 **로그의 밑**, △는 **로그의 진수**라고 부릅니다. 예를 들어, $\log_2 4$는 "2를 몇 제곱해야 4가 되는가?"를 묻는 것입니다. $2^2=4$이므로 $\log_2 4=2$가 됩니다.

로그의 밑은 0보다 크고 1이 아닌 양수여야 하며, 진수는 양수여야 합니다. 이는 고등학교 수학 교과과정에서 다루는 로그의 정의 범위입니다.

---

[56] 관련 내용은 Chapter 2에서 자세히 다룹니다.

잠깐! 알아두기

1. $\log_{10} 100$은 얼마일까요? 10을 몇 제곱해야 100이 되는지 생각해 봅시다. $10^2 = 100$ 이므로 $\log_{10} 100 = 2$ 입니다.

2. $\log_e e^3$은 얼마일까요? 얼핏 보면 어려워 보이지만, "e를 몇 제곱해야 e^3이 되는가?"를 묻는 것입니다. 따라서 $\log_e e^3 = 3$입니다.

여기서 e는 자연로그의 밑으로 사용되는 무리수로, 약 2.71828... 의 값을 가집니다. e 는 수학과 과학 분야에서 중요한 상수로, 특히 지수함수와 로그함수에서 자주 사용됩니다.

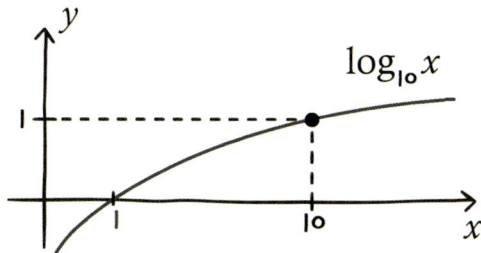

$\log_{10} x$의 그래프는 위와 같습니다. 그래프의 특징을 살펴보면:

- $x = 1$일 때, $y = 0$ 입니다. 왜냐하면 0을 제외한 모든 수에 대해, 그 수의 0제곱은 항상 1이 되기 때문입니다. 즉, $10^0 = 1$ 이므로 $\log_{10} 1 = 0$ 입니다.

- $x = 10$ 일 때, $y = 1$ 입니다. $10^1 = 10$ 이기 때문입니다.

- $x = 100$ 일 때, $y = 2$ 입니다. $10^2 = 100$ 이기 때문입니다.

- $x = \frac{1}{10}$ 일 때, $y = -1$입니다. $10^{-1} = \frac{1}{10}$ 이기 때문입니다. 이는 거듭제곱의 법칙에 따른 것입니다. 거듭제곱의 법칙에 따르면, 동일한 밑을 가진 거듭제곱을 나눌 때는 지수를 뺍니다. 예를 들어, $\frac{10^2}{10^3} = 10^{2-3} = 10^{-1}$ 입니다. 이때 10^{-1}은 1을 10으로 나눈 것과 같습니다. 따라서 $10^{-1} = \frac{1}{10}$ 이 됩니다. 이 원리는 모든 음의 지수에 적용됩니다.

- $x = \frac{1}{100}$ 일 때, $y = -2$입니다. 마찬가지로 $10^{-2} = \frac{1}{10^2} = \frac{1}{100}$ 이기 때문입니다. 여기서도 같은 원리가 적용되어, -2승은 2승의 역수를 의미합니다.

이러한 점들을 연결하면 위와 같은 그래프가 그려집니다.

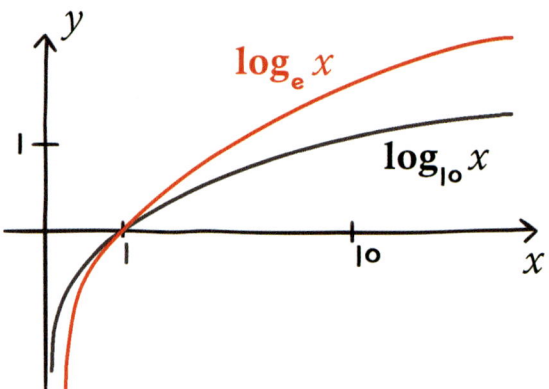

딥러닝에서는 주로 밑이 e인 **자연로그**를 사용합니다. $\log_e x$의 그래프를 함께 그리면 위와 같습니다. $\log_e x$는 $(1,0)$, $(e,1)$, $(e^2,2)$, $(\frac{1}{e},-1)$, $(\frac{1}{e^2},-2)$을 지나기 때문에 $\log_{10} x$와 비슷한 모양이지만, $e \approx 2.72 < 10$이므로 $x > 1$인 부분에서는 조금 더 위로, $x < 1$인 부분에서는 조금 더 아래로 그려집니다.

로그함수에는 몇 가지 중요한 성질이 있습니다. 각 성질의 엄밀한 증명 대신, 예시를 통해 이들이 성립하는지 여부를 살펴보겠습니다.

① $\log_a xy = \log_a x + \log_a y$

이 성질은 곱의 로그가 각 항의 로그의 합과 같다는 것을 말합니다.

예: $\log_2 2^2 \cdot 2^3 = \log_2 2^2 + \log_2 2^3$

이 예시를 풀어서 보면 아래와 같이 전개되어 성립함을 알 수 있습니다:

$$\log_2 2^2 \cdot 2^3 = \log_2 2^5 = 5 = 2 + 3 = \log_2 2^2 + \log_2 2^3$$

여기서 $2^2 \cdot 2^3 = 2^{2+3} = 2^5$라는 지수법칙을 이용했습니다.

② $\log_a x^n = n \log_a x$

이 성질은 로그의 진수 x의 지수 n이 로그 앞으로 나오는 것을 나타냅니다.

예: $\log_{10} 2^3 = 3 \log_{10} 2$

이는 첫 번째 성질을 응용하여 다음과 같이 보일 수 있습니다:

$$\log_{10} 2^3 = \log_{10} 2 + \log_{10} 2 + \log_{10} 2 = 3 \log_{10} 2$$

③ $\log_{a^m} x = \frac{1}{m} \log_a x$

로그의 진수의 지수는 앞으로 그대로 나오는 형태라면 로그의 밑 a의 지수 m은 $\frac{1}{m} \log_a x$와 같이 분모로 나오게 됩니다.

예를 들어, $\log_{2^2} 16$ 과 $\log_2 16$을 비교해 보겠습니다:

- $\log_{2^2} 16$ 은 "2^2을 몇 제곱해야 16이 되는가?"를 묻는 것입니다. 수식으로 표현하면 $(2^2)^x = 2^{2x} = 16$을 만족하는 x를 찾는 것입니다.
- $\log_2 16$ 은 "2를 몇 제곱해야 16이 되는가?"를 묻는 것입니다. 수식으로 표현하면 $2^y = 16$ 을 만족하는 y를 찾는 것입니다.
- 즉, $2^{2x} = 2^y$ 이므로, $2x = y$ 이며 $x = \frac{1}{2} y$ 임을 알 수 있습니다.
- 여기서 $x = \log_{2^2} 16$, $y = \log_2 16$ 이므로, $\log_{2^2} 16 = \frac{1}{2} \log_2 16$ 임을 알 수 있습니다.

이렇게 로그의 밑의 지수(2)가 로그 앞에 분수$\left(\frac{1}{2}\right)$의 형태로 나오는 것을 확인할 수 있습니다.

④ $\log_a b = \frac{\log_c b}{\log_c a}$

이 성질은 밑을 변환할 때 유용합니다. $\log_4 8$을 예로 들어 보겠습니다.

- $\log_4 8$은 $4^x = 8$을 만족하는 x를 의미합니다.
- $2^2 = 4$, $2^3 = 8$과 같이 4와 8을 2의 거듭제곱으로 표현할 수 있습니다.
- 따라서 $4^x = 8$은 $2^{2x} = 2^3$ 으로 바꿔 쓸 수 있습니다.
- 이를 정리하면 $x = \frac{3}{2}$ 입니다.
- 이 과정에서 $2^2 = 4$는 2를 제곱하면 4가 된다는 것이므로 로그함수로 표현하면 $\log_2 4 = 2$ 라는 사실을 이용한 것입니다.
- 같은 논리로, $2^3 = 8$은 $\log_2 8 = 3$임을 이용한 것입니다.
- 즉, $x = \frac{3}{2} = \frac{\log_2 8}{\log_2 4}$ 와 같이 표현할 수 있습니다.

결과적으로 $\log_4 8 = \frac{\log_2 8}{\log_2 4}$ 임을 확인할 수 있습니다.

⑤ $\log_a b = \dfrac{1}{\log_b a}$

4번 성질에서 $c=b$로 두면 다음과 같이 증명 가능합니다:

$$\log_a b = \dfrac{\log_c b}{\log_c a} = \dfrac{\log_b b}{\log_b a} = \dfrac{1}{\log_b a}$$

⑥ $a^{\log_a x} = x$

$\log_a x$는 "a를 몇 제곱해야 x가 되는가?에 대한 답입니다. 이 답이 a의 지수로 올라가 있기 때문에 $a^{\log_a x}$는 $a^{a^?=x}$가 되도록 하는 것을 나타내므로 로그함수의 정의에 의해 $a^{\log_a x}=x$가 됩니다.

⑦ $a^{\log_b c} = c^{\log_b a}$

이 성질은 $a^{\log_b c}$에서 a와 c를 교환할 수 있음을 보여줍니다. 예를 들어:

- $2^{\log_4 8} = 2^{\log_{2^2} 2^3}$이고 $\log_{2^2} 2^3 = \dfrac{3}{2}$이므로 $2^{\log_4 8} = 2^{\frac{3}{2}}$ 입니다.
- $8^{\log_4 2} = 2^{3\log_4 2} = 2^{3\log_{2^2} 2} = 2^{\frac{3}{2}\log_{2^2} 2} = 2^{\frac{3}{2}}$ 입니다.

따라서, $2^{\log_4 8} = 8^{\log_4 2}$임을 확인할 수 있습니다.

이러한 로그의 성질들은 딥러닝에서 Loss 함수를 만들 때 매우 중요하게 사용됩니다. **특히, 1번 성질(곱의 로그)은 곱셈을 덧셈으로 바꿔주기 때문에 자주 활용됩니다.**

이 책에서는 주로 자연로그를 다루기 때문에 밑을 생략하여 간단히 $\log x$로 자연로그를 표현하겠습니다. 자연로그의 미분이 간단한 형태를 가진다는 점이 딥러닝에서 자연로그를 주로 사용하는 중요한 이유 중 하나입니다.

2-1강 벡터와 행렬

딥러닝을 이해하는 데 있어 벡터와 행렬의 개념을 아는 것은 매우 중요합니다. **인공신경망은 본질적으로 벡터와 행렬를 통해 표현되기 때문**입니다.

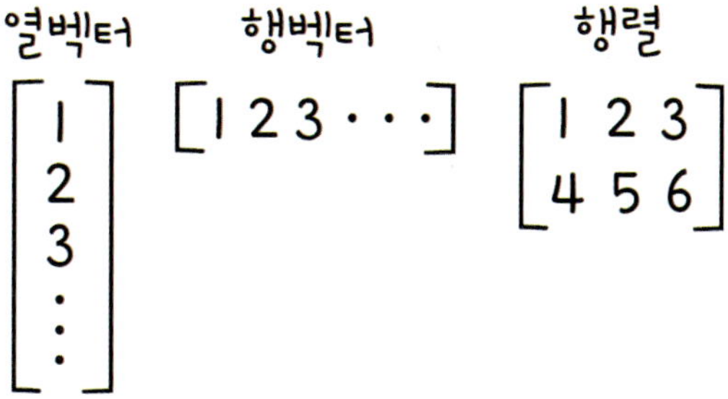

$$\text{열벡터} \begin{bmatrix} 1 \\ 2 \\ 3 \\ \vdots \end{bmatrix} \quad \text{행벡터} \begin{bmatrix} 1 & 2 & 3 & \cdots \end{bmatrix} \quad \text{행렬} \begin{bmatrix} 1 & 2 & 3 \\ 4 & 5 & 6 \end{bmatrix}$$

벡터(Vector)는 간단히 말해 숫자를 나열한 것입니다.[57] 이 나열 방식에 따라 두 가지로 구분됩니다:

- 열벡터: 숫자를 세로로 나열한 형태
- 행벡터: 숫자를 가로로 나열한 형태

행렬(Matrix)은 이러한 벡터 개념을 확장한 것으로, 숫자를 가로와 세로로 배열한 것입니다. 행렬에서:

- 세로 방향으로 나열된 것을 '열'이라 부르며, 1열, 2열, 3열 등으로 지칭합니다.
- 가로 방향으로 나열된 것을 '행'이라 부르며, 1행, 2행 등으로 지칭합니다.

벡터와 행렬 안의 각 숫자를 **성분**(Element)이라고 부릅니다. 행렬에서 특정 성분의 위치는 행과 열을 이용해 표현합니다. 예를 들어, '2행 3열의 성분'이라고 하면 두 번째 가로줄, 세 번째 세로줄에 위치한 숫자(위 그림에서는 6)를 의미합니다.

$$\begin{cases} x+2y=4 \\ 2x+5y=9 \end{cases} \Rightarrow \begin{bmatrix} 1 & 2 \\ 2 & 5 \end{bmatrix} \begin{bmatrix} x \\ y \end{bmatrix} = \begin{bmatrix} 4 \\ 9 \end{bmatrix}$$

---

[57] 이는 벡터의 엄밀한 수학적 정의는 아닙니다. 이 책에서는 딥러닝을 이해하는 데 필요한 수준에서 벡터의 개념을 간략히 설명하고 있습니다.

벡터와 행렬은 연립 일차 방정식을 간단하게 표현하고 계산하는 데 매우 유용합니다. 예를 들어, 위의 연립 일차 방정식을 벡터와 행렬을 사용해 오른쪽과 같이 간결하게 표현할 수 있습니다.

연립 일차 방정식의 목표는 여러 개의 일차 방정식을 동시에 만족하는 미지수의 값을 찾는 것입니다. 여기서 '일차'란 미지수의 최고 차수가 1임을 의미합니다. '방정식'은 미지수에 특정 값을 대입했을 때만 성립하는 등식을 말합니다.

행렬로 표현할 때는 다음과 같은 과정을 거칩니다:

1. 미지수 앞의 계수들을 $\begin{bmatrix} 1 & 2 \\ 2 & 5 \end{bmatrix}$와 같이 그대로 행렬로 옮깁니다.
2. 등호 오른쪽의 숫자들을 $\begin{bmatrix} 4 \\ 9 \end{bmatrix}$와 같이 열벡터로 만듭니다.
3. 미지수들도 $\begin{bmatrix} x \\ y \end{bmatrix}$와 같이 열벡터로 만들어 행렬 오른쪽에 배치합니다.
4. 행렬과 벡터의 방정식을 완성합니다: $\begin{bmatrix} 1 & 2 \\ 2 & 5 \end{bmatrix} \begin{bmatrix} x \\ y \end{bmatrix} = \begin{bmatrix} 4 \\ 9 \end{bmatrix}$

이렇게 하면 여러 개의 일차 방정식을 하나의 방정식으로 표현할 수 있습니다. 이는 연립 일차 방정식을 더 체계적으로 풀 수 있게 해줍니다.

이러한 행렬과 벡터의 활용은 선형대수학이라는 학문의 기초가 되었습니다. 선형대수학은 행렬과 벡터의 성질을 연구하고, 이를 다양한 문제 해결에 적용하는 학문입니다. 딥러닝에서도 이러한 선형대수학의 개념들이 광범위하게 활용되고 있습니다.

$$\begin{bmatrix} 1 & 2 \\ 2 & 5 \end{bmatrix} \begin{bmatrix} x \\ y \end{bmatrix} = \begin{bmatrix} 4 \\ 9 \end{bmatrix}$$

이제 행렬과 벡터의 곱, 그리고 행렬과 행렬의 곱에 대해 알아보겠습니다. 행렬과 벡터로 표현된 위 식에서 좌변은 행렬과 벡터의 곱으로 이루어져 있으므로 원래의 연립 일차 방정식을 표현하기 위해 행렬과 벡터의 곱은 다음과 같이 정의됩니다.

1. 행렬의 1행과 벡터를 곱합니다: $1 \times x + 2 \times y = x + 2y = 4$
2. 행렬의 2행과 벡터를 곱합니다: $2 \times x + 5 \times y = 2x + 5y = 9$

이렇게 정의하면 원래의 연립 일차 방정식과 동일한 형태를 얻을 수 있습니다.

이제 행렬과 행렬의 곱으로 확장해 보겠습니다. 다음과 같이 두 개의 연립 일차 방정식이 있다고 가정해 봅시다:

$$\begin{cases} x_1 + 2y_1 = 4 \\ 2x_1 + 5y_1 = 9 \end{cases}, \begin{cases} x_2 + 2y_2 = 3 \\ 2x_2 + 5y_2 = 7 \end{cases}$$

이를 하나의 행렬 방정식으로 표현할 수 있습니다:

$$\begin{bmatrix} 1 & 2 \\ 2 & 5 \end{bmatrix} \begin{bmatrix} x_1 & x_2 \\ y_1 & y_2 \end{bmatrix} = \begin{bmatrix} 4 & 3 \\ 9 & 7 \end{bmatrix}$$

여기서 미지수 행렬과 우변 행렬의 첫 번째 열만 보면 첫 번째 연립 일차 방정식을 나타내며 두 번째 열만 보면 두 번째 연립 일차 방정식을 나타냄을 확인할 수 있습니다. 즉, 여기서 행렬의 곱셈 규칙은 다음과 같습니다:

1. **왼쪽 행렬의 1행과 오른쪽 행렬의 1열을 곱합니다**: $x_1 + 2y_1 = 4$
2. **왼쪽 행렬의 2행과 오른쪽 행렬의 1열을 곱합니다**: $2x_1 + 5y_1 = 9$
3. **왼쪽 행렬의 1행과 오른쪽 행렬의 2열을 곱합니다**: $x_2 + 2y_2 = 3$
4. **왼쪽 행렬의 2행과 오른쪽 행렬의 2열을 곱합니다**: $2x_2 + 5y_2 = 7$

이러한 행렬 연산의 정의는 원래의 연립 일차 방정식을 정확히 표현하면서도, 여러 방정식을 하나의 간결한 형태로 나타낼 수 있게 해줍니다. 이는 복잡한 연립 방정식을 효율적으로 다루는 데 큰 도움이 됩니다.

행렬의 곱셈은 특정 규칙에 따라 이루어집니다. 이 규칙들은 행렬의 크기와 밀접한 관련이 있으며, 연립 일차 방정식을 표현하는 방식에서 비롯됩니다.

먼저, 행렬의 크기(Shape)는 '행×열'로 표기합니다. 예를 들어, $m \times n$ 행렬은 m개의 행과 n개의 열을 가진 행렬을 의미합니다.

행렬의 곱셈에 관한 규칙을 구체적으로 살펴보면 다음과 같습니다:

1. 곱셈 가능 조건:
   - $m \times n$ 행렬에 왼쪽으로는 $k \times m$ 행렬을, 오른쪽으로는 $n \times r$ 행렬을 곱할 수 있습니다. 즉, 맞닿은 길이가 서로 같아야만 행렬과 행렬의 곱셈이 가능합니다.
   - 예: 2×2 행렬에는 2×3 행렬을 오른쪽에 곱할 수 있지만, 왼쪽에 곱할 수는 없습니다.

2. 결과 행렬의 크기:
   - 곱셈 결과는 '왼쪽 행렬의 행 수 × 오른쪽 행렬의 열 수'가 됩니다.
   - 예: $m \times n$ 행렬과 $n \times k$ 행렬의 곱은 $m \times k$ 행렬이 됩니다.

3. 연속 곱셈:
   - $m \times n$, $n \times k$, $k \times r$ 행렬을 순차적으로 곱하면 최종 결과는 $m \times r$ 행렬이 됩니다.

4. 교환법칙 불성립:
   - 행렬의 곱셈은 교환법칙이 성립하지 않습니다.
   - $n \times m$ 행렬과 $m \times n$ 행렬의 곱셈 순서에 따라 결과의 크기가 달라집니다.
   - 심지어 같은 크기의 정사각 행렬($n \times n$)이라도 곱셈 순서에 따라 다른 결과가 나올 수 있습니다.

이러한 규칙들은 연립 일차 방정식을 행렬로 표현할 때의 논리적 구조에서 비롯됩니다. 예를 들어, 2×2 행렬에 2×3 행렬을 곱하는 것은 세 개의 연립 일차 방정식을 하나의 행렬과 벡터의 방정식으로 표현하는 것과 같습니다.

다음으로, 벡터의 방향과 크기에 대해서 알아보겠습니다.

- 벡터의 시각화:

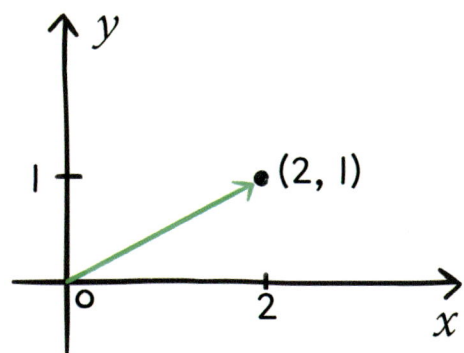

[2, 1] 이라는 행벡터를 생각해 봅시다. 이 벡터는 2차원 좌표평면상에서 하나의 점으로 표현할 수 있습니다. 이 점을 원점과 연결하면, 원점을 시작점으로 하고 (2,1)을 끝점으로 하는 화살표를 그릴 수 있습니다. 이 화살표가 바로 벡터 [2, 1]을 시각적으로 나타낸 것입니다.

- 벡터의 특성:

1. 크기: 벡터의 크고 작음을 나타내는 값입니다.
2. 방향: 벡터는 특정 방향을 가집니다. 일반적으로 x축과 이루는 각도로 표현합니다. 예를 들어, 벡터 [2, 1]의 방향은 x축과 약 26.6도의 각도를 이룹니다.
3. 평행이동 불변성: 벡터는 시작점의 위치와 관계없이 크기와 방향이 같다면 동일한 벡터입니다. 예: (1,1)에서 시작해 (3,2)로 끝나는 벡터도 [2, 1] 벡터와 동일한 벡터입니다.

- 벡터의 크기 측정(Norm): 벡터의 크기를 측정하는 방법에는 여러 가지가 있습니다. 가장 흔히 사용되는 두 가지 방법은 다음과 같습니다:

1. L2-Norm:
    - 2-Norm 또는 유클리드 Norm으로도 알려져 있습니다.
    - 가장 일반적으로 사용되는 방법으로, 벡터의 기하학적 길이를 나타냅니다.

- 피타고라스 정리를 이용합니다.
- 벡터 $[a, b]$의 L2-Norm: $\sqrt{a^2 + b^2}$
- 표기: 벡터 $\mathbf{v}$ 에 대해 $\|\mathbf{v}\|_2$ 또는 $\|\mathbf{v}\|$ (아래 첨자 없이 사용할 경우 보통 L2-Norm을 의미)
- 예: 벡터 $[3, 4]$의 L2-Norm $= \sqrt{3^2 + 4^2} = 5$

2. L1-Norm:

- 1-Norm 또는 맨해튼 Norm(Manhattan Norm)으로도 알려져 있습니다.
- 각 원소의 절댓값의 합으로 계산합니다.
- 벡터 $[a, b]$의 L1-Norm: $|a| + |b|$
- 표기: $\|\mathbf{v}\|_1$
- 예: 벡터 $[3, 4]$의 L1-Norm $= |3| + |4| = 7$

Norm의 일반화: Lp-Norm은 벡터 $[x_1, x_2, \cdots, x_n]$에 대해 다음과 같이 정의됩니다:

$$\left(|x_1|^p + |x_2|^p + \cdots + |x_n|^p\right)^{\frac{1}{p}}$$

여기서 $p=2$일 때 L2-Norm, $p=1$일 때 L1-Norm이 됩니다.

딥러닝에서 L2-Norm과 L1-Norm은 특히 Regularization 기법에서 중요하게 활용됩니다.[58]

2-2강 전치와 내적

전치(Transpose)는 행렬의 행과 열을 서로 바꾸는 연산입니다. 행렬 $\mathbf{A}$ 의 전치는 $\mathbf{A}^T$로 표기하며, $\mathbf{A}$ 의 i행 j열의 성분이 $\mathbf{A}^T$ 의 j행 i열로 이동합니다. 즉, $[\mathbf{A}^T]_{ij} = [\mathbf{A}]_{ji}$ 입니다. 여기서 $[\mathbf{A}]_{ij}$는 행렬 $\mathbf{A}$ 의 i행 j열의 성분을 의미합니다.

---

[58] 관련 내용은 Chapter 6에서 자세히 다룹니다.

예를 들어, 2×2 행렬 $\mathbf{A}$가 다음과 같다고 가정해 봅시다:

$$\mathbf{A} = \begin{bmatrix} a_{11} & a_{12} \\ a_{21} & a_{22} \end{bmatrix}$$

이 행렬의 전치 $\mathbf{A}^{\mathrm{T}}$는 다음과 같습니다:

$$\mathbf{A}^{\mathrm{T}} = \begin{bmatrix} a_{11} & a_{21} \\ a_{12} & a_{22} \end{bmatrix}$$

전치 연산의 응용을 살펴보기 위해, 앞서 다룬 행렬 방정식 $\mathbf{Ax} = \mathbf{b}$의 양변에 전치를 적용해 보겠습니다. 여기서 $\mathbf{x}$와 $\mathbf{b}$는 열벡터 $\begin{bmatrix} x_1 \\ x_2 \end{bmatrix}$와 $\begin{bmatrix} b_1 \\ b_2 \end{bmatrix}$이며, $\mathbf{x}^{\mathrm{T}}$와 $\mathbf{b}^{\mathrm{T}}$는 각각의 전치로, 행벡터가 됩니다. 먼저, 좌변은 다음과 같이 전개됩니다:

$$\left(\begin{bmatrix} a_{11} & a_{12} \\ a_{21} & a_{22} \end{bmatrix} \begin{bmatrix} x_1 \\ x_2 \end{bmatrix}\right)^{\mathrm{T}} = \begin{bmatrix} a_{11}x_1 + a_{12}x_2 \\ a_{21}x_1 + a_{22}x_2 \end{bmatrix}^{\mathrm{T}} = [a_{11}x_1 + a_{12}x_2, a_{21}x_1 + a_{22}x_2]$$

이를 행렬과 벡터의 곱으로 다시 나타내면 $[x_1, x_2] \begin{bmatrix} a_{11} & a_{21} \\ a_{12} & a_{22} \end{bmatrix}$와 같습니다. 즉, 다음이 성립합니다:

$$(\mathbf{Ax})^{\mathrm{T}} = \mathbf{x}^{\mathrm{T}} \mathbf{A}^{\mathrm{T}} = \mathbf{b}^{\mathrm{T}}$$

다음으로 내적에 대해 알아보겠습니다. **내적**(Inner Product)은 두 벡터 간의 연산을 나타내는 일반적인 개념입니다. 이 책에서는 내적의 특별한 경우인 **점곱**(Dot Product)을 주로 다룰 것입니다.

Inner Product와 Dot Product의 차이는 다음과 같습니다:

- Inner Product: 벡터 공간에서 정의되는 더 일반적인 개념입니다.
- Dot Product: Inner Product의 한 종류로, 두 벡터의 대응하는 성분들을 곱한 후 모두 더하는 연산입니다.

이 책에서 '내적'이라고 언급할 때는 항상 Dot Product를 의미합니다.

두 벡터 $\mathbf{a} = \begin{bmatrix} a_1 \\ a_2 \end{bmatrix}$와 $\mathbf{b} = \begin{bmatrix} b_1 \\ b_2 \end{bmatrix}$의 내적(Dot Product)은 다음과 같이 계산됩니다:

$$\begin{bmatrix} a_1 \\ a_2 \end{bmatrix} \cdot \begin{bmatrix} b_1 \\ b_2 \end{bmatrix} = a_1 b_1 + a_2 b_2$$

전치를 이용하면 다음과 같이 간단히 표현할 수 있습니다:

$$\mathbf{a}^\mathrm{T}\mathbf{b} = [a_1\ a_2] \begin{bmatrix} b_1 \\ b_2 \end{bmatrix} = a_1 b_1 + a_2 b_2$$

즉, 내적의 결과는 항상 스칼라(단일 숫자)입니다.

내적은 두 벡터의 유사도를 측정하는 데 사용될 수 있어 딥러닝, 특히 트랜스포머 모델에서 중요한 역할을 합니다. 두 벡터 a와 b의 내적은 다음 공식으로도 표현할 수 있습니다(증명은 생략):

$$a_1 b_1 + a_2 b_2 = \|\mathbf{a}\| \cdot \|\mathbf{b}\| \cos\theta$$

여기서 $\|\mathbf{a}\|$와 $\|\mathbf{b}\|$는 각 벡터의 L2-Norm을, θ는 두 벡터 사이의 각도를 나타냅니다.

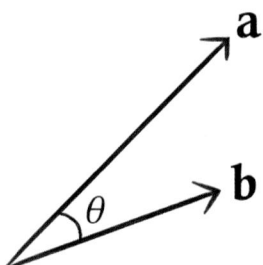

이 공식을 통해 내적의 중요한 특성을 알 수 있습니다. $\mathbf{b}$의 길이를 1로 고정하고 회전시킬 때, 내적 값은 $\|\mathbf{a}\|\cos\theta$가 됩니다. $\cos\theta$는 $\theta = 0$에서 최댓값 1을 가지므로, $\mathbf{b}$가 $\mathbf{a}$와 같은 방향을 가리킬 때 내적값이 최대가 됩니다. 즉, 벡터의 길이가 고정되어 있을 때, 내적값이 클수록 두 벡터의 방향이 유사하다고 볼 수 있습니다.

내적의 이러한 특성은 딥러닝에서 다양하게 활용됩니다. 예를 들어, 문서 분류나 추천 시스템에서 유사도를 계산할 때 내적을 사용할 수 있습니다. 또한, 신경망의 웨이트와 해당 층의 입력의 내적으로 해당 노드에 들어가는 값을 계산합니다.

특히 트랜스포머 모델의 Attention 메커니즘에서 내적은 핵심적인 역할을 합니다. Query와 Key 벡터 간의 내적은 특정 정보에 얼마나 '주목'해야 하는지를 나타내는 척도로 사용됩니다. 내적값이 클수록 해당 정보에 더 많은 가중치를 부여하게 되어, 모델이 중요한 정보에 집중할 수 있게 합니다.[59]

결론적으로, 전치와 내적은 단순해 보이지만 행렬 연산과 벡터 간 관계를 이해하는 데 핵심적인 개념입니다. 이들은 딥러닝의 기본 연산부터 복잡한 알고리즘까지 광범위하게 사용되므로, 이 개념들을 잘 이해하는 것이 중요합니다.

---

59 관련 내용은 Chapter 8에서 자세히 다룹니다.

3-1강　극한과 엡실론-델타 논법

딥러닝의 최적화 과정을 이해하기 위해 가장 중요한 수학 개념은 그래디언트입니다. 그래디언트를 이해하기 위해서는 편미분을, 편미분을 이해하려면 미분을, 그리고 미분을 이해하려면 **극한**을 알아야 합니다.

극한은 $\lim_{x \to a} f(x)$라는 기호로 표현합니다. 이 기호의 의미는 "x**와** a**가 무지하게 가까운 값일 때,** $f(x)$**는 무엇과 무지하게 가깝냐**"는 것입니다. 여기서 $x \to a$는 x가 a와 한없이 가깝다는 것을 나타냅니다.

$x \to a$의 정확한 의미는 x와 a의 차이가 한없이 작은 양수보다도 작아질 수 있다는 것입니다. 이는 x가 a로 '움직여 간다'는 의미가 아니라, x와 a의 차이를 얼마든지 작게 만들 수 있다는 뜻입니다.

화살표 표기 때문에 마치 x**가** a**를 향해 점진적으로 다가가는, 움직이는 값으로 오해할 수 있지만, 이는 수학적으로 정확한 해석이 아닙니다.** 대신, 이 표기는 x와 a의 차이를 임의로 정한 어떤 작은 값보다도 더 작게 만들 수 있는 x의 존재 가능성을 나타냅니다.

즉, 극한은 '접근'이라는 '과정'이 아니라 '근접함'이라는 '상태'를 다룹니다. x가 a에 '가까워진다'가 아니라, x와 a가 '얼마든지 가까울 수 있다'는 것이 극한의 본질적인 의미입니다. 이러한 극한에 대한 정확한 이해는 뒤이어 살펴볼 엡실론-델타 논법의 기초가 됩니다.

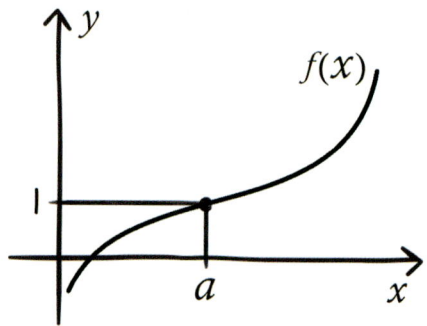

먼저, 그래프를 통해 극한값의 예시를 살펴보겠습니다. 함수 $f(x)$가 위와 같을 때, x의 값이 a와 무지하게 가까울 때의 함숫값이 바로 극한값입니다. 즉, 위의 그래프에서

$\lim_{x \to a} f(x) = 1$입니다. 이는 x와 a가 무지하게 가까울 때, $f(x)$는 1과 무지하게 가깝다는 의미입니다.

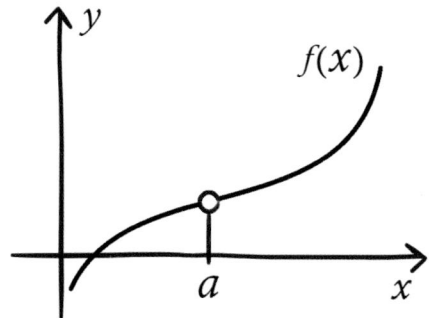

주목할 점은 $x=a$에서 함숫값이 존재하지 않더라도 극한값은 존재할 수 있다는 것입니다. 위 그래프처럼 $x=a$에서 함숫값이 정의되지 않은 불연속 함수라도, 극한값은 $f(x)$가 어떤 특정 값과 무지하게 가깝냐는 것을 물어보는 것이기 때문에 존재할 수 있습니다.

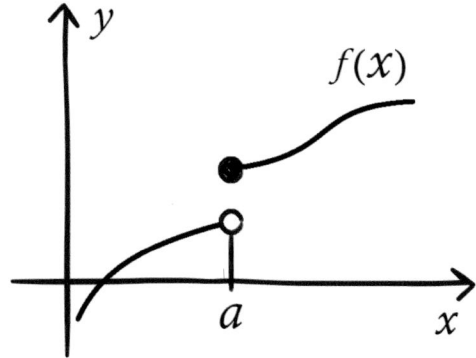

반면, 위와 같은 상황에서는 극한값이 존재하지 않습니다. 그래프가 중간에 끊겨 있어 x와 a가 무지하게 가까울 때 $f(x)$의 값이 일관되게 하나의 값으로 수렴하지 않기 때문입니다. 이 경우, 극한값이 존재하지 않는다고 합니다.

이제 극한값의 엄밀한 정의, 즉 엡실론-델타 ($\varepsilon-\delta$) 논법을 살펴보겠습니다: $\lim_{x \to a} f(x) = L$이란, L 주변의 갭으로 어떤 양수 ε을 잡더라도 이 갭 안으로 싹 다 보내버릴 수 있는 a 주변의 갭 δ가 존재하면 a에서의 극한값은 L이라는 뜻입니다. 이를 그래프와 함께 살펴보며 더 자세히 알아보겠습니다.

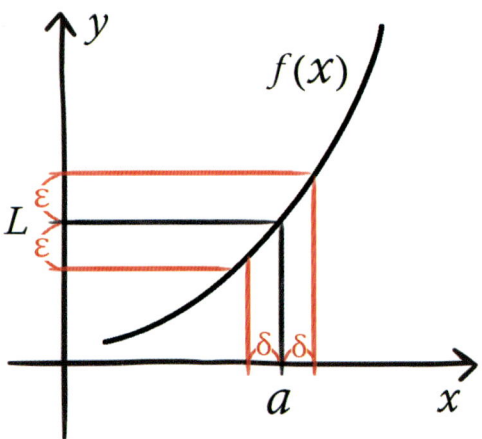

주요 개념은 다음과 같습니다:

1. L 주변의 갭: L을 중심으로 위아래로 ε(엡실론)만큼 떨어진 구간을 말합니다. ε은 양수이며, 아무리 작아도 상관없습니다.

2. a 주변의 갭: a를 중심으로 좌우로 δ(델타)만큼 떨어진 구간을 의미합니다. δ 역시 양수이며, 아무리 작아도 상관없습니다.

3. "갭 안으로 싹 다 보내버린다": a를 제외한 a 주변의 δ 갭 내의 모든 x에 대해, $f(x)$가 L 주변의 ε 갭 안에 들어가는 것을 말합니다.

엡실론-델타 논법의 핵심은 이렇습니다: L 주변에서 아무리 작은 ε갭을 잡더라도, 그에 대응하는 적절한 δ갭을 항상 찾을 수 있어야 합니다. 이는 ε을 계속 작게 만들어도 그에 맞춰 δ를 계속 줄여 갭 안으로 싹 다 보낼 수 있어야 한다는 뜻입니다. 이 과정을 무한히 반복할 수 있을 때, 극한값이 존재한다고 말합니다.

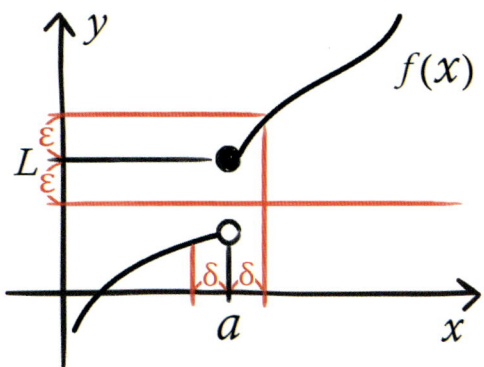

앞서 살펴본 불연속 함수의 예시에 엡실론-델타 논법을 적용해 봅시다. a의 오른쪽 주변의 δ 갭 내의 모든 x에 대해서는 L 주변의 ε 갭 안으로 싹 다 보낼 수 있습니다. 하지만 왼쪽 부분에서는 δ를 아무리 작게 잡아도 a의 왼쪽 주변의 δ 갭 내의 x에 대해서는 $f(x)$ 값이 항상 ε 갭을 벗어나게 됩니다. 따라서 이 경우, 극한값이 존재하지 않습니다.

이 정의는 수학적으로 정확하면서도 직관적인 이해를 돕는 표현입니다. 극한은 미적분학의 기초가 됩니다.

3-2강 미분과 도함수

미분은 극한 개념을 이용해 이해할 수 있는 중요한 수학적 도구입니다. 간단히 말해, **미분은 순간 변화율을 나타내며, 그래프상에서는 순간 기울기로 표현됩니다.**

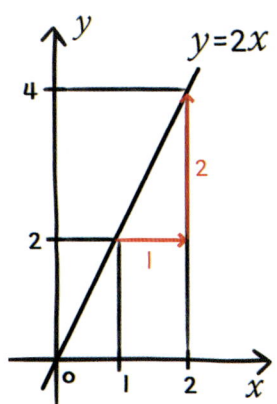

먼저 간단한 예시로 시작해 봅시다. $y=2x$ 함수의 그래프를 살펴보겠습니다. 이 함수의 '기울기'는 2입니다. 왜냐하면 x가 1만큼 증가할 때마다 y는 2만큼 증가하기 때문입니다. 예를 들어, $x=1$일 때 $y=2$이고, $x=2$일 때 $y=4$입니다.

일반적으로 기울기는 다음과 같이 정의됩니다:

$$\text{기울기} = \frac{y \text{ 변화량}}{x \text{ 변화량}}$$

이때, y의 증가는 양의 기울기를, 감소는 음의 기울기를 나타냅니다. 즉, 양의 기울기는 오른쪽 위를 향하고, 음의 기울기는 오른쪽 아래를 향합니다. 예를 들어, $y=-3x$ 함수에서는 x가 1 증가할 때 y는 3 감소하므로 기울기가 -3입니다.

그렇다면 순간 기울기는 무엇일까요? 이는 x의 변화량을 아주 작게 만들어 측정한 기울기입니다. $y=2x$ 함수에서 $x=1$일 때의 순간적인 기울기를 구해봅시다. $x=1.1$일 때 $y=2.2$이므로:

$$\frac{y \text{ 변화량}}{x \text{ 변화량}} = \frac{2.2-2}{1.1-1} = \frac{0.2}{0.1} = 2$$

이처럼 직선 함수에서는 어느 지점에서든 순간적인 기울기가 일정합니다.

그렇다면 왜 순간 기울기를 따로 정의할까요? 그 이유는 곡선 함수에서 찾을 수 있습니다.

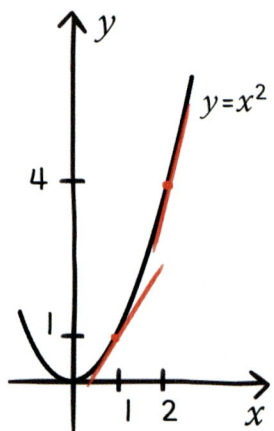

$y=x^2$ 과 같은 곡선 함수에서는 위와 같이 기울기가 계속 변합니다. 즉, $x=1$일 때의 순간 기울기와 $x=2$일 때의 순간 기울기는 서로 다른 값을 가질 것을 직관적으로 알 수 있습니다.

또한, 앞서 본 직선의 방정식과 달리 곡선 함수에서는 변화량의 크기에 따라 계산되는 기울기가 달라집니다. 직선에서는 $\frac{y \text{변화량}}{x \text{변화량}}$ 을 계산할 때 변화량이 1이든 0.1이든 동일한 값이 나왔지만, $y=x^2$의 경우 $x=1$에서의 순간적인 기울기를 계산하고자 할 때 변화량의 크기에 따라 다른 결과가 나옵니다. 예를 들어:

- $x=1$에서 $x=2$로 갈 때: $\frac{y \text{변화량}}{x \text{변화량}} = \frac{4-1}{2-1} = \frac{3}{1} = 3$
- $x=1$에서 $x=1.1$로 갈 때: $\frac{y \text{변화량}}{x \text{변화량}} = \frac{1.21-1}{1.1-1} = \frac{0.21}{0.1} = 2.1$

이처럼 변화량에 따라 기울기가 달라지는데, 순간 기울기를 계산하기 위한 '순간'이라는 개념은 다소 주관적일 수 있어 문제가 발생합니다. 어떤 사람은 0.1의 변화를, 다른 사람은 0.01의 변화를 순간적이라고 생각할 수 있어, 순간 기울기를 서로 다르게 계산할 수 있기 때문입니다. **이러한 불명확성을 해결하기 위해 극한 개념을 여기에 도입합니다.**

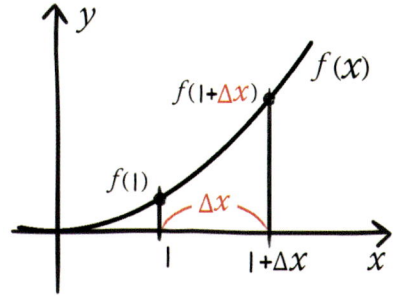

수학적으로 표현하기 위해 순간적인 x의 변화를 Δx라고 표현할 때, $x=1$에서 $x=1+\Delta x$로 갈 때 기울기는 다음과 같습니다:

$$\frac{y \text{ 변화량}}{x \text{ 변화량}} = \frac{f(1+\Delta x)-f(1)}{1+\Delta x -1} = \frac{f(1+\Delta x)-f(1)}{\Delta x}$$

여기에 $\lim\limits_{\Delta x \to 0}$ 을 취하면, 다음과 같이 $x=1$에서의 순간 기울기를 얻을 수 있습니다:

$$\lim_{\Delta x \to 0} \frac{f(1+\Delta x)-f(1)}{\Delta x}$$

이 극한값을 **미분계수**라고 부르며, 이는 $x=1$에서의 함수 $f(x)$의 순간 변화율을 나타냅니다.

예를 들어, $f(x)=x^2$에 대해 $x=1$에서의 순간 기울기를 구하면 다음과 같습니다:

$$\lim_{\Delta x \to 0} \frac{f(1+\Delta x)-f(1)}{\Delta x} = \lim_{\Delta x \to 0} \frac{(1+\Delta x)^2-1}{\Delta x} = \lim_{\Delta x \to 0} \frac{2\Delta x + \Delta x^2}{\Delta x} = \lim_{\Delta x \to 0} 2+\Delta x = 2$$

따라서, $x=1$일 때의 순간 기울기는 2입니다.

만약 $x=1$이 아닌 임의의 위치 x에서의 순간 기울기를 구하고 싶다면 어떻게 해야 할까요? 1 대신 x를 대입하면 됩니다:

$$\lim_{\Delta x \to 0} \frac{f(x+\Delta x)-f(x)}{\Delta x}$$

이는 임의의 x 위치에 대해 순간 기울기를 구하는 함수라는 의미에서 **도함수**라고 부릅니다. 기호로는 $f'(x)$로 적습니다. 딥러닝에서는 (y의 순간 변화량)/(x의 순간 변화량)이라는 의미에서 $\frac{dy}{dx}$ 혹은 $\frac{df(x)}{dx}$로 주로 표기합니다.

이 $\frac{dy}{dx}$ 표기법은 18세기 수학자 라이프니츠가 고안했습니다. 이 표기는 분수처럼 보이지만, 실제로는 분수가 아닙니다. 다만, 특정 상황에서는 분수처럼 취급할 수 있어 유용하게 사용됩니다. 이 점에 주의해야 합니다.

마지막으로, $f(x)=x^2$의 도함수를 구하면 다음과 같습니다:

$$\lim_{\Delta x \to 0} \frac{f(x+\Delta x)-f(x)}{\Delta x} = \lim_{\Delta x \to 0} \frac{(x+\Delta x)^2-x^2}{\Delta x} = \lim_{\Delta x \to 0} \frac{2x \cdot \Delta x + \Delta x^2}{\Delta x} = \lim_{\Delta x \to 0} 2x + \Delta x = 2x$$

따라서, $f(x)=x^2$에 대해 도함수 $f'(x)=2x$가 됨을 알 수 있습니다.

도함수를 구했다면 간단히 여기에 대입하는 것만으로 해당 x 위치에서의 순간 기울기를 바로 구할 수 있습니다. 즉, $x=1$에서의 순간 기울기는 $f'(1)=2$가 되는 것을 도함수에 대입하여 확인할 수 있습니다. 참고로, $f'(1)$는 $\frac{dy}{dx}$ 표현법에서는 $\frac{dy}{dx}\Big|_{x=1}$과 같이 표기합니다.

딥러닝을 공부하면서 자주 쓰이는 도함수들을 정리하면 다음과 같습니다:

① $x^n \Rightarrow nx^{n-1}$ (예: x^3을 미분하면 $3x^2$)

② $e^x \Rightarrow e^x$

③ $\log x \Rightarrow \dfrac{1}{x}$

④ $\log_2 x \Rightarrow \dfrac{1}{\log 2} \cdot \dfrac{1}{x}$

⑤ $f(x)+g(x) \Rightarrow f'(x)+g'(x)$

⑥ $af(x) \Rightarrow af'(x)$

⑦ $f(x)g(x) \Rightarrow f'(x)g(x)+f(x)g'(x)$

⑧ $\dfrac{f(x)}{g(x)} \Rightarrow \dfrac{f'(x)g(x)-f(x)g'(x)}{g(x)^2}$

위에서 log는 자연로그를 의미합니다.

이렇게 미분과 도함수의 개념 및 계산 방법을 살펴보았습니다. 도함수는 함수의 순간적인 변화율을 나타내는 함수로, 이는 딥러닝에서 매우 중요한 역할을 합니다. 특히 신경망의 파라미터를 조정하는 과정에서 Loss 함수의 도함수(그래디언트)를 사용하여 최적의 파라미터를 찾아갑니다. 따라서 미분과 도함수의 개념과 계산 방법을 잘 이해하는 것은 딥러닝의 핵심 원리를 이해하는 데 큰 도움이 됩니다.

3-3강 연쇄 법칙

연쇄 법칙(Chain Rule)은 딥러닝에서 가장 자주 사용되는 미분 법칙 중 하나입니다. 고등학교 교과 과정에서는 '합성함수의 미분법'이라는 이름으로 소개됩니다. 이 법칙의 핵심은 복잡한 함수를 여러 단계의 간단한 함수들로 나누어 미분하는 것입니다.

예를 들어, $(x^2+1)^2$의 도함수를 구해봅시다. 미분 정의에 맞춰 $\lim_{\Delta x \to 0} \dfrac{f(x+\Delta x)-f(x)}{\Delta x}$에 대입하여 구할 수 있지만 계산이 복잡해질 수 있습니다. 하지만 연쇄 법칙을 이용하면 쉽게 구할 수 있습니다.

먼저, x에서 시작해 $(x^2+1)^2$을 만들어 나가는 과정을 단계별로 나눠봅시다:

1. $x \to x^2$ (제곱 함수)

2. $x^2 \to x^2+1$ (더하기 1 함수)

3. $x^2+1 \to (x^2+1)^2$ (다시 제곱 함수)

이렇게 세 단계로 나누면, **각 단계의 미분을 구한 후 이들을 곱하여 전체 함수의 도함수를 구할 수 있습니다.** 이것이 연쇄 법칙의 핵심입니다.

수식으로 표현하면 다음과 같습니다:

$$\frac{d(x^2+1)^2}{dx} = \frac{d(x^2+1)^2}{d(x^2+1)} \frac{d(x^2+1)}{dx^2} \frac{dx^2}{dx}$$

이제 각 단계별 미분을 차례대로 구해보겠습니다:

1. $\frac{d(x^2+1)^2}{d(x^2+1)} = 2(x^2+1)$ ($y=x^2+1$로 치환하면 y^2을 y로 미분하는 것)

2. $\frac{d(x^2+1)}{dx^2} = 1$

3. $\frac{dx^2}{dx} = 2x$ (앞서 살펴본 x^2의 미분)

미분의 정의를 이용하여 도함수를 구하는 것은 직접 대입하여 전개해 봐야 하는 번거로움이 있지만 각 단계별 미분은 위와 같이 비교적 쉽게 구할 수 있습니다. 이제 이들을 모두 곱하면 다음과 같이 최종 결과를 얻을 수 있습니다:

$$\frac{d(x^2+1)^2}{dx} = 2(x^2+1) \times 1 \times 2x = 4x(x^2+1)$$

이렇게 연쇄 법칙을 사용하면, 복잡한 함수도 단계별로 나누어 쉽게 미분할 수 있습니다.

연쇄 법칙의 일반적인 형태는 다음과 같습니다:

만약 $y=f(x)$ 이고 $z=g(y)=g(f(x))$ 라면, $\frac{dz}{dx} = \frac{dz}{dy}\frac{dy}{dx}$ 입니다. 이 법칙의 증명 과정을 살펴보겠습니다:

$$\frac{dz}{dx} = \lim_{\Delta x \to 0} \frac{g(f(x+\Delta x)) - g(f(x))}{\Delta x}$$

$$= \lim_{\Delta x \to 0} \frac{g(f(x+\Delta x)) - g(f(x))}{f(x+\Delta x) - f(x)} \frac{f(x+\Delta x) - f(x)}{\Delta x}$$

$$= \frac{dz}{dy}\frac{dy}{dx}$$

결과적으로, **연쇄적으로 연결된 함수를 미분할 때, 각 단계의 미분을 순서대로 곱하면 전체 함수의 미분을 구할 수 있음**을 알 수 있습니다.

이 연쇄 법칙은 신경망을 최적화하는 역전파(Backpropagation) 알고리즘의 핵심이 됩니다. 신경망은 여러 층의 뉴런들로 구성되어 있으며, 각 층은 이전 층의 출력을 입력으로 받아 처리합니다. 이는 본질적으로 여러 함수의 합성과 같습니다. 이때 각 층에서의 미분을 계산하기 위해 연쇄 법칙을 사용합니다.[60]

따라서 연쇄 법칙은 복잡한 신경망 구조에서도 효율적으로 미분을 계산할 수 있게 해주는 핵심 원리이며, 대규모 신경망의 학습을 가능하게 만드는 중요한 수학적 도구입니다.

3-4강 편미분과 그래디언트

앞서 언급했듯이, **그래디언트**(Gradient)는 딥러닝의 최적화 과정을 이해하는 데 있어 가장 중요한 도구입니다. 그래디언트를 이해하기 위해서는 먼저 **편미분**에 대해 알아야 합니다.

편미분이란 여러 변수로 이루어진 함수에서 하나의 변수에 대해서만 미분을 수행하는 것을 말합니다. 이때 다른 변수들은 상수로 취급합니다. 편미분을 나타내는 기호로는 일반적인 미분 기호 'd' 대신 '∂'(round)를 사용합니다.

예를 들어, $f(x,y)=yx^2$이라는 함수가 있다고 해봅시다. 이 함수에 대해 x에 대한 편미분은 $\dfrac{\partial f(x,y)}{\partial x}$로 표기하며, y를 상수로 취급하고 x에 대한 순간 변화율만을 계산합니다:

$$\frac{\partial f(x,y)}{\partial x} = y \cdot 2x = 2yx$$

이는 $af(x)$꼴(여기서 $a=y$)을 미분하는 것과 같습니다.

y에 대한 편미분은 $\dfrac{\partial f(x,y)}{\partial y}$로 표기하며, 이번에는 x를 상수로 취급하고 y에 대한 순간 변화율만을 계산합니다:

---

[60] 관련 내용은 Chapter 3에서 자세히 다룹니다.

$$\frac{\partial f(x,y)}{\partial y} = 1 \cdot x^2 = x^2$$

편미분의 정의를 수식으로 나타내면 다음과 같습니다:

$$\frac{\partial f(x,y)}{\partial x} = \lim_{\Delta x \to 0} \frac{f(x+\Delta x, y) - f(x,y)}{\Delta x}$$

이처럼 편미분은 미분하고자 하는 특정 변수 이외의 변수들은 그대로 두고, 편미분 하고자 하는 변수만의 변화에 따른 함수의 변화율을 보는 것입니다.

그래디언트는 이러한 편미분들을 모아놓은 벡터입니다. 즉, $f(x,y)=yx^2$의 그래디언트는 다음과 같이 표현됩니다:

$$\begin{bmatrix} \frac{\partial f(x,y)}{\partial x} \\ \frac{\partial f(x,y)}{\partial y} \end{bmatrix} = \begin{bmatrix} 2yx \\ x^2 \end{bmatrix}$$

예를 들어, $x=1$, $y=1$일 때의 그래디언트 값은 다음과 같습니다:

$$\begin{bmatrix} \frac{\partial f(x,y)}{\partial x} \\ \frac{\partial f(x,y)}{\partial y} \end{bmatrix} \bigg|_{x=1, y=1} = \begin{bmatrix} 2yx \\ x^2 \end{bmatrix} \bigg|_{x=1, y=1} = \begin{bmatrix} 2 \\ 1 \end{bmatrix}$$

그래디언트의 가장 중요한 특성은 **그래디언트 값이 곧 함수가 가장 가파르게 증가하는 방향을 가리킨다**는 것입니다. 즉, 위의 예시에서 벡터 $\begin{bmatrix} 2 \\ 1 \end{bmatrix}$이 가리키는 방향이 바로 $x=1$, $y=1$에서 $f(x,y)=yx^2$를 가장 가파르게 증가시키는 방향입니다.

딥러닝에서는 이 특성을 활용하여 모델의 파라미터를 효과적으로 조정합니다. 그래디언트를 이용해 파라미터를 조정함으로써 모델의 성능을 향상시킬 수 있습니다. 이것이 딥러닝 모델의 최적화 과정의 핵심입니다. 따라서 그래디언트의 개념과 특성을 정확히 이해하는 것은 딥러닝의 기본 원리를 파악하는 데에 중요한 기초가 됩니다.[61]

---

[61] 관련 내용은 Chapter 2에서 자세히 다룹니다.

4-1강 랜덤 변수와 확률 분포

딥러닝에서는 선형대수학, 미적분학과 더불어 확률, 통계 이론도 중요한 역할을 합니다. 여기서는 그 기초가 되는 랜덤 변수와 확률 분포에 대해 살펴보겠습니다.

랜덤 변수(Random Variable)는 **시행의 결과를 실숫값에 대응시키는 함수**입니다. 예를 들어, 동전 던지기에서 '앞면'을 1로, '뒷면'을 0으로 대응시킬 수 있습니다. 이렇게 랜덤 변수는 불확실한 사건을 수학적으로 다룰 수 있게 해줍니다.

랜덤 변수는 크게 이산형과 연속형으로 나눌 수 있습니다. 이산형 랜덤 변수의 경우 **확률 질량 함수**(Probability Mass Function, PMF)를 사용하여 확률을 표현합니다. 예를 들어, 동전 던지기의 확률 질량 함수는 다음과 같이 표현할 수 있습니다:

$$P(X=1) = \frac{1}{2} \text{ (앞면이 나올 확률)}$$

$$P(X=0) = \frac{1}{2} \text{ (뒷면이 나올 확률)}$$

확률 질량 함수는 다음과 같은 성질을 가집니다:

1. 모든 x에 대해 $0 \leq P(X=x) \leq 1$
2. 모든 가능한 x 값에 대한 $P(X=x)$의 합은 1

연속형 랜덤 변수의 경우, **확률 밀도 함수**(Probability Density Function, PDF)를 사용합니다. 예를 들어, '대한민국 남성의 키'와 같이 연속적인 값을 가지는 경우에 사용됩니다.

확률 밀도 함수는 다음과 같은 성질을 가집니다:

1. 모든 x에 대해 $p(x) \geq 0$
2. 전체 구간에 대한 적분값은 1: $\int_{-\infty}^{\infty} p(x)dx = 1$
3. 특정 구간 $[a, b]$에서의 확률: $P(a \leq X \leq b) = \int_{a}^{b} p(x)dx$

여기서 $\int_{a}^{b} p(x)dx$ 는 x축, 직선 $x=a$와 직선 $x=b$, 함수 $p(x)$로 둘러싸인 영역의 면적을 의미합니다. 이 값은 $a \leq x \leq b$에 대해 $p(x) \geq 0$를 만족할 때만 실제 기하학적 면적과 일치합니다.

여기서 주목할 점은 **확률 밀도 함수는 확률이 아닌 확률 밀도를 나타낸다**는 점입니다. 따라서, 확률 밀도 함수로부터 확률을 구하기 위해서는 구간에 대한 적분이 필요합니다. 이는 밀도와 부피의 관계를 생각하면 이해하기 쉽습니다. 밀도는 $\frac{질량}{부피}$ 이므로, 질량(즉, 확률)은 밀도×부피에 해당합니다. 따라서 확률값을 구하려면 먼저 '부피'에 해당하는 구간을 정해야 합니다.

이에 따라, 일반적인 연속형 랜덤 변수의 경우 특정 한 점에서의 확률은 부피가 없으므로 0이 됩니다. 예를 들어, 키가 정확히 170cm일 확률은 0이지만, 170cm에서 170.1cm 사이일 확률은 0이 아닌 값을 가집니다.

확률 질량 함수나 확률 밀도 함수는 랜덤 변수의 **확률 분포**를 나타냅니다. 이러한 함수들을 그래프로 표현하면 랜덤 변수의 전체적인 특성을 시각적으로 이해하는 데 도움이 됩니다.

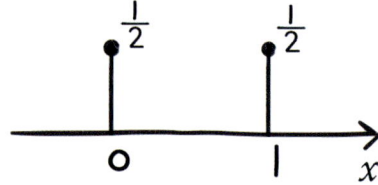

예를 들어, 동전 던지기의 경우 확률 질량 함수의 그래프는 위와 같습니다.

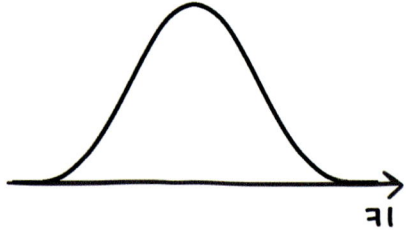

반면, 키와 같은 연속적인 변수의 경우, 확률 밀도 함수로 표현되며 그래프는 위와 같이 나타납니다.

랜덤 변수와 확률 분포의 개념은 딥러닝에서 다양하게 활용됩니다. 예를 들어, 신경망의 파라미터인 웨이트와 바이어스를 초기화할 때 이들을 랜덤 변수로 놓고 임의의 값으로 초기화합니다. 확률적 경사 하강법(Stochastic Gradient Descent)에서도 랜덤 변수 개념이 사용되는데, 이는 전체 데이터 대신 무작위로 선택된 데이터를 사용하여 계산 효율성을 높입니다. 따라서, 이러한 개념들을 잘 이해하는 것은 딥러닝의 다양한 알고리즘과 모델을 깊이 있게 이해하고 효과적으로 활용하는 데 큰 도움이 됩니다.[62]

4-2강 평균과 분산

평균과 **분산**(Variance)은 확률 분포를 설명하는 두 가지 중요한 대푯값입니다.

'평균'이라는 단어는 여러 의미로 사용되고 있습니다. 영어로는 Mean 또는 Average라고 부르는데, 이들 사이에는 약간의 차이가 있습니다. Mean은 산술 평균, 기하 평균, 조화 평균 등을 포함하는 수학적 용어이고, Average는 주로 산술 평균만을 나타내는 일상적인 용어입니다.

이 책에서 주로 다룰 평균의 개념은 엄밀한 표현으로 **기댓값**(Expectation)입니다. **기댓값은 쉽게 말해 샘플이 무한히 많을 때의 산술 평균**과 같습니다.

예를 들어, 1부터 6까지의 눈금을 가진 주사위를 던지는 랜덤 변수 X를 생각해 봅시다. 다섯 번 던져서 2, 2, 1, 6, 4가 나왔다면, 이 다섯 번의 시행에 대한 산술 평균은 3입니다. 이 시행을 무한히 반복하여 산술 평균을 구하면, 그 값이 바로 기댓값이 됩니다.

이산 랜덤 변수에 대한 기댓값의 정의는 다음과 같습니다:

$$\mathrm{E}[X] = \sum_i x_i P_i$$

여기서 $\sum_i$는 모든 가능한 i에 대해 합을 구한다는 뜻입니다. x_i는 랜덤 변수가 가질 수 있는 값이고, P_i는 그 값에 대응하는 확률 질량 함수(PMF) 값입니다. 주사위 예시에서는 다음과 같이 계산됩니다:

$$\mathrm{E}[X] = 1 \cdot \frac{1}{6} + 2 \cdot \frac{1}{6} + 3 \cdot \frac{1}{6} + 4 \cdot \frac{1}{6} + 5 \cdot \frac{1}{6} + 6 \cdot \frac{1}{6} = \frac{1+2+3+4+5+6}{6}$$

이 값 3.5는 주사위 시행을 무수히 반복했을 때의 평균값으로, 주사위 눈금의 확률 분포를 대표하는 값이 됩니다.

---

[62] 관련 내용은 Chapter 2에서 자세히 다룹니다.

연속 랜덤 변수의 경우, 합(Σ_i) 대신 적분($\int$)을 사용합니다. 연속 랜덤 변수 X에 대한 기댓값의 정의는 다음과 같습니다:

$$\mathrm{E}[X] = \int_{-\infty}^{\infty} xp(x)dx$$

여기서 $p(x)$는 확률 밀도 함수(PDF)를 의미합니다.

평균은 확률 분포를 대표하는 중요한 값이지만, 때론 평균만으로는 분포의 특성을 충분히 설명하기 어려울 수 있습니다. 이를 잘 보여주는 예를 살펴보겠습니다.

A반과 B반, 두 반의 수학 점수를 비교해 봅시다. A반에는 100점과 0점을 받은 학생이 각각 한 명씩 있고, B반에는 50점을 받은 학생이 두 명 있다고 가정해 보겠습니다. 두 반의 평균 점수는 모두 50점으로 동일합니다. 하지만 점수 분포는 확연히 다릅니다. 이처럼 평균만으로는 두 분포의 차이를 제대로 설명할 수 없는 경우가 있습니다.

이런 상황에서 분포의 차이를 설명할 수 있는 또 다른 대푯값이 바로 **분산(Variance)**입니다. **분산은 데이터가 평균으로부터 얼마나 퍼져있는지, 즉 '퍼진 정도'**를 나타냅니다.

분산을 계산하기 위해서는 먼저 각 데이터 포인트와 평균의 차이, 즉 편차를 구합니다. 예를 들어, 평균이 50점일 때 100점을 받은 학생의 편차는 50이고, 0점을 받은 학생의 편차는 −50입니다.

그러나 편차를 그대로 사용하면 양수와 음수가 서로 상쇄될 수 있어 퍼진 정도를 정확히 표현하기 어렵습니다. 이를 해결하기 위해 편차를 제곱합니다. 절댓값을 사용할 수도 있지만, 제곱을 사용하면 큰 편차에 더 큰 가중치를 줄 수 있어 퍼진 정도를 더 잘 나타낼 수 있습니다.

예를 들어, 편차가 −7, −1, 1, 7인 경우와 −4, −4, 4, 4인 경우를 비교해 봅시다. 절댓값의 합은 두 경우 모두 16으로 동일하지만, 제곱의 합은 각각 100과 64로, 첫 번째 경우가 더 넓게 퍼져있음을 잘 보여줍니다.

마지막으로, 데이터의 개수에 따른 영향을 제거하기 위해 편차 제곱의 합을 데이터의 개수로 나눕니다. 이는 데이터의 개수가 많을수록 편차 제곱의 합이 커지는 문제를 해결합니다. 예를 들어, 같은 분포에서 10개의 데이터를 사용할 때와 1,000개의 데이터를 사용할 때, 편차 제곱의 합만을 고려한다면 1,000개의 데이터를 사용한 경우가 훨씬 큰 값을 가질 것입니다. 하지만 이를 데이터의 개수로 나누면, 두 경우 모두 비슷한 값을 가지게 되어 실제 분포의 퍼짐 정도를 더 정확히 반영할 수 있습니다. 이렇게 구한 편차 제곱의 평균이 바로 분산입니다. 앞선 예에서 $-7, -1, 1, 7$의 분산은 $\frac{100}{4}=25$이고, $-4, -4, 4, 4$의 분산은 $\frac{64}{4}=16$입니다.

분산을 수식으로 표현하면 다음과 같습니다:

$$\text{Var}[X] = \text{E}[(X-\mu)^2]$$

여기서 μ는 X의 기댓값 $\text{E}[X]$, 즉 평균을 나타냅니다.

이렇게 평균과 분산을 함께 사용하면, 확률 분포의 특성을 더욱 정확하게 설명할 수 있습니다. 평균은 분포의 중심을, 분산은 분포의 퍼진 정도를 나타내어 데이터의 전반적인 모습을 더 잘 이해할 수 있게 해줍니다.

기댓값 연산의 가장 중요한 성질 중 하나는 선형성입니다. 두 랜덤 변수 X, Y와 상수 a, b, c에 대해 다음이 성립합니다:

$$\text{E}[aX+bY+c] = a\text{E}[X] + b\text{E}[Y] + c$$

이 성질을 이용하면 분산을 다음과 같이 전개할 수 있습니다:

$$\begin{aligned}\text{Var}[X] &= \text{E}[(X-\mu)^2] \\ &= \text{E}[X^2 - 2\mu X + \mu^2] \\ &= \text{E}[X^2] - 2\mu\text{E}[X] + \mu^2 \\ &= \text{E}[X^2] - \mu^2\end{aligned}$$

이 결과는 분산을 '제곱의 기댓값에서 기댓값의 제곱을 뺀 것'으로 계산할 수 있음을 보여줍니다.

분산은 데이터의 선형 변환에 대해 중요한 성질을 가지고 있습니다. 랜덤 변수 X와 상수 a, b에 대해 다음이 성립합니다:

$$\text{Var}[aX+b] = a^2 \text{Var}[X]$$

이 성질은 데이터의 선형 변환이 분산에 미치는 영향을 이해하는 데 매우 유용합니다. 예를 들어, 모든 데이터 값을 2배로 증가시키면 분산은 4배가 됩니다. 반면, 데이터에 상수를 더하거나 빼는 것은 분산에 영향을 주지 않습니다. 이 성질은 데이터 정규화(Normalization)에서 중요하게 활용됩니다.

마지막으로 **표준편차**(Standard Deviation)는 분산의 양의 제곱근으로 정의되며, 보통 σ 로 표기합니다. 즉, $\sigma = \sqrt{\mathrm{Var}[X]}$ 입니다. **표준편차를 사용하는 주된 이유는 원래 데이터와 같은 단위를 유지하기 위해**서입니다. 예를 들어, 키에 대한 분포에서 분산을 구하면 단위가 cm^2 이 되지만, 표준편차를 사용하면 cm 단위로 퍼진 정도를 나타낼 수 있습니다.

평균과 분산(또는 표준편차)은 딥러닝에서 매우 중요한 역할을 합니다. 예를 들어:

1. 데이터 정규화: 입력 데이터를 평균이 0, 표준편차가 1이 되도록 조정하는 과정에서 사용됩니다. 이는 모델의 학습 속도와 성능을 향상시킵니다.

2. 웨이트 초기화: 신경망의 웨이트를 초기화할 때, 특정 평균과 표준편차를 가진 분포(예: 가우시안 분포)를 사용합니다.[63]

3. Mini-Batch GD(경사 하강법): Mini-Batch의 평균 그래디언트를 사용하여 모델을 업데이트합니다.[64]

4. 배치 정규화: 각 레이어의 입력을 정규화하는 과정에서 평균과 분산이 사용됩니다.[65]

이처럼 평균과 분산의 개념은 딥러닝의 여러 단계에서 핵심적인 역할을 합니다. 따라서 이러한 기본 통계 개념을 잘 이해하는 것은 딥러닝을 더 깊이 있게 학습하고 응용하는 데 큰 도움이 됩니다.

---

[63] 관련 내용은 Chapter 2에서 자세히 다룹니다.
[64] 관련 내용은 Chapter 2에서 자세히 다룹니다.
[65] 관련 내용은 Chapter 6에서 자세히 다룹니다.

4-3강 균등 분포와 정규 분포

확률론과 통계학에서 가장 널리 사용되는 두 가지 분포인 **균등 분포**(Uniform Distribution)와 **정규 분포**(Normal Distribution)에 대해 살펴보겠습니다.

먼저 균등 분포를 살펴봅시다. 균등 분포의 확률 밀도 함수는 위 그래프와 같이 특정 구간 [a, b] 내에서 일정한 높이를 가지는 직사각형 모양을 띕니다. 이는 **해당 구간 내의 모든 값이 동일한 확률로 발생함을 의미**합니다.

균등 분포를 따르는 랜덤 변수 X의 값은 항상 a와 b 사이에 있으며, 확률 밀도 함수의 높이는 $\frac{1}{b-a}$로 일정합니다. 이는 확률 밀도 함수의 전체 면적이 1이 되어야 한다는 조건에서 비롯됩니다. 균등 분포는 보통 $U(a,b)$로 표기하며, X가 이 분포를 따를 때 $X \sim U(a,b)$와 같이 나타냅니다.

균등 분포의 평균은 구간의 중점인 $\frac{a+b}{2}$이며, 분산은 $\frac{(b-a)^2}{12}$ 입니다.

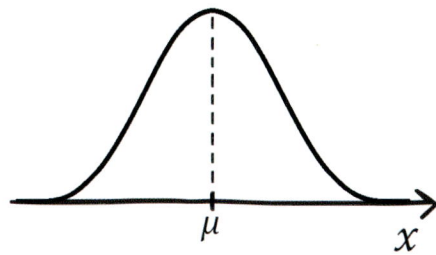

다음으로 정규 분포를 살펴보겠습니다. **가우시안 분포**(Gaussian Distribution)라고도 불리는 이 분포는 평균을 중심으로 대칭을 이루는 종 모양의 분포로, **자연과 사회 현상에서 가장 흔히 관찰되는 분포**입니다.

'대한민국 남성의 키'뿐만 아니라 다양한 현상이 가우시안 분포를 따릅니다. 예를 들어, 학생들의 시험 점수, 제품의 제조 오차, 혈압 측정치, 식물의 잎 길이 등이 가우시안 분포를 따르는 것으로 알려져 있습니다. 이러한 보편성 때문에 가우시안 분포는 통계학과 데이터 과학에서 중요한 역할을 합니다.

가우시안 분포의 확률 밀도 함수는 평균이 μ, 표준편차가 σ 일 때 다음과 같이 표현됩니다:

$$p(x) = \frac{1}{\sqrt{2\pi\sigma^2}} e^{-\frac{(x-\mu)^2}{2\sigma^2}}$$

위처럼 가우시안 분포는 μ 와 σ^2 에 의해 완전히 결정되므로, $N(\mu, \sigma^2)$과 같이 표기합니다.

균등 분포와 가우시안 분포는 딥러닝에서 다양하게 활용됩니다. 두 분포 모두 신경망의 웨이트 초기화에 중요하게 사용됩니다.

특히, 가우시안 분포는 다음과 같은 상황에서 중요한 역할을 합니다:

1. 평균 제곱 오차(Mean Squared Error, MSE): 레이블의 분포를 가우시안 분포로 가정하면 NLL(Negative log-Likelihood)은 MSE와 동일해집니다. 이는 회귀 문제에서 MSE를 Loss 함수로 사용하는 이론적 근거가 됩니다.[66]

2. L2-Regularization: 파라미터의 사전 분포로 가우시안 분포를 가정하면, 이는 L2-Regularization을 적용하는 것과 같은 효과를 냅니다. 이를 통해 모델의 과적합을 완화하여 일반화 성능을 향상시킬 수 있습니다.[67]

이처럼 두 분포 모두 딥러닝의 여러 측면에서 중요하게 사용되므로, 각 분포의 특성과 차이점을 잘 이해하는 것이 알고리즘의 동작 원리를 파악하는 데 큰 도움이 됩니다.

---

[66] 관련 내용은 Chapter 4에서 자세히 다룹니다.
[67] 관련 내용은 Chapter 6에서 자세히 다룹니다.

5-1강 MLE(Maximum Likelihood Estimation)

MLE(Maximum Likelihood Estimation)는 딥러닝에서 사용되는 여러 Loss 함수들의 이론적 기반이 되는 핵심 개념입니다. MLE를 이해하기 위해 먼저 Likelihood의 개념부터 살펴보겠습니다. 조건부 확률과 비교해 봄으로써 Likelihood를 이해해 보겠습니다.

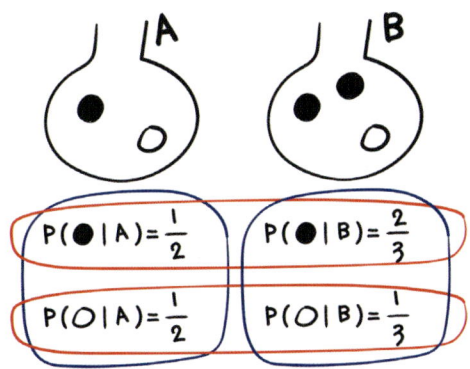

위 그림과 같이 두 개의 주머니 A와 B가 있다고 가정해 봅시다. 주머니 A에는 검은 공 1개와 흰 공 1개가, 주머니 B에는 검은 공 2개와 흰 공 1개가 들어 있습니다.

조건부 확률은 '**특정 주머니를 선택했다는 조건하에**' 각 색상의 공이 나올 확률을 의미합니다. 이를 $P(색|주머니)$와 같이 표기합니다. 예를 들어, $P(검|A)$는 주머니 A에서 검은 공을 뽑을 확률입니다.

각 주머니에 대한 조건부 확률은 다음과 같습니다:

- 주머니 A: $P(검|A) = \frac{1}{2}$, $P(하|A) = \frac{1}{2}$
- 주머니 B: $P(검|B) = \frac{2}{3}$, $P(하|B) = \frac{1}{3}$

조건부 확률의 중요한 특성은 각 조건('|' 뒤의 값)이 고정되었을 때 모든 가능한 결과('|' 앞의 값)에 대한 확률의 합이 1이라는 것입니다. 즉, $P(검|A) + P(하|A) = 1$ 이고, $P(검|B) + P(하|B) = 1$입니다. 이는 조건부 확률이 특정 조건 하에서의 완전한 확률 분포를 나타내기 때문입니다.

반면, **Likelihood**는 이와 반대로 '색'을 고정하고 '주머니'를 변수로 보는 함수입니다. 그림에서 파란 박스는 조건부 확률을, 빨간 박스는 Likelihood를 나타냅니다. 각각은 검은 공이 나왔을 때의 Likelihood, 흰 공이 나왔을 때의 Likelihood가 됩니다.

조건부 확률과의 중요한 차이점은 **Likelihood는 조건부 확률값을 사용하지만, 그 자체로는 확률 분포가 아니라는 것입니다.** 그 이유는 Likelihood의 합이 1이 되지 않기 때문입니다. 예를 들어, $P(검|A) + P(검|B)$ 또는 $P(하|A) + P(하|B)$는 1이 되지 않습니다.

Likelihood를 이용하면 **측정**(Measurement) 결과를 바탕으로 그 결과를 만들어낸 조건을 추론할 수 있습니다. 예를 들어, 어떤 주머니에서 공을 꺼냈는지 모르는 상황에서 꺼낸 공의 색만 관측했을 때, 어느 주머니에서 꺼냈을지 추정할 수 있습니다.

만약 꺼낸 공이 검은색이라면, $P(검|A)$와 $P(검|B)$를 비교합니다. $P(검|B) > P(검|A)$이므로 B 주머니에서 꺼냈을 가능성이 더 높다고 추정할 수 있습니다.

이처럼 Likelihood를 최대화하는 조건을 선택하는 방법이 바로 MLE입니다.

사실, 우리는 이미 일상생활에서도 무의식적으로 MLE를 하고 있습니다. 예를 들어, 썸녀와 카톡을 주고받는 상황을 생각해 봅시다. 우리는 '그녀의 마음'을 알고 싶지만, 당연히 그녀가 그것을 대놓고 알려주지는 않습니다. 하지만 그녀와 카톡을 주고받으며 여러 가지를 관찰할 수 있습니다. 이 중 '평균 답장 속도'를 통해 그녀의 마음을 추측해 보도록 하겠습니다.

이를 MLE의 관점에서 본다면, $P(평균\ 답장\ 속도|그녀의\ 마음)$ 값을 '그녀의 마음'을 바꿔보며 비교를 통해 추정하는 것입니다.

예를 들어, '평균 답장 속도'가 5분이라고 가정해 봅시다. 이 경우, 아무래도 썸녀가 나에게 마음이 있을 때 5분 만에 답장할 확률이 마음이 없을 때보다 높기 때문에 다음이 성립합니다:

$$P(5\ 분|그녀의\ 마음=있음) > P(5\ 분|그녀의\ 마음=없음)$$

즉, MLE를 통해 "나에게 마음이 있구나!"라고 추정할 수 있습니다.

반면, '평균 답장 속도'가 28시간이라면 어떨까요? 이 경우엔 반대로 나에게 마음이 없기 때문에 28시간이나 걸려 답장할 확률이 크기 때문에 다음이 성립합니다:

$$P(28\ 시간|그녀의\ 마음=있음) < P(28\ 시간|그녀의\ 마음=없음)$$

따라서, 이 때는 슬프지만 MLE를 통해 "나에게 마음이 없구나.."라고 추정할 수 있습니다.

이처럼 우리는 일상적으로 MLE를 통해 '|' 뒤에 숨겨진 정보를 '|' 앞의 관찰 가능한 정보를 통해 추정합니다. 직관적으로 '|'를 '벽'이라고 생각해 봅시다. 우리가 알고 싶은 썸녀의 마음은 항상 이 '벽' 뒤에 숨겨져 있어 직접 볼 수 없지만, '벽' 앞에 있는 관찰 가능한 정보 (카톡 답장 속도 등)를 통해 추정할 수 있다는 것입니다.

MLE의 대표적인 예시 문제를 풀어보겠습니다. 알아내고자 하는 값을 x, 측정값을 z라고 할 때, 측정 시 x에 가우시안 분포를 따르는 노이즈가 더해져 z를 얻는다고 가정해 보겠습니다.

두 번 측정하여 다음과 같이 z_1, z_2를 얻었다고 합시다:

$$z_1 = x + n_1,\ z_2 = x + n_2$$

여기서 노이즈 n은 $N(0, \sigma^2)$을 따른다고 가정하겠습니다. 만약 $z_1 = 2.7$, $z_2 = 3.2$이라면, x는 대략 3 근처의 값일 것이라고 예상할 수 있습니다.

이제 MLE를 통해 x를 추정해 보겠습니다. 두 번의 측정이 독립적으로 이루어졌다고 가정하면, Likelihood는 다음과 같이 표현됩니다:

$$p(z_1, z_2 | x) = p(z_1 | x) p(z_2 | x)$$

각각의 조건부 확률은 평균이 0인 가우시안 분포에 x가 더해졌으므로 평균이 x인 가우시안 분포를 따릅니다. 따라서 각 Likelihood는 다음과 같습니다:

$$p(z_1 | x) = \frac{1}{\sqrt{2\pi\sigma^2}} e^{-\frac{(z_1 - x)^2}{2\sigma^2}},\ p(z_2 | x) = \frac{1}{\sqrt{2\pi\sigma^2}} e^{-\frac{(z_2 - x)^2}{2\sigma^2}}$$

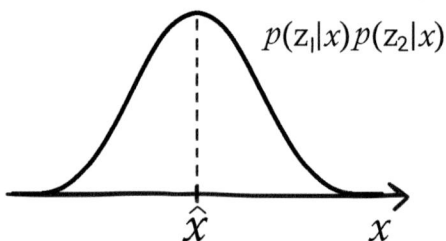

두 가우시안 분포 식을 곱한 결과도 가우시안 분포와 마찬가지로 종 모양을 가지게 되므로, 이 두 Likelihood의 곱 역시 종 모양을 가집니다. 즉, 이 함수의 최댓값은 그래프의 기울기가 0이 되는 지점에서 발생합니다. 이 지점의 x 값이 바로 MLE를 통해 추정하고자 하는 값이며, 이를 $\hat{x}$으로 표기하겠습니다.

$p(z_1|x)p(z_2|x)$를 직접 미분하는 것은 복잡하므로, 계산을 단순화하기 위해 자연로그를 취하겠습니다. 자연로그는 단조 증가 함수이므로, 원래 함수와 로그를 취한 함수의 최댓값 위치는 동일합니다. 자연로그를 취한 결과는 다음과 같습니다:

$$\log p(z_1|x)p(z_2|x)$$
$$= \log \frac{1}{\sqrt{2\pi\sigma^2}} e^{-\frac{(z_1-x)^2}{2\sigma^2}} \cdot \frac{1}{\sqrt{2\pi\sigma^2}} e^{-\frac{(z_2-x)^2}{2\sigma^2}}$$
$$= \log \frac{1}{\sqrt{2\pi\sigma^2}} - \frac{(z_1-x)^2}{2\sigma^2} + \log \frac{1}{\sqrt{2\pi\sigma^2}} - \frac{(z_2-x)^2}{2\sigma^2}$$

여기서 $\log \frac{1}{\sqrt{2\pi\sigma^2}}$는 x와 무관한 상수이므로 무시할 수 있습니다. 따라서 다음 식만 고려하면 됩니다:

$$-\frac{(z_1-x)^2}{2\sigma^2} - \frac{(z_2-x)^2}{2\sigma^2}$$

이를 x에 대해 미분하면 다음과 같습니다:

$$\frac{(z_1-x)}{\sigma^2} + \frac{(z_2-x)}{\sigma^2}$$

이제 이 값이 0이 되도록 하는 x가 바로 찾고자 하는 $\hat{x}$입니다. 따라서 다음과 같이

전개하여 $\hat{x}$을 얻을 수 있습니다:

$$\frac{(z_1-\hat{x})}{\sigma^2}+\frac{(z_2-\hat{x})}{\sigma^2}=0$$
$$\Rightarrow (z_1-\hat{x})+(z_2-\hat{x})=0$$
$$\Rightarrow z_1+z_2=2\hat{x}$$
$$\Rightarrow \hat{x}=\frac{z_1+z_2}{2}$$

즉, MLE로 추정한 $\hat{x}$ 값은 두 관측치 z_1과 z_2의 산술 평균임을 알 수 있습니다. 이 결과는 직관적으로도 이해할 수 있습니다. 노이즈가 가우시안 분포를 따르고 평균이 0이므로, 여러 번 측정한 값의 평균이 실제 x 값에 가장 가까울 것입니다.

측정값이 z_1, z_2, z_3로 세 개일 경우에는 같은 방식으로 전개하면 $\hat{x}=\frac{z_1+z_1+z_1}{3}$가 됨을 알 수 있습니다. 이를 일반화하면, N 개의 측정값에 대해 $\hat{x}$은 모든 측정값의 평균이 됩니다.

이 예제는 MLE가 어떻게 작동하는지, 그리고 실제 문제에서 어떻게 적용될 수 있는지를 보여줍니다. 또한 가우시안 분포 가정하에서 왜 평균이 좋은 추정치가 되는지에 대한 수학적 근거를 제공합니다.

이러한 MLE의 개념은 딥러닝에서 Loss 함수를 선택할 때 중요한 역할을 합니다. 실제로, 많은 딥러닝 모델의 학습 과정은 MLE의 관점에서 해석할 수 있습니다. 예를 들어:[68]

1. 레이블의 분포를 가우시안 분포로 가정하면 MSE(Mean Squared Error) Loss가 도출됩니다.

2. 라플라스 분포를 가정하면 MAE(Mean Absolute Error) Loss가 도출됩니다.

3. 베르누이 분포를 가정하면 BCE(Binary Cross-Entropy) Loss가 도출됩니다.

4. 카테고리 분포를 가정하면 Cross-Entropy Loss가 도출됩니다.

이처럼 MLE는 데이터의 특성과 문제의 성격에 따라 적절한 Loss 함수를 선택하는 이론적 근거를 제공합니다. 따라서 MLE를 이해하는 것은 딥러닝 모델의 설계와 학습 과정을 더 깊이 이해하는 데 큰 도움이 됩니다.

---

68 관련 내용은 Chapter 4에서 자세히 다룹니다.

5-2강 MAP(Maximum A Posteriori)

MAP(Maximum A Posteriori)는 MLE를 확장한 개념으로, **Likelihood**뿐만 아니라 **사전 분포**(Prior Distribution)까지 고려하여 **사후 분포**(Posterior Distribution)를 최대화하는 값으로 추정하는 기법입니다.

MAP를 이해하기 위해서는 먼저 **베이즈 정리**(Bayes' Theorem)를 알아야 합니다. 베이즈 정리에 따르면 다음이 성립합니다:

$$p(x|z) = \frac{p(z|x)\,p(x)}{p(z)}$$

여기서 각각은 다음과 같습니다:

- $p(z|x)$: Likelihood
- $p(x)$: 사전 분포(Prior Distribution)
- $p(x|z)$: 사후 분포(Posterior Distribution)

잠깐! 알아두기

베이즈 정리는 조건부 확률의 정의로부터 유도할 수 있습니다. 두 사건 A와 B에 대해 조건부 확률의 정의는 다음과 같습니다:

$$P(A|B) = \frac{P(A \cap B)}{P(B)}, \quad P(B|A) = \frac{P(A \cap B)}{P(A)}$$

여기서 분자는 동일하므로 $P(B|A)P(A) = P(A \cap B)$를 첫 번째 식에 대입하면 다음과 같이 베이즈 정리와 동일한 결과를 얻습니다:

$$P(A|B) = \frac{P(B|A)P(A)}{P(B)}$$

여기서, MAP는 Likelihood $p(z|x)$가 아닌 사후 분포 $p(x|z)$를 최대화합니다. MLE와 MAP를 말로 풀어서 비교한다면 다음과 같습니다:

- MLE는 "이런 측정값이 나오게 하는 조건 x를 바꿔가면서 확률 밀도 값을 비교해 보자"는 것입니다. 이는 Likelihood $p(z|x)$를 최대화하는 x 값으로 추정하는 접근 방식입니다.

- MAP는 "이런 측정값이 주어져 있을 때의 x에 대한 확률 밀도 값을 비교해 보자"는 것입니다. 이는 사후 분포 $p(x|z)$를 최대화하는 x 값으로 추정하는 접근 방식입니다.

그런데, 사후 분포 식 $p(x|z) = \frac{p(z|x)p(x)}{p(z)}$에서 $p(z)$는 x에 따라 변하지 않으므로, MAP는 실제로 $p(z|x)p(x)$를 최대화하는 x를 찾는 것과 같습니다. 즉, **MAP는 Likelihood에 사전 분포를 곱한 것을 최대화**합니다. 따라서, **MAP와 MLE의 주요 차이점은 사전 분포 $p(x)$를 고려하느냐의 여부**입니다. x에 대한 사전 정보가 없다면 MLE를, 사전 정보가 있다면 MAP를 사용할 수 있습니다.

여기서 주의할 점은 **MAP가 항상 MLE보다 더 나은 추정 성능을 보장하지는 않는다**는 것입니다. MAP는 x에 대한 사전 분포를 가정하는데, 이 가정이 부정확하거나 잘못된 경우 오히려 추정 성능에 악영향을 줄 수 있습니다. 예를 들어, 실제 데이터 분포와 크게 다른 사전 분포를 사용하면 MAP는 편향된 결과를 낼 수 있습니다.

따라서, MAP를 사용할 때는 사전 분포의 선택에 신중해야 합니다. 신뢰할 만한 사전 정보가 있을 때 MAP는 강력한 도구가 될 수 있지만, 그렇지 않은 경우에는 MLE가 더 안전한 선택일 수 있습니다. 결국, 문제의 특성과 가용한 정보에 따라 MLE와 MAP 중 적절한 방법을 선택해야 합니다.

MLE의 예시 문제와 같은 상황에서 MAP의 결과를 살펴보겠습니다. 다만, $x \sim N(0, \sigma_x^2)$와 같이 x가 가우시안 분포를 따른다는 사전 정보가 추가되었다고 가정하겠습니다. 마찬가지로 두 측정치 $z_1 = x + n_1$, $z_2 = x + n_2$를 바탕으로 MAP를 수행해 보겠습니다. 즉, 다음을 최대화하는 x를 찾으면 됩니다:

$$p(z_1, z_2 | x) p(x) = p(z_1|x) p(z_2|x) p(x)$$

여기서도 마찬가지로 미분이 0이 되는 값을 찾기 위해 먼저 로그를 취해 식을 간단히 하면 다음과 같습니다:

$$\log \frac{1}{\sqrt{2\pi\sigma^2}} e^{-\frac{(z_1-x)^2}{2\sigma^2}} \cdot \frac{1}{\sqrt{2\pi\sigma^2}} e^{-\frac{(z_2-x)^2}{2\sigma^2}} \cdot \frac{1}{\sqrt{2\pi\sigma_x^2}} e^{-\frac{x^2}{2\sigma_x^2}}$$

$$= \log\frac{1}{\sqrt{2\pi\sigma^2}} - \frac{(z_1-x)^2}{2\sigma^2} + \log\frac{1}{\sqrt{2\pi\sigma^2}} - \frac{(z_2-x)^2}{2\sigma^2} + \log\frac{1}{\sqrt{2\pi\sigma_x^2}} - \frac{x^2}{2\sigma_x^2}$$

여기서 상수항을 무시하면 다음과 같은 식을 얻습니다:

$$-\frac{(z_1-x)^2}{2\sigma^2} - \frac{(z_2-x)^2}{2\sigma^2} - \frac{x^2}{2\sigma_x^2}$$

이를 x에 대해 미분한 다음 0이 되도록 하는 $\hat{x}$ 값을 구하기 위한 과정은 다음과 같습니다:

$$\frac{(z_1-\hat{x})}{\sigma^2} + \frac{(z_2-\hat{x})}{\sigma^2} - \frac{\hat{x}}{\sigma_x^2} = 0$$

$$\Rightarrow \sigma_x^2(z_1-\hat{x}) + \sigma_x^2(z_2-\hat{x}) - \sigma^2\hat{x} = 0 \text{ (양변에 } \sigma^2\sigma_x^2 \text{를 곱함)}$$

$$\Rightarrow \sigma_x^2(z_1+z_2) = \hat{x}(2\sigma_x^2 + \sigma^2)$$

$$\Rightarrow \hat{x} = \frac{\sigma_x^2(z_1+z_2)}{2\sigma_x^2 + \sigma^2} = \frac{z_1+z_2}{2+\sigma^2/\sigma_x^2}$$

이는 MLE의 결과인 $\frac{z_1+z_2}{2}$ 에 $\frac{\sigma^2}{\sigma_x^2}$ 가 분모에 추가된 형태입니다. 즉, 사전 분포를 고려한 효과가 반영된 것입니다. 만약 측정값이 z_1, z_2, z_3로 3개라면 $\hat{x} = \frac{z_1+z_2+z_3}{3+\sigma^2/\sigma_x^2}$ 가 됩니다.

이 식을 분석해 보면:

1. σ_x^2이 매우 큰 경우: 이는 사전 분포가 매우 넓게 퍼져 있다는 것을 의미합니다. 즉, x에 대한 사전 지식이 거의 없다는 뜻입니다. 이 경우 $\frac{\sigma^2}{\sigma_x^2} \approx 0$이 되어, $\hat{x}$은 MLE의 결과인 $\frac{z_1+z_2+z_3}{3}$ 에 가까워집니다. 사전 정보의 영향력이 줄어들고 관측 데이터에 더 의존하게 되는 것입니다.

2. σ_x^2이 매우 작은 경우: 이는 사전 분포가 0 주변에 강하게 집중되어 있다는 것을 의미합니다. 즉, x가 0에 매우 가까울 것이라는 강한 사전 정보가 있다는 뜻입니다. 이 경우 $\frac{\sigma^2}{\sigma_x^2}$ 이 매우 커져, 결과는 0에 가까워집니다. 사전 정보의 영향력이 커지고 관측 데이터의 영향력이 줄어들게 되는 것입니다.

3. σ^2이 매우 큰 경우: 이는 측정 노이즈가 매우 크다는 것을 의미합니다. 이 경우 $\frac{\sigma^2}{\sigma_x^2}$이 커져, 결과는 사전 분포의 평균인 0에 더 가까워집니다. 즉, 관측 데이터를 덜 신뢰하고 사전 정보에 더 의존하게 됩니다.

4. σ^2이 매우 작은 경우: 이는 측정이 매우 정확하다는 것을 의미합니다. 이 경우 $\frac{\sigma^2}{\sigma_x^2} \approx 0$이 되어, 결과는 MLE의 결과에 가까워집니다. 즉, 관측 데이터를 더 신뢰하게 됩니다.

이처럼 MAP의 추정 결과는 사전 분포의 확실성(σ_x^2의 크기)과 측정의 정확도(σ^2의 크기)를 모두 고려하여, 사전 정보와 관측 데이터 사이의 균형을 잡은 결과를 제공합니다.

MAP는 딥러닝에서 중요한 역할을 합니다. 특히, Regularization은 MAP의 원리를 적용한 것으로 볼 수 있습니다.[69]

1. L2-Regularization: 신경망의 파라미터가 평균이 0인 가우시안 분포를 따른다고 가정합니다. 이는 MAP에서 사전 분포를 평균이 0인 가우시안으로 설정한 것과 같습니다. 결과적으로 L2-Regularization은 크기가 큰 파라미터에 페널티를 부여하여 과적합을 방지하고 모델의 일반화 성능을 향상시킵니다.

2. L1-Regularization: 신경망의 파라미터가 평균이 0인 라플라스 분포를 따른다고 가정합니다. 라플라스 분포는 평균에서 뾰족하고 꼬리가 두꺼운 특성을 가지고 있어, 평균이 0인 라플라스 분포를 가정했을 경우 일부 파라미터를 0에 매우 가깝게 만드는 효과가 있습니다. 이는 특징 선택(Feature Selection) 효과를 가져와 모델을 더욱 간결하게 만들 수 있습니다.

이처럼 MAP의 개념은 딥러닝 모델의 학습과 최적화 과정에 깊이 관여하며, 모델의 성능 향상과 복잡도 조절에 중요한 역할을 합니다. L2와 L1-Regularization은 각각 다른 특성을 가지고 있어, 문제의 특성에 따라 적절한 방법을 선택하거나 두 방법을 결합하여 사용할 수도 있습니다.

---

[69] 관련 내용은 Chapter 6에서 자세히 다룹니다.

6강 정보 이론 기초

정보 이론은 다소 생소할 수 있으나, 현대 통신과 데이터 과학의 근간을 이루는 중요한 분야입니다. 여기서는 정보 이론의 기초적인 개념만 다룹니다. 하지만 이것만으로도 이 책에서 다루는 딥러닝의 여러 개념들을 더 깊이 이해하는 데에는 충분할 것입니다.

정보 이론의 핵심은 **'정보'를 숫자로 표현하고 측정할 수 있게 만드는 것**입니다. 우리 주변에는 숫자, 문자, 이미지 등 다양한 형태의 정보가 존재합니다. 정보 이론의 창시자인 클로드 섀넌은 이러한 다양한 정보를 하나의 공통된 언어로 표현하고자 했습니다. 그 결과로 선택된 것이 바로 **비트**(Bits)입니다.

비트는 0과 1로 이루어진 이진수 체계를 사용합니다. 예를 들어, 십진수 0은 '00', 1은 '01', 2는 '10', 3은 '11'과 같이 표현할 수 있습니다. 여기서 각각의 0과 1이 하나의 비트를 나타냅니다. '00'은 두 개의 비트로 구성되어 있으므로 '2비트 코드' 또는 '코드의 길이가 2비트'라고 표현합니다.

정보를 비트로 변환하는 과정을 Source Coding이라고 합니다. Source Coding의 목표는 정보를 가능한 한 효율적으로 표현하는 것입니다. 효율적인 코딩은 데이터 전송 속도와 저장 공간 사용에 큰 영향을 미칩니다. 예를 들어, 비효율적인 코딩은 메신저에서 1초 만에 보낼 수 있는 메시지를 10분이나 걸리게 만들 수도 있습니다.

효율적인 Source Coding을 위해서는 데이터의 빈도를 고려해야 합니다. **자주 사용되는 정보는 짧은 코드로, 드물게 사용되는 정보는 긴 코드로 표현**하는 것이 일반적인 전략입니다. 이러한 접근 방식은 평균 코드 길이를 줄이는 데 도움이 됩니다.

앞서 살펴본 이진법 코딩 예시를 다시 생각해 봅시다. 0='00', 1='01', 2='10', 3='11'로 코딩했을 때, 만약 3이 가장 자주 등장하는 숫자라면 이 방식은 비효율적일 수 있습니다. 만약 3이 가장 빈번하게 쓰인다면 3을 '0'으로, 나머지 숫자들을 '10', '110', '111'과 같이 코딩하면 평균 코드 길이를 크게 줄일 수 있습니다.

이러한 접근 방식의 근거는 **정보 이론에서 '정보'를 랜덤 변수로 취급한다**는 점에 있습니다. 우리는 미래의 대화 내용이나 메시지를 정확히 예측할 수 없기 때문입니다. 이는 각 정보가 특정 확률로 등장한다는 것을 의미합니다.

따라서 Source Coding 시 각 정보의 등장 확률을 고려해야 합니다. 높은 확률로 등장하는 정보(자주 사용되는 단어나 문자)에는 짧은 비트를, 낮은 확률로 등장하는 정보에는 긴 비트를 할당하는 것이 효율적입니다. 이 원리를 적용하면 전체적인 데이터 크기를 줄이면서도 필요한 모든 정보를 전달할 수 있습니다.

효율적인 Source Coding의 원리를 실제 예시를 통해 살펴보겠습니다. 카톡에서 사용되는 한글 글자들을 코딩한다고 가정해 봅시다. 'ㅋ'와 같은 글자는 매우 자주 사용되지만, '숤'과 같은 글자는 거의 사용되지 않을 것입니다. 실제 모든 카톡 대화를 분석했을 때, 각 글자의 등장 확률이 다음과 같다고 가정해 봅시다:

$$P(ㅋ) = 0.5, \ P(숤) = 0.001$$

만약 'ㅋ'를 '111'로, '숤'을 '0'으로 코딩한다면, 'ㅋ'가 메시지의 거의 절반을 차지하기 때문에 전체 코드 길이가 불필요하게 길어질 것입니다. 반대로 'ㅋ'를 '0'으로, '숤'을 '111'로 코딩한다면 전체 코드 길이가 크게 줄어들어 전송 속도도 훨씬 빨라질 것입니다.

이때, 평균 코드 길이는 각 글자의 코드 길이에 대한 기댓값으로 다음과 같이 구할 수 있습니다:

$$\mathrm{E}[l] = \sum_i p_i l_i$$

여기서 p_i는 각 글자의 등장 확률, l_i는 각 글자의 코드 길이입니다.

클로드 섀넌은 이 평균 코드 길이의 이론적 최솟값이 Entropy와 같다는 것을 밝혔습니다. Entropy는 랜덤 변수의 불확실성을 나타내는 개념으로, 다음과 같이 정의됩니다:

$$\sum_i -p_i \log_2 p_i$$

예를 들어, 항상 3이 나오도록 조작된 주사위의 Entropy는 0입니다. 결과가 완전히 예측 가능하므로 불확실성이 없기 때문입니다.

Entropy 식을 평균 코드 길이 식과 비교해 보면, 각 글자의 코드 길이 l_i를 $-\log_2 p_i$로 설정하면 이론적 최소 길이에 도달할 수 있음을 알 수 있습니다.

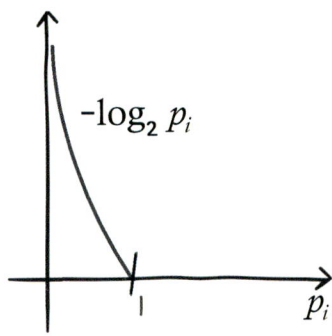

위의 그래프는 $-\log_2 p_i$를 $0 < p_i \leq 1$ 구간에서 나타낸 것입니다. 이 그래프를 통해 확률이 높을수록 짧은 코드를, 확률이 낮을수록 긴 코드를 할당해야 한다는 원리를 시각적으로도 확인할 수 있습니다.

잠깐! 알아두기

Entropy 개념을 더 잘 이해하기 위해 동전 던지기 예시를 살펴보겠습니다. 동전 던지기에서 앞면과 뒷면이 나올 확률은 각각 $\frac{1}{2}$입니다. 이 경우의 Entropy는 다음과 같이 계산됩니다:

$$\Sigma_i - p_i \log_2 p_i = -\frac{1}{2}\log_2\frac{1}{2} - \frac{1}{2}\log_2\frac{1}{2} = \frac{1}{2} + \frac{1}{2} = 1$$

따라서 동전 던지기의 Entropy는 1입니다. 반면, 앞면만 나오도록 조작된 동전의 경우, 결과를 완벽히 예측할 수 있어 불확실성이 없으므로 Entropy는 0이 됩니다. 즉, 분포가 균등할수록 불확실성이 크므로 Entropy 값이 크고, 반대로 분포가 불균등할수록 불확실성이 낮아 Entropy는 작음을 알 수 있습니다.

이를 통해 알 수 있는 중요한 사실은, **Entropy가 평균 코드 길이의 이론적 최솟값이기 때문에 분포가 불균등할수록 Source Coding의 효율성이 극대화된다**는 것입니다. 구체적으로, 특정 결과가 높은 확률로 나타나고 다른 결과들의 확률이 낮을 때 Entropy가 낮아지므로, 달성 가능한 평균 코드 길이의 하한이 낮아집니다. 반면, 분포가 균등할 경우 정보 간 빈도 차이가 없어 Entropy가 커지므로, 달성 가능한 평균 코드 길이의 하한 역시 높아집니다.

이러한 원리는 데이터 압축에 있어 중요한 사실을 제공합니다. 데이터의 분포가 불균등할수록 Source Coding을 통해 평균 코드 길이를 크게 줄일 수 있는 여지가 많습니다. 반대로 분포가 균등할수록 Source Coding으로 얻을 수 있는 압축 효과가 제한적입니다. 따라서 효율적인 데이터 압축을 위해서는 데이터의 분포 특성을 정확히 파악하고 이를 코딩 전략에 반영하는 것이 중요합니다.

정보 이론에서 이상적인 코딩 길이는 $-\log_2 p_i$로 정의되지만, 실제 응용에서는 두 가지 주요 문제에 직면합니다.

1. 실제 분포 p_i를 정확히 아는 것은 어렵습니다. 우리가 가진 데이터는 실제 분포의 근사치이기 때문입니다.

2. $-\log_2 p_i$값은 대부분 정수가 아닙니다. 예를 들어, $p_i = \frac{1}{3}$일 경우 코드 길이는 $-\log_2 \frac{1}{3} \approx 1.58$ 비트가 되어야 하지만, 실제 코딩에서는 정수 길이의 코드만 사용할 수 있습니다.

이 두 가지 이유로 인해 Entropy와 정확히 같은 수준의 Source Coding을 실현하는 것은 실제로는 매우 어렵고, 대부분의 경우 근사적인 방법을 사용하게 됩니다.

이러한 제약을 해결하기 위해, 실제 확률 p_i 대신 이에 근사하면서도 $-\log_2$를 취했을 때 정수가 되도록 하는 값 q_i를 사용할 수 있습니다. 이 q_i를 사용하여 코드 길이를 설정할 때의 평균 코드 길이는 다음과 같이 계산됩니다:

$$\Sigma_i - p_i \log_2 q_i$$

이것이 바로 **Cross-Entropy**입니다. 실제 글자들은 p_i 분포를 따르지만, q_i에 기반한 코드 길이를 사용할 때의 평균 코드 길이를 나타냅니다.

$-\log_2 p_i$가 이론적 최소 코드 길이이므로, **Cross-Entropy는 항상 Entropy보다 크거나 같은 값을 갖습니다.** 두 값이 같아지는 경우는 q_i가 p_i와 정확히 일치할 때뿐입니다.

딥러닝에서는 이 개념을 활용합니다. 여기서 p_i는 레이블을, q_i는 신경망의 출력을 나타냅니다. 따라서, Cross-Entropy를 Loss 함수로 사용하여 최적화를 진행하면, 신경망의 출력이 레이블에 가까워지도록 학습이 이루어집니다. 그러나 앞서 언급했듯이, Cross-Entropy는 Entropy보다 작아질 수 없기 때문에, 이론적 한계 내에서 최적의 근사를 찾아가는 과정이라고 볼 수 있습니다.

Cross-Entropy와 Entropy의 차이는 중요한 의미를 가집니다. Cross-Entropy는 q_i에 맞춰 구한 평균 코드 길이이고, Entropy는 이론적 최소 평균 코드 길이입니다. 따라서 Cross-Entropy에서 Entropy를 빼면 항상 0 이상의 값이 나오며, 이 값은 p_i **대신 q_i를 사용함으로써 발생한 비효율성**을 나타냅니다. 이 차이를 분포 간의 차이로 해석할 수 있으며, 이를 KL-Divergence라고 합니다.

KL-Divergence는 Kullback과 Leibler, 두 통계학자의 이름에서 유래했습니다. 수식으로 표현하면 다음과 같습니다:

$$\Sigma_i - p_i \log_2 q_i - \Sigma_i - p_i \log_2 p_i = \Sigma_i p_i \log_2 \frac{p_i}{q_i}$$

이 값은 p와 q 분포 간의 차이 또는 '거리'로 해석할 수 있습니다. 하지만 주의할 점은, KL-Divergence가 수학적인 의미의 거리는 아니라는 것입니다. 진정한 거리라면 p와 q의 순서를 바꿔도 같은 값이 나와야 하지만, KL-Divergence는 그렇지 않습니다.

분류 문제와 같은 많은 딥러닝 응용에서 Cross-Entropy를 최소화하는 것은 KL-Divergence를 최소화하는 것과 동일합니다. 이는 Cross-Entropy에서 Entropy를 뺀 것이 KL-Divergence인데, Entropy는 레이블 p_i에 의해 결정되는 상수이기 때문입니다.

KL-Divergence를 이용하면 Mutual Information이라는 개념도 이해할 수 있습니다. Mutual Information의 정의는 다음과 같습니다:

$$\Sigma_i \Sigma_j p(x_i, y_j) \log_2 \frac{p(x_i, y_j)}{p(x_i) p(y_j)}$$

이는 $p(x_i, y_j)$와 $p(x_i) p(y_j)$의 분포 차이를 의미합니다. 만약 랜덤 변수 X와 Y가 독립이라면 $p(x_i, y_j) = p(x_i) p(y_j)$가 되어 Mutual Information은 다음과 같이 0이 됩니다:

$$\Sigma_i \Sigma_j p(x_i, y_j) \log_2 \frac{p(x_i, y_j)}{p(x_i) p(y_j)} = \Sigma_i \Sigma_j p(x_i, y_j) \log_2 1 = 0$$

따라서, Mutual Information은 두 변수가 얼마나 독립적이지 않은지, 즉 서로 얼마나 많은 정보를 공유하는지를 나타냅니다.

정보 이론에서는 주로 밑이 2인 로그를 사용하지만, 딥러닝에서는 대개 자연로그를 사용합니다. 자연로그를 사용하면 미분 결과가 간단해져 계산이 더 편리해지기 때문입니다. 실제로 로그의 밑이 바뀌어도 최적화 과정에는 영향을 미치지 않으며, 단지 스케일의 차이만 있을 뿐입니다.

정보 이론의 개념들은 딥러닝에서 다양하게 활용됩니다. Cross-Entropy는 분류 문제의 손실 함수로 널리 쓰이며 KL-Divergence는 이미지 생성 모델에서 핵심적인 역할을 합니다. 이러한 개념들은 주로 손실 함수를 구성하기 위한 수학적 도구로 활용되며, 모델이 데이터의 분포를 얼마나 잘 학습했는지 정량적으로 평가하는 기준이 됩니다.

이것을 끝으로 딥러닝을 위한 필수 기초 수학 파트를 마무리하겠습니다. 이 부록을 통해 수학적 기반을 튼튼히 다졌으니, 이제 여러분은 본격적으로 딥러닝의 세계로 나아갈 준비가 되었습니다. 자, 이 흥미진진한 여정을 저와 함께 계속해서 이어가 봅시다!

INDEX

ㄱ

가우시안 분포(Gaussian Distribution)	115p, 329p
가중합(Weighted Sum)	215p
강화 학습(Reinforcement Learning)	29p
객체 탐지(Object Detection)	22p
검증 데이터(Validation Data)	79p
경사 하강법(Gradient Descent)	51p
과소적합(Underfitting)	144p, 170p
과적합(Overfitting)	78p, 135p, 137p, 173p
군집화(Clustering)	29p
규칙 기반(Rule-Based)	13p
균등 분포(Uniform Distribution)	329p
그래디언트 폭발(Exploding Gradient)	60p
그래디언트(Gradient)	52p, 321p
극한	312p
기댓값(Expectation)	325p
기울기 소실(Vanishing Gradient)	59p, 94p, 137p, 138p, 139p
깊은 인공 신경망(Deep Neural Network, DNN)	15p

ㄴ

내적(Inner Product)	309p
노드(Node)	39p

ㄷ

다수결(Majority Vote)	82p
다음 토큰 예측(Next Token Prediction)	262p
다중 레이블 분류(Multi-Label Classification)	123p
다중 분류(Multiclass Classification)	97p, 119p
데이터 기반(Data-Based)	13p
데이터 레이블링(Data Labeling)	20p
데이터 증강(Data Augmentation)	175p
도함수	318p
디코더(Decoder)	181p
딥러닝(Deep Learning, DL)	12p

ㄹ

라플라스 분포(Laplace Distribution)	116p
랜덤 변수(Random Variable)	323p
레이블(Label)	16p
레이어 정규화(Layer Normalization)	157p, 166p
로그의 밑	298p
로그의 진수	298p
로지스틱 회귀(Logistic Regression)	107p

ㅁ

마스킹(Masking)	289p
망각 게이트	274p
머신러닝(Machine Learning, ML)	12p
멀티누이 분포(Multinoulli Distribution)	123p
모델 경량화	174p

미분	315p
미분계수	318p
미세 조정(Fine-Tuning)	25p

ㅂ

바이어스(Bias)	40p
배치 정규화(Batch Normalization)	153p
베르누이 분포(Bernoulli Distribution)	114p
베이즈 정리(Bayes' Theorem)	336p
벡터(Vector)	296p, 303p
보상(Reward)	30p, 31p
분류 경계선	99p
분류(Classification)	21p
분산(Variance)	325p, 326p
분할(Segmentation)	23p
비지도 학습(Unsupervised Learning)	29p
비트(Bits)	340p

ㅅ

사전 분포(Prior Distribution)	189p
사전 학습(Pre-Training)	25p
사후 분포(Posterior Distribution)	189p, 336p
선형 액티베이션(Linear Activation)	45p
선형 회귀(Linear Regression)	46p
성분별(Element-Wise)	75p
성분(Element)	303p
순간 기울기	315p
순간 변화율	315p
순방향(left-to-right)	285p
순전파(Forward Propagation)	59p, 95p

심층 강화 학습(Deep Reinforcement Learning)	34p

ㅇ

아웃풋 레이어(Output Layer, 출력층)	43p
앙상블(Ensemble)	82p
얼굴 랜드마크 탐지(Facial Landmark Detection)	24p
엡실론-델타 논법	312p
엣지(Edge)	39p
역방향(right-to left)	285p
역전파(Backpropagation)	59p, 83p, 90p
연쇄 법칙(Chain Rule)	319p
오토인코더(Autoencoder)	181p
워드 임베딩 벡터(Word Embedding Vector)	277p
웨이트 초기화(Weight Initialization)	57p
웨이트(Weight)	41p
위치 인코딩(Positional Encoding)	286p
위치 추정(Localization)	22p
이진 분류(Binary Classification)	97p
인공 신경망(Artificial Neural Network)	39p, 42p
인스턴스 분할(Instance Segmentation)	24p
인코더(Encoder)	181p
인풋 레이어(Input Layer, 입력층)	43p
입력 게이트	247p

ㅈ

자기 지도 학습(Self-Supervised Learning)	25p
자세 추정(Pose Estimation)	24p
자연로그	300p
자연어 처리(Natural Language Processing, NLP)	18p, 167p
잔차 학습(Residual Learning)	172p

전치(Transpose)	206p, 308p
점곱(Dot Product)	309p
정규 분포(Normal Distribution)	329p
정규화(Normalization)	154p
정확도(Accuracy)	15p, 149p
조기 종료(Early Stopping)	174p
지도 학습(Supervised Learning)	20p
지수 이동 평균 (Exponential Moving Average)	74p
집중도	245p

ㅊ

차원 축소(Dimension Reduction)	29p
채널(Channel)	17p
출력 게이트	274p
측정(Measurement)	113p, 332p

ㅋ

카테고리 분포(Categorical Distribution)	123p
커널(Kernel)	202p
커넥션(Connection)	39p
컨볼루션(Convolution)	194p, 195p
컴퓨터 비전(Computer Vision)	209p
크기(Shape)	18p

ㅌ

토크나이저(Tokenizer)	253p
토크나이징(Tokenizing)	19p, 252p
토큰(Token)	19p, 252p
특징 맵(Feature Map)	208p

ㅍ

파라미터	69p
퍼셉트론(Perceptron)	99p
편미분	321p
평균	325p
표준편차(Standard Deviation)	328p
픽셀(Pixel)	17p
필터(Filter)	202p

ㅎ

하이퍼파라미터	69p
하이퍼파라미터 세트(HP Set)	81p
학습률(Learning Rate)	53p
함숫값	295p
함수(Function)	295p
해상도(Resolution)	18p
행동(Action)	30p, 31p
행렬(Matrix)	303p
확률 밀도 함수(Probability Density Function, PDF)	323p
확률 분포	324p
확률적 경사 하강법(Stochastic Gradient Descent, SGD)	56p, 60p
확률 질량 함수(Probability Mass Function, PMF)	323p
환경(Environment)	31p, 32p
활성화 함수(Activation Function)	39p
회귀(Regression)	21p, 46p
히든 레이어(Hidden Layer, 은닉층)	43p

A

Adam(Adaptive Moment Estimation)	73p
Agent	31p, 32p

AI(Artificial Intelligence)	12p	Entropy	340p
Attention	275p	Epoch	69p
Average Pooling	222p	Exploration	34p, 35p
		ε-Greedy	35p

B

Batch Size	69p		
BCE(Binary Cross-Entropy) Loss	97p, 104p, 107p		
BERT(Bidirectional Encoder Representations from Transformers)	28p		
Bidirectional RNN	285p		

F

FC(Fully-Connected) 레이어	44p
Flatten	239p

C

CNN(Convolutional Neural Network)	194p, 195p
Constant Padding	219p
Context Prediction	26p
Context Vector	271p
Contrastive Learning	27p
Convex	111p
Cosine Decay	68p
Cross Entropy Loss	123p

G

Global Average Pooling(GAP)	223p
Global Minimum	55p
Global Pooling	223p
GPT(Generative Pre-trained Transformer)	28p
GPU(Graphics Processing Unit)	65p
Grid Distortion	177p
GRU(Gated Recurrent Unit)	274p

I

ImageNet 챌린지	235p

D

Discount Factor γ	34p
Downstream Task	25p, 28p
Dropout	178p

K

Key 벡터	282p
K-fold 교차 검증(K-fold Cross Validation)	80p
KL-Divergence	344p

E

Elastic Transform	177p
ELU(Exponential Linear Unit)	152p
EMA(Exponential Moving Average)	157p
Encoder-Decoder Attention	290p
End of Sentence(eos)	270p

L

L1-Regularization	184p
L2-Regularization	184p
Leaky ReLU	147p

Learning Rate Scheduling	68p
Learning Rate Warmup	67p, 68p
Likelihood	112p
Linear Scaling Rule	67p
Local Minimum	55p
Logit	108p
Loss 함수(손실 함수)	47p
Loss Landscape	171p
LSTM(Long Short Term Memory)	274p

M

MAE(Mean Absolute Error) Loss	50p
Many to Many	270p
Many to One	269p
MAP(Maximum A Posteriori)	189p, 336p
Masked Self-Attention	289p
Max Pooling	222p
Mini-Batch Gradient Descent(Mini-Batch GD)	64p
MLE(Maximum Likelihood Estimation)	97p, 113p
MLP(Multi-Layer Perceptron, 다층 퍼셉트론)	44p
Momentum	70p
MSE(Mean Squared Error) Loss	50p
Multinomial Logistic Regression	127p
Mutual Information	344p

N

NLL(Negative Log-Likelihood)	115p
Non-Convex	111p

O

Odds	108p
One-Hot 벡터	253p
One-Hot Encoding	119p
One to Many	268p

P

Padding	218p
Padding 토큰(Token)	167p
Parametric ReLU	147p
Pooling 레이어	222p
Pretext Task	25p

Q

Q-Learning	34p
Query 벡터	282p

R

Receptive Field	242p
Reflect Padding	219p
Regularization	184p
ReLU(Rectified Linear Unit)	144p
Replicate Padding	219p
ResNet(Residual Neural Network)	172p
RMSProp(Root Mean Squared Propagation)	71p
RNN(Recurrent Neural Network)	251p, 252p

S

Self-Attention	287p
SELU(Scaled ELU)	152p

Seq2seq(Sequence-to-Sequence) 270p
SERLU(Scaled Exponentially-Regularized Linear Unit) 152p
Sigmoid 97p, 101p
Skip-Connection 171p
Sobel 필터 209p
Softmax 121p
Softmax 회귀(Softmax Regression) 127p
Soft Voting 82p
Source Coding 340p
Start of Sentence(sos) 270p
Stride 218p
Step Decay 68p
Swin Transformer 169p
Swish 152p

T

tanh(Hyperbolic Tangent) 256p
Teacher Forcing 272p
Test Loss 78p
Train Loss 77p

U

Unit Step Function 39p
Universal Approximation Theorem 128p

V

Validation 66p
Value 벡터 282p
VGGNet 235p
ViT(Vision Transformer) 290p

Z

Zero-Padding 218p

혁펜하임의
Easy! 딥러닝

초판 1쇄	**2024년 11월 21일**
4쇄	**2025년 11월 28일**

지은이 **혁펜하임**
발행인 **최현수**
편집장 **윤성민**
기획 및 책임편집 **박규태**
표지 디자인 **경놈**
본문 디자인 **스튜디오 디플**

브랜드 **북엔드**
본사 　대전광역시 서구 둔산로 63, 403-539호
전화 　0507-1367-3454　　팩스　0505-300-3454
홈페이지 　bookend.tech
이메일 　info@bookend.tech
인스타그램 　instagram.com/bookend.tech

ISBN 　979-11-976013-4-7(93000)
발행처 　(주)도서출판 북엔드
등록 　2021년 9월 15일 제 2021-000047호

- 북엔드는 북테크 스타트업 '북엔드'의 지식교양서 브랜드입니다.
- 이 책은 저작권법에 따라 보호를 받는 저작물이므로 무단 전재와 복제를 금지하며,
  내용의 전부 또는 일부를 이용하려면 반드시 저작권자와 북엔드의 서면동의를 받아야 합니다.
- 책값은 뒤표지에 있습니다. 잘못된 책은 구입하신 곳에서 바꿔드립니다.